신의 직장 CEO 일지

신의 직장 CEO 일지

2022년 9월 15일 초판 1쇄 펴냄
2022년 9월 22일 초판 2쇄 펴냄

펴낸곳 도서출판 **삼인**

지은이 윤대희
다듬은이 박은경
펴낸이 신길순

등록 1996.9.16 제25100-2012-000046호
주소 03716 서울시 서대문구 성산로 312 북산빌딩 1층

전화 (02) 322-1845
팩스 (02) 322-1846
전자우편 saminbooks@naver.com

디자인 디자인 지폴리
인쇄 수이북스
제책 은정제책

ISBN 978-89-6436-224-2 03320

값 22,000원

공공기관을 경영하는
나침반과 키워드

신의 직장
CEO 일지

윤대희 지음

삼인

추천의 말

김준기 (서울대학교 행정대학원 교수, 한국공기업학회장)

이 책은 소위 '신의 직장'이라 불리는 정책금융기관의 CEO가 겪은 일들에 대한 이야기이다. 하지만 단순히 '공공기관장 수기手記'라고만 소개해서는 곤란할 것 같다. 저자는 1인칭 시점의 편안한 스토리텔링을 통해 독자가 부담 없이 공공기관장 자리를 간접적으로 경험할 수 있게 해주지만, 중간중간 가볍게 던진 화두마저도 읽는 이에게 꽤나 의미심장하게 다가오는 부분들이 적지 않기 때문이다.

글의 분위기는 다르지만, 메시지의 무게와 현상을 꿰뚫어보는 예리함은 저자의 칼럼집 『불확실성 시대에 숨은 희망 찾기』 못지않았다. 30년이 넘는 경제 관료로서의 경력과 이후 10년간 대학에서 보낸 시간을 통해 체득한 통찰력과 확고한 가치관에 공공기관장으로서의 경험까지 더해졌기에 가능했으리라 생각된다.

퇴임하신 지 얼마 안 된 것 같은데, 책을 낸다는 연락을 받고 적잖이 놀랐다. 그런데 "글을 쓰는 일이 보통 일이 아닌데, 대단하시다"라고 건넨

나의 말에 대한 저자의 답변은 한 번 더 나를 놀라게 만들었다. 그저 본인이 겪었던 일들을 기록으로 남겨, 후임 공공기관장들—저자가 몸담았던 신용보증기금뿐만 아니라 모든 공공기관의 기관장들까지 염두에 둔 것 같다—이 본인이 한 실수를 되풀이하지 않도록 하기 위해 펜을 잡았을 뿐이라는 것이다. 퇴임 이후에도 공공 부문에 도움이 되길 바라는 마음으로 고행苦行을 마다하지 않은 의지가 엿보였다. 평소 저자로부터 느껴왔던 공인公人으로서의 책임감을 다시 확인할 수 있었다.

저자는 책에서 신용보증기금 이사장으로 지낸 약 4년간의 주요 경영 활동을 '리더십'이라는 프레임을 통해 되짚어본다. 처음으로 금융 공공기관장이 된 저자는 고민 끝에 본인 리더십의 구성 요소로 혁신·공익·신뢰·협력을 택했다. 그는 이 네 가지 가치는 각각의 독립적인 가치로서도 중요하지만, 각 요소가 결합되면 '신뢰에 기반을 둔 협력과 혁신을 통한 공익 추구'라는 공공기관과 공공기관장의 목표가 된다고 설명한다. 국민-정부-공공기관 간의 복複주인-대리인 구조와 급변하는 경영 환경하에 놓인 공공기관의 출발점과 지향점을 동시에 담고 있어 절로 무릎을 치게 되었다.

책에는 네 개의 리더십 구성 요소를 선정한 이유부터, 혁신 노력과 성과, 직원들과 쌓았던 소소한 추억까지 재임 기간 동안 있었던 일들이 총망라되어 있다. 하지만, 집필 의도에 충실하게 전반적으로 성과보다는 추진 배경, 장애 요인, 문제 해결 노력 등 과정에 상당한 페이지를 할애했다. 특히, 기관장으로서 겪었던 개인적인 번민과 본인만의 의사 결정 원칙을 솔직하게 공개한 부분들은 마치 남의 일기를 몰래 보는 듯한 착각을 일으켜, 독자로서 읽는 내내 몰입감을 유지할 수 있었다.

공공기관은 내가 연구자로서 평소 가장 큰 관심을 두고 있는 분야 중 하나이다. 공공기관을 정부의 정책 수단 정도로만 여기는 이들도 많지만, 공공기관에 대한 정치·경제·사회·문화 등 실로 다채로운 관점에서 진행되어온 논의는 공공기관의 중요성을 방증한다. 일상에서도 조금만 주의를 기울여 살펴보면, 정부 정책의 대부분이 공공기관을 통해 국민들에게 전달되고 있음을 깨달을 수 있다. 수도, 전기, 가스, 도로, 철도 등 우리 생활에서 너무나도 당연히 존재하는 것으로 인식하는 '보편적 서비스' 분야에는 어김없이 공공기관이 자리하고 있다. 공공기관이야말로 정부와 국민 사이의 가교架橋이자, 정책의 성패成敗를 가르는 키 플레이어라고 할 수 있겠다.

이런 관점에서 보면 공공기관장이라는 자리가 갖는 중요성은 더욱 부각된다. 그런데, 아직까지 우리나라 공공기관장들은 대부분 기관 밖에서 영입되는 것이 현실이며, 임기도 3년에 불과하다. 물론, 각 분야에서 다양한 경험과 지식을 쌓은 이들이 기관장으로 선임되기는 하지만 아무래도 취임 초기에는 업무나 조직문화 등 여러 면에서 낯설기 마련이다. 정도의 차이는 있겠지만, 업무 공백과 시행착오가 발생할 위험이 존재할 수밖에 없는 구조이다.

이 책 한 권이 그런 위험을 일소할 수는 없을 것이다. 하지만, 책을 읽고 나니 적어도 저자가 집필 목적은 충분히 달성하고도 남았다는 확신이 든다. 이 책을 다른 공공기관장이 읽는다면, 같은 길을 걸었던 저자의 경험담을 거울삼아 공공기관장으로서의 마음가짐을 새롭게 다지고, 본인만의 리더십을 확립하는 데에 큰 도움이 될 것이다. 공공기관장을 꿈꾸는 독자에게는 본인의 미래상을 그리는 데에 훌륭한 영감을 제공할 수 있으리라 믿어 의심치 않는다.

끝으로, 4년이라는 짧지 않은 기간 동안 우리 경제 발전과 코로나19 위기 극복 등 공익을 위해 애쓰신, 그리고 그 다사다난했던 과정을 한 권의 책으로 엮어 독자들과 기꺼이 공유해주신 저자께 진심 어린 감사와 존경의 마음을 전하고 싶다.

작가의 말

물리적 시간이 똑같더라도 의식의 시간은 각자의 경험에 따라 다르게 인식된다. 내게 지난 4년이 그러했다. 숨 가쁘게 달려온 시간이 고스란히 쌓였다. 고민과 소통의 시간이 더해져 더 묵직하게 느껴지기도 한다.

국무조정실장을 마지막으로 공직 생활을 마친 내게 정책금융기관 CEO라는 새로운 임무가 주어졌다. '자연인'에서 '공인'으로 옮겨 가면서 무거운 책임감이 안겨졌다. 더욱이 내가 취임한 2018년은 산업 간, 기술 간의 고전적 경계가 허물어지는 빅블러Big blur 현상이 확산되고 빅데이터와 플랫폼 경제 이슈가 부각되면서 불확실성이 증폭되는 시점이었다.

신용보증기금이 속한 금융업도 변화의 중심에 자리하고 있다. 카카오로 계좌를 개설하고 토스로 환전을 하며 로보어드바이저로부터 유망 주식을 추천받아 투자하고 네이버페이로 점심 값을 지불하는 '금융의 뉴노멀'이 일상이 되었다. IT 기반의 기업들이 금융시장에 진출함으로써 무한경쟁 시대가 도래하게 된 것이다. 그들은 빅데이터를 토대로 고객을 관리하고 기존에 구축한 플랫폼을 확장하여 고객가치를 창출하는 선순환을 일으키며 신新비즈니스 모델을 구축해나가고 있다. 이렇게 급변하는 환경의 변화는 위기인 동시에 기회이기도 하다. 민간의 영역뿐 아니라 공공의 영역도 경쟁의 레이스에 동참할 것을 강요받고 있다.

취임 후 어깨가 무거워졌다. 정책금융기관의 CEO 자리는 단순히 개인적 차원의 책무가 아니라 국가적·공적 소명이 부여된 중책이었다. 중소기업과 국가 경제의 성장을 위해 어떤 역할을 해야 할지 고민하기 시작했다. 신용보증기금을 단순 보증기관을 넘어 4차 산업혁명을 선도하는 혁신금융의 아이콘으로 만들어보고자 했다.

신용보증기금이 보유한 기업 정보를 바탕으로 기업 데이터 뱅크와 플랫폼 기능을 수행할 콘텐츠와 역량을 확보하고 혁신금융의 닻을 올렸다. 이를 통해 혁신 생태계를 조성하고 혁신금융의 대표 기관으로 자리매김할 수 있게 되었다. 또한 코로나19라는 미증유의 팬데믹을 극복하기 위해 전사적으로 노력하고 사회적 가치 실현에 기여하며 '공익'을 실천했다. 아울러 공공기관으로서 지속성장을 위한 탄탄한 기반을 마련하고 시장의 '신뢰'를 쌓아가기 위해 인사 운영, 성과 평가, 노사 관계를 선진적으로 개혁했다. 이 모든 것이 가능했던 것은 조직 구성원 모두가 혼연일체가 되어 '협력'의 문화를 만들어냈기 때문일 것이다.

이 책은 지난 4년간 신용보증기금이 혁신금융의 패러다임을 변화시켜온 이야기를 담고 있다. 임직원 모두의 땀과 노력이 깃든 도전과 성과 그리고 앞으로의 포부가 담겨 있다. 이는 단지 신용보증기금이라는 한 조직에 한정된 지엽적 경험과 지식의 축적만은 아니라고 본다. 국가 경제 발전이라는 동일한 미션을 수행 중인 모든 공공기관들의 숙명적 고민과 연대적 과제로 이어질 수 있다고 본다. 국가와 국가, 조직과 조직이 촘촘히 연결되어 있는 초연결사회에서 공공기관의 CEO와 임직원들이 불확실성을 극복하고 건설적 대안을 디자인하는 데 작은 지침서가 되길 희망하는 마음으로 정성껏 집필했다.

'여역수행주 부진즉되如逆水行舟 不進卽退'라고 했다. 물을 거슬러 올라가는 배와 같이 끊임없이 전진하지 않으면 이는 머무름이 아니라 곧 뒤로 퇴보하는 것을 의미한다. 급변하는 환경에 대한 빠르고 능동적인 대처와 미래 먹거리 개척을 위한 혁신을 고민하는 이들이 이 책을 통해 자그마한 통찰(insight)이라도 얻기를 바란다.

2022년 9월
윤대희

목차

2부

혁신
—새로운 도전으로 만드는 의미 있는 변화

공익
—국가 위기 극복과 사회적 가치 실현에의 기여

1장 공익에 입각한 위기 대응의 원칙

신뢰
—공공기관 지속성장을 위한 탄탄한 기반

4부

협력

5부

—안팎으로 힘을 모아 창출하는 의미 있는 가치

1부

공공기관장의 리더십

— 혁신, 공익, 신뢰, 협력

내가 중요하게 생각하는 가치는 크게 네 가지로 혁신, 공익, 신뢰, 협력이다. 넷은 어느 하나 빠짐없이 독립된 가치로서 내게 중요하다. 하지만 공공기관장이라는 특성을 고려한다면, 이 중에서도 공익을 가장 우선시해야 한다고 생각한다. 네 가지 가치의 관계를 정리해보면, 기본적으로 신뢰를 기반으로 삼아 협력과 혁신을 통해 공익을 추구하는 것이 곧 공공기관장의 나아갈 길이라고 할 수 있겠다.

1장

공공기관의 특성

神의 직장 vs 信義 직장

언젠가부터 공공기관(공기업)은 '신의 직장'이라 불리며, 취업 준비생들에게 선망의 대상이 되었다. 공공기관을 선호하는 이유로는 안정적인 고용 및 근무 여건, 높은 수준의 급여와 복지제도 등이 꼽힌다. 실제로 취업 포털 잡코리아에서 2020년 신입직 구직자 3,114명을 대상으로 실시한 취업 목표 기업 유형 조사에서도 공기업이 1위(42.3%)를 차지하며, 2위 대기업(20.1%)과 3위 중견기업(16.6%)을 큰 차이로 따돌렸다.

특히 금융 공공기관의 인기는 통상 수십 대 1에 달하는 신입직원 채용 경쟁률을 보면 공공기관 중에서도 상당히 높은 편이다. 추측건대, 금융 분야 업무의 전문성과 다른 업종에 비하여 상대적으로 연봉이 높다는 점 때문일 것이다. 검색 포털에서 '신의 직장'을 검색하면 연관 검색어로 '금융 공기업 준비'가 표시된다는 사실 또한 금융 공공기관의 인기를 방증한다. 신용보증기금의 경우에도 2022년도 신입직원 67명을 채용했는데, 총 2,334명이 지원하여 약 35 대 1의 경쟁률을 기록했다. 언론에서 낙타가 바늘구멍을 통과하는 것에 비유할 만했다.

취업 시장뿐만 아니라 정부, 국회 또는 일반 국민들 사이에서도 공공기관은 '신의 직장'이라 불린다. 하지만 이 경우에는 같은 단어임에도 내포된 뜻과 용례가 사뭇 다르다. 취업 준비생들이 선망의 대상이라는 뜻으로 사용하는 이 단어가 정부와 국회 등에서는 공공기관의 방만 경영을 꼬집을 때마다 등장한다. 특히 국민경제가 좋지 않은 상황에서 공공기관은 '철밥통'을 지키는 데에만 급급한 모습을 지적할 때 동원된다. 보통 이런 경우 '세금 도둑'의 프레임이 함께 등장하며, 임금 동결이나 반납 등의 후속 조치가 이어지곤 한다. 국민의 혈세로 운영되는 공공기관의 임직원은 개인의 사익이 아닌 국민의 공익을 우선적으로 추구해야 한다는 시각이 보편적이기 때문일 것이다.

정부에서는 이러한 시각에서 비롯된 공공기관 정책을 실행하기도 한다. 복지제도 축소를 통한 방만 경영 해소와 공공기관 통폐합 등 기능 조정을 주요 내용으로 하는 '공공기관 선진화' 정책이 그 대표적인 예다. 이런 과정을 거치며 공공기관 임직원 사이에서는 공공기관이 더 이상 '신의 직장'이 아니라 '신이 버린' 혹은 '신이 다니던' 직장이라는 볼멘소리도 심심찮게 들려왔다. '정부에서 시켜서 했을 뿐인데 정책 실패의 책임을 공공기관에 전가한다'며 억울함을 호소하는 경우도 있었다.

공공기관에 대한 선호도와 기대치는 사회·경제적 환경에 따라 달라질 수 있다. 하지만 공공기관이 사익보다 공익을 우선적으로 추진해야 한다는 국민들의 의식은 쉽사리 변하지 않을 것이다. 태생적으로 공공기관이

'神의 직장'이 아니라 국민에 대한 '信義'를 지키는 직장이 되어야 하는 이유이다.

민무신불립民無信不立

백성의 믿음이 없으면 서지 못한다는 뜻으로 국가와 정치는 백성의 신뢰로부터 성립할 수 있다는 말.

어느 날 제자 자공이 정치에 대해 묻자 공자가 말했다. "양식을 풍족하게 하고, 군대를 풍족하게 하고, 백성들이 군주를 믿게 하는 것이다." 자공이 세 가지 중에 부득이 버려야 한다면 무엇부터 포기하느냐고 묻자 공자는 군대라고 했다. 그다음으로 포기하는 것을 묻자 양식이라고 했다. 공자는 마지막까지 포기해서는 안 되는 것은 백성의 신임이라고 하며 "백성의 신의가 없으면 존립할 수가 없다(民無信不立)"라고 했다.

『논어』안연顏淵 편에서

공공기관의 설립 목적

공공기관은 정부가 공공서비스를 국민들에게 효율적으로 공급하기 위한 방안을 찾는 과정에서 설립되었다. 큰 정부든 작은 정부든 국민들이 기대하는 역할을 수행하는 과정에서 필요한 재화와 서비스를 모두 직접 제공하는 것은 불가능하기 때문에 전문성을 갖춘 공공기관을 설립하여 정부를 대신하도록 한 것이다.

우리나라에도 다양한 형태의 공공기관들이 존재하는데, 그 설립 동기는 시장 실패(market failure)를 교정하기 위한 경제적 필요성, 신속한 산업 발전을 위한 산업 정책적 필요성, 정치·사회적 측면에서 국가가 직접 안정적으로 산업을 운영하여 국민에게 필수적인 재화와 서비스를 공급할 필요성 등으로 분류할 수 있다.[*]

먼저, 시장 실패는 고전학파가 주장한 '보이지 않는 손'인 시장에 의한 자원 배분의 효율성이 공공재의 존재, 외부효과의 발생, 규모의 경제로 인한 자연독점, 정보의 비대칭성 등의 이유로 달성되지 않는 경우를 의미한다. 이런 상황에서 정부는 시장 개입의 명분을 얻게 되고 대개 공공기관을 통해 시장에 개입하여 실패를 보정하고자 한다. 우리나라의 경우 한국전력공사, 한국가스공사, 한국수자원공사, 한국통신 등이 이런 연유로 설립되었다고 볼 수 있다.[**]

또한 개발도상국가에서는 경제 성장을 촉진하기 위한 수단으로 공공기관을 설립하는 경우가 많다. 민간 부문에서 감당하기 어려울 정도로 높은 초기 투자비용이 소요되는 전력, 통신, 상수도, 철도 등 사회간접자본(Social Overhead Capital, SOC) 분야에서 특히 두드러진다. 수출이나 물가 안정, 중소기업 지원 등 정책 목표 달성을 위하여 공공기관을 설립하기도 한다. 한국전력공사, 한국철도공사 등이 전자에 해당하며, 대한무역진흥공사, 중소기업은행, 한국산업은행 등이 후자에 해당한다.

마지막으로, 공공기관을 설립하는 정치·사회적인 이유로는 정치적 신조, 국방 및 전략상 고려, 국가적 위신, 복지국가 추구 등이 있다. 예컨대

---

[*]   김준기, 『공기업 정책론』(문우사, 2014).
[**]   김재홍·남일종, 「민영화 입문」(1998).

사회주의경제 체제에서는 공공기관을 통해 국가 자원의 배분을 확대하는 경향이 강하며, 국방이나 전략상 중요 산업의 경우 국가 안전 보장을 위해 민간이 아닌 공공기관의 활약이 필요하다. 국가 재정 확충을 위하여 공공기관을 설립하는 경우도 있는데, 과거 우리나라의 전매청, 전매공사 등이 이에 해당한다.[*]

내가 몸담았던 신용보증기금은 정보의 비대칭성으로 인하여 발생하는 중소기업 금융시장 실패를 보완하기 위해 설립되었다고 볼 수 있다. 즉 시장에서 금융기관들이 대기업이나 중견기업에 비해 상대적으로 중소기업의 재무정보 등 신용도를 파악하기 어려워 여신 공여가 원활하게 이뤄지지 않는 문제를 해소하기 위한 것이다. 이와 더불어, 중소기업 육성을 통한 경제 성장 및 국민경제의 균형 있는 발전을 촉진시키는 역할도 수행하고 있다. 말하자면 시장 실패 보완과 경제 성장 정책이라는 복합적인 목적으로 설립된 기관이라 하겠다.

주인-대리인 이론

학계에서는 공공기관의 운영 원리 및 문제점을 '주인-대리인' 이론을 통해 설명하곤 한다. 이 이론을 간단하게 설명하면 이렇다. 주인은 전문성 부족 등 다양한 이유로 인해 본인이 직접 수행하기 어려운 일을 대리인을 통하여 수행한다. 이러한 관계하에서 주인이 대리인을 통해 본인의 목적

---

* 　김준기, 『공기업 정책론』(문우사, 2014).

을 효과적으로 달성하기 위해서는 대리인에게 재량과 보상을 제공함으로써, 대리인으로 하여금 주인에게 이익이 돌아가는 방향으로 업무를 수행하도록 계약을 체결해야 한다.

하지만 소유는 주인이, 경영은 대리인이 하는 소유·경영 분리 상태에서 정보의 비대칭성마저 존재하는 경우, 대리인의 도덕적 해이(moral hazard)나 역逆선택(adverse selection) 등의 문제가 발생한다.[*] 이러한 문제를 해소하기 위해서는 대리인이 주인의 이익과 목표를 위해 열심히 일할 수 있도록 모니터링을 강화하는 한편, 주인의 이익을 추구하는 것이 결국 대리인에게도 유리하도록 보상 구조를 적절하게 설정해야 한다. 즉 '주인-대리인' 이론은 제한된 여건하에서 최소의 노력으로 최대의 보상을 추구하려는 속성을 가진 대리인에게 주인이 적절한 유인동기를 부여함으로써 양자의 목적을 모두 달성하는 과정을 설명하는 이론이다.

이 이론을 민주주의 체제에 대입해보면, 국민이 주인이고 의회는 국민의 대리인이라고 할 수 있다. 한편 의회와 정부의 관계에서 입법과 감사 활동을 하는 의회는 주인, 정부는 대리인이 된다. 또한 공공기관과 정부의 관계에서는 다시 정부가 주인이 되고 공공기관이 대리인이 되는 구조이다. 정리하자면, 공공기관의 최종적인 주인은 국민이고, 국민의 대리인인 정부 부처에서 공공기관을 모니터링하며, 경영은 정부 부처의 대리인인 공공기관이 담당한다. 즉 한 명의 주인과 한 명의 대리인 사이의 관계가 아니라 복주인 및 복대리인(double principal and double agency)이라

---

[*] 주인이 대리인의 행동을 관찰할 수 없을 경우 도덕적 해이 현상이 발생하고 대리인이 주인보다 우월한 정보를 갖고 있을 때에는 역선택 현상이 발생한다.

는 복잡한 관계가 성립하게 된다.

각 주체는 큰 틀에서 '공익'이라는 동일한 목표를 추구한다. 문제는 공익의 개념이 추상적이고 포괄적인 상황에서, 각 주체의 구체적인 목표가 이해관계에 따라 상이할 수밖에 없다는 것이다. 예컨대 국민의 목표는 개인별로 천차만별일 것이고, 정부 부처 또한 국민을 위한 행정을 펼치면서도 부처의 이익을 나름대로 꾀할 것이며, 공공기관 임직원들 또한 공익을 추구하는 조직의 업무를 수행하지만 내부적으로는 임금이나 복지 등 구성원의 이익 최대화를 추구하기 때문이다.

이런 구조하에서 최상위의 주인인 국민 중 일부가 자신의 이익을 위해 공공기관의 운영에 관여하거나, 국민의 대리인이자 공공기관의 주인인 정부 부처가 정치적 목표를 추구할 경우 공공기관의 운영 방향은 그 영향에서 자유로울 수 없다. 앞서 언급한 대로 주인-대리인 문제를 해소하기 위해서는 적절한 보상체계의 설계가 필요하지만, 공공기관을 둘러싼 이러한 복합적인 관계 속에서 각 주체 간 이해관계 및 목표의 불일치를 해소할 수 있는 인센티브 구조를 만드는 것은 여간 어려운 일이 아니다.

공공기관의 설립 목적과 유형에 따라 정도의 차이는 있겠지만, 특히 공기업이라고 불리는 공공기관 유형의 경우 '공공성'뿐만 아니라 이윤 극대화로 대표되는 '기업성'을 동시에 추구한다. 따라서 경영 목표를 설정할 때 고려해야 하는 요인이 복잡한 것은 물론이거니와 상호 이율배반적인 목표 사이에서 최적점을 찾는 과정에 주인들(국민, 정부, 국회 등)이 중대한 영향력을 미칠 수밖에 없다. 공공기관장은 이런 환경에서 공공성, 기업성, 그리고 개인적인 목표와 효용까지 고려하여 경영 목표를 설정하게 되는데, 이를 공기업정책학에서는 아래와 같은 '공기업 최고경영자의 목적함

수'를 통해 설명하기도 한다.

$$\text{Max } V(x) = \alpha W(x) + \beta \Pi(x) + \gamma P(x)$$

위 함수식에서 x는 최고경영자의 선택 변수이며, α, β, γ는 최고경영자가 공기업이 추구하는 공공성(W), 기업성(Π), 개인적인 목표 및 효용(P)에 두는 상대적인 가중치를 각각 의미한다. 즉 α, β, γ가 커질수록 최고경영자는 각각 공공성, 기업성, 개인적인 목표 및 효용 추구에 더 많은 비중을 두게 되는데, 공기업의 공적 소유 및 공공 통제라는 특성 때문에 정부 정책이라는 환경적 요인이 행태의 변화(α, β, γ 값의 변화)를 일으킨다. 예를 들어, 수익성을 보다 중시하는 시장형 공기업의 경우 α값보다 상대적으로 β값이 클 것이며, 시장성보다 공공성을 더욱 중시하는 준정부기관의 경우 그 반대가 될 것이다.[*]

정책 환경 등에도 불구하고 개인적인 목표와 효용을 가장 중시하는 공기업 최고경영자의 목적함수에서는 γ값이 커지는 반면 상대적으로 α값과 β값은 줄어들게 될 것이다. 이런 경우라면 정부가 주인으로서 대리인을 효과적으로 통제할 수 없거나 통제에 실패한 상황이라고 할 수 있겠다.

결국 공공기관의 주인-대리인 문제를 최소화하는 일은 주인인 정부의 책임일 것이다. 이를 위해 정부는 공공기관 지배구조 개선을 통해 구조적으로 그 문제를 최소화하고자 노력하고 있다. 또한 공공기관 경영실적평가와 공공기관장 경영계약을 통해 모니터링과 인센티브를 강화하여 국민

---

[*]   김준기, 『공기업 정책론』(문우사, 2014).

과 정부의 목표와 공공기관의 목표를 일치시키려 하고 있다.

하지만 수많은 공공기관에 대하여 보편적으로 적용하는 경영실적평가의 특성상 정부가 제시하는 경영 목표는 포괄적일 수밖에 없어, 큰 틀에서 공공기관 경영의 방향성을 제시한다는 수준 이상의 의미를 찾기는 쉽지 않다. 그렇다고 다양한 목적과 동기에서 설립되어 상이한 기능을 하고 있는 공공기관*별로 핀 포인트pin point 경영실적평가 제도를 운영하는 것도 현실적으로 불가능하다. 공공기관장 개인별로 정부와 체결하는 경영계약도 기관의 특성을 보다 구체적으로 반영하긴 하지만 정부와 공공기관 사이에도 정보의 비대칭성이 존재하는 이상 기관장이 γ값을 최대화하려는 본능을 완벽하게 차단하는 것은 사실상 불가능하다.

정부가 공공기관의 설립 목적을 가장 효율적으로 달성하기 위해서는 제도적 장치를 통해 또는 공공기관장 스스로 목적함수상 최적의 α값과 β값을 찾도록 유도하여야 한다.** 주인-대리인 간 인센티브 시스템이 구축되어 있다면, 최적의 α값과 β값을 찾을 경우 최적의 γ값이 자연히 산출될 수 있기 때문이다. 하지만 현실은 그렇지 않다. 오히려 공공기관장 개인이 통제 가능한 γ값을 조정함에 따라 α값과 β값이 영향을 받는다. 즉 공공기관장이 공공성과 기업성을 최대화하기 위해서는 개인적인 목표와 효율(γ값)의 하향조정을 감수해야만 한다.

이러한 현실로 인해 공공기관장의 리더십은 더욱 중요하다. 복대리인

---

* 2022년 1월 기준으로 「공공기관의 운영에 관한 법률」에 따른 공공기관은 350개(공기업 36개, 준정부기관 96개, 기타공공기관 218개)이며, 2022년 6월 기준으로 「지방공기업법」에 따른 지방공기업은 411개에 달한다.

** α값을 극대화하는 것이 좋다고 생각할 수 있겠지만, β값이 일정 수준을 유지하지 못하면 정부 재정 부담으로 이어지므로 두 값 모두 중요하다.

구조의 최하위에 있지만 공공기관 내부에서는 최상위에 있는 공공기관장이 어떤 마음가짐으로 경영에 임하는지, 어떤 역량을 발휘하는지에 따라 국민들의 공익, 해당 기관의 수익과 정부 재정 부담, 임직원들의 만족도까지 결정될 수 있기 때문이다.

공공기관의 지배구조

기업지배구조(corporate governance)란 통상 기업 내부의 의사결정 시스템, 이사회와 감사의 역할과 기능, 경영자와 주주와의 관계 등을 총칭한다. 넓게는 기업 경영과 관련된 의사결정에 영향을 미치는 요소로 기업 내부의 의사결정 시스템은 물론 시장에 대한 규제, 금융 감독체계, 관행 및 의식 등이 망라되며, 좁게는 기업 경영자가 이해관계자, 특히 주주의 이익을 위해 제 역할을 다할 수 있도록 감시·통제하는 체계를 뜻한다.[*] 기업지배구조는 내부 지배구조와 외부 지배구조로 나눠볼 수 있는데, 내부 지배구조의 구성 요소로는 주주총회와 이사회, 내부 감사기구, 노동조합 등이 있으며, 외부 지배구조는 자본시장, 기관 투자가, 채권자, 시민단체, 경영실적평가 등으로 구성된다.

기업지배구조를 앞서 이야기한 주인-대리인 이론과 접목해보면 기업지배구조는 효과적인 내·외부 감시·통제 체계를 통해 기업의 주인인 주주와 그 대리인인 경영진 간의 주인-대리인 문제를 해소 또는 완화하기

---

[*] 기획재정부, 네이버 지식백과 시사경제용어사전(2017).

위한 장치로서 의미를 갖는다. 그래서 기업이 양호한 기업지배구조를 갖추면 그만큼 대리인 비용을 절감할 수 있고 이는 곧 기업의 경쟁력으로 이어진다고 할 수 있겠다.

공공기관의 경우 전술한 바와 같이 국민-국회-정부-공공기관으로 이어지는 복대리인 구조로 민간 기업과 비교할 때 상대적으로 이해관계가 복잡할 수밖에 없다. 또한 민간 기업과 달리 기업성과 공공성을 동시에 추구해야 한다는 경영 목표의 복합성 또한 효과적인 지배구조의 설계를 난제로 만든다. 게다가 주인인 국민은 개념적 존재일 뿐 사실상 부재 상태로 볼 수 있으며, 주주가 없는 형태의 공공기관도 많아 공공기관은 '주인 없는 기업'으로 불리기도 한다. 더군다나 독점 형태가 많고 주주가 없는 공공기관의 특성상 시장(금융시장, 주식시장 등)에 의한 감시·통제 기능도 사실상 미미할 수밖에 없다. 이런 상황에서 공공기관의 관리와 통제에 관한 가장 큰 책임은 결국 국민의 대리인이자 공공기관의 주인인 정부의 몫이 된다고 볼 수 있겠다.

OECD(Organization for Economic Cooperation and Development, 경제협력개발기구)의 「공기업 지배구조 가이드라인」(2005)을 바탕으로 2007년에 제정된 「공공기관의 운영에 관한 법률」―나 역시 대통령비서실 경제정책수석비서관으로서 법률 제정 과정에 관여했다―도 이러한 인식에서 비롯되었다고 볼 수 있다. 이 법률은 임원의 선임, 이사회와 감사기구의 구성, 경영실적평가, 경영공시 등 공공기관의 내·외부 지배구조에 관한 사항을 정하고 있다. 특히 이 법률에 따라 설치된 공공기관운영위원회(위원장은 기획재정부 장관)는 공공기관 경영 전반에 걸쳐 영향력을 행사하고 있어 중요한 외부 지배구조 요소 중 하나라고 할 수 있다. 그 밖에 국민의 또 다른 대리인인 국회와 감사원 역시 외부 지배구조의 구성 요소로서 국민의 의견을 전달하고 감사 활동 등을 통해 공공기관 감시·통제 기능을 수행하고 있다. 따라서 공공기관장에게는 이러한 지배구조에 대한 올바른 인식을 바탕으로 다양한 이해관계자들과 원활한 소통과 조정을 통해 건전한 지배구조를 형성해나갈 능력이 요구된다고 하겠다.

대리인 비용: 기업의 주체(주주, 채권자)와 대리인(경영자)과의 상충된 이해관계로 인하여 발생하는 비용으로 다음과 같이 구분할 수 있다.

① 감시 비용(monitoring cost): 대리인의 행위가 주체의 이익으로부터 이탈하는 것을 제한하기 위하여 주체가 부담하는 비용.
② 확증 비용(bonding cost): 대리인이 주체에게 해가 되는 행위를 하지 않고 있음을 확증하기 위해 대리인이 부담하는 비용.
③ 잔여 손실(residual cost): 대리인의 의사결정과 주체의 입장에서 본 최적의 의사결정 사이에는 괴리가 발생하는데 이러한 괴리로 말미암아 주체가 감수하게 되는 부의 감소.

《매일경제》, 네이버 지식백과

2장

공공 부문의 리더십

공공 부문 리더십 이론의 변천

조직의 형태나 규모에 따라 차이는 있겠지만 리더는 조직의 성과나 운영 방향, 조직문화 등 다방면에 중대한 영향을 미치게 마련이다. 흔히 이야기하는 'CEO 리스크'라든가 'CEO 프리미엄'이라는 말을 보더라도 리더가 조직에 미치는 영향력과 중요성이 상당하다는 사실은 이미 모두가 인정하고 있다.

리더의 역량·성향·행동과 조직의 성과 사이에 인과 관계가 있다는 인식은 경영학, 행정학 등 학계에서 리더십을 하나의 중요한 연구 대상으로 발전시켜왔다. 연구 초기에는 조직의 훌륭한 성과를 이끌어낸 '성공한 리더'의 특성에 주목하는 특성 이론이 제시되었고 이후에는 리더의 행동에 주목한 행동 이론, 리더와 팔로워의 상호 교환 관계에 중점을 둔 거래적 리더십 이론도 나타났다. 1980년대에 들어서면서는 '변화'와 '혁신'이라는 키워드가 글로벌 트렌드로 자리 잡는 가운데 변혁적 리더십 이론이 주도적 이론으로 부상했다.[*] 이후에도 사회·경제·기술 등 환경 변화에 따라 다양한 리더십 유형이 제시되어왔다.

이렇게 활발한 리더십 연구의 대부분은 민간 기업을 대상으로 이루어졌다. 여러 이유가 있겠지만, 리더십과 성과의 상관관계를 찾기 위한 연구 과정에서 민간 기업을 대상으로 삼는 것이 조사 방법론적 측면에서 용이하다는 점이 작용했을 수 있다. 종속변수인 성과를 측정할 때, 민간 기업의 경우 '이윤 추구'라는 경영 목표 달성도를 공개된 재무 정보 등을 통해 쉽게 파악할 수 있지만, '공공성'과 '기업성'을 동시에 추구하는 공공 부문의 경우 명확하게 성과를 측정하는 것이 상대적으로 어렵기 때문이다.

공공 부문 리더(기관장)의 임기가 대부분 법률에 의해 단기간으로 제한되어 있고, 예산이나 인력 등 자원 동원 면에서도 제약이 존재하기 때문에 리더가 조직에 미치는 영향력이 민간 부문에 비해 제한적일 것이라는 인식도 그러한 연구 행태의 원인이 되었을 수 있다. 공공 부문에서는 리더가 조직에 미치는 영향력보다는 오히려 외부의 정치적 영향력이 훨씬 더 클 것이라는 생각이 팽배한 것도 사실이다. 따라서 공공 부문의 리더십 연구는 민간 부문과 차별화된 특수성을 반영한 독립적인 리더십으로 자리매김하지 못한 채 민간 부문을 대상으로 진행된 일반 리더십을 공공 부문에 적용하는 수준에 머물렀던 것으로 보인다.

그러나 신공공관리론(new public management)이 퇴보하고 거버넌스와 신공공서비스론(new public service)이 부각되면서, 그동안 무관심했던

---

[*] 　김호정, 「21세기 공공 부문 리더십의 변화」, 《한국행정학보》 제51권, 2017년 봄.

'공적 가치'의 중요성이 부각되었다. 전 사회적으로 '공공선의 달성'이라는 공공 부문의 특성이 강조되고 그에 걸맞은 리더십이 요구되면서 공공 부문의 독자적인 입장에서 리더십 이론을 재구성하려는 시도도 나타났다. 오랫동안 주도적 이론으로 자리 잡아온 변혁적 리더십의 한계를 지적하는 한편, 새로운 이론으로 협력적 리더십과 윤리적 리더십을 권장하고 통합적 리더십의 유용성을 강조하는 흐름이 나타나게 된 것이다.[*]

협력적 리더십

협력적 리더십은 2000년대에 들어서며 주목받고 있는 공공 부문 리더십으로 조직 목표 달성에 필요한 이해관계자들과의 원활한 소통을 통해 협력적 네트워크를 형성하고 이를 활용할 수 있는 리더십을 말한다. 이는 행정 부문에서 공동의 문제 해결을 위해 관련 이해관계자들의 책임 있는 참여와 협력을 중시하는 '거버넌스'가 부각되는 트렌드와도 맞닿아 있다고 볼 수 있다.

글로벌화와 4차 산업혁명 등으로 초연결 사회에 접어들며, 과거에는 우리 회사만의, 우리 지역만의, 우리나라만의 문제였던 이슈들이 이제는 모두의 문제로 확대되었다. 지구온난화 등 환경 문제나 국가 간 무역 관계와 같은 경제 문제, 최근 모두가 통감하고 있는 코로나19와 같은 전염성 바이러스 문제에 이르기까지 이제는 어느 특정 조직이나 국가만의 노력

---

[*]   김호정, 「21세기 공공 부문 리더십의 변화」, 같은 책.

으로는 해결이 불가능한 문제들이 시시각각 속출하고 있다. 사회 구성원 모두에게 해당하는 공공의 문제를 해결하는 것이 정부나 공공기관 등 공공 부문의 몫이라는 점을 생각하면, 공공 부문의 대표적인 리더십으로 협력적 리더십이 주목받게 된 것은 당연하다고 할 수 있겠다.

문제가 발생하였을 때 '나를 따르라'를 외치며 앞장서 해결하려는 의지와 도전 정신이 리더의 미덕으로 여겨지는 시대는 지났다. 그보다는 소속 조직이 맞닥뜨리게 될 문제들을 예견하고 가장 효율적으로 문제를 해결하기 위해 협력이 필요한 키 플레어들과 평소에 긴밀한 네트워크를 구축하여 필요시 언제든 손쉽게 동원할 수 있는 역량이 리더에게 요구된다. 특히 복대리인 구조와 복잡한 내·외부 지배구조하에 있는 공공기관의 리더에게는 다양한 이해관계자들과 소속 조직, 또는 소속 조직 내 부문 간의 갈등을 최소화하고 원활한 협력 관계를 형성·촉진하는 퍼실리테이터 facilitator로서의 역할이 무엇보다 중요하게 된 것이다.

윤리적 리더십

윤리적 리더십은 "개인 행위와 대인관계를 통해 규범적으로 적절한 행동을 보이고 쌍방적 의사소통, 강화(reinforcement), 의사결정을 통해 부하에게도 그러한 행동을 촉진시키는 것"을 의미한다.[*] 과거에도 윤리성은

---

[*]   Brown M. E. 외, 「Ethical leadership: A social learning perspective for construct development and testing」(2005).

리더가 갖추어야 할 항목으로 언급되곤 했으나, 윤리적 리더십으로 발전된 것은 2000년대에 들어서면서부터라고 할 수 있다.

1980년대 마거릿 대처 정부와 로널드 레이건 정부가 추진한 시장지향적인 정부 개혁을 표방하는 신공공관리론에 따른 행정 개혁 노력에도 불구하고, 공공 부문은 비효율, 부정부패 등의 문제로 질타를 받으며 국민들의 신뢰를 잃게 되었다. 그러면서 공공 부문에서는 신뢰, 윤리적 리더십 등의 가치와 중요성이 부각되었다.

한편 민간 부문에서는 2001년 미국의 엔론Enron사 사태로 기업 윤리에 대한 세계적인 관심이 집중되었다. 그리고 불과 얼마 지나지 않은 2003년 SK글로벌의 분식회계 사건이 밝혀지면서 국내에서도 기업의 이윤 못지않게 윤리경영과 사회적 신뢰가 중요하다는 인식이 확산되었다. 이런 일련의 사건들은 기업의 수익성 저하는 다시 회복할 수 있지만, 윤리적 실수는 단 한 건만으로도 치명적일 수 있음을 우리 모두에게 일깨워주었다.

이러한 사회적 인식 변화와 함께 청렴성, 반부패, 도덕성 등으로 대표되는 윤리적 리더십도 하나의 독립적인 리더십으로 부상했으며, 특히 공공 부문에 최적화된 리더십 중 하나로 자리매김하게 되었다. '윤리적'이라는 개념이 추상적인 만큼 윤리적 리더십의 구성 요소에 대하여도 다양한 논의가 있다. 그중에서도 공공조직의 윤리적 리더십의 중요한 구성 요소로는 '인간지향', '정의', '사회적 책임성', '절제' 등이 꼽힌다.[*]

'인간지향'은 다른 사람들을 존엄과 존중으로 대하고 그들을 수단이 아닌 목적으로 인식하는 것을 의미하며, 이는 리더의 부하에 대한 권리 인

---

[*] 김호정, 「21세기 공공 부문 리더십의 변화」, 같은 책.

정, 동정, 관심으로 표현될 수 있다.[*] '정의'는 공공성과 준법성이 핵심 요소인데 정직, 일관성, 차별 없는 대우를 전제로 하며, 다른 사람에 대한 존중을 기초로 한다. '사회적 책임성'은 개인과 사회에 대한 책임은 물론, 환경과 미래 세대에 대한 관심과 배려까지 포괄하는 개념이다. '절제'는 자제와 겸손을 포함하는 개념으로, 자신의 권한 강화나 가시적 성과에 지나치게 집착하거나 직위를 이용해 부당한 이득을 추구하지 않으며, 부하에 대해 지시나 명령보다는 지원과 협력하는 자세를 갖는 것을 의미한다.[**]

---

[*]   Eisenbeiss, S. A., 「Re-thinking ethical leadership: An interdisciplinary integrative approach」, 《The Leadership Quarterly》 23호, 2012년.

[**] 김호정, 「공공조직의 윤리적 리더십」, 《한국조직학회보》 제10권 제2호, 2013년.

3장
내가 생각하는
공공기관장의 리더십

네 가지 가치: 혁신, 공익, 신뢰, 협력

다양한 리더십 유형들이 리더로서의 성공에 참고될 수 있겠지만, 리더십은 남에게서나 밖으로부터 가져와 별도로 익히는 것이라기보다는 본인의 가치관, 경험, 지식 등 내면의 자연스러운 발로라고 생각한다. 공공기관장으로 임명될 정도의 인물이라면 그 전에 이미 다양한 자리에서 실무자 및 리더로서 지식과 경험을 쌓으며 본인만의 리더십을 형성해왔을 것이다. 따라서 공공기관장의 리더십은 완전히 새롭게 구축하는 것이라기보다는 그동안 축적해온 본인만의 리더십을 공공기관이라는 특수한 환경과 개별 기관의 설립 목적 등에 맞춰 조정함으로써 새롭게 빚어내는 것이라고 할 수 있겠다.

내 경우는 신용보증기금 이사장이 되기 전에 경제기획원, 공정거래위원회, 재정경제부, 대통령비서실 경제정책수석비서관, 국무조정실장 등의 자리를 거치며 30년이 넘는 꽤 오랜 시간 동안 경제 관료의 길을 걸어왔다. 다사다난했던 공직 생활의 여정에서 겪은 경험과 통찰, 인간관계, 가치관 등이 나만의 리더십 형성에 영향을 미쳤을 것이다. 취임 후에는 신용보증기금을 둘러싼 내·외부 환경과 기관장으로서의 새로운 경험이 기존의 리더십에 영향을 주어, 이사장이라는 자리에 가장 적합한 리더십으로 변모했다고 할 수 있겠다.

스스로 특정 유형이나 특정 인물의 리더십을 표방하거나 학계의 리더십 이론과 맞춰보며 내 리더십 유형을 분석해본 적은 없다. 다만 이사장 공모 과정에서 경영계획서를 작성하면서 공공기관장 자리는 처음이기에 과연 어떤 리더가 되는 것이 바람직할 것인지 곰곰이 생각해보게 되었다. 그 시작은 '나는 그동안 어떤 리더였는가?'라는 자문自問이었고, 그에 대한 답은 내가 중요하게 생각하는 가치의 문제로 귀결되었다. 그 가치가 곧 내 리더십의 중심에 자리하고 있다는 것도 분명하다. 물론 이사장 취임 후에는 그 가치관을 신용보증기금의 설립 목적, 지배구조, 경영 자원 등 고유 특성에 맞춰 일부 조정해야 했지만, 이는 적용 방식의 문제일 뿐 그 본질은 변치 않았다.

내가 중요하게 생각하는 가치는 크게 네 가지로 혁신, 공익, 신뢰, 협력이다. 이 네 가지는 어느 것 하나 빠짐없이 독립된 가치로서 내게 대단히 중요하다. 하지만 공공기관장이라는 특성을 고려한다면, 이 가운데에서도 공익을 가장 우선시해야 한다고 생각한다. 네 가지 가치의 관계를 정리해보면, 기본적으로 신뢰를 기반으로 삼아 협력과 혁신을 통해 공익을 추구하는 것이 곧 공공기관장의 나아갈 길이라고 할 수 있겠다. 그래서 이 책은 내가 중요하게 생각하는 이 네 가지 가치의 관점에서 이사장으로서의 경영 활동을 되돌아보며 이야기 형식으로 정리한 결과물이라고 할 수 있다.

신용보증기금 이사장에 지원한 이유

나는 정책 조정 책임 장관인 제12대 국무조정실장을 끝으로 공직에서 물러났다. 이후에는 한국증권선물거래소 등에서 비상임이사로서 기관 경영에 대한 경험을 쌓기도 했고, 가천대학교 석좌교수로 대학캠퍼스에서 학생들에게 내 지식과 경험을 전수해주면서 나름의 보람을 느끼며 생활하고 있었다. 또 우리나라의 경제개발 경험을 개발도상국에 전해주는 지식공유사업(Knowledge Sharing Program, KSP) 사업의 수석고문으로서도 활발한 활동을 이어나갔다.

그러던 중, 2018년 4월 신용보증기금 이사장 공모가 있으니 지원해보는 게 어떻겠냐는 권유를 주변에서 받게 되었다. 처음에는 막연히 내가 나설 일이 아니라고만 생각했다. 그런데 알아보니 이번 공모는 지난 2월 말부터 진행되었던 첫 번째 공모에서 정부에 추천한 인사에 대한 선임이 원활하게 이뤄지지 않게 되어 두 번째로 진행되는 공모였다. 관료 출신으로서 새 정부가 인물난을 겪고 있다는 이야기를 듣게 만들고 싶지 않다는 생각에 고민이 시작되었다. 돌이켜보면, 특히 신용보증기금이 중소기업을 지원하는 정책금융기관이라는 점에서 마음이 움직이기 시작했던 것 같다.

나는 공무원이 되기 전에 서울은행 신용조사부에서 중소기업 신용을 평가하는 업무로 사회생활을 시작했고, 공직자가 되어서도 경제개발 5개년 계획 수립에 참여하며 중소기업 분야를 담당하기도 했다. 공정거래위원회에서는 3년간 과장으로 대기업 주도의 경제 구조에서 어려움을 겪던 중소기업을 보호하는 일도 했다. 그때 대기업과 중소기업이 상생할 수 있는 생태계를 만들어야겠다고 마음먹었고, 청와대 경제수석과 국무조정실장으로 일하면서도 그런 생각들을 정책으로 옮기고자 각별한 노력을 기울였다. 물론 그땐 국가 전체적인 큰 틀에서 중소기업을 위한 환경을 조성하는 것이 주된 역할이었다.

신용보증기금 이사장이 된다면 그보다 훨씬 손에 잡히는 방식으로 중소기업을 돕는 역할을 할 수 있을 것 같았다. 그땐 그렇게 갑자기 옛 생각이 떠올랐고 또 알 수 없는 끌림으로 이사장 공모에 지원하겠다고 결심하게 되었던 것 같다. 국무조정실장까지 지낸 사람이 공공기관장 자리에 가는 것이 좀 망설여졌던 것도 사실이다. 국무조정실장이 공공기관장으로 부임할 경우 벌어질 수 있는 이런저런 논란도 예상되었다. '후배들에게 양보해야 하는 자리가 아닐까?'라는 생각도 들었다. 그런데도 한번 기울어진 마음을 돌이킬 수가 없었다.

공모 준비를 하면서 웃지 못할 일화도 있었다. 서울은행에서 근무했던 사실을 증명하기 위해 서울은행을 인수한 하나은행에 경력 증명서를 요청했더니, 당황스럽게도 전산 기록이 없다는 것이었다. 내가 분명히 근무했다고 이야기했더니 나중에야 찾았다고 연락이 와서 뒤늦게 간신히 시간에 맞춰 제출할 수 있었다. 면접도 치렀다. 면접 심사를 받는 입장이 된 것은 실로 오랜만이었다. 일곱 명의 위원들이 던지는 일반적인 질문은 물론 상당히 난해한 질문에 대해서도 하나하나 답변하면서 두 시간이 훌쩍 넘도록 면접이 진행되었다. 면접 전에는 살짝 긴장되었지만, 막상 면접 현장에서는 평소 갖고 있던 생각을 편하고 차분하게 이야기했던 것 같다. 임원추천위원회에서 나를 포함한 세 명을 선정하여 금융위원회로 보냈고 금융위원장은 그중에서도 나를 최종 선정하여 대통령께 제청했다. 머잖아 제22대 신용보증기금 이사장으로 내정되었다는 소식을 들었고, 임명장을 받게 되었다. 내가 원해서 지원했고 원하는 대로 결정됐는데도 어깨가 천근만근 무거워진 기분이었다. 새로운 자리는 언제나 사람을 긴장하게 만든다. 하지만 그런 긴장감 속에 녹아 있는 설렘이 또 새로운 도전을 하게 만드는 것 같다. 그렇게 도전해서 성공하며 새로운 보람을 찾는 과정을 반복하는 것이 인생인가 보다.

공공기관 기관장 선임 절차

공공기관의 기관장과 임원 인사는 「공공기관 운영에 관한 법률」(이하 '공운법'에 따라 진행되는데, 실제 운영에 필요한 세부사항 등에 대해서는 별도로 「공기업·준정부기관의 인사운영에 관한 지침」(기획재정부, 이하 '인사 지침')에서 정하고 있다. 그 내용을 중심으로 임명 과정을 살펴보면 다음과 같다.

공기업과 준정부기관이 약간 차이가 있는데, 신용보증기금과 같은 준정부기관의 장은 임원추천위원회(이하 '임추위')가 복수로 추천한 사람 중에서 주무 기관의 장이 임명한다. 반면 공기업의 장은 임추위가 복수로 추천하여 공공기관 운영위원회(이하 '공운위')의 심의·의결을 거친 사람 중에서 주무 기관의 장의 제청으로 대통령이 임명한다. 준정부기관 중에도 대통령이 기관장을 임명하는 기관이 있고, 공기업 중에도 주무 부처의 장이 임명하는 기관도 있는데 준정부기관과 공기업 기관장 선임 절차에서 가장 큰 차이는 공운위의 심의·의결 절차의 유무이다.

임추위는 명칭에서 알 수 있듯이, 공기업·준정부기관의 임원 후보자 추천과 기관장 후보자와의 계약 안에 관한 사항의 협의 등을 수행하기 위해 만들어지는 조직이다. 임기 만료가 예정된 임원의 후임자 선정을 위해서는 원칙적으로 해당 임원의 임기 만료 2개월 이전에 임추위를 구성해야 하는데, 위원은 해당 기관의 비상임이사와 이사회가 선임하되, 임직원과 공무원은 위원이 될 수 없다.

임추위는 기관의 성격·결원 예정 직위의 직무 수행 요건·기관의 업무 상황 등을 고려하여 공개 모집, 추천 방식, 두 방식의 병행 중에서 임원 후보자 모집 방법을 결정한다. 다만 공기업 및 준정부기관의 기관장에 대해서는 추천 방식만으로는 후보자를 모집할 수 없다. 이렇게 모집된 응모자와 추천된 자에 대하여 임추위에서 서류·면접 심사를 하고 3배수에서 5배수 범위에서 후보자를 선정하여 우선순위 없이 추천한다. 다만 직위 특성, 대상 직위 수 등 불가피한 사유가 있는 경우, 그 사유를 명시하여 3배수 미만으로 후보자를 선정·추천할 수도 있다. 이렇게 추천된 후보자 중에서 임명권자(공공기관 규모에 따라 대통령 또는 주무 기관의 장)가 기관장을 선임하게 된다.

퇴직 공무원의 경우 퇴직일로부터 6개월 이상이 경과해야 기관장으로 임명될 수 있다는 제약 조건이 있다. 다만 다음의 경우에는 그러하지 아니하다.

1. 주주총회나 출자자총회 등 사원총회의 의결 절차에 의하여 선임되는 경우.
2. 공개 모집 등 경쟁 방식에 의하여 선임되는 경우.
3. 정부 업무의 이관·위탁, 기관 업무 특성 등으로 해당 분야 퇴직공무원을 선임하는 것이 필요하다고 인정되는 경우.

인사 지침에는 공공기관 임원의 자격 요건을 보다 구체적으로 언급하고 있는데 다음과 같다.

1. 최고 경영자로서의 리더십과 비전 제시 능력.
2. 해당 분야와 관련한 지식과 경험.
3. 조직관리 및 경영능력.
4. 청렴성과 도덕성 등 건전한 윤리의식.
5. 기타 기관의 특성과 여건을 반영하여 특별히 요구되는 고유역량.

공공기관장의 임기는 3년이며 경영실적 평가 결과에 따라 1년 단위로 연임 여부를 결정하도록 되어 있다. 한편 경영실적이 부진한 기관장과 상임이사의 경우 「공공기관 경영평가편람」에 따라 기획재정부 장관이 공운위의 심의의결을 거쳐 임명권자에게 해임을 건의할 수 있다. 그리고 경영실적이 부진한 기관장과 상임이사가 중대 재해 발생에 귀책사유가 있는 경우에는 공운위에서 심의·의결을 거쳐 임명권자에게 해임을 건의할 수 있다.

올드보이

'올드보이의 귀환'. 내가 이사장으로 내정되자 언론은 내게 '올드보이'라는 닉네임을 붙여주었다. 당시 내 나이가 68세였으니 100세 시대라 해도 젊은 편이라 할 수는 없었지만, 기사의 논조는 참여정부 시절 대통령비서실 경제정책수석비서관과 국무조정실장을 지낸 이력으로 새 정부에서 논공행상식의 '낙하산' 인사를 자행했다는 것에 초점이 맞춰져 있었다.

나뿐만 아니라 다른 공공기관 인사 사례를 들며 '모피아Mofia'* 프레임도 동원했다. 판단력도 떨어지고 신체적으로도 업무 수행에 지장이 있는 '올드'한 사람들이 인맥을 발판 삼아 높은 연봉을 받는 공공기관 수장 자리를 손쉽게 꿰찬다는 뉘앙스였다.

'기사 한번 고약하게 썼다'라는 섭섭한 마음이 앞섰으나, 이내 공무원뿐만 아니라 공공기관 임직원 역시 나라의 녹祿을 먹으니 국민의 이목이 집중되는 것은 당연하고, 국민의 알 권리를 충족시키는 차원에서 언론이

---

* MOF(Ministry of Finance)와 마피아Mafia의 합성어로, 재무부 출신의 인사들이 정계, 금융계 등으로 진출해 산하기관들을 장악하며 강력한 영향력을 보여주면서 거대한 세력을 구축하는 현상을 발음이 비슷한 마피아에 빗대어 부르는 말.

하는 일이니 '쓸데없는' 일이라고만 치부할 수 없다는 생각이 들었다. 한편으로는 중소기업 지원기관 중 가장 큰 규모를 갖추고 있는 신용보증기금의 위상과 공공기관 CEO 자리의 무게감도 새삼 느낄 수 있었다.

나이만으로 '올드'의 여부를 판가름하는 것이 경솔한 경우가 많다. 식상한 표현이긴 하지만 나이는 숫자에 불과하다. 나보다 연배가 높으신 선배님 중에는 아직도 후배들이 따라갈 수 없을 정도의 열정으로 하루하루를 지내시는 분들이 허다하다. 신용보증기금 이사장 응모 전에 정부에서 고위직을 역임하셨던 선배님 한 분을 찾아뵌 적이 있었다. 사무실 책상 위에 우리나라 경제지는 물론 《파이낸셜타임스》, 《이코노미스트》 등 경제 전문 신문과 잡지들이 즐비했다. 한시도 긴장의 끈을 놓지 않고 세계 경제와 우리 경제 상황을 통찰함으로써 우리 사회에 기여하려는 선배님의 모습이 무척이나 인상적이어서 나 자신을 되돌아보는 기회가 되었다. 새뮤얼 울먼Samuel Ullman의 「젊음(Youth)」*이라는 시에서 읽었던 '젊음은 인생의 시기가 아니라 마음의 상태이다(Youth is not a time of life, it is a state of mind)'라는 구절이 떠올랐다.

사실 어느 공공기관이든 외부 인사가 기관장이나 감사 등으로 내정되면 해당 인사의 자질과 무관하게 '낙하산' 이슈가 불거지곤 한다. 언론은 물론이고 해당 공공기관 노동조합에서 출근 저지 투쟁에 돌입하는 것도 낯선 일이 아니다. 공공기관장 자리를 지낸 선배들은 이런 과정을 일종의 '통과의례'라고 귀띔해주기도 했다.

---

* 미국의 시인 새뮤얼 울먼(1840-1924)이 78세에 쓴 작품으로 맥아더 장군이 일본 점령군 최고사령관으로 도쿄에서 지낼 때 집무실 벽에 걸어두었던 애송시이며, 그의 연설문에도 종종 이 작품의 시구를 인용했다.

밖에서 본 신용보증기금

국민들 중에는 신용보증기금이 낯선 사람이 많을 것이다. '보증 잘못 서면 패가망신한다'라는 말 때문인지 기관명에 '보증'이 들어 있다는 사실만으로 괜한 거부감을 느끼는 이들도 있을지 모르겠다. 어느 부서장이 점심 식사 자리에서, 30년 전쯤 결혼을 앞두고 장인, 장모님께 인사를 드리러 갔더니 "그래, 상호신용금고 다닌다고 했던가? 뭐 하는 회사지?"라 물으셨다는 일화도 들었다.

하지만, 사업을 하시는 분들 중에는 신용보증기금을 모르는 분이 없을 것이다. 실제로 60만 개[*] 이상의 중소기업(소상공인 포함)이 신용보증기금을 이용하고 있으며, 최근에는 7~8만 개의 중소기업이 매년 새롭게 신용보증기금과 거래를 시작하고 있다. 담보가 부족한 중소기업과 창업기업에게는 자금 조달을 위한 최후의 보루이자, 자금난을 겪는 기업에게는 가뭄에 단비 같은 존재가 바로 신용보증기금인 것이다.

정부 입장에서도 신용보증제도는 경제·산업 정책을 펴는 데 있어 효율적이고 유용한 수단이다. 경제 안정기와 성장기에는 정책적 중점 육성 분야에 대한 자금 지원책으로 신용보증제도를 활용해왔다. 과거 경제가 급성장하는 시기에는 경제개발계획 등에 따라 제조업과 수출기업 등에 신용보증을 적극 지원하는 정책을 시행했고, 최근에는 혁신창업기업과 4차 산업혁명 관련 분야 등에 자금을 공급하는 주요 수단으로 제도를 활용하고 있다.

---

[*]   2022년 5월 말 기준 보증 잔액(위탁보증 포함) 보유 기업 수.

한편 신용보증기금은 국가 경제 위기 때마다 시장 안전판 역할을 수행해왔다. 1970년대 오일 쇼크, 1990년대 IMF 외환 위기, 2008년 글로벌 금융 위기, 2020년 코로나19 등으로 인한 경제 위기 때 소상공인과 중소기업은 물론 대기업과 금융기관을 위한 다양한 신용보증제도를 통해 금융시장과 실물 경기 안정화에 기여해왔다. 생계형 창업 특별보증, 시장안정 P-CBO 보증, 회사채 신속인수 제도 등이 대표적인 사례다. 그래서 평소에는 존재감을 잘 느끼지 못하더라도, 위기 상황이 되면 '구원투수' 또는 '소방수'라 불리며 세간의 이목을 끈다.

경제부처에 몸담고 있을 때 이런 모습을 많이 봐와서 그런지 신용보증기금을 떠올렸을 때 그려지는 첫 번째 이미지는 '든든함'이었다. 태양 같은 눈부심은 없지만 어둠을 은은하게 밝혀주는 달빛에 가까운 존재라고나 할까? 든든함과 은은함이 좋긴 한데, 자칫 무겁고 고루하다고 느껴질 수도 있을 듯했다. '보수성'으로 대표되는 공공기관과 리스크 회피 성향이 강한 금융기관의 특성까지 결합된 금융 공공기관 아닌가? 평생 기업 심사만 해온 직원들에 대해서는, '매의 눈'을 지닌, 바늘로 찔러도 피 한 방울 안 날 원칙주의자들일지 모른다는 우려마저 들었다.

이사장으로 취임하기 전까지 내가 갖고 있던 신용보증기금에 대한 막연한 이미지는 이러했다. 하지만 선입견은 아무 도움이 되지 않으며, 조직도 사람도 모두 겪어보지 않고선 모르는 법이었다. 새로운 눈과 마음가짐으로 신용보증기금을 이끌어가야겠다고 생각하며 취임 준비를 시작했다. 국민이 바라는 신용보증기금의 모습, 임직원들이 바라는 신용보증기금의 모습, 내가 바라는 신용보증기금의 모습을 한데 모아 취임사에 담았다.

'신용보증기금'이 운용하는 '신용보증기금'

신용보증기금은 국민연금, 공무원연금 등같이 「국가재정법」에 근거하여 「신용보증기금법」에 따라 설치된 기금이다. 이런 기금은 통상 관련 법률에서 기금을 관리·운영하는 자를 정하며, 이들을 통상 '기금관리 주체'라고 부른다. 예컨대, '국민연금기금'의 경우 국민연금공단이, 공무원연금기금의 경우 공무원연금공단이 기금관리 주체가 되는 것이다.

국민연금과 공무원연금의 사례처럼 대개 기금의 명칭과 기금관리 주체인 기관의 명칭은 다르다. 그런데 특이하게도 신용보증기금의 경우 '신용보증기금'이라는 기금의 명칭과 기금관리 주체의 명칭이 동일하다.

기금으로서의 신용보증기금은 1972년 '8·3 긴급경제조치'로 알려진 '경제의 안정과 성장에 관한 긴급명령'에 따라 전 금융회사에 설치되어 운영되었다. 이후 독립기관에서 신용보증 업무를 수행하도록 하기 위해 1975년 「신용보증기금법」이 제정·시행되며, 1976년 6월 1일 신용보증기금을 운영·관리하는 특수법인으로서 '신용보증기금'이 설립되었다.

신용보증기금은 기금명과 기관명이 동일하여 간혹 헷갈릴 법한데, 기관 설립 당시에도 기관 명칭에 대한 논의가 있었다고 한다. 처음에는 기금을 관리하는 기관의 이름에 '기금'이라는 명칭을 붙이는 것은 상상도 못 했기에 실무자들은 '신용보증재단', '신용보증공사', '신용보증공고', '신용보증은행', '신용보증협회' 등의 이름을 제시했다. 당시 부총리 겸 재정기획원 장관이었던 남덕우 전 국무총리가 최종적으로 '신용보증기금'으로 기관명을 정한 것은, 아마도 '국제통화기금(IMF)'이 기금을 의미하면서도 관리기관이기도 한 것에서 아이디어를 얻지 않았을까 싶다.

취임사: 나침반이자 리마인더

취임사는 새 기관장의 마음가짐과 포부는 물론 임기 동안 기관을 이끌어나가는 나침반이 될 경영방침을 임직원들에게 전하는 첫 번째 공식적인 메시지이다. 첫 메시지라는 상징적 의미 외에도 그 내용을 통해 임기 동안 기관의 방향과 목적지, 거리와 속도까지 가늠해볼 수 있다는 점에서 구성원들의 이목이 집중된다. 그뿐만 아니라 주요 고객인 중소기업, 업무 협력 관계를 유지하는 은행, '주인-대리인' 관계에서 신용보증기금의 주인 격인 정부 부처 등에서도 관심을 갖는다. 행여 의도와 다른 시그널이 전달되지 않도록 표현 하나하나에 주의를 기울여야 하는 이유이다.

나는 취임사를 통해 정책금융기관으로서 신용보증기금의 정체성을 환기하고, 기관을 둘러싸고 있는 경제·사회·정책 등 경영환경에 대한 명확한 인식을 바탕으로 지향점을 제시하고자 했다. 그리고 공공기관장으로서 중요하게 생각하는 가치를 공유함으로써 이를 이정표 삼아 함께 힘을 모아 추진할 일들도 취임사에 담았다.

가장 먼저 지난 42년간 중소기업의 동반자를 자처하며, 우리 경제의 위기 상황에서 '흔들리지 않는 버팀목' 역할을 해온 신용보증기금의 이사장으로 취임하게 된 것이 영광스럽다는 솔직한 마음을 전했다. 그리고 오늘의 신용보증기금이 있기까지 임직원들이 공익을 위해 기울인 피땀 어린 노력에 대한 감사의 뜻을 전했다. 경제 관료로서 우리 경제의 위기 때마다 제 역할을 해주는 모습을 지켜봤던 경험에서 우러난 진심이었다. 한편으로는 앞으로도 그런 든든함을 유지하기를 기대하는 개인적인 바람이기도 했다.

> 신보 가족 여러분! 어느덧 신보가 설립된 지 42년이 흘렀습니다. 그동안 신보는 중소기업의 동반자로 가장 앞에서, 가장 오래, 가장 멀리 달려왔습니다. 경제가 어려울 때면 누구보다 먼저 나서서 큰 힘이 되어주는 믿음직한 친구였습니다. 특히 외환 위기, 글로벌 금융 위기 상황에서 구원투수로 등판해 한국 경제를 굳건히 지켜내는 큰 역할을 해냈습니다. 이처럼 40여 년 세월 동안 우리 경제의 '흔들리지 않는' 버팀목이 될 수 있었던 것은 신보 임직원 여러분들의 피땀 어린 노력 덕분이었습니다.
>
> 취임사에서

이사장으로 취임한 2018년 6월 당시 우리 경제는 금리 인상, 보호무역주의 심화, 환율 변동성 증가 등 불확실성이 확대되고 있었다. 사회적으로는 인공지능(Artificial Intelligence, AI), 빅데이터, 네트워크 등 신기술에 기반을 둔 초연결 사회로의 진입을 알리는 4차 산업혁명이 사회적 화두로 부상하는 시기였다. 이러한 변화로 기존의 파이프라인 경제 모델도 플랫폼 경제 모델로 급속하게 전환하기 시작했다. 하지만 주요 고객인 중소기업들은 대부분 이러한 변화에 신속하게 대응하지 못한 채 악전고투하는 모습이었다.

나는 정책에 따른 보증 지원도 중요하지만, 신용보증기금이 단순한 정책 집행기관에서 벗어나 바뀐 환경에서도 중소기업들이 성장할 수 있는 경쟁력을 갖추도록 뒷받침하는 역할을 수행해야 한다고 생각했다. 그래서 취임사에 신용보증기금의 지향점이자 핵심 가치는 중소기업임을 밝히고 신용보증기금의 시대적 소명은 우리 경제의 패러다임을 대기업에서 중소·벤처기업으로 바꾸는 '게임 체인저Game Changer' 역할을 수행하는 것이라고 천명했다. 즉 성장 잠재력이 있는 중소기업을 발굴하고 강소기업으로 집중 육성하여 우리 경제의 주인공으로 도약하도록 해야 한다는 것이었다. 그리고 이 역할을 성공적으로 수행하기 위해 임기 동안 무게를 두고 추진할 네 가지 경영방침을 제시했다.

'어려운 때일수록 기본으로 돌아가라'는 말처럼 우리의 존재 이유를 다시금 살피고 나아갈 방향을 제대로 잡아야 합니다. 신보의 지향점이자 핵심 가치는 바로 고객인 '중소기업'입니다. 경제 패러다임을 대기업에서 중소·벤처기업으로 바꾸는 게임 체인저로 신보가 주도적으로 나서야 할 때입니다. 성장 잠재력이 있는 중소기업을 발굴하고 강소기업으로 집중·육성하여 우리 경제의 조연이 아닌 주인공으로 만들어야 합니다.

취임사에서

그 첫 번째는 신용보증기금이 '혁신 생태계' 조성자 역할을 수행하는 것이다. 이는 기업의 자금 조달을 위한 보증서를 발급하고 그치는 단순 지원 방식에서 탈피하여, 혁신기업 생태계의 선순환 구조를 구축하는 더 폭넓은 역할을 의미한다. 이를 위해서는 될성부른 스타트업을 선별하여 떡잎 단계부터 신용보증·신용보험·경영 컨설팅 등 다양한 양분을 공급함으로써 묘목을 거쳐 아름드리나무로 성장할 수 있도록 지속적으로 지원해야 한다. 즉 창업기업이 지속적으로 성장하여 강소기업으로 도약할 수 있는 옥토沃土를 제공하는 것이다.

그러나 혁신 생태계 토양에 튼튼한 뿌리를 내리지 못한 채 시들어버린 기업은 과감하게 가지치기를 해야 한다. 사전 구조조정을 강화하여 생태계 전반에 건전한 긴장감을 불어넣음으로써 악화가 양화를 구축驅逐하는 일을 방지하자는 것이다. 다만 혁신 역량을 바탕으로 성실하게 노력하였음에도 불의의 사고 등으로 실패한 기업은 낙인 없이 재도전할 수 있도록 제도적으로 뒷받침해주는 것도 생태계 조성자의 역할임을 강조했다.

첫째, '혁신 생태계' 조성자의 역할을 수행해야 합니다.

중소기업이 혁신하고 성장할 수 있는 '혁신 생태계'를 조성하고 실패 후에도 재도전하는 선순환 구조를 강화해야 합니다. 그 출발점은 성장 잠재력 있는 혁신 스타트업 선별과 보증, 보험, 컨설팅 등을 아우르는 융·복합지원에 있습니다. 특히 4차 산업혁명 관련 기업과 신산업 스타트업 기업이 '죽음의 계곡'이라는 성장통을 극복하고 강소기업으로 도약하도록 적극 지원해야 합니다. 창업 이후 지속가능하고 건실한 성장을 위해 기업의 성장단계별 맞춤형 지원을 확대하는 한편, 부실징후 기업에 대한 사전 구조조정을 강화하여 구조적인 체질 개선도 병행해야 합니다. 아울러 실패자가 다시 일어설 수 있는 재도전·재창업 환경을 더욱 개선하여 선순환 구조의 생태계 정착을 위해 노력해야 합니다.

취임사에서

두 번째로 고객 만족과 글로벌 신용보증기금을 제시했다. 공공기관장의 리더십을 이야기하며 언급했듯, 공공기관은 공익을 최우선으로 추구해야 한다. 신용보증기금의 공익은 결국 중소기업에게 양질의 서비스를 제공하는 것이다. 서비스의 품질은 서비스를 받는 주체인 고객이 만족할 때 인정된다. 고객이 없다면 존재의 이유가 사라지기에 고객 만족은 아무리 강조해도 지나치지 않다.

글로벌 신용보증기금은 기관의 사업 영역 확장의 의미도 있지만, 그보다는 실제로 많은 개발도상국에서 신용보증제도 도입에 관심이 지대하다는 것을 인지하고 있었기에 포함시켰다. 신용보증기금은 이미 오래전부터 다양한 국가에 신용보증제도를 전수해준 사례가 있다. 개인적으로는 이런 활동이 글로벌 차원의 협력이자 사회적 가치를 창출하는 사례라고도 보았다.

공직을 마치고 2010년부터 정부의 경제 발전 경험을 공유하는 지식공유사업(KSP) 수석고문을 맡아 베트남, 라오스, 아제르바이잔, 가나, 에티오피아, 남아프리카공화국, 콜롬비아, 코스타리카 등에서 직접 듣고 느꼈던 경험이 있어 나름의 자신감도 있었다. 금융시장이 취약한 개발도상국에 신용보증제도를 전수함으로써 국위를 선양하는 것은 물론, 내심 국내최대·최고의 신용보증기관을 넘어 세계적으로도 인정받는 보증기관으로위상을 높이고 싶은 기관장으로서의 욕심도 없지 않았다.

> 둘째, 고객 만족과 글로벌 신보를 위해 노력해야 합니다. 저는 첫 직장으로 서울은행 신용조사부에서 일했습니다. 기업 생존과 직결된 신용조사를 제대로 받고자 열심히 설명하고 설득하던 기업 관계자들의 모습이 지금도 눈에 선합니다.
>
> 우리 신보는 힘들고 절박한 중소기업이 언제든지 찾아와 기댈 수 있는 곳이 되어야 합니다. 투철한 윤리의식을 바탕으로 성심성의를 다하여 중소기업을 위하고 봉사하는 데 최선을 다해주시기 바랍니다.
>
> 저는 KSP 사업에도 오랫동안 참여했습니다. 많은 개도국들이 한국의 신용보증제도에 대해 지대한 관심을 보이는 것을 현장에서 확인할 수 있었습니다. 개도국에게 필요한 것은 돈이 아니라 성장 노하우입니다. 신보는 신용보증제도의 해외전수에도 노력해야 합니다. 개도국에 대한 신용보증제도 전수를 통해 해외로부터도 인정받는 글로벌 정책기관으로 성장할 수 있기를 기대합니다.
>
> 취임사에서

세 번째로는 일자리 창출과 사회적 가치 실현을 제시했다. 공공기관으로서 정부의 정책을 적극 실행하자는 것이다. 둘 모두 경제적 불평등과 양극화 등의 문제가 대두되던 당시 상황에서 공공기관으로서 등한시할 수 없는 문제였다. 금융당국 역시 포용적 금융정책을 천명하며 금융 공공기관들이 선도적 역할을 해줄 것을 기대하고 있었다. 개인적으로 공감하는 정책이었고 시장에서 상대적 약자라고 볼 수 있는 중소기업을 지원하는

신용보증기금이기에 고유의 업業을 활용하여 사회적 가치를 창출할 방법
이 제법 많으리라는 기대감도 있었다.

> 셋째, 일자리 창출과 더불어 잘사는 사회적 가치 실현을 선도해야 합니다. 최근 경제
> 적 불평등과 양극화의 해결책으로 사회적 가치 실현이 대안으로 부각되고 있습니다.
> 이제는 더불어 잘사는 경제를 만들기 위해 일자리 창출과 사회적 가치 실현에 신보가
> 주도적으로 나서야 할 때입니다. 사업 계획 수립부터 실행·평가 등 전 과정에 사회적
> 가치를 적극 반영함으로써 신보의 사업 수행을 통해 사회적 가치가 창출되는 경영환
> 경을 마련해야 합니다. 특히 정책금융기관으로서 시장논리에 치우친 부분을 바로잡
> 아 중소기업 및 사회적 약자 등을 아우르는 포용적 금융정책을 주도해야 합니다.
>
> 취임사에서

끝으로 행복하고 신바람 나는 일터를 만들자고 제안했다. 직원이 행복
해야 고객도 행복하게 만들 수 있다. 직원의 행복 지수가 경쟁력이 되는
시대이다. 이를 위해 무엇보다 소통이 원활한 열린 조직문화를 조성하는
것이 중요함을 강조했고, 공정하고 투명한 인사제도와 성과에 대한 합리
적인 보상, 일과 삶의 균형, 노동조합과의 동반자적 협력 관계 구축도 적
극적으로 추진해나갈 것임을 밝혔다.

> 끝으로 행복한 직원, 신바람 나는 일터를 만듭시다. 행복한 직원이 고객을 행복하게
> 만들 수 있습니다. 직원의 행복이 곧 기관의 경쟁력이 되는 시대입니다. 소통이 잘되
> 는 열린 조직문화를 만들어 다 함께 만족하며 일하는 일터를 만들어나갑시다. 공정하
> 고 투명한 인사제도를 마련하고 성과에 대한 합리적인 보상이 주어지도록 노력하며,
> 회사 일과 개인의 삶이 균형을 이룰 수 있도록 근무와 휴가 제도를 지속적으로 개선
> 해나갈 것입니다. 또한 행복한 신보를 만들기 위해 대화와 소통으로 노동조합과 동반

통상 취임사는 취임식 행사를 통해 이사장이 육성으로 임직원들에게 전달한다. 하지만 서울에서 오전에 이사장 임명장을 받고 대구 본사까지 내려오면 이미 오후 늦은 시간이 될 듯했다. 본사 직원들이야 어차피 앞으로 한 건물에서 마주치며 볼 텐데 강당에 수백 명의 직원들을 모아놓고 환영 꽃다발을 받는 취임식은 큰 의미가 없다고 생각했다. 그래서 바로 인트라넷을 통해 전국에 있는 직원들에게 취임사를 전달하기로 했다. 이 결정에는 언론을 통해 취임 메시지를 기업인들과 금융회사를 비롯하여 신용보증기금에 관심을 가진 국민들에게 하루빨리 전달해야 한다는 생각도 반영되었다.

대신 아낀 시간을 활용하여 첫 일정으로 신용보증기금의 주무 부처인 금융위원회의 간부들과 업무 협의를 하였고, 기획재정부와는 당시 현안이었던 정원 조정과 2019년 예산에 대해 협의하는 자리를 마련했다. 신용보증기금에서의 첫 일정은 본사가 위치한 대구에 있는 영업 현장을 방문하는 것이었다. 전체 직원의 80% 이상이 영업 조직에 근무한다는 점을 생각할 때, 상징성도 있거니와 고객 접점에 있는 직원들로부터 생생한 현장의 이야기를 들어보고 싶었다. 신용보증 업무를 수행하는 대구 지점이 있는 건물에는 마침 재기지원단과 채권관리단도 함께 있어, 다양한 현장의 목소리를 듣고 영업 조직 직원들의 근무 환경도 살펴볼 수 있었다.

처음 만나는 직원들이었지만 '이제부터 한 가족이다'라는 생각이 들어 그랬는지 친근하고 편한 느낌이 들었다. 물론 입장 바꿔 생각해보면, 아무런 정보도 없는 새 이사장을 처음 만나는 직원들에게는 이날이 그저 '긴장했던 하루'로만 기억될 수도 있었을 것이다. 공식적인 취임사에는 딱딱한 표현들이 많지만 직접 대면한 자리에서까지 그럴 필요는 없었다. 취임사에서 자세히 설명하지 못한 내용들도 말로 상세히 전달할 수 있었다. 짧은 시간이었지만 중소기업 경기와 영업 현장의 애로사항에 대해서도 전해 들을 수 있었다.

본점에서는 취임식을 생략한 대신 팀장급 이상 직원들과 간담회를 열어 간단한 상견례와 함께 업무 현안을 파악하는 자리로 활용했다. 그리고 부서별 업무 현황 보고 형식을 바꿔 모든 직원들을 직접 만나보기로 했다. 대개 이사장이 새로 취임하면 부서별로 업무 현황을 정리하여 부서장이 이사장 집무실로 찾아가 보고하는 방식으로 진행되지만 이번에는 내가 직접 부서장실을 방문하여, 전 직원들과 함께 앉아 이야기 나누는 '사랑방' 대담 형식의 자리를 마련한 것이었다. 내가 취임사에 담은 메시지를 직접 전달하는 한편 다양한 직원들의 목소리를 듣고 싶었기 때문이었다.

여기에는 취임사에도 언급한 '소통이 잘되는 열린 조직문화'의 첫 단추를 잘 꿰자는 의미도 있었다. 물론 이사장과 직원들이 같은 테이블에 앉는다고 바로 소통이 원활해지는 것을 기대하기는 어렵다. 직원들이 속내까지 모두 드러낼 리도 만무하다. 그러나 적어도 수평적 · 양방향 소통을 추구하려는 내 의도를 전달할 수는 있었을 것이다. 조직문화는 스위치 버튼을 누르기만 하면 드라마틱하게 바뀌는 것이 아니기에 이런 사례와 경험을 차곡차곡 쌓아나가는 것이 중요하다.

이사장으로서의 시작을 알리는 취임사는 그렇게 비대면 방식과 대면 방식을 병행하여 직원들에게 전달되었다. 취임 메시지를 효과적으로 전달하기 위하여 선택한 대면 방식은 비슷한 내용을 부서별로 반복해야 한다는 점에서 내게는 비효율적인 면도 있었다. 하지만 설명을 반복하는 과정을 통해 그 내용 하나하나의 의미를 곱씹을 수 있었고 내 머릿속에 더욱 또렷하게 각인시키는 효과도 있었다.

취임사에는 기관장으로서의 초심이 고스란히 담겨 있다. 3년이라는 법정 임기가 짧다면 짧고 길다면 길지만 정신없이 앞만 보고 달리다 보면 초심을 잃을 수 있고, 심지어 초심이 무엇이었는지 잊을 수도 있다. 임기 중에도 스트레스를 받거나 중요한 의사결정을 앞두게 될 때마다 다시 꺼내 읽었던 취임사는 나의 초심을 상기시켜주는 훌륭한 '리마인더 reminder'였다. 내 휴대전화에는 여전히 2018년 6월 5일 자 취임사 파일이 저장되어 있다.

대구 시민이 되다

신용보증기금 이사장으로 취임한 후 나는 주민등록지를 본점이 있는 대구광역시로 옮겼다. '어차피 업무상 서울과 대구를 오가며 일을 하는데, 주민등록지가 어디든 무슨 차이가 있겠냐?'고 묻는 사람들도 있을 것이다. 맞는 말이다. 남들의 시각에서는 형식적인 일에 불과하다고 할 수도 있겠지만, 내게는 나 자신의 마음가짐을 새롭게 하는 일종의 '의식儀式'과도 같았다고나 할까? 조금 더 가까이에서 회사와 업무를 더 챙기겠다는 스스로의 의지를 담은 행동이었다.

언젠가 권영진 당시 대구시장이 대구 혁신도시 소재 기관장들과의 간담회 자리에서 "신보 이사장님, 대구시에 세금도 납부해주시고 고맙습니다"라며 시정市政 책임자다운(?) 멘트로 반겨줬던 일도 기억이 난다. 아마 대구 혁신도시 기관장 중에 신보 이사장만 주민등록이 대구로 되어 있다는 신문 기사를 본 것 같다.

개인적으로 마음을 다잡는 차원에서 했던 상징적인 행동이었는데, 막상 주민등록지를 옮기고 나니, 금세 대구 시민의식이 마음 한편에 자리 잡았다. 길거리를 지나다니며 무심히 보던 대구시의 초록색 심벌이 팔공산과 낙동강의 이미지를 형상화한 것이라는 사실을 알게 되었고, "Colorful DAEGU"가 대구시의 브랜드 슬로건이라는 사실도 알게 되었다. 대구 지역에서 31번 확진자 발생으로 코로나19가 급격하게 확산되었을 때는 남의 일 같지가 않았고, 지역 경제에 대한 관심도 한층 커진 것 같았다. 가끔 언론에서 '공공기관 지방 이전에도 불구하고 정주율定住率이 낮다'는 비판 기사가 눈에 띄어도 떳떳할 수 있었다.

그리고 신용보증기금 본점의 가장이자 세대주가 된 느낌이 컸다. 아마도 이런 마음이 들어 본점에 처음 온 직원들을 따뜻한 마음으로 챙겨주고, 대구를 소개하는 프로그램도 만들어 자발적으로 참여할 수 있었던 것 같다.

매일경제

2019년 06월 15일 (토)
경제 12면

대구로 주민등록지 옮긴 신보 이사장

윤대희 신용보증기금 이사장(사진)이 주민등록지를 신보 본사가 있는 대구로 옮겨 눈길을 끌고 있다.

14일 금융권에 따르면 윤 이사장은 지난해 6월 신보 이사장에 취임한 이후 더욱 가까이에서 회사와 업무를 챙기겠다는 의지를 담아 주민등록을 최근 대구로 이전했다. 업무상 서울과 대구를 오가며 일하고 있지만 본사가 있는 곳으로 주민등록을 이전함으로써 신보에 대한 남다른 애정을 상징적으로 표현한 것이다.

이달 취임 1주년을 맞은 윤 이사장은 17회 행정고시에 합격한 이후 옛 공정거래위원회, 재정경제부 등을 거쳐 노무현정부 시절 청와대 경제정책수석비서관을 역임했다. 하지만 공직에 발을 들이기 전 윤 이사장의 첫 직장은 옛 서울은행이다. 윤 이사장이 신보에 온 계기도 당시 서울은행에서 중소기업 신용조사 업무를 담당했기 때문이다. 사회생활을 중소기업 신용 관련 업무로 시작한 만큼 중소기업을 위한 신용보증을 해주는 신보에서 그동안 쌓아온 경험과 노하우를 토대로 신보의 미래 기반을 마련하는 데 기여하겠다는 의지를 피력한 것이다.

실제로 윤 이사장은 취임 후 신보의 미래 먹거리를 마련하는 데 심혈을 기울여 왔다. 최근 신보가 발표한 '혁신아이콘 지원 프로그램'도 윤 이사장 취임 후 신보가 마련한 미래형 사업 중 하나다. '기업의 도전과 성장에 힘이 되는 동반자' 역할을 수행하기 위해 기업 가치 10억달러 이상인 유니콘 기업을 키워내는 것이 프로그램의 목적이다. 앞서 신보는 토스(비바리퍼블리카)와 야놀자 창업 초기 시절에 보증 지원을 해준 바 있다.

윤 이사장은 이 사업을 신보가 일반 보증기관에서 혁신생태계 조성 기관으로 전환하는 계기로 평가하고 있다.

김강래 기자

2부

혁신

― 새로운 도전으로 만드는 의미 있는 변화

결과물에 집착하기보다는 변화에 대한 두려움 없이 언제나 열린 마음으로 주변을 살피며 새로운 가치를 만들고자 노력하는 자세, 그리고 비록 작아 보이더라도 국민들에게 의미 있는 혁신이 더욱 중요하다는 것이 내 생각이다.

1장
새로운 도전의 시작

혁신의 진정한 의미

『표준국어대사전』은 '혁신'을 '묵은 풍속, 관습, 조직, 방법 따위를 완전히 바꾸어서 새롭게 함'이라고 정의한다. 대개 혁신이라고 하면 새로운 기술을 바탕으로 탄생하여 우리에게 소위 '신세계'를 가져다주는 첨단 제품이나 서비스를 떠올리게 마련이다. 이렇게만 보면 혁신은 '멋진' 것이다. 결과로서의 혁신, 소비자 입장에서의 혁신은 물론 그렇다.

하지만 그 결과가 나오기까지의 과정으로서의 혁신은 마냥 멋진 것만은 아니다. 오히려 '생존을 위한 처절한 몸부림'에 가깝다. 혁신의 '혁革'은 가죽을 뜻한다. 즉 혁신은 가죽을 통째로 바꾸는 일이다. 단지 멋있는 것을 원한다면 옷이나 액세서리로 꾸미면 될 텐데, 왜 가죽을 벗기는 끔찍한 고통마저 감내하며 완전히 새로운 모습으로 탈바꿈하려고 할까? 목숨이 달려 있으니 가능한 일이다.

혁신에 대한 논의는 꽤 오래전부터 기업 경영 부문이나 공공 행정 부문에서 꾸준히 이어지고 있다. 혁신의 대상, 범위, 실행 전략, 성과 측정 등 다양한 관점에서 논의가 가능하겠지만, 민간 기업의 경우 앞서 이야기했듯 혁신의 성패가 기업의 존폐를 결정짓는다는 데 방점이 찍힌다. 실제로 기술 발전에 따른 급격한 환경 변화의 흐름을 읽지 못하여 시장에서 도태된 수많은 국내외 기업의 사례들은 생존을 위한 혁신을 굳이 강조할 필요조차 없게 만들었다.

반면 공공 행정 부문의 정부 부처나 시장에서 독점적 지위를 누리는 공공기관의 혁신에 대한 논의는 민간 부문의 그것과는 온도 차가 있었다. 상대적으로 지속가능성 측면에서 위기의식이 덜한 탓인지, 생존을 위한 혁신보다는 더 나은 대국민 서비스 품질과 국가 예산 낭비를 막기 위한 경영 효율성 향상 등에 초점을 맞춰온 것 같다. 공공기관의 혁신은 정부 차원에서도 지속적으로 관심을 기울여왔다. 특히 참여정부 시절에는 '정부 혁신관리 기본계획'을 수립하여 범정부 차원의 혁신을 체계적으로 추진하는 한편, 혁신 수준 진단과 혁신 평가 제도를 통해 공공기관의 혁신을 독려했다. 이를 통해 '국민이 우리의 주인'이라는 명제하에 정부와 공공기관의 고객중심경영, 투명·윤리경영, 자율·책임경영 체계를 다져나가기 시작했다. 이후로도 정부는 「공공기관의 운영에 관한 법률」에 따른 경영실적평가 등 각종 제도를 통해 공공기관에 지속적인 혁신 노력을 요구하고 있다.

기관의 혁신이라고 하면 대부분 기존 관행이나 제도를 타파하고 새로운 것을 창조하는 거창한 일이라고 여긴다. 하지만 내가 생각하는 혁신의 개념은 그 범위가 좀 더 넓다. 혁신의 결과보다는 혁신 지향적인 태도 또는 과정에 초점을 맞춘 것이다. 즉 새로운 창조로서의 혁신뿐만 아니라 환경 변화를 예의주시하며 작은 변화도 민감하게 인식하고, 민첩하게 대응·적응하는 일련의 과정까지 포괄하는 개념이다. 물론 그 과정에서 완전히 새로운 무언가를 만들어낼 수도 있다. 하지만 결과물에 집착하기보다는 변화에 대한 두려움 없이 언제나 열린 마음으로 주변을 살피며 새로운 가치를 만들고자 노력하는 자세, 그리고 비록 작아 보이더라도 국민들에게 의미 있는 혁신이 더욱 중요하다는 것이 내 생각이다.

본능적으로 누구나 변화보다는 안정을 추구하게 마련이다. 그러나 리더의 자리에 앉으면 이야기가 또 달라진다. 전에 없던 새로운 성과를 만들고 싶은 욕심이 생기곤 한다. 공공기관장 자리도 마찬가지다. 기관장 임기내에 한 손에 꼽을 수 있는 나만의 업적을 쌓고 싶어진다. 당연한 마음이다. 기관장들의 이런 마음을 생각해보면 경직되고 보수적인 공공기관에는 기관장 교체 자체가 변화와 혁신의 자극제로 작용할 수도 있겠다. 문제는 연임 사례마저 드문 짧은 공공기관장의 임기가 기관장의 시야를 좁혀 단기간에 가시적인 변화를 이끌어낼 수 있는 분야에 혁신 역량을 집중하게 만들기 십상이라는 점이다. 자칫 기관장을 위한 혁신, 혁신 자체가 목적이 되는 혁신을 추진하게 될 공산이 큰 것이다.

공공기관장이 추구하는 혁신은 그 출발점과 종착점 모두 국민이 되어야 한다. 그러기 위해서는 국민의 입장에서 생각하고, 해당 공공기관과 관련된 시장의 목소리에 귀를 쫑긋 세워야 한다. 우리 기관이 국민과 시장의 눈높이에서 볼 때 부족한 부분은 없는지, 기대와 요구에 맞추기 위해서는 어떤 노력을 해야 할지 고민에 고민을 거듭해야 한다.

혁신의 목적과 방향이 국민 생각과 공익에 부합하면 조금 더디어도 괜찮다. 내가 추진하는 혁신은 전임 기관장들이 쌓아놓은 초석이 있었기에 가능한 것이고, 내가 완성하지 못하더라도 후임 기관장과 기관의 발전을 위한 주춧돌이 될 수 있다는 마음가짐이 필요하다. 변화에 대한 두려움은 혁신의 속도를 늦추지만, 성과에 대한 조급함은 자칫 소모적이고 낭비적인 가짜 혁신 활동을 야기할 수도 있기 때문이다.

소위 '파괴적 혁신'이라 일컫는 기존에 없던 새로운 것을 만들어내는 혁신도 좋지만, 기존의 것들을 조금씩 바꾸어나가는 '점진적 혁신'도 중요하다. 점진적 혁신을 위해 가장 필요한 것은 언제나 변화를 추구하는 마음가짐으로 일상을 살피며, 작지만 의미 있는 변화를 이끌어낼 수 있는 일들을 찾으려 노력하는 자세이다. 이는 기관의 혁신뿐만 아니라 기관장 개인의 혁신에도 똑같이 적용된다.

일신우일신日新又日新

중국 탕왕湯王이 반명盤銘에 새겨놓은 말로서, 진실로 하루라도 새로울 수 있거든 나날이 새롭게 하며 또 날로 새롭게 하라는 뜻. 날마다 잘못을 고치어 그 덕德을 닦음에 게으르지 않음을 의미.

* 반盤: 고대의 목욕용 용구의 일종으로 세숫대야 같은 것.
  원문: 苟日新 日日新 又日新

『대학大學』에서

혁신의 태동: 번민의 나날

취임 후 약 한 달은 쏜살같이 흘러갔다. 본점에서는 부서별로 업무 현황 보고를 받았고 대외적으로는 정부, 국회, 은행, 유관기관 등에 취임 인사를 다니는 빡빡한 일정을 소화했다. 그런 가운데 동선과 인접한 지역에 위치한 영업 조직들도 짬짬이 방문했다. 보고도 많이 받았고 회의도 많이 했고 기자도 참 많이 봤다. 사람도 많이 만나 명함 지갑을 가득 채워도 며칠 지나지 않아 가벼워졌다. 'Time flies'라는 말이 실감 나는 나날이었다.

본점 부서별 업무 현황 보고도 받고 인사도 웬만큼 돌고 나서야 숨을 돌릴 수 있었다. 이제 회사가 어떻게 돌아가고 있는지 어느 정도 알겠고 신용보증기금 분위기에도 익숙해졌다. 짬짬이 집무실에서 혼자 생각을 정리할 시간적 여유도 생겼고, 숙소에서 조용히 차 한잔할 마음의 여유도 생겼다. 혼자 곰곰이 취임 후 한 달을 돌아보았다.

밖에서 본 신용보증기금과 안에서 본 신용보증기금은 비슷한 점도 많았지만 다른 부분들도 제법 보였다. 직접 파악한 내부 현황을 바탕으로 취임 전에 구상했던 경영 계획을 수정할 필요성을 느끼게 되었다. 내 경영 계획의 가장 중요한 내용은 취임사에 담았던 것처럼 4차 산업혁명 시대, 플랫폼 경제 시대를 맞아 혁신 중소기업들이 무럭무럭 성장할 수 있는 생태계 조성을 주도하는 신용보증기금을 만드는 것이었다.

신용보증기금은 국내 최대 보증기관답게 체계적이고 안정적으로 돌아가고 있었다. 기업에 대한 신용조사·심사 역량을 바탕으로 기업 대출에 대한 보증뿐만 아니라, 중소기업의 회사채 발행을 지원하는 유동화회사보증, 민간투자 사업자에 대한 산업기반신용보증, 매출채권보험, 보증연계투자, 경영컨설팅 등 다양한 기업 지원 제도를 운영하고 있었다. 기금의 기본재산을 안정적으로 관리하며, 약 50조 원*에 달하는 보증 잔액을 효율적으로 관리하고 있었다. 금융당국과의 긴밀한 소통을 통해 새로운 경제정책 수립 및 집행에도 크게 기여하고 있는 모습이었다. 특히 당시 정부 정책에 따라 미래 산업 육성을 통한 경제 성장 동력 확충을 위해 유망 스타트업, 혁신기업, 신산업 분야에 대한 지원에 집중하고 있었다.

그런데 좀 더 큰 관점에서 보면, 지원 대상을 변경하면서 심사 시스템과 상품 체계를 업그레이드해오고는 있었지만, 신용보증기금의 역할은 자금이 필요한 기업에 대한 보증 공급에 머물러 있었다. 아쉬웠다. 혁신 생태계 내에서 기업들의 '돈맥경화'를 막아주는 중요한 역할이긴 했지만 생태계를 이끌어가는 역할보다는 여러 플레이어들 중 하나에 불과하다는 생각을 지울 수 없었다.

세상은 빅데이터, AI, 5G 등 ICT(Information and Communication Technology, 정보통신기술) 발전으로 4차 산업혁명 확산이 가속화되고 있었고, 이에 따라 전 산업에 걸쳐 디지털 트랜스포메이션**과 플랫폼화***가 보편화되고 있었다. 신생 핀테크 스타트업들이 거대 은행권을 위협하고, 빅데이터와 AI를 활용한 로보어드바이저와 테크핀**** 기업의 성장세

---

* 2018년 말 기준 일반보증 잔액과 유동화회사보증 잔액의 합계는 50.5조 원.
** Digital Transformation. 디지털 기술을 사회 전반에 적용하여 전통적인 사회 구조를 혁신시키는 것을 의미하며, 일반적으로 기업에서 사물 인터넷(IoT), 클라우드 컴퓨팅, AI, 빅데이터 솔루션 등 ICT를 플랫폼으로 구축·활용하여 기존의 통상적인 운영 방식과 서비스 등을 혁신하는 것을 의미한다. (한국정보통신기술협회, IT용어사전)
*** Platformization. 산업이 온라인 플랫폼을 중심으로 재구성되는 것. (국제영어대학원대학교 신어사전)
**** 2016년 중국 알리바바의 마윈 회장이 고안한 개념으로, IT 기술을 기반으로 새로운 금융 서비스를 제공하는 것이다. 이는 금융사가 IT 기술을 활용해 제공하는 핀테크와는 차이가 있다. (pmg 지식엔진연구소, 시사상식사전)

도 가팔랐다. 제아무리 철밥통 공공기관이라도 기존 방식만 고수해서는 가까운 시일 내 생존 자체를 위협받을 수도 있는 상황으로 보였다.

'Change before you have to'*라는 말이 시사하듯 환경 변화에 떠밀려 어쩔 수 없이 변화를 택한다면 이미 늦은 선택이다. 혁신 생태계를 주도하기 위해 무엇부터 해야 할 것인지 당장 머릿속에 명확하게 떠오르지는 않았다. 취임 전부터 막연하게나마 이런 큰 틀의 변화를 추진하고는 싶었지만, 그때는 신용보증기금에 대하여 제대로 파악하지 못한 상태였던지라 일단은 취임 후 임직원들과 고민할 일로 잠시 미뤄둔 터였다.

업무 현황 보고를 받으며 더 손에 잡히는 수준까지 아이디어를 발전시킬 단서들을 찾을 수 있을까 내심 기대했다. 그러나 특별히 그런 주문을 하지 않아서 그런지 귀가 솔깃할 만한 내용은 없었다. 그렇다고 방향 제시도 없이 무작정 혁신 방안을 만들라고 지시할 수도 없었다. 내 나름대로 생각을 정리하는 게 우선이었다.

이렇게 마음먹고 나니, 그 이후는 '번민'의 연속이었다. 공식 일정 사이에 비는 시간 동안 집무실에 혼자 앉아 있을 때나, 장거리 이동을 하는 기차간에서나, 잠자리 베갯머리에서도 고민은 계속되었다. 딱히, 명쾌한 답이 떠오르지 않았다. 그렇게 몇 날 며칠을 보내자 소화도 잘되지 않는 것 같았고 잠도 잘 오지 않는 날들이 이어졌다. 이런 고민에 대하여 허심탄회하게 이야기 나눌 만한 사람도 딱히 떠오르지 않았다. 리더는 외로운 자리임을 새삼 느꼈다.

---

* 제너럴 일렉트릭의 회장이었던 잭 웰치Jack Welch가 한 말.

미래 발전 태스크포스 팀

그러던 어느 날 업무 현황 보고를 담당하는 부서장이 찾아오더니 정식 본점부서는 아니지만, 업무 보고를 할 조직이 아직 남았다는 말을 전했다. 내가 취임하기 전부터 노사 공동으로 '미래 발전 태스크포스 팀(Task Force Team, 이하 'TF팀')'을 구성하여 다양한 경영 개선 방안을 마련하고 있다며, 별도로 보고를 받을 것인지 물어왔다. 혼자 끙끙대며 혁신 방향과 미래상을 구상하던 터였는데, 마다할 이유가 없었다. 이내 TF팀 사무실에 방문하여 현황 보고를 받았다. TF팀이 「New Vision 수립 검토서」라는 제목으로 작성한 보고서에는 신용보증기금이 안고 있는 다양한 현안에 대한 직원들의 문제의식과 해결책 등이 빼곡하게 담겨 있었다.

기관의 새로운 비전 수립부터 인사 제도나 내부 성과 평가 제도 개선을 통해 내부 갈등 및 불만 요인들을 해소하고 기관을 발전시키기 위해 노사가 머리를 맞대고 고민한 흔적이 엿보였다. 그동안 이런저런 이유로 원활하게 진행하지 못했던 일들을 기관장 교체를 계기로 함께 추진해보자는 의도였던 것 같다. 하지만 1·2급 직급 통합 운영 등 일부 과제는 내가 보기에 다소 이해되지 않는 면도 있었다. 전반적으로 볼 때, 대부분 기존에 산재해 있던 내부적인 문제 해결에 집중되어 있다는 생각이 들었다. 물론 이런 문제들도 중요하지만 내가 기대했던 신용보증기금의 미래 청사진과는 다소 거리가 있었다. 언뜻 봐도 사안 별로 관련된 담당 부서를 정하여 동그라미, 세모, 엑스 표를 치면서 차근차근 추진해나가면 해결될 수 있는 수준의 일들이었다.

기대가 너무 컸던 탓인지 약간의 실망감도 들었다. 하지만 노사가 한뜻으로 새로운 기관장과 함께 무언가를 바꾸기 위해 머리를 맞대고 고민하고 있다는 것만으로도 고무적인 일이었다. 아무리 위에서 혁신을 외쳐도 정작 혁신을 실행하는 주체는 직원들이기에, 직원들의 마음가짐을 확인했다는 것만으로도 큰 수확이었다.

당시 경영기획 부문 담당이사를 찾아 TF팀에서 검토한 내용이 기관 발전에 도움이 되는 내용이고 직원들이 원하는 내용일 테니, 사안별로 담당 부서에 전달하여 세부 실행방안을 마련할 것을 지시했다. 그리고 기왕에 '미래 발전'을 위한 TF팀을 만들었으니 신용보증기금의 새로운 미래 사업 구조나 새로운 역할에 대해 생각을 더 발전시켜보는 건 어떨지 한 번 검토해보라고 했다. 며칠 지나지 않아 새로운 TF팀 운영 계획안이 준비되었고 '새로운' 혁신을 위한 긴 여정이 시작되었다.

새로운 혁신의 방향

새로운 TF팀 출범 당시 내가 강조한 것은 크게 세 가지였다. 첫째는 기존의 사업 구조에서 탈피하여 새로운 사업 영역 발굴에 초점을 맞추는 것이었다. 신용보증 사업의 중요성을 부인하는 것이 아니었다. 4차 산업혁명의 물결로 급변하고 있는 산업과 시장 상황, 특히 금융권의 디지털 트랜스포메이션 현상이 가속화되는 현실을 고려한 것이었다. 아무리 정책적으로 신용보증제도가 필요하고 수요 초과가 지속되는 신용보증시장이라 하더라도 변화 없이는 미래를 보장할 수 없다고 판단했기 때문이다.

로보어드바이저가 등장하여 투자 자문을 하고 인터넷전문은행을 위시로 금융회사들은 시스템 평가를 통한 비대면 대출을 공급하고 있다. 신용보증이 언제까지 현행 오프라인 방식만으로 유지될 수 있을지 누구도 장담할 수 없다. 기존 제도 개선이나 혁신이 보증을 어떻게 더 잘하느냐의 문제였다면, 이제는 보증 말고 무엇을 통해 어떤 새로운 가치를 창출할 수 있느냐의 문제가 앞에 놓여 있는 것이다. 그동안 익숙했던 '점진적 혁신'을 유지하는 가운데 소위 '파괴적 혁신'을 함께 시도해보자는 의미였다.

구체적으로는 신용보증기금이 은행, 벤처캐피털, 정부 부처, 유관기관 등과의 네트워크를 활용하여 혁신기업과 이들을 연계하는 플랫폼 역할을 할 수 있는 방안을 모색해볼 것을 제안했다. 아울러 공공 데이터 개방 트렌드에 맞춰 우리가 보유한 방대한 기업 데이터를 빅데이터로 활용할 방안도 찾아볼 것을 지시했다.

두 번째는 철저하게 외부의 시각으로 접근해야 한다는 점을 재차 강조했다. 우리가 원하는 사업을 새로 시작하는 것도 중요하지만, 공공기관이란 무릇 국민들을 위해 존재하는 것이니 기업, 국민, 시장에서 필요로 하는 역할을 찾아야 한다는 의미였다. 다양한 외부 의견이 단지 참고의 대상이 아니라, 혁신의 출발점이 되어야 한다는 점을 역설했다.

이러한 혁신을 위해서는 무엇보다 외부의 솔직한 의견을 가감 없이 들어보는 절차가 선행되어야 한다. 이때 현행 법률이나 제도상 제약이라는 필터를 들이대선 곤란하다. 가려운 곳을 긁어주겠다고 팔을 걷고 나선 판에 '거긴 제가 긁을 수 없는 부위입니다'라고 한 발짝 내빼면 되겠는가?

몸에 좋은 약이 입에는 쓰다고 했다. 시간이 오래 걸리더라도 쓴소리를 해줄 외부 전문가, 고객, 노동전문가, 언론계 인사 등으로부터 다양한 의견을 충분히 들어볼 것을 요청했다.

끝으로 탁상공론은 철저히 배격하고 길게 내다볼 것을 주문했다. 아무리 좋은 생각이라도 실현이 불가능하면 공염불에 그친다. 물론 여기서 말하는 실현 가능성의 기준 시점은 현재가 아니다. 기업과 국민들에게 꼭 필요한 일이라면 당장 실현하지 못해도 방향성을 정립하고 법률 개정, 제도 개편, 예산·인력 확보 등을 긴 호흡으로 추진해나가야 한다고 생각했다. 허황된 논의는 배격하되, 당장 추진하기 어렵다고 포기할 것이 아니라, 우선 모두 테이블 위에 올려놓고 그 일을 해내기 위해 필요한 방법을 고민해보자는 의미였다. 이는 1~2년 혹은 내 임기 중에 실현하지 못하더라도, 향후에 같은 사안을 검토하는 누군가가 원점부터 시작해야 하는 낭비적 요인을 만들어서는 안 된다는 나의 평소 신념에서 비롯된 것이었다.

혁신 싱크 탱크의 출범: 미래발전위원회와 자문단

철저하게 외부 시각으로 혁신하겠다는 취지에서 다양한 분야의 외부 전문가들로 혁신 최고의사결정기구인 미래발전위원회(이하 '위원회')와 자문단을 구성하였다. 그리고 내부적으로는 혁신 관련 실무 전담 조직인 미래발전기획단(이하 '기획단')이 꾸려졌다. 전례 없는 규모의 내·외부 위원으로 구성된 혁신 TF팀이 탄생한 것이다. 기획단은 1~2개월 바짝 작업해 마무리하는 기존의 내부 TF팀과 달리 시간에 대한 압박감 없이 최소 6개월 이상이라는 시간적 여유를 갖고 긴 호흡으로 제대로 해보자는 의미에서 2018년 하반기 보완 인사 발령에 맞춰 별도의 정식 조직으로 출범시켰다.

위원회는 내부 위원 4명과 외부 위원 5명(위원장 포함)으로 구성했다. 외부 시각을 최대한 반영하기 위하여 외부 위원을 과반수로 한 것이다. 가장 중요한 위원장 자리에는 당시 국민경제자문회의 혁신경제분과 의장을 담당하던 김기찬 교수를 모셨다. 그리고 김주훈 한국개발연구원 수석 이코노미스트, 김준동 대한상공회의소 부회장, 서정희 매일경제TV 대표, 제정임 세명대학교 저널리즘스쿨대학원 교수(이상 당시 직책)가 외부 위원으로 참여해주었다.

내부 위원은 사업 구조 혁신과 미래 신사업 발굴 등이 혁신 TF팀의 주된 목적인 점을 고려하여 사업 담당이사 2명이 참여하기로 했다. 그리고 향후 혁신 실행 주체인 직원들의 대표로서 노동조합의 참여가 필요하다는 의견을 수렴하여 김재범 당시 노동조합 수석 부위원장도 위원회에 참여했다. 기존의 '미래 발전 TF팀'의 한 축을 담당하고 있었던 노동조합이 직원들의 의견을 가감 없이 전달할 창구 역할을 해줄 것으로 기대되었다.

미래발전위원회 외부 위원 명단

성명	소속	주요 경력	비고
김기찬	가톨릭대학교 (경영학부)	·現 국민경제자문회의 혁신경제분과 의장 ·前 세계중소기업협의회 ICSB 회장	위원장
김주훈	한국개발연구원 (KDI)	·現 한국개발연구원 수석 이코노미스트 ·前 규제개혁위원회 경제분과 위원	-
김준동	대한 상공회의소	·現 대한상공회의소 부회장 ·前 산업통상자원부 기획조정실 실장	-
서정희	매일경제TV	·現 매일경제TV 대표 ·前 MBN 매일경제 보도국장	-
제정임	세명대학교	·現 세명대학교 저널리즘스쿨대학원 교수 ·前 금융발전심의위원회 위원	-

*위원별 직책은 위원회 구성 당시 기준임.

　자문단은 혁신 계획 수립에 더 실질적인 도움이 될 수 있도록 관련 분야 전문가들로 구성했다. 특히 내가 중요하게 생각한 혁신 생태계 조성, 플랫폼 경제, 빅데이터 등과 관련된 분야에서 시장과 국민의 의견을 전달해줄 수 있는 전문가 위주로 선정하되, 향후 계획 추진 시 실질적인 협력 가능성까지 염두에 두었다. 외부의 솔직한 의견이 무엇보다 중요하다고 생각하여, 기획단장을 따로 불러 자문단을 구성할 때 신용보증제도를 없애야 한다고 주장하는 인사까지 포함시키라고 당부했다. 세계은행, OECD, IMF 등 국제기구에서는 우리나라의 신용보증을 축소해야 한다고 지적해왔으며, 학계에서도 신용보증제도가 구조조정을 지연시켜 '한계기업'을 양산한다는 논의가 이어져왔기에 이에 대해서도 충분히 논의해볼 필요성을 느꼈기 때문이다.

실제로 당시 금융행정혁신위원회 위원으로 활동하던 중앙대학교 박창균 교수는 섭외 요청에 '신용보증제도에 대해 비우호적인 목소리를 많이 냈는데, 나를 찾으시는 의도가 무엇이냐?'고 의심 어린 반문을 던지기도 했다. 실무자들이 혁신 추진 배경과 의미, 외부 시각에서 추진하려는 혁신 의지에 대해 설명하자 자문위원직을 수락했다. 평소 신용보증제도에 비판적 견해를 보인 것으로 알려졌던 박 위원은 이후 사회적 경제, 사전 구조조정, 정보 사업 진출 등에 대하여 다양한 의견을 제시하여 혁신 계획 수립에 큰 도움을 주었다.

우여곡절 끝에 2018년 8월 말에 이르러, 기획단은 학계 및 연구단체, 금융회사, 핀테크기업 및 벤처기업 관련 단체, 언론계, 유관기관, 신용보증기금 전 임원 등 총 12명의 자문위원 명단을 완성할 수 있었다. 자문위원들은 전문 분야 등을 고려하여 미래발전위원회의 4개 분과*에 각각 3명씩 참여하여 큰 힘을 보태주었다.

무려 17명에 달하는 외부 위원들 덕분에 혁신 TF팀은 '상자 밖에서 생각하라'는 미래학자 앨빈 토플러Alvin Toffler의 말처럼 신용보증기금이라는 틀에서 벗어나 미래 청사진을 그려나갈 수 있었다. 바쁜 와중에도 수차례에 걸친 전체·분과별 회의에 내 일처럼 열정적으로 참여해주고, TF팀 해체 이후에도 신용보증기금 발전을 위한 조언과 응원을 아끼지 않은 위원회 외부 위원분들과 자문위원분들에게 지면으로나마 다시 한번 진심으

---

* 미래발전위원회는 논의의 효율성을 높이기 위해 뉴 비전 분과, 신용사업 분과, 전략사업 분과, 미래 신사업 분과로 나뉘어 운영되었다.

로 감사하다는 말씀을 드리고 싶다.

미래발전위원회 자문위원 명단

성명	소속	직책	비고
구정한	한국금융연구원	중소서민금융·소비자보호연구실장	학계 (연구단체)
박창균	중앙대학교	중앙대 경영학부 교수	
황세운	자본시장연구원	금융위원회 민간전문가 파견심사위원	
김두일	연합자산관리	연합자산관리 기업 구조조정본부장	금융기관 (민간전문가)
김영덕	롯데액셀러레이터	롯데액셀러레이터 상무	
한준성	KEB 하나은행	KEB 하나은행 부행장	
신승현	핀테크산업협회	데일리금융그룹 대표	기업단체
안건준	벤처기업협회	벤처기업협회 회장	
권기정	미디컴	미디컴 부사장	언론계
권성희	머니투데이	머니투데이 금융부장	
오성탁	한국정보화진흥원	한국정보화진흥원 지능데이터단 단장	유관기관
조인강	-	前 신용보증기금 감사	前 임원

*위원별 직책은 위원회 구성 당시 기준임.

중장기 혁신 로드맵의 완성

2018년 12월, 혁신 TF팀이 「신보 혁신 5개년 계획(신보 미래 혁신 어젠다)」이라는 중장기 혁신 계획을 완성함으로써 약 6개월에 걸친 대장정에 종지부를 찍게 되었다. 혁신 TF팀이 한 역할은 크게 보면, 뉴 비전 체계 수립과 사업 혁신 방안 마련이었다.

우선 대내외 환경 변화와 혁신 방향을 반영하여 새로운 비전체계를 마련했다. 기존의 '기업이 행복한 세상, 함께 가는 Value Creator'라는 비전을 '기업의 도전과 성장에 힘이 되는 동반자'로 변경했다. '기업의 미래 성장 동력 확충과 국민경제 균형 발전에 기여'라는 미션과의 연계성을 높이고 동시에 다른 중소기업 지원기관과의 차별화를 꾀한 것이다. 위원회 회의, 기획단 회의, 임직원 대상 설명회 및 선호도 조사를 거친 결과였다. 그리고 비전 달성을 위한 네 가지 핵심 가치로 '고객', '혁신', '열정', '상생'을 선정했다.

새 비전의 실현을 앞당기고 혁신 TF팀에서 마련한 사업 혁신을 성공적으로 추진하기 위해 필요한 가치들을 고려하여 기관장 경영방침도 선정했다. 바로 '미래 도전', '지속가능', '소통 협력', '고객 신뢰'라는 네 가지 경영방침이다. 미래지향적이고 도전적인 기관으로서 지속가능한 사업 구조를 구축하고 내외부적으로 원활하게 소통·협력하는 가운데 고객과 신뢰 관계를 형성해나가자는 의미이다. 기관장의 경영방침인 만큼 당연히 내가 생각해왔던 공공기관장으로서 갖추어야 할 리더십 덕목(혁신, 공익, 신뢰, 협력)이 배어 있다.

이번 TF팀 운영의 가장 중요한 목적이라고 할 수 있는 사업 혁신 방안도 수립했는데, 5대 혁신 주제를 선정하고 주제별로 추진할 과제와 실행 계획까지 마련했다. 5대 혁신 주제는 새로운 비전을 실현하기 위해 추진할 목표이자 역할을 함축적으로 표현한 것으로, 열거해보면 '혁신 ICON

신보', '데이터 플랫폼 신보', '정책 No.1 신보', '포용성장 신보', '고객 중심 신보'이다.

먼저 '혁신 ICON 신보'는 혁신기업의 자발적 설립과 성장이 가능한 생태계 구축이 중요하다는 위원회의 의견을 반영한 것이다. 혁신기업의 창업과 지속 성장을 위한 혁신 생태계 조성을 신용보증기금의 주된 미래 역할로 설정했다.

두 번째로 '데이터 플랫폼 신보'는 신용보증기금이 보유한 기업 관련 빅데이터를 바탕으로 한 데이터뱅크와 플랫폼을 운영하는 신사업을 추진하는 것이 주된 내용이다. 빅데이터와 플랫폼 경제가 부각되는 4차 산업혁명 시대를 맞아 우리가 보유한 데이터 자산을 활용하여 중소기업을 위한 플랫폼으로 거듭나자는 것이다.

세 번째로 '정책 No.1 신보'는 기본적으로 국가의 핵심 정책과제를 선도적으로 추진해나감으로써 정책금융기관으로서의 공공성을 강화하자는 내용이다. 정책과제를 선도적으로 수행하는 것은 물론, 고용기여도나 부가가치가 높은 분야와 해외 진출 기업에 대한 지원 확대 등을 통해 공익을 창출하여 우리 경제 성장에 기여하는 신용보증기금이 되자는 취지의 주제이다.

네 번째 주제인 '포용성장 신보'는 시장에서 소외되기 쉬운 분야 중 지원의 필요성이 높은 분야에 대한 지원 강화를 의미한다. 사회적 가치를 창출하는 혁신적 기업에 대한 지원을 강화하고 사전 구조조정을 통한 재도전 기반을 확대하는 내용 등이 포함되어 있다.

마지막 주제는 '고객 중심 신보'이다. 이는 주요 고객인 기업 및 지역사회와의 소통을 보다 활성화하고 기업의 애로사항 해소를 위해 한층 더 노력을 경주하는 것을 의미한다. 고객들이 보다 편리하게 신용보증기금을 이용할 수 있도록 제도나 시스템을 개선하는 등 업무 프로세스 전반을 고객 입장에서 쇄신해나가자는 의지를 담은 주제이다.

5대 혁신 주제별 추진 목표 및 주요 내용

혁신 주제	추진 목표	주요 내용
❶ 혁신ICON 신보	혁신 생태계 조성 기관으로 전환	혁신 생태계 조성을 위한 유형별 특화 프로그램 도입 및 집중 지원 체계 구축
❷ 데이터 플랫폼 신보	빅데이터 기반 데이터뱅크·플랫폼 기관으로 진화	시장친화형 기업 정보 및 혁신 플랫폼 운영기반 구축으로 기업의 성장 디딤돌 역할 수행
❸ 정책 No.1 신보	범용적 지원기관에서 정책과제 선도기관으로 혁신	일자리 창출 등 핵심 정책과제를 잘 집행하기 위한 구체적·실질적 지원 방안 마련
❹ 포용 성장 신보	포용적 성장을 위한 사회적 가치 확산 기관으로 도약	동반성장 촉진, 재도전 생태계 조성 등 기업이 안심하고 사업할 수 있는 안전망 구축에 주력
❺ 고객 중심 신보	고객 중심 기관으로 업무 프로세스 쇄신	ICT와 연계한 스마트 업무 추진 환경 조성으로 고객 중심 프로세스 구축

혁신에 대한 공감대 형성 노력

기관이 혁신에 성공하기 위해서는 혁신 계획의 수립도 중요하지만 그에 못지않게 혁신 활동을 꾸준히 수행해나갈 수 있는 전사적 혁신 분위기와 여건을 조성하는 것이 중요하다. 일반적으로 기관장이 강한 실행 의지를 보이면, 조직 구조와 사업 체계를 그에 맞춰 전환하는 것은 어렵지 않다. 하지만 구성원이 혁신의 타당성에 공감하지 못하면, 혁신은 조직 내부의 무관심이나 심리적 반발 등으로 인해 추진력과 지속성을 확보할 수 없게 되기 일쑤이기 때문이다.

특히나 이번 혁신 방안은 외부의 시각에서 출발했고, 그동안 해보지 않은 새로운 사업들도 포함되어 있기 때문에 나는 TF팀 출범 시점부터 기획단장에게 혁신 계획 단계에서 실행 단계에 이르기까지 임직원들의 공감대를 형성하기 위해 특별한 노력을 기울여줄 것을 여러 번 당부했다. 이에 기획단은 혁신 방안을 준비하는 초기 단계부터 영업 조직을 수차례 직접 방문하여 진행 경과를 전달하고 현장 의견에 귀를 기울였다. 그리고 인트라넷 내에 전용 게시판을 개설하여 상시적인 의사소통이 이뤄질 수 있도록 했다.

한편 정책금융기관이라는 기관 성격을 고려하여 혁신 추진 과정에서 정책 수요자인 금융당국은 물론, 밀접한 업무 협력 관계를 맺고 있는 은행권에도 진행 경과를 수시로 알렸다. 그리고 진행 과정에서 중요한 이벤트마다 언론 보도를 통한 홍보 활동을 전개했다. 심포지엄을 개최하여 혁신 방안을 발표했고 정부 부처와 업무 협의를 통해 추진 동력을 미리 확보하는 노력도 병행했다.

① 대내 의견 수렴 및 공감대 형성 노력
기획단은 가장 먼저 직원들의 의견을 수렴하는 절차에 착수했다. 외부 시각에서 출발하는 혁신을 표방했지만 결국 혁신을 실행하는 주체는 직원

들이다. 직원들보다 신용보증기금을 더 잘 아는 사람들이 있겠는가? 나는 신용보증기금에 몸담은 지 몇 달 안 됐지만, 직원들은 짧게는 수년, 길게는 20년 이상 근무해온 사람들이다. 신용보증기금을 누구보다 잘 알고 있기에 좋은 의견을 기대해볼 만했다. 반면 동전의 양면처럼 '신용보증기금 전문가'인 직원들에게 외부 시각에서 출발한 혁신은 자칫 '남의 제사에 배 놔라 감 놔라' 하는 행태로 여겨져 심리적 반발을 유발할 수도 있다. 따라서 직원들에게 혁신 아이디어를 구하는 동시에, 새로운 방식의 혁신이 필요한 현황에 대한 공감대를 높임으로써 향후 혁신 참여도를 높이고자 했다.

기획단은 발족 후 약 2주일이 지난 시점부터 영업 조직 및 본점부서 간담회를 1주일간 진행했다. 기획단 직원 3~4명씩 한 조를 이루어, 직접 전국에 있는 영업본부와 본점부서들을 방문했다. 간담회는 기획단 직원들이 이사장의 혁신 의지, 혁신 추진 배경 및 방향, 추진 방법, 향후 계획 등을 구체적으로 설명한 후, 이에 대한 직원들의 의견을 듣는 형태로 진행되었다.

간담회에서는 예상보다 훨씬 많은 총 520여 건의 개선 의견이 제시되었다. 비전 재수립과 기존 사업 개선 관련 의견뿐만 아니라, 신사업에 대한 아이디어와 내부조직 효율화 방안 등 다양한 생각들이 쏟아졌다.

간담회 직후에는 신용보증기금 노동조합에서 개최한 '노무역량 기본교육'에 내가 직접 방문하여 혁신에 대한 생각을 밝혔다. 매년 실시하는 이 행사에서는 이사장과의 대화 시간을 마련하여 이사장이 경영방침과 주요 정책 추진 방향, 각 부서의 현안 등에 대하여 조합원들에게 설명하고 질의응답 시간을 통해 다양한 현장 의견도 듣는다. 마침 방문한 날이 경술국치일이라는 점에 착안하여 나는 당시 인기가 많았던 〈미스터 션샤인〉이라는 드라마 이야기와 함께 시대 변화에 대비하지 못했던 대한제국이 변화의 흐름을 적극 수용하여 근대화에 성공한 일본의 식민지가 된 아픈 역사를 언급했다. 그만큼 4차 산업시대를 맞이한 지금 신용보증기금도 혁신을 도모해야 하는 중차대한 시기임을 역설하기 위한 것이었다.

이에 이어 기획단장이 미래발전위원회의 구성 목적과 기획단의 향후 추진 계획 등에 대하여 설명하고 직원들의 의견을 듣는 시간을 가졌다. 영업 조직에서와 마찬가지로 일부 참석 직원들은 비전을 간단·명확하게 변경해야 한다는 의견을 제시했고, 핵심성과지표(Key Performance Indicator, KPI) 정비 등 내부 문제에 대한 개선 요구도 있었다. 이러한 의견들은 향후 영업 조직 간담회에서 취합한 의견들과 함께 사업 혁신의 방향성을 수립하는 데 있어 밑거름이 되었다.

기획단 출범 후 약 3개월이 지난 2018년 10월 말경 드디어 사업 혁신 방안 초안이 마련되었다. 그 주요 내용과 진행 과정에 대한 이해도를 높이고 내부적 관점에서 최종 점검을 하기 위하여 임직원 대상 공청회를 열었다. 공청회는 11월 8일과 9일 양일간 기획단에서 영업본부별로 방문하여 사업 혁신 방안을 설명하고 의견을 수렴하는 방식으로 진행되었고, 본점 부서는 각 부서 팀장들로 구성된 '미래전략추진협의체'* 회의로 공청회를 대신했다.

공청회에서 직원들로부터 130여 건의 추가적인 의견과 당부사항이 제시되어 혁신 추진 방안에 대한 높은 관심을 확인할 수 있었다. 기획단이

---

* 2017년 2월 설치된 본점부서 업무총괄팀장 협의체로서 부서 간 협의사항 발생 시 수시로 회의를 개최함.

제시한 새 비전 후보안에 대한 의견부터 데이터 사업을 추진하기 위한 신용정보업 면허 재취득과 민간 부문과의 마찰 최소화, 데이터의 질적 정확성 제고에 대한 의견도 나왔다. 창업 지원 프로그램을 유기적으로 연계하고 영업 조직을 전문화할 것을 주문하는 직원들도 있었다. 그 밖에도 사전 구조조정, 신용보험 상품성 강화 등에 대한 생생한 현장 의견을 모을 수 있었다. 다수의 혁신 과제를 마련한 만큼 우선순위에 따라 정밀한 액션 플랜을 마련하여 효율성을 높이는 한편, 관련 전문 인력과 예산 확보가 필요하다는 목소리도 있었다. 혁신의 실행력을 담보하기 위해 '구심점' 역할을 할 수 있는 조직을 만들어 과제 추진 현황을 지속적으로 관리할 필요가 있다는 의견도 나왔다.

기획단은 혁신 계획 초안에 대한 공청회와 위원회의 의견을 반영하여 최종 검토·수정 작업을 거쳐, 사업 혁신 방안 최종안을 마련했다. 그리고 이를 직원들과 공유하고 최종적으로 현장 의견을 들어보기 위하여 영업본부별로 설명회를 개최하여, 위원회 회의 때 발표한 내용과 동일한 프레젠테이션을 진행했다. 향후 사업 혁신 방안의 세부사항들을 추진하게 될 본점부서를 대상으로 하는 설명회도 별도로 개최했다. 이 자리에는 각 부서에서 최소 3명 이상이 참석하여 과제별로 더 자세하게 설명하고 실무적인 장애 요인 등에 대해서도 이야기를 나눴으며, 기획단에서 나를 대신하여 향후 과제 실행에 본점부서가 적극적으로 협조해줄 것을 당부하기도 했다.

② 대외 홍보 및 공감대 형성 노력

사업 혁신 방안의 윤곽이 어느 정도 갖춰질 무렵, 기획단장을 찾았다.

새로운 사업 추진 계획을 정부 부처에도 전달하라고 지시하기 위해서였다. 신용보증기금이 야심 차게 준비한 새로운 사업도 업무 감독 권한을 가진 정부 부처에서 반대할 경우 원활한 추진이 곤란하다고 판단했기 때문이다. 기획단장은 아직 완성된 단계가 아니라 조심스러워하는 눈치였지만, 나는 현재까지 준비한 수준이면 무엇을 어떻게 하겠다는 것인지는 충분히 이해할 수 있고 디테일한 부분은 나중에 다시 설명해도 되니, 우선 찾아가 이야기를 나눠보라고 했다. 이야기를 나눠보면 우리 의견에 대해 우호적인지 비우호적인지 미리 감지해볼 수도 있고, 이슈에 대한 사전 공감대를 형성하는 차원에서도 손해 볼 것이 없다는 것이 내 생각이었다.

새로운 사업 수행에는 대부분 정부의 인가나 예산·인력 확충 등이 필요하기 때문에 사전에 주무 부처와 공감대를 형성하지 못하면, 나중에 실행이 지연되거나 좌초되는 경우가 많다. 이런 리스크까지 미리 고려하여 일정을 수립해야 한다는 것이 평소 지론이었다. 다 만들어놓고 그때 가서 이야기하면 결과적으로 시간이 더 걸릴뿐더러, 행여 '스톱' 사인이 나올 경우 여태껏 준비한 것이 수포로 돌아갈 수도 있다. 정부로부터 승인받지 못하는 최악의 경우에도 미리 통보를 받으면 포기하거나 후순위로 미룸으로써 자원 낭비를 최소화할 수 있다.

기획단은 수차례 금융위원회를 방문하여 새로운 사업 추진 계획의 내용과 추진 일정 등을 소개했다. 정책금융의 관점에서 신용보증기금의 사업 혁신이 중소기업의 혁신과 경쟁력 강화에 어떻게 도움이 되는지, 대기업 위주의 기울어진 운동장의 균형을 잡는 데 어떤 기여를 할 수 있는지에 대하여 설명했다.

2018년 12월에는 준비 중인 사업 혁신 방안 중 중소기업 성장 지원과 관련성이 높은 혁신 과제를 선별하여 모은 「정책보증을 활용한 중소기업 금융지원 활성화 방안」을 만들어 금융위원회에 제출했다. 이 방안에는 유니콘 기업 육성, 핀테크 기반 기업대출 활성화, 기업 빅데이터를 활용한 혁신기업 금융지원 활성화 등 5개의 과제가 담겨 있었다. 혁신금융 대표 사례 중 하나가 된 '한국형 페이덱스Paydex'[*] 구축과 관련된 내용도 여기에 포함되어 있었다. 이는 나중에 이야기하겠지만, 정부의 혁신금융 정책 과제 중 하나로 발전되는 것은 물론, 신용보증기금이 신용정보업 면허를 재취득하게 되는 계기가 되었다.

사업 혁신 방안을 구상하던 중 기획단 직원들이 산업통상자원부를 방문할 기회가 있었다. 대·중소기업 상생 협력, 산업·품목 데이터베이스 구축, 중견기업 및 스케일업Scale-up 지원 등에 대한 의견을 청취하는 것이 목적이었다. 경제 발전을 위해서는 정교한 산업 및 품목 정책 수립이 필요하며, 제대로 된 신용평가를 위해서는 산업 특성이나 생산 품목에 대한 정보가 필수적이라는 우리 측 의견에 산업통상자원부의 담당 공무원은 공감을 표했다. 그러고는 감사하게도 부처 산하기관인 한국산업기술평가관리원과의 미팅 자리를 마련해주었다. 이후 양 기관은 소재부품산업 활성화와 품목 데이터베이스 구축 등 활발한 협업을 진행하였고 2019년 10월 22일에는 「산업기술 혁신기업 육성을 위한 업무 협약」을 체결하기에 이르렀다.

정부 부처를 대상으로 한 개별 설명 작업과 별도로 2018년 12월 11일

---

[*] Paydex: payment와 index의 합성어. 상거래 결제 데이터를 분석하여 기업별 상거래 위험을 지수화한 것으로 미국의 Dun & Bradstreet社에서 최초로 도입. 최근 결제 데이터 기반으로 산출되어 기존 신용등급보다 적시성 측면에서 우위를 보인다고 할 수 있음.

에는 "중소벤처 육성을 위한 신보의 미래 혁신"이라는 주제로 심포지엄을 개최했다. 신용보증기금의 사업 혁신 방안을 대외에 알리는 동시에 위원회와 자문단뿐만 아니라 그 밖의 다양한 외부 전문가들의 의견도 들어보자는 취지였다. 이날 심포지엄에는 위원회 위원과 고객 대표 등 대외 인사 11명과 나를 포함한 신용보증기금 임직원 11명 등 총 22명이 패널로 참여했다. 공개 모집을 통해 선정한 임직원 55명도 참관하여 높은 관심을 보였다.

자문위원인 금융연구원의 구정한 박사의 사회로 패널 토론회가 진행되었는데, 외부 패널들은 대부분 신용보증기금의 사업 혁신 시도에 대한 지지와 기대감을 표명하고 적극적으로 추진해줄 것을 당부했다. 또한 지속적인 모니터링과 조직·직원의 역량 강화, 예산 확보, 대외 홍보, 유관 기관과의 협업 등 실행력을 높이기 위한 방법들에 대한 조언도 아끼지 않았다.

취임 전후로 혼자 고민했던 문제를 시장과 국민의 시각에 입각하여 해결하려는 노력과 결과에 대해 인정받은 기분이었다. 직원들의 진심 어린 노력과 위원회·자문단의 도움 덕분이었다. 심포지엄이 끝나고 집무실에 돌아오니 '이렇게 약 6개월에 걸친 혁신 로드맵 수립 과정이 마무리되었구나'라는 생각에 절로 안도의 한숨이 나왔다. 하지만 그것도 잠시일 뿐. 이제 본격적인 혁신 여정을 앞두고 지도 한 장을 얻은 것에 불과하다는 생각이 엄습했다. 마음속으로 '일신우일신'을 되뇌었다. 그렇게 2018년, 나의 공공기관장 취임 첫해가 저물었다.

뉴 비전 선포식

2018년이 혁신 계획을 수립하며 보낸 해였다면, 2019년은 본격적으로 혁신을 추진한 해였다. 1월 2일 시무식에서 「뉴 비전 선포식」을 함께 진행하기로 했다. 직원들의 높은 관심과 참여로 수립한 혁신 계획을 새해 벽두에 발표함으로써 '올 한해는 혁신 추진의 원년'이라는 메시지를 확실하게 전달하고 싶었다. 신년사에 새 비전과 혁신 계획을 담는다면 외부에서도 이를 자연스레 신용보증기금 혁신의 신호탄으로 여길 수 있을 것 같았다.

신년사와 별도로 비전 선언사를 준비했다. 혁신 계획 수립 과정에서 보여준 직원들의 관심과 노력에 고마움을 전했고, 혁신으로 거듭날 신용보증기금의 미래 모습을 제시했다. 혁신성장을 선도하는 기업 생태계 조성자, 포용적 성장을 이끄는 사회적 가치 확산기관, 고객 최우선의 서비스 기관으로 변모할 것임을 천명했고 미래에 대한 확신을 갖고 함께 힘을 모아줄 것을 당부했다.

약간 멋쩍긴 했지만, 새 비전을 내가 선창하면 직원들이 이를 따라 외치는 간단한 세리머니도 진행했다. 연습이라도 했는지, 아니면 누가 잔뜩 겁을 준 것인지, 직원들이 따라 외치는 소리가 너무 커서 깜짝 놀랐지만 내심 흐뭇했다.

노조위원장도 축사를 통해 "조직의 일치단결과 신뢰의 노사 관계가 위기 극복의 열쇠"임을 강조하며, 새 비전의 탄생을 자축했다. 노사가 뜻을 모아 시작한 혁신의 성공을 위해 함께 힘을 모아 신용보증기금을 발전시켜나가자는 뜻으로 들려 고마운 마음이 들었다.

2장
혁신을 위한 노력 및 성과

혁신금융 대표 기관

「신보 혁신 5개년 계획」을 공표하고 약 석 달이 지난 2019년 3월, 정부는 기획재정부와 금융위원회 등 관계부처 합동으로 「혁신금융 추진방향」을 발표했다. 정책금융기관인 신용보증기금과 밀접한 관련이 있는 금융정책인 데다, 제목에 '혁신'이 포함되어 있어 꼼꼼히 그 내용을 살펴보았다. 기업여신심사 시스템 전면 개편, 모험자본 공급을 위한 자본시장 혁신 및 선제적 산업 혁신 지원 등을 골자로 하는 이 정책에는 금융 부문의 혁신을 활성화하려는 정부의 고민과 의지가 담겨 있었다.

특히 「신보 혁신 5개년 계획」에 포함시켰던 '기업상거래 신용지수(한국형 Paydex)' 마련, 기업의 미래 가치와 성장성 등을 통계적으로 점수화하여 보증 심사에 반영하는 '신보증심사 제도' 도입, 서비스산업 혁신을 위한 보증 공급 확대 등이 신용보증기금이 추진할 정책과제로 포함되었다.

혁신 계획 수립 과정에서 정부 부처와 긴밀한 협의를 통해 공감대를 형성한 결과였다. 이로써 신용보증기금이 추진하는 일부 혁신 과제들이 금융당국의 정책과제가 되어 추진에 탄력을 받게 되었다.

「혁신금융 추진방향」에 신용보증기금의 혁신 과제가 포함된 것은 물론, 공교롭게도 그 기본 방향, 취지, 내용 면에서 「신보 혁신 5개년 계획」과 상당한 공통분모를 찾을 수 있었다. 외부 시장의 시각에서 혁신의 해답을 찾고자 한 신용보증기금의 혁신이 시장 중심 금융정책과 맞닿았던 결과일 것이다.

이런 유사성에 주목하여 우리는 「신보 혁신 5개년 계획」을 혁신금융의 관점에서 재해석하여 추진하기로 했다. 기존 5개의 사업 구조 혁신 방향을 재분류하고 혁신금융 정책과 관련이 높은 과제들을 정리한 것이다. 구체적으로는 '혁신 ICON 신보', '데이터·플랫폼 신보', '정책 No.1 신보'를 '금융의 혁신에 앞장서는 혁신금융 대표 기관'으로 한데 묶었고, '포용 성장 신보', '고객 중심 신보'를 하나로 묶어 '고객 서비스 중심의 혁신 생태계 조성 기관'으로 재구성했다. 그리고 정책 발표 시 포함된 내용들은 가급적 다른 과제들보다 우선적으로 추진하기로 했다.

이 책에서도 신용보증기금이 추진한 주요 혁신 사례들을 크게 '혁신금융 대표 기관'과 '혁신 생태계 조성 기관'이라는 관점으로 나누어 소개하고자 한다.

1) 한국형 페이덱스

빅데이터 시대의 도래

혁신 계획 수립을 시작하며 4차 산업혁명 시대에 걸맞은 혁신 생태계 조성 기관으로 거듭날 필요성은 강조했지만, 사실 빅데이터를 기반으로 무언가를 할 수 있으리라는 나의 생각은 확신이라기보다는 기대에 가까운 수준이었다. 직원들이 신용보증이나 신용보험 업무를 수행하면서 신용조사를 통해 다양한 기업 관련 데이터를 수집하는데, 이를 그저 내부 심사에만 사용하고 쌓아두고 있는 것이 아까우니 이를 활용하여 기업과 우리 경제에 기여할 수 있는 방안을 생각해보자고 제안했던 것이다.

시장에서는 이미 많은 기업들이 다양한 빅데이터를 의사결정의 근거로 활용하는 것은 물론이거니와, 빅데이터 분석과 관련된 비즈니스 모델을 개발하여 창업하는 기업들도 쏟아지고 있었다. 정부에서도 '데이터 3법' 개정 이전부터 규제샌드박스 등을 통해 빅데이터를 활용한 산업 발전을 제도적으로 뒷받침해왔다. 이런 움직임은 특히 4차 산업혁명 관련 기술을 통해 금융 산업의 혁신을 꾀하고자 한 금융당국의 마이데이터 사업, 빅데이터 개방 시스템 구축 등에 힘입어 핀테크 산업 활성화로 이어지고 있었다.

다만 시장에서 활용하는 데이터는 대부분 개인 데이터에 치중되어 있었다. 개인 데이터는 수많은 소비자들의 일상 속에서 손쉽게 수집할 수 있기 때문일 것이다. 반면 기업 데이터는 공시 등 제도적으로 공개하는 정보 외에는 수집 범위에 제약이 따르고, 공시 제도를 적용받지 않는 기업의 데이터를 체계적으로 가공하여 공급하는 기업이나 기관도 없었다.

그런 상황이니, 당시 22만여 개의 중소기업들이 신용보증을 이용하고 있다는 사실만으로도 신용보증기금은 이미 빅데이터 생산자로서의 잠재력을 보유하고 있다고 할 수 있다. 게다가 매년 수만 개의 기업이 새로이 신용보증기금을 이용하며 새로운 정보가 쌓이게 된다. 신용보증과 신용보험 업무를 수행하기 위해서는 필연적으로 기업 신용조사를 실시하는데, 이 과정에서 재무제표뿐만 아니라 현장조사를 통해 종업원 수, 지식재산권 보유 현황, 매입·매출 거래처와 거래 규모, 결제 조건 등 다양한 정보들이 지속적으로 수집된다. 본연의 업무를 수행하며 생산하는 데이터를 통해 새로운 가치를 창출하기에 최적의 환경인 셈이다.

최근 들어 빅데이터가 화두가 되고 있지만, 이미 오래전부터 다니엘 벨 Daniel Bell이나 앨빈 토플러가 '정보화 사회'를 화두로 던지면서, 데이터를 체계화하고 가공한 결과물인 '정보'의 가치에 대해서는 모두가 인식하고 있었다. 혁신 계획 수립 과정에서 한 이사에게서 들은 얘기로는 신용보증기금도 그런 인식하에 2000년대 초반에 거래 기업 정보와 신용조사 인프라를 활용하여 신용조사서를 작성하고 이를 소비자에게 판매했다고 한다. 그리고 한때 이런 '정보 사업'을 기관의 미래 먹거리 중 하나로 내걸기도 했다고 한다. 당시 경영진의 비전 제시와 독려에 일선 영업점 직원들은 보유 정보의 양적·질적 향상을 위해 기업 관련 정보라면 사소한 것 하나라도 경쟁적으로 입력했다는 것이다. 하지만 2005년 정책금융기관과 민간 은행 공동 출자로 기업신용평가 전문기관인 한국기업데이터(Korea Enterprise Data, KED)가 설립되면서 신용조회업과 신용조사업 면허를 반납하게 되었고, 미래 먹거리로 보았던 해당 사업도 중단하게 되었다. 아마도 그때를 기억하는 직원들은 데이터나 정보를 활용한 사업에 대하여 일종의 트라우마가 있을 수도 있다는 이야기였다. 그러면서 그 이사는, 실제 데이터 사업을 원활하게 실행하려면 신용정보업 면허 취득이 필요한데, 최근 사례를 보면 정부로부터 승인받기가 쉽지 않을 것 같다는 우려 섞인 전망을 함께 내놓았다.

이 대화를 통해 신용보증기금이 보유한 데이터가 영리·비영리사업 여부를 떠나 새로운 사업 추진의 동력이 될 수 있을 만큼 의미 있는 자산이라는 것을 재확인할 수 있었다. 그리고 데이터로 무언가 새로운 사업을 하려면 과거에 실패한 경험을 지울 수 있을 정도로 확실한 비전을 제시하고, 탄탄한 실행 기반을 갖춰야만 성공할 수 있겠다는 생각이 들었다. 만만치 않은 일들이 전개될 것 같다는 예감이 들었지만, 한편으로는 앞으로 데이터 사업을 준비할 때 내가 챙겨야 할 부분이 무엇인지도 분명히 인식할 수 있게 되었다.

데이터로 무엇을 할 것인가

내가 4차 산업혁명을 노래를 부르다시피 강조한 탓일까? 빅데이터 활용 방안은 혁신 TF팀이 발족할 때부터 핵심 어젠다 중 하나로 포함되었다. 기획단은 기획단대로 나는 나대로 브레인스토밍 과정을 거친 후, 수차례 의견을 나누며 추진 방향을 잡아갔다. 하지만 내부 의견만으로는 '우물 안 개구리'의 좁은 시각에 그칠 위험이 있었다. 그래서 어느 정도 주제를 정리한 뒤에는 위원회와 자문단 회의를 통해 시장의 트렌드와 니즈 등을 보다 정확하게 파악하기로 했다. 다행히 관련 분야에 전문성을 갖춘 외부 위원들은 다양한 전략적·기술적 조언을 아끼지 않았다.

특히 자문단 위원으로 참여한 한국정보화진흥원의 오성탁 지능데이터

단 단장은 "신용보증기금은 정책금융기관으로서 데이터 산업에 참여할 의무가 있다"는 강력한 메시지를 던졌다. 그리고 신용보증기금의 공공성을 강조하며 기업 정보의 원천 데이터가 집중되는 데이터 센터 역할을 기대한다는 의견을 피력했다. 기업과 가장 밀접하게 접촉하면서 민간 기업이나 일반적인 공공기관들이 수집할 수 없는 다양한 기업 관련 정보를 수집할 수 있기에 그런 역할이 가능하다는 것이었다. 다만 신용보증기금은 데이터 사업을 해본 적이 없기 때문에 데이터를 정제하여 정보를 추출하는 방안을 꼼꼼하게 마련하고 이를 공공성의 원칙에 입각하여 시장에 제공해줄 것을 당부했다.

기획단은 더 생생한 현장 의견을 듣기 위해 간편 송금 서비스 '토스'로 유명한 ㈜비바리퍼블리카[*] 이승건 대표와 핀테크 기업의 선두주자 중 하나인 ㈜데일리금융그룹[**]의 신승현 당시 대표와도 이야기를 나눴다. 이 대표는 신용보증기금이 보유한 데이터의 중요성에 대하여 공감을 표하고, 데이터 활용 사업 추진 방향은 물론, 핀테크 산업 발전을 위한 관련 기업 지원 방안에 대하여도 적극적인 의견을 제시했다. 창업 초기 매출 실현이 쉽지 않은 산업 특성을 고려하여 재무 상황보다는 기업의 기술과 서비스의 가치에 대한 평가를 중심으로 지원해야 한다는 것이었다.

신 대표는 핀테크 시장에 직접 발을 딛고 있는 입장에서 신용보증기금의 데이터 품질과 향후 데이터 사업 추진 시 역할에 대하여 가감 없는 의견을 표명했다. 먼저, 신용보증기금이 보유하고 있는 데이터의 가치를 매

---

[*]   창업 초기 신용보증기금 서울동부스타트업 지점에서 신용보증을 이용했던 고객 기업이기도 함.
[**]   2020년 8월 회사명을 '㈜고위드'로 변경.

우 높게 평가했으며, 현장조사와 대표자 면담을 통해 수집하는 비계량적 데이터의 중요성에 대하여 공감했다. 단편적이고 사소하다고 생각되는 데이터라도, 현장조사와 면담을 통해서만 수집할 수 있는 데이터는 쌓이는 시산이 늘어날수록 절대적인 양과 연속성이 강화되기에 그로부터 유의미한 정보를 찾을 수 있다는 것이다. 그러한 데이터야말로 시장에서 차별화된 데이터이기에 당장 활용이 어렵더라도 체계적으로 축적할 것을 제안했다.

또한 금융 산업의 혁신은 공급자 중심이 아닌 소비자 중심으로 이뤄지고 있으므로, 데이터 활용 방안 또한 소비자의 입장에서 생각해야 한다는 조언을 덧붙였다. 끝으로, 시장에서 공공기관인 신용보증기금에 바라는 역할은 중소기업들의 데이터를 수집하고 체계적으로 관리하여 안정적으로 시장에 공급해주는 것이라는 의견을 통해 데이터 사업의 지향점을 제시했다.

곳간에 쌓여 있는 신보미

데이터가 4차 산업혁명의 쌀이라고 했으니, 신용보증기금의 곳간에는 기업 관련 데이터라는 쌀이 충분히 쌓여 있다고 할 수 있다. 데이터가 많으니 빅데이터의 기본 요건은 충족한다고 하겠지만 많다고 무조건 좋은 것은 아니다. 돌이 잔뜩 섞인 쌀, 좀먹은 쌀로는 아무리 정성 들여 밥을 지은들 맛이 좋을 리가 없다. 그래서 '신보미信保米'의 품질부터 살펴봐야 했다. 이미 시장에는 기업의 재무정보 등 계량 데이터를 기반으로 신용을 평가하는 신용평가회사(Credit Bureau, CB)들이 있기에 데이터의 품질 비교가 필요했던 것이다.

민간 신용평가회사들이 활용하는 데이터는 대부분 재무제표, 법인등기사항, 주주명부, 거래처 정보, 연체 정보 등 공적 제도를 통해 수집하는 정형화된 데이터이다. 그러한 데이터를 평가 시스템에 입력하여 신용평가 등급을 도출한다. 물론 다양한 데이터를 체계화하여 직관적으로 이해하기 쉽게 등급화한 것만으로도 유용하다. 하지만 대부분 수치로만 이뤄진 데이터에서 도출된 결과물이라는 측면에서 빅데이터 시대에는 아쉬운 면이 있는 것도 사실이다. 이는 직접 기업을 조사하지 않기 때문에 공식적으로 수집 가능한 데이터에 의존할 수밖에 없는 한계에서 비롯된 것이다.

반면 신용보증기금이 기업 현장에서 수집하는 데이터의 범위는 신용평가회사들이 수집하는 정보는 물론, 대표자의 경영 철학이나 기술력, 영업력, 종업원 정보까지 총망라한다. 신용보증기금이 다른 신용정보회사와 가장 차별화된 점은 필요한 정보 항목이 새롭게 생기면, 신용조사를 수행하면서 언제든 추가할 수 있다는 확장성에 있다. 앞서 기업인과의 면담을 통해서도 확인했듯이 신용보증기금의 쌀은 품질에 있어 충분히 경쟁력이 있다고 볼 수 있었다. 다만 앞으로는 추수한 쌀을 보다 체계적으로 모아 곳간에 정리하고, 정밀한 도정 기술을 통해 더 맛있는 쌀로 가공하는 방안을 마련하는 것이 남겨진 숙제였다.

공공성으로 진입 장벽을 넘어라

금융 데이터 시장에는 이미 여러 플레이어들이 존재한다. 한국신용정보원과 같은 데이터집중기관이 공급자 역할을 하고 있으며, 민간 신용평가회사들도 있다. 공공기관인 신용보증기금이 이런 시장에 참여하기 위해서는 당연히 명분과 타당성이 필요하다. 신용보증기금의 데이터 사업이 공공기관의 불필요한 민간 영역 '침범'으로 오해받으면 반발을 사기 십상이기 때문이다. 이럴 경우 시장 진입 시 마찰을 야기하는 것은 물론 진입한 이후에도 논란이 끊이지 않을 수 있다. 금융 데이터 시장에 있는 일종의 진입 장벽이다.

공공기관의 특성상 새로운 사업을 하기 위해서는 주무 부처인 금융위원회의 승인을 받아야 한다는 것도 또 하나의 넘어야 할 허들이었다. 그리고 업무 승인 이후에도 실제로 사업을 추진하려면 정보 수집과 활용을 위한 신용정보업 면허도 반드시 취득해야만 했다. 데이터 사업이 혁신금융 정책에 부합하고 기업들의 금융 접근성을 높이는 데 기여할 수 있다는 정책효과 등을 바탕으로 주무 부처를 설득해야 했다.

관료주의적 입장에서는 정부의 승인만 받아 그대로 사업을 추진하면 그만이다. 하지만 단지 데이터 사업을 개시하는 것 자체가 목적은 아니었다. 무엇보다 중요한 것은 사업 추진의 궁극적인 목적을 효과적으로 달성하는 것이다. 그러려면 새로 진입하는 시장의 기존 플레이어들과의 신뢰와 협력이라는 기반을 다져야 했다. 사상누각이라는 말처럼 이런 정지 작업 없이는 향후 사업의 근간이 흔들릴 수도 있다. 자칫 정책적 타당성을 확보했다고 나르시시즘에 빠져 혼자 밀어붙이는 우를 범해서는 곤란하다는 것이 내 생각이었다. 민간 기업들의 오해가 없도록 소통하는 과정이 필요했고, 상호 협력을 통해 데이터 시장의 경쟁력을 키우는 것 또한 당연히 우리가 해야 할 일이었다.

사실 데이터 사업은 사업 계획 수립 단계부터 공공성, 즉 공익 추구의 원칙하에 추진하기로 했다. 기업 데이터 공급이 부족한 우리나라 데이터 시장에 공공 데이터 뱅크로서 양질의 기업 데이터를 제공하는 것이 가장 큰 목적이었다. 이를 통해 금융권에서 빅데이터 활용 분야를 다각화할 수 있도록 뒷받침하여 금융 산업 발전에 기여하고, 재무제표와 같은 과거 데이터나 담보 위주의 여신 관행을 개선하여 성장 잠재력 높은 유망 기업의 금융 접근성을 높이는 데 일조하고자 한 것이다. 이는 '기업의 미래 성장 동력 확충과 국민경제 균형 발전에 기여'라는 우리의 미션과 '기업의 도전과 성장에 힘이 되는 동반자'라는 비전과도 부합된다.

오래전 수익 사업의 일환으로 신용정보 사업을 추진하려 했던 것과는 전혀 다른 접근 방식인 것이다. 데이터를 가공하여 상품을 만들어 판매하여 이윤을 추구하거나 민간 신용평가회사들과 경쟁하며 시장 점유율을 높이는 목표 따위도 당연히 없었다. 빅데이터를 수집·가공한 결과물을 정부, 민간 신용평가회사, 기업들에게 공공재公共財로 제공하여 주체별로 목적에 맞게 다양한 방식으로 활용할 수 있도록 지원하는 것이 가장 큰 목표였다.

이런 공공성의 원칙은 「신보 혁신 5개년 계획」에도 반영되어 있다. '데이터·플랫폼 신보'라는 사업 구조 혁신 방향의 추진 목적은 '기업 데이터의 공공 인프라 확대'와 이를 통한 '데이터 뱅크'로 명시되어 있다. 즉 개인 데이터 중심의 신용정보 시장에 기업 데이터를 공급함으로써 데이터의 가치를 확산시키고, 한국은행이 은행들의 은행이듯 신용평가회사에 기업 데이터를 제공하는 'Data Bank of CB's'를 표방한 것이다. 데이터 뱅크가 되기 위한 법률적·제도적·기술적 이슈들도 중요했지만, 이런 취지를 정부 부처와 민간 부문 모두와 공유하여 공감대를 형성하는 것이 시장에 진입하기 위한 급선무였다.

정책적 타당성과 명분을 확보하다

금융당국에서는 금융시장의 고질적인 문제라고 할 수 있는 부동산 담보 대출에 대한 높은 의존도, 재무제표에 치중한 신용평가 체계를 개선할 방안을 꾸준히 모색해왔다. 그 일환으로 지식재산(Intellectual Property, IP) 및 동산 담보 대출 활성화를 위한 정책을 내놓았고, 창업기업과 혁신기업에 대한 금융지원 활성화를 위한 새로운 평가 시스템 개발에도 관심을 기울여왔다. 신용보증기금도 이런 금융정책을 곁에서 관심을 갖고 지켜봐왔을 뿐만 아니라 신용보증제도를 통해 적극적으로 참여해왔던 터였다. 그래서 데이터 사업을 기획하면서 정부의 금융 혁신 정책에 기여할 수 있는 방안까지도 마련하고자 했다.

그 첫 번째는 데이터 뱅크 역할을 수행함으로써 신용정보에 편중되어 있는 민간 신용정보 시장에 기업 데이터를 공급하여 금융권의 기업 신용평가체계 개선에 기여하는 것이었다. 두 번째는 빅데이터, AI 등 신기술을 활용한 새로운 금융을 시도하고 싶어도 충분한 데이터가 부족하여 어려움을 겪는 핀테크 기업 등에 양질의 데이터를 공급하여 금융 산업 혁신의 풀무 역할을 하는 것이었다. 끝으로 내부 보유 데이터와 외부 데이터를 통합 분석하여 지수화한 '한국형 페이덱스'를 개발하여 과거 지향적 신용평가 시스템을 개선하고 기업들의 거래 위험도 완화하는 것이었다.

기획단에서는 이런 내용을 포함한 「정책보증을 활용한 중소기업 금융지원 활성화 방안」을 만들어 2018년 12월 금융위원회에 제출했다. 기획단장에게 전해 들은 바로는 당시 금융위원회에서 신용보증기금을 담당하던 송희경 사무관이 바쁜 와중에도 상당한 관심을 보였다고 한다. 금융위원회에서도 4차 산업혁명 시대를 맞아 우리 경제의 성장 동력 확충을 위해 금융 부문의 혁신 방안을 고심하던 중이었는데, 때마침 우리가 아이디어를 제공하여 반가워하는 눈치였다고 한다. 특히 한국형 페이덱스에 남다른 관심을 보이며, 금융권에서 활용할 수 있도록 적극적으로 추진해줄 것을 당부했다고 한다. 그리고 약 3개월이 지난 2019년 3월, 금융위원회는 관계부처 합동으로 발표한 「혁신금융 추진방향」에 '기업상거래 신용지수(한국형 페이덱스) 마련'과 '기업상거래 데이터베이스 구축'을 기업 미래 성장성 파악 인프라 구축을 위한 과제로 포함시켰다. 신용보증기금의 혁신 과제가 정부의 혁신금융 과제로 확장된 것이다.

후에 금융위원회 관계자를 만났는데, 사실 한국형 페이덱스와 유사한 시스템에 다른 기관도 관심을 갖고 있었다고 했다. 그런데도 신용보증기금에 이 과제를 맡기게 된 것은 그동안 신용보증기금이 금융정책을 적극적으로 수행하며 금융위원회와 쌓아온 신뢰가 긍정적인 영향을 주었으리라는 것이었다.

데이터 시장 실패를 보완하는 공공 데이터 뱅크

「신보 혁신 5개년 계획」을 발표하자 예상대로 시장에서는 사뭇 진지한 관심을 보였다. 우리가 데이터 뱅크가 되겠다고 하니, 특히 직접적인 관련이 있는 신용평가회사 측에서 문의가 이어졌다. 우리나라 기업들은 금융권에서 이뤄지는 재무제표 위주의 평가에 불만을 갖고 있지만, 이를 대체할 만한 다른 데이터나 정보를 공개하는 것은 꺼리고 있다. 그래서 신용평가회사들도 정보 수집에 한계를 느끼고 있던 터라, 신용보증기금의 데이터 개방 범위에 대해 궁금해하면서 적잖이 기대하는 눈치였다. 한편으로는 기업 관련 원천 데이터를 생산하는 신용보증기금이 데이터 시장에 뛰어들어 본인들에게 위협이 되는 것은 아닌지 우려하는 분위기도 감지됐다.

신용평가회사들과 달리 빅데이터와 인공지능 등을 활용하는 핀테크 기업 같은 신규 데이터 사업자들은 반색 일색이었다. 아이디어는 있으나 데이터 기근으로 사업화에 어려움을 겪는 스타트업들은 쌍수를 들고 환영했다. 기존 사업자들의 데이터 독점과 높은 가격 정책을 마뜩잖게 생각하고 있었기 때문이다. 이는 기업들이 정보 제공을 기피하는 분위기 때문에 데이터 시장에서 높은 비용으로 수집한 데이터를 낮은 가격으로 공급할 수 없는 국내 데이터 시장의 구조적 문제이기도 하다. 데이터 시장에서의 시장 실패 사례라고 볼 수 있는데, 이는 공공기관인 신용보증기금이 데이터 시장에 개입할 합리적 명분이 된다. 명분뿐만 아니라 양질의 데이터를 합리적 가격으로 공급함으로써 데이터 시장과 관련 산업 활성화, 그리고 혁신 스타트업 육성이라는 정책적 실리實利까지도 기대해볼 수 있다.

한국형 페이덱스의 탄생

성공적이면서 지속가능한 데이터 사업의 핵심 요인은 크게 두 가지라고 할 수 있다. 충분한 데이터를 지속적으로 수집할 수 있는 역량과 모은 데이터를 활용하여 제공하는 상품이나 서비스의 시장성이다. 데이터 사업을 추진하기에 앞서 최우선으로 고려한 것도 이 두 가지였다. 2019년 초에는 데이터와 플랫폼 사업을 본격적으로 추진하기 위해 조직 개편을 통해 본부부서에 '플랫폼금융부'라는 부서도 신설했다. 그 무렵 금융권이나 공공기관을 통틀어 '플랫폼'이라는 단어가 들어간 부서는 아마도 신용보증기금에만 있었을 것이다.

먼저, 데이터 확보 측면에서는 이미 충분한 인프라를 갖추고 있다고 판단했다. 신용보증을 이용하는 기업들의 재무제표가 주기적으로 업데이트*되고 있으며, 매년 새롭게 거래를 시작하는 기업들의 데이터도 꾸준하게 늘고 있었다. 게다가 주 사업인 신용보증 업무에 필연적으로 수반되는 현장조사를 통해 데이터 수집의 지속성도 보장되기 때문에 신용보증기금은 데이터 사업 성공을 위한 첫 번째 요건을 갖추고 있었다.

하지만 데이터를 '날것' 상태로 시장에 제공할 수는 없는 노릇이다. 원천 데이터에 대한 시장 수요도 적잖이 있겠지만, 사례별로 수요자의 요청에 따라 데이터를 제공하는 방식은 효율적이지 않을뿐더러, 그 과정에서 창출되는 새로운 가치도 미미하다. 밥을 떠먹여주는 서비스까지는 아닐지언정 적어도 벼를 도정하여 쌀을 만들고, 쌀로 밥을 지어 밥상을 차리듯, 보유 데이터의 면면을 가장 잘 알고 있는 데이터 생산자로서 데이터에 새로운 가치를 더하여 제공할 필요가 있었다.

이를 위해 구상한 것이 바로 '한국형 페이덱스'이다. '한국형'이라는 말에서 엿보이듯 페이덱스는 원래 미국 던 앤드 브래드스트리트사Dun & Bradstreet社(이하 'D&B')에서 기업들의 실시간 결제 정보를 기반으로 지급 능력(Payment)을 지수화(Index)한 서비스다. D&B는 1841년에 설립된 세계 최초의 기업 정보 전문회사로 세계적인 신용평가회사인 무디스사 Moody's社의 모회사인데, 링컨을 포함한 역대 미국 대통령 4명**이 이 회사 출신인 것으로도 유명하다. D&B에서 1962년에 개발하여 보급한 9자

---

*   신용보증은 통상 1년 단위로 연장할 수 있으며, 연장 시마다 기업들은 최근 재무제표를 신용보증기금에 제출한다.
** 에이브러햄 링컨Abraham Lincoln, 율리시스 그랜트Ulysses S. Grant, 그로버 클리블랜드Grover Cleveland, 윌리엄 매킨리William McKinley.

리의 기업 고유 식별번호인 DUNS Number는 기업의 해외 상거래 기준 번호로 사용되고 있다. D&B는 CIA도 모르는 스위스은행의 준비금 실태까지 정확히 알고 있다는 말이 있을 정도로 성보력을 지닌 역사와 전통의 기업이다.

페이덱스를 간단히 설명하자면 기업의 상거래 신용도를 지수화한 것이라고 할 수 있다. 기업의 상거래 결제 정보와 상환 위험 정보를 0점에서 100점 사이의 점수로 환산하여 표시하는데, 보통 75점 이상이면 신용도가 건전한 수준이며, 80점을 넘는 경우 결제기일보다 조기에 결제하는 결제 능력이 우수한 기업이라고 볼 수 있다. 이 지수는 재무 등급이나 과거 실적 자료에 의존한 기존 신용평가의 한계를 개선할 수 있는 신용판별지수라는 점에서 의의를 찾을 수 있다.

이러한 페이덱스에 '한국형'이라는 말을 붙인 것은 페이덱스 서비스를 벤치마킹하되, 우리나라 실정에 맞게 보완하고 신용보증기금이 보유한 다양한 데이터와 공공 데이터 등을 접목하여 한 차원 더 발전시키겠다는 취지였다. 페이덱스는 판매 기업에서 D&B에 구매 기업의 결제 정보를 제공하면, D&B에서 구매 기업의 결제 예정 기일과 실제 결제 일자를 비교하여 구매 기업의 지급 능력(신용)을 평가하고, 이를 판매 기업에게 다시 제공하는 데이터 공유형 신용평가 모형이다. 구매 대금을 빨리 결제할수록 점수가 높게 산출되어 '신용'의 사전적 의미*에 충실한 모형이라고 할 수 있겠다. 이용하는 데이터가 한정적이긴 하지만, 수시로 발생하는 결제

---

* 거래한 재화의 대가를 앞으로 치를 수 있음을 보이는 능력. 외상값, 빚, 급부 따위를 감당할 수 있는 지급 능력으로 소유 재산의 화폐적 기능을 이른다. (표준국어대사전)

정보를 반영하여 산출하기 때문에 회계연도 단위로 업데이트되는 재무제표 기반 평가와 비교할 때 적시성 면에서 확실한 장점을 갖고 있다.

페이덱스는 우리나라에 비해 상대적으로 기업들의 재무제표를 구하기가 쉽지 않은 대신 상거래 내역 데이터 공개에 대해서는 개방적인 시장 분위기가 형성된 미국에서 운영해온 모형이다. 반면 정보의 개방 및 활용보다는 보호를 더 중시하는 한국, 중국, 일본 등에서는 수차례에 걸친 시도에도 불구하고 쉽사리 정착시키지 못했던 모델이다.

한국형 페이덱스는 데이터 사업 구상에 앞서 신용보증기금의 보유 데이터를 살피는 과정에서 탄생했다. 신용보증기금에서는 전자상거래 보증과 신용보험 제도를 운영하는데, 상품 특성상 이 상품들을 이용하는 기업들의 상거래 내역과 거래처 등에 대한 데이터가 서비스의 부산물(by-product)로 축적되어왔다. 페이덱스 산출 기반이 상거래 데이터라는 점을 고려할 때, 이런 데이터를 활용한다면 충분히 페이덱스 수준의 시스템을 구현할 수 있을 것이라고 판단했던 것이다.

게다가 거래 기업들의 재무제표도 지속적으로 수집하고 있어, 정태적 데이터와 동태적 데이터를 결합하여 더 입체적인 신용평가 시스템을 구축할 수 있을 것으로 기대되었다. 한국형 페이덱스의 정합성이 검증된다면, 재무제표나 담보 위주의 여신심사 관행을 개선하는 촉매 역할을 할 수 있으리라고 생각되었다. 특히 반짝이는 사업 아이디어를 갖고 있어도 변변한 매출 실적이나 재무제표, 부동산 등 담보력이 부족한 창업 초기 혁신 기업들이 성실한 상거래 활동 실적을 바탕으로 보다 용이하게 금융을 이용할 수 있을 것으로 기대되었다.

한국형 페이덱스 서비스는 빅데이터를 활용한 서비스 제공이라는 측면에서도 의미가 있지만, 더욱 중요한 이유가 있다. 페이텍스 서비스를 운영하기 위해서는 지수 산출에 필요한 데이터의 지속적인 수집과 업그레이드가 필요하기에, 페이텍스 서비스가 안착될 경우 자연스레 기업들의 상거래 결제 정보 등을 꾸준하게 수집하는 채널이 될 수 있는 것이다. 이로써 빅데이터 사업의 성패를 결정짓는 중요한 요인 중 하나인 지속적인 데이터 확보가 가능하게 된다. 이렇게 4차 산업혁명 시대의 화두 가운데 하나인 빅데이터를 활용한 새로운 서비스 제공의 기틀이 마련되었다.

한국형 페이텍스의 활용법: 신용등급이 낮아도 이용 가능한 보증

한국형 페이텍스 개발을 담당하는 직원들은 2019년 하반기 내내 밤낮으로 고생했다. 특히나 여름에는 '대프리카'라고 불릴 정도로 위용을 떨치는 대구 지역의 더위에 말 그대로 구슬땀을 흘렸다. 담당 직원들의 헌신적인 노력 덕에 한국형 페이텍스 개발과 관련 전산시스템 구축 작업은 차질 없이 2020년 1월에 마무리할 수 있었다. 한국형 페이텍스 개발이 완료됨에 따라 이후 활용 방안에 대하여 내가 실무자들에게 당부한 사항은 두가지였다. 혁신금융 정책의 대표 격인 새로운 평가 시스템을 적용하는 것이니, 이를 적용한 보증 상품은 파격적인 혜택을 부여하여 기업들이 변화를 실감할 수 있도록 하면 좋겠다는 것이 첫 번째였다. 그리고 다른 한 가지는 빅데이터 기반의 시스템인 만큼 고객들의 서류 제출도 최소화해야 한다는 것이었다.

이런 주문 사항을 반영하여 담당 부서에서는 한국형 페이텍스 전용 보증 상품에 보증료를 우대하는 혜택을 부여하는 한편, 지원 한도를 확대했으며 심사 방법도 기존의 다른 보증 상품보다 간소화했다. 그리고 실무자들이 페이텍스 산출에 필요한 데이터 중 하나인 기업 근로자 정보를 제공하는 근로복지공단 등을 수차례 방문하고 설득한 끝에 관련 데이터를 자동으로 수집할 수 있는 시스템도 구축했다.

그런데 2020년 3월 한국형 페이텍스와 관련 보증 상품까지 모두 개발을 완료하고 금융당국과 출시 시기를 조율하던 중에 코로나19가 크게 확산되었다. 이로 인해 정부와 신용보증기금 모두 피해 소상공인과 중소기업을 지원하는 데 우선적으로 집중할 수밖에 없었다. 신상품 출시도 잠정 연기되는 우여곡절 끝에 2020년 6월 마침내 한국형 페이텍스 전용 보증 상품이 '상거래 신용지수 연계보증'이라는 이름으로 출시되었다.

이 상품의 취지는 기존 신용평가 시스템으로는 신용등급이 낮아 보증이 거절될 기업도 상거래 신용지수 등급이 양호하면 보증을 이용할 수 있도록 하는 것이다. 과거 금융 이력이 부족한 기업들이 신용평가상 불이익을 받거나 정책금융 이용이 어려워 저금리 시대에도 고금리 대출을 이용해야만 하는 현실을 개선하자는 것이다. 과거 위주의 금융 심사 패러다임을 현재와 미래 위주로 바꾸자는 것으로 작지만 의미 있는 금융 혁신의 출발점이라 할 수 있겠다.

출시 첫해인 2020년 하반기 동안 340억 원을 이용하며 적잖은 기업들이 반색했고 2021년에는 그 금액이 2,169억 원으로 크게 늘었다. 이용 기업들은 설립한 지 얼마 되지 않아 매출 실적이 저조하거나, 매출액이 감소세에 있어 일반 심사로는 보증을 이용할 수 없는 기업 중 평균 결제기간이 동일 업종 대비 짧고 직원 수가 증가하는 기업들이 주류를 이루었다. 결제의 안정성과 결제 능력, 거래처의 안정성과 고용의 안정성, 매출 성장성을 복합적으로 평가하여 등급을 산출하는 상거래 신용지수의 평가 방식 덕분이다. 앞으로는 내부 보증 심사에 활용하는 것은 물론, 지수의 정합성을 검증하고 정교화하는 과정을 거쳐 당초 계획대로 금융회사나 신용평가회사 등 민간 시장에도 제공을 확대해나갈 계획이다.

2) 신용정보업 면허 취득

면허 원정대

한국형 페이덱스는 구상 단계부터 내부에서 활용하는 것은 물론, 공공재 성격으로 외부에도 제공하는 것이 전제였다. 그런데 거래 기업 데이터를 수집하여 활용하고 그 데이터를 다른 기관에도 제공하기 위해서는 당시 신용보증기금에는 없었던 신용정보업 면허가 반드시 필요했다. 신용보증기금과 거래가 없는 신규 기업들에 대한 페이덱스 등급 산출도 신용정보업 면허 없이는 불가능했다. 사람들의 생명과 직결되는 운전을 아무에게나 맡길 수 없어 운전면허 제도를 운영하듯이, 정부에서는 전문성과 보안 인프라 등을 철저하게 검증하여 신용정보업 면허를 부여한다. 기업의 정보가 악용되면 해당 기업의 존폐까지 좌우될 수 있기 때문이다.

신용보증기금은 설립 이래 약 40여 년간 「신용정보의 이용 및 보호에 관한 법률」에 따른 신용정보회사로서 신용정보업 면허를 보유하며 신용조회업, 신용조사업, 채권추심업 등을 수행해왔다. 하지만, 2005년 2월 중소기업 신용조회·신용평가·기술평가 기관인 한국기업데이터가 출범하며 신용조회업과 신용조사업 면허를 반납하게 되었다. 즉 신용보증기금의 귀책사유가 아니라 민간 기업 CB 회사를 설립하기 위한 정책적 의사결정에 따라 면허를 반납했던 것이었다.

면허 반납 후 15년이 지난 지금은 당연히 그 당시보다 보안이나 인프라가 훨씬 더 개선되었기에 사실 면허 심사 요건에 대한 걱정은 크지 않았다. 그러나 반납 때와 마찬가지로 면허 재취득을 위해서도 정책적 의사결정이 뒷받침되어야만 했다. 기존 민간 신용평가회사들이 존재함에도 불구하고 신용보증기금에 신용정보업 면허를 발급하는 것이 필요하다는 점을 인가권자에게 관철시킬 수 있느냐가 관건이었다.

과거 신용정보업 면허 반납으로 신용정보 사업을 접게 되면서 직원들에게 신용정보 사업은 채 다 쌓기도 전에 파도에 휩쓸려 무너져 내린 모래성과도 같았다. 만일 당시를 기억하는 직원들이 신용정보 사업에 대한 마인드맵을 그린다면, '빼앗긴 것', '상실', '트라우마', '숙원 사업' 등의 연상 단어와 한 다발로 이어져 있을 것이다. 한국형 페이덱스가 '한풀이'를 위해 시작한 일은 아니었지만, 실행 계획을 짜다 보니 어찌 됐든 신용정보업 면허 취득은 반드시 넘어야 할 산이었다.

등정을 위한 첫걸음은 비교적 순조롭게 내디뎠다. 당초에 한국형 페이덱스에 대하여 금융위원회 산업금융과에 설명할 때, 우리는 예산 확보, 평가모형 개발, 전산 개발 일정 등을 고려하여 서비스 제공 시기를 2020년 12월로 제시했다. 그런데 금융위원회 측에서 오히려 신용정보업 면허 취득 등 필요한 행정적 조치를 최대한 지원할 테니, 2019년 말까지 파일럿 프로그램이라도 출시할 수 있도록 속도를 높여달라고 요청해왔다. 계획보다 빠듯한 일정으로 당혹스럽기는 했지만, '물이 들어올 때 노를 젓는' 마음으로 수를 내보기로 했다. 이미 확보한 기존의 다른 연구용역 예산을 페이덱스 연구용역 예산으로 전환하고, 통상적으로 연구용역 절차 종료 후에 관련 전산을 개발하는 방식 대신, 연구용역 TF팀에 ICT 부서 개발 인력을 동시에 투입하여 모형 개발 단계부터 전산 설계를 병행하기로 했다. 그렇게 하면 당초의 계획보다 9개월가량 앞당긴 2020년 3월까지 파일럿프로그램을 출시할 수 있을 것으로 보였다. 이 내용을 금융위원회에 알렸고 2019년 3월, 기업상거래 결제지수(한국형 페이덱스)의 세부 추진 계획이 확정되었다.

빠듯한 일정은 실무자에게는 부담이 되지만, 때로는 의사결정의 속도를 높이는 기폭제 역할을 한다. 금융위원회 산업금융과에서 반가운 연락이 왔다. 신용정보업 면허를 담당하는 금융데이터정책과와 협의했으니, 면허 신청을 위한 제반 행정 절차를 밟고 2019년 12월까지 면허 취득에 차질이 없도록 준비해달라는 것이었다. 의외로 빨리 산에 오를 수도 있겠다는 기대감이 커졌다.

생각지 못한 허들

하지만 김칫국부터 마신 것일까? 실무 협의를 위해 금융데이터정책과를 처음 방문한 직원의 보고 내용에 적잖이 당황하지 않을 수 없었다. 한마디로 담당 공무원이 신용정보업 면허 허가에 대해 다소 부정적으로 생각하고 있다는 것이었다. 다시 천릿길의 출발점으로 되돌아온 느낌이었다. 가벼웠던 발걸음도 천근만근 무거워졌다.

금융위원회 금융데이터정책과는 2018년부터 '데이터 3법'* 중 하나인

---

* 데이터 3법은 「개인정보 보호법」, 「정보통신망 이용 촉진 및 정보보호 등에 관한 법률」, 「신용정보의 이용 및 보호에 관한 법률」을 통칭하는 용어로, 개정된 데이터 3법에는 전문기관의 승인 아래 결합 정보의 활용을 허용하고 금융 분야 빅데이터의 분석 및 이용의 법적 근거를 명확히 하는 내용 등이 포함되어 있다.

「신용정보의 이용 및 보호에 관한 법률」을 개정하면서 신용정보업 면허를 세분화*하고, 면허별로 기존 요건 대비 자격 요건을 완화하여 핀테크 기업, 데이터 기업 등의 신용정보업 시장 참여 확대 등 데이터 경제 활성화를 위해 노력해왔다. 그런데 법률이 개정되면서 법률 시행일(2020년 8월 5일) 전까지는 기존 법률에 의한 신용정보업 면허는 추가로 허용하지 않는다는 게 기본적인 입장이었던 것이다. 그런 상황에서 우리가 신용정보업 면허를 신청하겠다고 나선 것에 난감해하는 듯했다는 것이 보고한 직원의 설명이었다. 그뿐만 아니라, 금융데이터정책과는 신용정보업계와 데이터 시장 내에서 신용보증기금의 입지에 대해서도 회의적인 시각을 갖고 있었는데, 요약하면 다음과 같다고 했다.

첫째, 신용보증기금의 데이터가 다른 신용정보업 영위 기업의 데이터와 차별성이 없고 보유 데이터의 양도 부족하다. 둘째, 신용보증기금이 신용정보업을 영위하게 되면 신용보증기금이 최대주주인 한국기업데이터에 부정적인 영향을 미친다. 끝으로, 공공기관인 신용보증기금이 신용정보업을 영위하게 되면 NICE신용정보, 이크레더블 등 민간 신용평가회사의 반발과 그로 인한 시장 혼란을 불러일으킬 수도 있다는 것이다.

시장 반발에 대한 우려는 예상한 바였지만 데이터의 양과 질에 대한 판단은 자체적으로 검토한 내용과 온도 차가 상당해 보였다. 무엇보다 우리가 보유한 데이터의 품질과 수집 역량, 데이터 시장 진출의 당위성 등을 정확하게 알리는 게 급선무였다. 동시에 반발이 예상되는 기존 신용정보

---

* 신용조회업, 신용조사업, 채권추심업으로 나뉘던 기존 신용정보업을 개인신용평가업, 개인사업자평가업, 기업신용조회업, 신용조사업으로 세분화함.

업 영위 기업들과도 활발한 소통이 필요하다고 생각됐다. 담당 부서에 준비를 지시하며, 무엇보다 우리 입장이 아니라 철저하게 역지사지의 마음가짐으로 외부 시각에서 접근할 것을 당부했다.

담당 부서에서는 금융데이터정책과에 신용보증기금이 B2B(Business to business) 보증과 신용보험 업무를 10년 이상 영위하면서 축적한 데이터의 양과 품질, 활용 가치 등에 대하여 자세하게 설명했다. 그리고 업무를 수행하는 과정에서 직원들이 현장조사를 하고 있어 문서상 데이터를 직접 검증할 수 있으며, 보증 이용 고객의 협조를 통해 데이터를 지속적으로 수집할 수 있어 신뢰성·연속성·확장성 등의 측면에서 다른 신용정보회사보다 강점을 지니고 있음을 강조했다.

특히 한국신용정보원과 같은 정보집중기관과 달리, 원천 데이터를 생산하여 시장에 공급할 수 있다는 차별성을 어필했다. 그리고 '공공성'에 입각한 데이터 개방을 추진함으로써 시장 실패를 해소하고 데이터 시장 발전에도 기여할 수 있다는 점도 강조했다. 수차례에 걸친 회의를 통해 이런 내용을 전달한 결과 시나브로 금융데이터정책과로부터도 신용정보업 영위 필요성을 인정받게 되었다.

그러나 KED, NICE, 이크레더블 등 서로 다른 입장에 있는 신용정보업 영위 기업에 대해서는 다른 차원의 접근이 필요했다. 정책적 타당성을 위주로 판단을 내리는 정부 부처와 달리, 민간 기업들에게는 소위 '밥줄'이 달린 문제로 여겨질 수 있기 때문이다. 일단 시장의 우려를 정확하게 파악하는 데 초점을 맞췄다. 그래야 오해가 있다면 풀고 필요하다면 설득에 나설 수 있으니 말이다. 담당 부서에서는 해당 기업들과 협의를 이어갔고 나도 개인적으로 업계 관계자들을 만나 이야기를 나누었다. 이들부터 파악한 바로는, 핀테크 기업, ERP(Enterprise Resource Planning) 판매 기업, P2P(Peer to Peer) 금융 기업들은 최근 신기술을 장착한 기업들이 데이터 시장에 대거 참여하여 경쟁이 격화되는 것을 우려하고 있었다.

그런 상황에서 데이터 경쟁력을 보유한 신용보증기금까지 시장에 진출한다고 하니 그들 입장에서는 충분히 경계할 만한 일이었을 것이다. 그들은 우리에게는 정책 당국에서 판단할 사항이라며 직접적인 반대의 목소리를 내지는 않았다. 그 속내가 무엇이든 신용정보업 면허를 승인하는 정부의 판단에 대해 왈가왈부하는 것은 조심스러웠을 것이다. 하지만 이런저런 경로를 통해 파악해본 결과 그들이 우리를 달가워하지 않는 분위기는 충분히 감지하고도 남았다.

데이터 시장 활성화를 위해 신용보증기금이 '공정한' 가격에 데이터를 시장에 공급할 수 있도록 관리해야 한다는 이야기를 통해 간접적으로 우려를 보인 기업도 있었다. 공공기관의 개입이 시장을 교란시키는 결과를 초래할 수 있다는 취지였다. 공공기관이 처음에는 시장 실패 보완과 공익 추구를 위해 시장에 개입하지만, '공공성 추구' 차원에서 저가 정책을 펼치면서 조금씩 시장을 잠식하고, 결국에는 기존 민간 기업들을 구축하게 될 수도 있다는 개연성을 염두에 둔 것으로 보였다. 마음 한구석에서 신용보증기금을 상당히 위협적인 경쟁자로 여기고 있는 것이 분명했다.

한 번 더, 소통에 소통을 거듭하다

그러던 중 담당 부서에서 신용정보업 면허 신청 절차나 허가 심사 기간을 고려할 때, 계획대로 한국형 페이덱스를 2019년 말까지 도입하려면 7월 중에는 신청 절차에 착수해야 한다는 보고를 해왔다. 하지만 공무원으로 지내며 겪었던 다양한 경험에 비추어볼 때, 이런 상황에서는 '반대' 라고 말하지 않은 것이 '찬성'을 뜻하진 않는다는 사실을 누구보다 잘 알고 있었기에, '급할수록 돌아가야 한다'는 말을 건네며, 기업들과의 조율에 조금 더 시간을 투자하자고 제안했다.

실무자 입장에서는 안 그래도 당초보다 앞당겨진 일정으로 부담이 많은 상황에서 답답함을 느꼈을지 모른다. 하지만 민간 기업들이 아직 불안감을 지우지 못한 상황이었다. 시간에 쫓긴다고 불씨를 남긴 채 추진할 종류의 일이 아니었다. 아무리 작은 불씨라도 면허 취득 후 사업 추진 과정에서 언제든 다시 살아나 앞길을 가로막을지 모를 일이었다.

그래서 나를 비롯한 임원들과 담당 부서 직원은 7월부터 10월까지 다시 신용정보업과 데이터 산업과 관련된 각계의 이해관계인들을 더 만나보기로 했다. 신용정보업 면허 취득 필요성에 대해 설명하는 한편, 다양한 이해관계만큼이나 다양한 의견들에 귀를 기울였다. 그런 과정을 거치면서 의외로 우리 의견에 진지하게 공감하며 향후 협력 의사를 밝히는 곳도 제법 많아졌다.

하지만 시장 내에서 신용보증기금의 신용정보업 면허 취득이 이슈가 되자, 다른 한편에서는 신용정보업계의 직접적인 이해관계자들이 이전보다 눈에 드러날 정도로 수성守城의 움직임을 보이기 시작한다는 이야기가 들려왔다. 다만, 신용보증기금의 면허 취득을 반대하는 이들이 추진 초기에는 면허 취득 자체에 반대했는데, 우리 측의 소통 노력 덕분인지 점차 신용정보업 면허는 허가하되 민간 기업들의 사업 영역을 보호해야 한다는 내용으로 반대의 수위가 낮아지는 모습이 보였다.

위기를 딛고 끝내 맺은 결실

시장의 분위기가 호전되고는 있었지만, 우리 뜻대로만 진행되지는 않았다. 금융데이터정책과에서도 시장의 우려를 의식하였는지, 신용정보업 면허 중 사실상 사문화된 신용조사업은 허가하기 어렵고 한국형 페이덱스 운영에 필수적인 신용조회업만 허가하겠다는 뜻을 전해왔다. 그마저도 신용등급과 기술평가등급은 제공할 수 없도록 조건을 부여하겠다고 했다. 이렇게 될 경우 신용보증기금은 한국형 페이덱스의 등급만 제공할 수밖에 없게 된다. 우리가 구상한 데이터 사업은 할 수 없게 되는 상황이었다. 심지어 한국형 페이덱스 등급 제공도 기존 신용평가 등급과 혼선이 없도록 평점 체계로만 제공하는 것이 어떻겠냐는 제안까지 받게 되었다. 한국형 페이덱스도 기존의 신용평가와 평가 방식은 다르지만 엄연한 신용등급이며, 평점으로 제공하는 것도 엄연히 신용평가등급에 해당하기에 우리로서는 수용할 수 없는 제안이었다.

담당 부서에서 빠르게 대응했다. 금융데이터정책과에 대한 설득과 함께 금융위원회로부터 신용정보업 면허 심사를 위탁받아 수행하는 금융감독원에도 우리 입장을 전달했다. 다행히도 금융감독원은 신용정보업 면허를 준비하는 과정에서 여러 차례 회의를 하면서 우리와 공감대가 잘 형성되어 있던 터였다. 그 덕분인지 금융감독원은 금융위원회로부터 신용등급 제공을 제한하는 조건에 대한 사전 의견 조회를 받았을 때, 우리 측 입장을 반영하여 해당 조건이 타당하지 않다는 의견을 제시해주었다.

결국 금융위원회에서도 최종적으로 기술평가등급만 제공하지 않는 조건으로 신용조회업을 허가하기로 협의되었다. 이전부터 신용정보업 면허가 필요하다는 내부 논의가 수년째 계속되었으나 여러 이유로 엄두를 내지 못하던 일이 이뤄지기 일보 직전까지 온 것이다. 「신보 혁신 5개년 계획」을 수립 후 약 1년이란 시간 동안 발로 뛰며 기울인 노력의 결실이 눈앞에 놓이게 되었다.

2019년 12월, 드디어 신용조회업 예비 면허 신청서를 제출했고, 2020년 1월부터 예비심사가 진행되었다. 금융감독원 실사단이 현장 심사를 위해 1박 2일의 일정으로 대구 본점을 방문했다. 담당 부서뿐만 아니라 정보보안과 전산시스템을 관리하는 ICT 부서까지 함께 대응했다. 철저히 준비한 덕분에, 이틀간 진행된 실사에서 우리는 데이터 사업 수행 역량, 전산장비 보유 현황, 고객 정보보호 체계 등을 자신 있게 보여주었다. 실사단도 만족스러워하는 분위기 속에 긍정적인 시그널을 받고 실사는 마무리되었다.

실사단의 실사보고서가 금융위원회에 제출되었고, 약 보름간 면허 허가에 대한 이의 신청을 받는 절차가 진행되었다. 만약 사전에 민간 신용평가회사들에 대한 정지整地 작업을 하지 않았다면, 이 기간 동안 이의가 제기되었을 수도 있었을 것이다. 하지만 충분한 소통 노력 덕분인지 단 한 건의 이의도 제출되지 않았고, 금융위원회로부터 2020년 2월 위원 만장일치로 예비심사를 통과했다는 낭보를 전해 들었다.

담당 부서에서는 인트라넷을 통해 직원들에게 이 사실을 알렸다. 반신반의했던 신사업이 실현되어가는 모습을 눈으로 확인한 직원들이 게시물에 공감의 댓글을 달며, 흥분을 감추지 못했다. 하지만 'It ain't over till it's over'*라는 말은 야구에서만 쓰이는 것이 아니었다. 3월에 예정된 본

---

* '끝날 때까지 끝난 게 아니다'는 미국 메이저리그 명예의 전당에 헌액된 전설적인 포수 요기 베라

심사 절차가 아직 남아 있었다. '고삐를 늦춰선 안 된다'는 마음으로 본 심사에 대응하기 위해 만반의 준비를 했다. 민간 부문에서 별다른 이의 없이 예비심사가 통과된 덕분인지 다행히 본심사도 원활히 마무리되었다.

2020년 3월 18일, 약 16년 만에 신용보증기금은 잃어버렸던 신용정보업 면허를 다시 손에 쥐게 되었다. 곳간에 쌓여 있는 쌀로 밥을 지어 손님들에게 내놓을 수 있는 자격을 취득한 셈이다. 임직원 모두 기뻐하며 흥분한 분위기였다. 임직원들 앞에서 내색하지는 않았지만, 취임 후 신용보증기금의 숙원 하나를 풀었다는 생각에 나 또한 흐뭇했다. 데이터 사업에 대한 직원들의 상실감과 트라우마가 치유되었기를, 오늘의 기쁜 마음들이 한데 모여 앞으로 추진해나갈 데이터 사업 진행의 큰 원동력이 되기를 마음속으로 기원했다.

3) 지능형 기업 진단 솔루션 BASA

중소기업이 원하는 서비스는 중소기업이 가장 잘 알기에

한국형 페이덱스의 성공적인 개발에서 자신감을 얻어 그다음으로 개발한 것이 지능형 기업 진단 솔루션(Business Analytics System on AI, BASA)이다. 한국형 페이덱스의 목표 중 하나가 빅데이터를 통해 중소기업들의 금융 접근성을 높이는 것이었다면, BASA는 빅데이터를 인공지능 기술

Yogi Berra가 1973년 시즌 뉴욕 메츠 감독 시절에 했던 말이다. 시즌 말 메츠가 최하위로 처져 있었고, 베라가 감독직에서 경질될 것이라는 소문이 파다했던 당시 "이미 끝난 것이 아니냐?"라는 기자의 질문에 대한 베라의 답변이었다. 이후 뉴욕 메츠는 기적처럼 지구 우승을 차지해 포스트시즌에 진출했다.

과 융합하여 중소기업들이 경영에 손쉽게 활용할 수 있도록 하는 것이 목표였다. 신용보증기금에서 수집한 빅데이터를 유용한 정보로 가공·제공함으로써 기업 경영 시 경험과 직관에 의존했던 부분을 보완할 수 있도록 지원하자는 취지였다.

BASA를 개발할 때 가장 중요하게 생각했던 점은 이용자인 중소기업 현장에서 실질적으로 필요로 하는 사항을 서비스에 반영하는 것이었다. 그래서, 자금과 시간이 부족한 중소기업의 현실을 반영하여 '무료로 쉽고 빠르게' 이용할 수 있는 서비스 형태로 개발하는 데에 초점을 맞췄다. 과거에 공공기관에서 야심 차게 개발했으나 실패작으로 판정받은 상품과 서비스의 공통점은 수요자 입장이 아닌 공급자 입장에서 개발이 이뤄졌다는 사실을 잘 알고 있었기 때문이다. 그래서 담당 직원들은 BASA 개발에 앞서 다양한 업종별 기업 현장을 직접 방문하여 생생한 의견을 청취했다.

기업 현장 방문을 통해 BASA 개발의 방향성 설정에 결정적인 인사이트를 얻을 수 있었다. 포항에 소재한 한 철강 제조 기업의 대표는 "현실적으로 가장 피부에 와 닿는 것은 금융 지원이겠지만, 그에 못지않게 중요한 것이 경영 활동에 필요한 정보이다. 거래처 등 영업 관리가 잘 돼야 하는데, 신용보증기금에서 보유한 거래 기업 정보 등을 활용해서 판매처나 구매처의 신용등급을 알려줬으면 좋겠다"라는 말을 통해 데이터를 활용한 거래 위험 관리가 필요하다는 의견을 주셨다.

플랫폼 비즈니스 사업을 영위하는 또 다른 기업 대표는 '물고기를 주지 말고 물고기 잡는 법을 가르쳐야 한다'라는 격언을 언급하며, "우리와 같은 중소기업은 한 번도 제대로 된 컨설팅을 받아본 적이 없다. 지속가능한 회사 운영을 위해서는 기업의 정확한 경영 상태를 진단하고 개선 방향을 제시해주는 솔루션이 절실한데, 중소기업을 가장 잘 아는 신용보증기금이 아니면 누가 그 역할을 할 수 있겠나?"라는 하소연 섞인 말로 경영 진단 및 컨설팅의 필요성을 강조했다.

한 번의 클릭으로 30분 만에 확인하는 무료 기업 건강검진 서비스

현장 의견과 당부 및 격려를 바탕으로, 2020년 7월 BASA 모형의 핵심 엔진인 온라인 평가 시스템(Online Rating System, ORS) 개발이 시작되었다. BASA 개발 프로젝트의 긴 여정을 향한 본격적인 첫발을 내디딘 것이다. 개발 착수 이후 약 20개월 동안은 작은 전쟁터를 방불케 할 만큼 치열한 상황의 연속이었다. 개발자와 프로젝트 매니저, 담당 직원들 간의 치열한 토론이 끊이지 않았다. 서비스 개시를 목전에 두고는 밤샘·주말 작업도 다반사였다. 긴 산고를 거쳐 BASA는 2022년 3월 말 드디어 서비스를 개시하였다.

당시 우리가 표방한 슬로건은 '기업판 마이데이터 서비스'였다. 조금 더 구체적으로는 개인이 병원에서 건강검진을 받는 것처럼 간편하게 기업이 경영 건강 상태를 진단해볼 수 있는 서비스를 세계 최초로 출시해보자는 것이었다. 이는 동시에 그간 중소기업 정책의 '대상'이었던 기업을 '주체'로 전환하는 것을 의미한다고 할 수 있다.

중소기업이 주된 고객이라 서비스의 활용도를 높이는 데에도 심혈을 기울였다. '쉽고 빠르게'라는 콘셉트에 맞춰 개발이 진행된 만큼, 이용 기업은 복잡한 자료 제출이나 데이터 입력 등의 절차를 거칠 필요 없이 회원 가입과 정보 제공 및 온라인 자료 제출 동의만 하면, 진단 신청을 할 수 있게 되었다. 기업에서 신청만 하면 결제기간 정보, 재무 상태, 고용 현황,

산업 특성 및 전망 등 다양한 정태적·동태적 데이터를 시스템에서 자동으로 수집하여 AI의 자동 분석이 이뤄진다. '한 번의 클릭으로, 횟수 제한 없이, 무료로, 30분 내에' 진단 보고서를 받아볼 수 있는 것이다. 약 2주일의 시간이 소요되고 수십만 원의 비용을 치러야 하는 일반 신용정보회사의 기업분석보고서에 비하면, 기업들이 훨씬 부담 없이 이용할 수 있는 서비스인 셈이다.

빅데이터와 AI의 융합으로 완성한 혁신 서비스

진단 보고서는 신청 기업의 주요 재무 정보가 포함된 기업 개황을 일목요연하게 정리하여 보여주고, 기업에 내재된 고유 위험, 주요 거래처(구매처와 판매처) 위험, 산업·기술 위험 등 입체적인 위험 요인 분석결과를 설명해준다. 그리고 각 진단 섹터별로 신청 기업의 상대적 위치를 1~10등급의 형태로 보여주고, 동종업계 대비 경쟁력 수준을 백분율로 환산하여 수치화함으로써 경영 현황을 직관적으로 확인할 수 있게 해준다.

물론 이 모든 분석은 시스템에 의해 자동으로 이뤄진다. AI가 자동으로 작성하는 진단 의견과 상세 진단 결과는 기업에서 향후 경영 전략 수립 등에 활용할 수 있다. 예컨대, 기업은 "동사의 신용도는 우수하고 경쟁력 수준이 상위 4.59%로 사업의 안정성이 높습니다. 모형별 진단 결과, 사업 안정성 및 재무 상태 건전도는 상위 7.75%로 우수한 경쟁력을 보유하고 있습니다. 귀사의 거래처 신용도는 동종 업계에서 상위 88%입니다. 하지만 매입 거래의 안정성이 떨어질 수 있으므로 거래 관계에 대한 검토가 필요합니다"와 같이 이해하기 쉬운 문장으로 진단 결과를 확인할 수 있기 때문이다.

중소기업의 상황과 수요를 바탕으로 만든 덕분인지 BASA 서비스는 2022년 3월 말에 개시한 지 약 3개월 만에 신용보증기금 이용 기업들을 중심으로 2,200개의 기업이 1만 9천 건 이상을 이용했다. 실제로 서비스를 이용해본 한 중소기업 대표는 "자금과 시간이 부족한 중소기업 현실에 딱 맞는 서비스이고, 중소기업에게 가장 필요한 내용을 잘 담았다"라고 평가하며, "과거에는 거래처의 거래 규모와 신용공여 한도를 정할 때 경험과 업계 평판 등 한정된 정보에 의존할 수밖에 없었는데, BASA에서 제공하는 거래처의 신용도와 진단 내용을 참고하여 거래처의 위험도를 파악할 수 있다는 점이 매우 유용했다. 앞으로도 주기적으로 서비스를 활용하여 경영 관리와 각종 의사 결정에 활용할 예정이다"라며 서비스의 장점과 활용 계획을 밝혔다.

한국형 페이텍스에 이어 정부의 혁신과제 중 하나로 지정되어 2022년 3월에 출시된 BASA 서비스는 신용보증기금에서 추구하는 '범국가적 데이터 댐'* 구축 과정의 한 단계라고 할 수 있다. 업무 수행 과정에서 수집한 기업 관련 데이터로부터 새로운 가치와 공익을 창출하고, 데이터의 주인인 기업과 국민에게 다시 돌려주는 노력이라고 할 수도 있을 것이다. '4차 산업혁명 시대의 원유'라고 불릴 정도로 데이터의 중요성에 대한 인식은 앞으로 더욱 확산될 것이다. 국민 생활 편의와 우리 경제의 경쟁력을 높일 수 있는 혁신적인 기술과 서비스는 대부분 빅데이터로부터 시작될 것이다. 혁신적인 금융 공공기관이 되기 위한 신용보증기금의 빅데이터 ·

---

* 물을 가둬두고 상황에 맞춰 방류하는 댐처럼 방대한 데이터를 모아두었다가 필요한 곳에서 사용할 수 있도록 제공함으로써 누구나 가치 있는 데이터를 활용할 수 있도록 해주는 역할을 의미.

신용정보 기반 사업 추진 노력이 중소기업은 물론, 금융권과 공공기관의 혁신에 긍정적인 영향을 줄 수 있을 것으로 기대된다.

한편, 신용보증기금은 현재 기존의 BASA 서비스를 확대해, 중소기업의 빅데이터를 전문적으로 제공할 '빅데이터 포털' 개발에 착수한 상태이다. 앞으로 포털을 통해 BASA 서비스를 신용보증기금 고객뿐만 아니라 제삼자도 활용할 수 있도록 하는 한편, 진단 정보 외의 다양한 기업 정보를 제공할 예정이다. 이를 통해 보다 많은 기업들이 산업·경영 환경 변화 등에 대한 데이터를 손쉽게 얻고, 경영 진단을 통해 지속가능한 기업으로서 성장해나갈 수 있기를 기대해본다.

4) 비대면 보증 거래 플랫폼 구축

왜 신용보증기금은 자꾸 오라고 합니까?

공직 생활 내내 경제정책 분야에서 일하며 중소기업과 관련된 업무도 꽤 많은 시간 동안 담당했기에, 나는 공직에서 떠난 후에도 자연스레 중소기업에 관심이 많은 편이었다. 그래서 종종 시간을 내어 가까운 공단 등에서 기업을 운영하는 지인들을 찾아가곤 했다. 기업인들과 식사를 하며 경제 현황에 대한 이야기도 나누고, 현장의 체감 경기에 대해서도 생생하게 들어볼 수 있는 유익한 시간이었다. 그렇게 만난 기업인들과 인연이 되어 중소기업을 찾아 직원들을 대상으로 특강을 할 기회도 종종 있었다.

당시 나는 신용보증기금과 아무 관련이 없었는데, 기업인들과 대화를 하다 보면 은근히 신용보증기금이 자주 언급되곤 했다. 신용보증기금의 도움을 받아 회사가 성장할 수 있었다는 미담이 아니었다. 대체로 너무 뻣

뻣하고 관료주의적이라는 것이 주된 내용이었다. 뭐가 크게 잘못된 게 있나 싶어 물어보면, 은행들은 대출 만기 연장 건이 있으면 담당 직원들이 직접 회사에 찾아와서 서명을 받아 가는데, 신용보증기금에서는 서류를 챙겨서 꼭 지점을 방문하라고 요구한다는 것이었다. 공직 생활을 하는 동안 신용보증기금의 역할을 지켜봐왔기에 속으로 '모르긴 몰라도 아쉬울 때 도움을 받았을 텐데, 이렇게 험담을 하고 다녀도 되나?'라는 생각도 들었지만, 365일 숨 돌릴 여유도 없는 우리나라 중소기업 사장님들의 현실을 알기에 한편으로는 고개가 끄덕여지기도 했다.

그런데 내가 신용보증기금 이사장으로 취임한다는 소식이 언론 매체 등에 나오자 그런 불만을 이야기하던 지인들로부터도 전화가 오기 시작했다. 대부분 축하 인사를 전하면서 저번에 언급했던 점을 개선해주면 좋겠다는 이야기를 또 꺼냈다. 일단 알겠다고는 했지만 실상을 우선 파악해봐야겠다고 생각했다. 막상 영업점 현장경영을 다녀보니 왜 그런 이야기가 나오는지 알 수 있었다. 신용보증기금 지점에는 보통 지점장, 팀장, 실무자를 포함하여 적게는 4~5명부터 많게는 10~15명 정도가 근무하고 있다. 그런데 지점별로 담당하는 기업 수가 약 3~4천 개씩 되다 보니 지점장, 팀장을 제외하면 차장, 과장, 대리, 주임 등 실무자들은 인당 500~600개의 업체를 관리하고 있었다. 보통 1년 영업일수가 220일 정도 되니, 직접 기업을 찾아가 서명을 받으려면 하루에 3개 정도의 업체를 방문해야 하는 셈이다. 게다가 은행처럼 지점이 많지도 않아 커버할 지역도 광범위하다. 수도권과 광역시를 제외하면 사실상 시 단위로 하나의 지점이 있어 이 지점에서 주변 군 단위까지 모두 관할했다. 고객의 불편을 줄이면 좋겠지만 은행처럼 찾아가는 서비스는 사실상 불가능한 일이었다.

불만을 호소했던 지인에게 전화를 걸어, 신용보증기금 인력 구조를 설명하고 은행처럼 직원들이 찾아가서 서명을 받아오는 건 어렵겠다고 이야기했다. 그리고 직접 찾아가서 사인을 받지 못하는 대신, 가급적 방문을 최소화하고 서류 제출 방식을 개선해 불편을 줄일 수 있도록 업무 프로세스를 최대한 개선해보겠노라 약속했다. 그리고 '이제 나도 신용보증기금 사람이 됐으니, 어디 가서서 신용보증기금 흉은 보지 마시라'고 농반진반으로 웃으며 통화를 마쳤다. 이렇게 임시로 민원은 처리했지만, 핀테크 시대에 맞게 서비스를 개선해야 고객도 편하게 서비스를 이용하고 직원들의 업무 효율성도 향상될 것이라는 생각이 들었다. 고객들의 이런 작은 불만사항을 해소하기 위한 고민에서 신용보증기금의 '3無 혁신'*이 시작되었다.

고객 만족을 위한 '3無 혁신' 추진

빌 게이츠Bill Gates 전 마이크로소프트 회장은 1994년에 이미 "Banking is necessary, banks are not"이라는 말로 '은행 없는 은행 서비스'를 예견했다. ICT 기술의 발달과 비용 효율화에 따라 오프라인 점포가 없이도 은행 영업이 가능해진다는 것이었다. 그리고 이 말은 우리나라에서도 K뱅크, 카카오뱅크 등을 통해 현실이 되었다. 실제로 기존 은행들도 점포를 빠른 속도로 줄이는 대신 모바일 서비스를 확대해나가고 있다.**

금융권에서 비대면 거래의 시작은 1990년까지 거슬러 올라간다. 조흥은행(현 신한은행) 명동지점에서 국내 최초로 현금자동입출금기(ATM)를

---

* 無 방문 보증기한 연장, 無 방문 신규 보증, 無 서류 제출.
** 국내 은행 점포 수(개) : ('12년) 7,681 → ('14년) 7,383 → ('16년) 7,086 → ('18년) 6,752 → ('20년) 6,405 → ('21년) 6,094

선보인 것이 그 시발점이었다. 1999년에는 인터넷뱅킹이 시작되면서 진정한 비대면 금융 시대가 열렸고, 2009년부터는 스마트폰을 통한 스마트뱅킹 시대가 왔다. 금융과 IT 기술을 융합한 '핀테크'라는 개념이 등장했고 얼마 전부터는 ICT 기업들이 주도하는 금융 혁신을 뜻하는 '테크핀'이라는 용어도 일반화되기 시작했다.

하지만 취임 당시 신용보증기금은 이런 비대면 거래 트렌드와는 거리가 좀 있어 보였다. 인터넷으로 보증 상담을 요청할 수 있게 창구는 마련해두었으나, 활성화되지는 못한 상태였다. 대부분의 상담은 기업에서 서류를 구비하고 지점 창구를 방문하여 이뤄지고 있었다. 또한 가장 빈번하게 발생하는 업무인 보증 기한 연장 시에도 고객이 가까운 지점을 방문하여 모든 약정서에 직접 서명해야만 했다. 소액보증은 일정 요건을 충족한 경우에 전화로 만기를 연장 처리하는 시스템이 갖춰져 있었지만, 이 또한 대상이 연대보증인 없는 3억 원 이하의 개인 기업으로 제한되어 이용률은 약 30% 수준에 머물고 있었다. 변화가 필요해 보였다.

혁신 5개년 계획을 수립할 때 고객들로부터 다양한 의견을 수렴했는데, 그 핵심은 '이용하기 편리하고 신속한 서비스'였다. 고객 만족도 조사에서도 '신속한 업무 처리'에 대한 요청이 지속되었고, 본인들이 직접 신용보증기금을 방문해야만 하는 불편함을 가장 많이 지적했다. 내가 밖에서 들었던 이야기와 다르지 않았다.

사실 신용보증기금에서는 과거부터 고객 편의를 위해 제도들을 꾸준히 개선해왔다. 제출 서류를 줄이기 위해 보증 심사에 필요한 서류들을 행정망을 통해 직원이 직접 발급받을 수 있게 하여, 고객이 챙겨 제출하는 서류도 큰 폭으로 줄였다. 약정이 필요 없는 상황에서는 e-Fax 시스템을 통해 서류를 전자팩스로 보내게 하여 고객이 직접 방문하는 번거로움을 줄이기도 했다.

하지만 신규 보증서 발급이 이뤄지기 위해서는 대부분의 경우 지점에서의 '대면 상담', 사업장에서 이뤄지는 '신용조사', 보증 승인 후 '신용보증 약정'까지 최소 3회의 대면이 필요한 것이 현실이었다. 게다가 보증기한이 대부분 1년 단위로 운영됨에 따라 고객들이 매년 보증기한 연장을 위해 지점을 방문해야만 했다.

물론 신규 보증 심사를 진행할 때 브로커 개입에 민감한 직원들 입장에서 대표와 면담도 하지 않은 채 보증 상담을 진행하는 것에 대한 꺼림칙함은 있을 것이다. 사후관리 인력이 충분하지 않은 상황에서 적어도 1년에 한 번씩은 기한연장을 통해서라도 기업 대표와의 면담을 통해 기업 현황을 파악해야 하다는 무언의 공감대도 비대면 서비스 확대의 제약 요인으로 작용했을 수 있다. 게다가 기한연장을 위해 영업점을 방문했다가 직원의 추천을 통해 컨설팅 서비스나 추가 보증, 보험 상품을 이용하는 경우도 많았기에, 모든 기업들이 대면 거래 자체를 불필요한 것으로만 여기지는 않았을 것이다. 물론 컨설팅이나 상담을 사업장에 직원이 찾아와서 하는 것을 바랄 수도 있겠지만, 앞서 설명했듯이 1인당 담당 기업 수 등 현장 상황을 고려할 때 이는 사실상 실현이 불가능한 바람이었다.

비대면 서비스가 제한적으로 이뤄질 수밖에 없는 법률상 장애도 있었다. 「민법」에서 "보증의 의사가 전자적 형태로 표시된 경우에는 효력이 없다"라고 규정하고 있어 연대보증인이 있는 기업은 부득이 자필 서명을 직원이 확인해야만 했다. 공인전자서명 시스템 도입을 위해 필요한 전산 개발 비용도 공공기관으로서는 예산 확보 없이는 진행할 수 없는 대규모 프로젝트였다.

그러나 시대가 변했다. 제약사항만 이야기하며 비대면 서비스 도입을 차일피일 미룰 수 없는 디지털 트랜스포메이션의 시대이다. 나는 잠시의 머뭇거림이 기관의 서비스 경쟁력과 고객 만족도를 바닥에 떨어뜨릴 수 있다고 판단했다. '한계가 있더라도 명확한 로드맵을 수립하고, 할 수 있는 부분부터 신속하게 추진하는 것이 옳다'는 의사를 직원들에게 피력했다. 이러한 판단을 내린 데에는 또 다른 이유가 있었다. 바로 「신보 혁신 5개년 계획」의 핵심 신사업 중 하나인 '데이터 뱅크' 사업과의 연계성이다. 비대면 서비스를 위한 플랫폼을 구축하면 중소기업 데이터를 원활하게 수집하는 채널로 활용할 수 있기 때문이다.

과거 신용보증기금의 기업 정보 수집 체계에는 한계가 있었다. 즉 신규 보증을 지원할 때는 현장조사를 통해 다양한 기업 관련 정보를 취득하지만, 그 후에는 사후관리를 통해 직원이 일일이 데이터를 입력해야만 했다. 이런 업무 프로세스 아래서는 인력상 한계 등으로 보증 이후 생성되거나 변경되는 기업들의 다양한 정보를 시계열로 축적하는 것이 사실상 불가능했다.

실제로 신용보증기금에서 매년 기업 상시 관리를 통해 기업 정보를 의무적으로 업데이트하는 대상은 보증 금액이 3억 원을 초과하는 기업인데, 이는 전체 보증 이용 기업 수의 약 30% 수준에 불과하다. 데이터 뱅크라는 미래상을 현실화하기 위해서는 보증 이용 기업들의 데이터에 대한 체계적·입체적 분석이 거의 실시간으로 이뤄져야 한다. 그래야만 빅데이터 기반 분석 결과를 활용한 페이덱스를 운영할 수 있고, 이를 통해 비대면 보증 서비스도 제공할 수 있다. 모두 탄탄한 정보 수집과 정보 분석 시스템이 뒷받침되어야 가능한 일이다.

이런 상황을 반영하여 「신보 혁신 5개년 계획」 수립 시 고객들이 방문 없이도 보증기한 연장, 신규 보증, 서류 제출을 처리할 수 있는 시스템을 갖추는 이른바 '3無 혁신'을 고안하게 되었다. 그리고 이를 위해 총 3단계의 비대면 플랫폼 구축 방안을 마련했다.

먼저 1단계는 2019년 내에 신용보증기금 홈페이지에 공인전자서명 제도를 도입하여 무방문 플랫폼을 구축하는 것이었다. 2단계는 신용보증기금 홈페이지와 동일한 서비스를 이용할 수 있는 모바일 애플리케이션을 개발하는 것이었다. 마지막 3단계는 전자패드를 도입하여 약정 서류 등을 모두 전자화하여 '페이퍼리스Paperless 신보'를 구축하는 것을 최종 목표로 설정했다.

2019년 5월부터 1단계에 포함된 공인전자서명 도입을 본격적으로 준비하기 시작했다. 공인인증서를 이용한 전자서명의 법적 효력에 대한 법률 검토 결과를 반영하여 전자서명 적용 대상을 확정했다. 전자서명된 서류의 법적 증거력을 확보하기 위해 금융결제원의 시점 확인 서비스(Time Stamp Authority)를 함께 도입하기로 했으며, 약정 내용에 대한 고지 의무 이행을 위해 약정서 주요 내용을 담은 설명서도 제작하여 고객 권리를 보호할 수 있는 장치도 마련했다.

2019년 12월 23일, 드디어 비대면 업무 플랫폼이 오픈하여 가동하기 시작했다. 각종 서류를 일일이 발급하여 제출하던 고객들은 이제 플랫폼에서 클릭 몇 번으로 자료를 제출할 수 있게 되었다. 그동안 활용도가 낮았던 신용보증기금 홈페이지의 '사이버 영업점'이 진정한 비대면 업무 플랫폼으로 진화한 셈이다.

코로나를 예견한 신용보증기금?

고객들의 거래 편의를 개선하기 위해 비대면 서비스를 도입했지만, 처음에는 직원들과 고객들 모두 비대면 서비스에 대해 소극적이고 회의적인 편이었다. 직원들 입장에서는 전화나 문자로 연장 서류만 안내하고 방문 일정만 잡으면, 서류를 들고 오는 고객에게 몇 가지 문서양식에 서명만 받으면 됐는데, 비대면 서비스의 경우 고객에게 온라인 접속 방법과 인증 절차 등을 하나하나 설명해주어야 했다. 그러다 보니 오히려 시간이 더 걸린다는 볼멘소리가 들렸다. 고객들 역시 처음 접하는 방식에 익숙하지 않아 불편하다는 의견이 있었다. 담당 부서에서는 사용자 매뉴얼을 배포하고 더 간단하게 이용할 방안을 마련하고자 노력했지만 도입 초기 비대면 업무 플랫폼은 홀대만 받았다. 그래도 고객이 해외 출장 등 특별한 사정이 생겨 방문이 어려울 경우에는 어쩔 수 없이 비대면 방식을 활용할 수밖에 없었다. 직원들이 이런 식으로 한두 번 해보니 고객들과 서로 방문 일정을 맞추지 않아도 되고, 고객들은 방문을 위해 오가는 시간을 아낄 수 있다는 긍정적인 피드백을 받으면서 활용 사례가 조금씩 늘기 시작했다.

공교롭게도 이 무렵 코로나19가 우리나라에서 확산되기 시작했다. 이로 인해 금융뿐만 아니라 유통, 음식, 교육, 공연 등 다양한 분야에서 비대면 거래가 급격하게 늘어났다. 신용보증기금에서 마치 이런 일이 생길 것을 알고 미리 대비한 듯한 모양이 되었다. 직원들에게도 코로나19 감염을 막기 위해 적극적인 비대면 플랫폼 사용을 권했고 이용하는 고객들 수도 빠른 속도로 늘어났다.

2020년 5월에는 무방문 전용 보증 상품인 '이지원(Easy-One) 보증'을 만들어 3無 혁신에 한 발짝 더 다가섰다. 처음 비대면 플랫폼을 오픈할 때에만 해도 보증기한 연장밖에 처리하지 못했지만, 이렇게 비대면 보증 상품까지 출시하고 나니 비로소 온전한 3無의 구성 요소를 갖추게 된 셈이었다.

여기에 2021년의 시작과 함께 모바일 플랫폼 서비스도 개시했다. 스마트폰으로 보증을 신청할 수 있고, 은행의 모바일 뱅킹처럼 현재 나의 보증 현황 등을 한눈에 조회할 수 있게 되었다. 전자 약정과 정보 제공 동의서도 모바일 기기로 할 수 있게 되었다. 또한 앞서 설명했던 상거래 신용지수(한국형 페이덱스의 공식 명칭)도 모바일 환경에서 확인할 수 있게 되었다.

코로나19는 비대면 거래의 확산 속도를 더욱 빠르게 만들었다. 포스트 코로나 시대를 맞게 되어도, 다시 예전 수준으로 대면 거래가 늘어나지는 않을 것이다. 오히려 비대면 거래에 대한 선호도가 더 높아질 것으로 전망된다. 신용보증기금이 은행들보다 비대면 거래 시스템을 늦게 갖춘 것이 사실이다. 하지만 디지털 트랜스포메이션의 물결 속에 비대면 플랫폼에 대한 필요성을 인식하고 준비해왔기에, 코로나19라는 위기 상황에서 감염 리스크는 낮추면서도 이용 편의는 높이는 체계를 갖출 수 있게 되었다고 생각한다.

"코로나19로 바뀐 것은 트렌드의 방향이 아닌 속도"라는 『트렌드 코리아』 시리즈의 저자 김난도 교수의 말처럼 비대면 트렌드는 더욱 강화될 것이다. '설마'라고 생각했던 공공 영역도 예외일 수 없다. 앞으로는 어떤 서비스를 도입할 때 '비대면으로 제공이 가능한가?'가 필수적인 체크 사항이라는 점을 명심해야 할 것이다.

5) 공동 프로젝트 보증

심사 대상의 혁신: 기업에서 프로젝트로

코로나19의 확산과 지속은 개인의 건강과 생명은 물론 소상공인들을 비롯한 기업의 경제 활동에도 커다란 충격이 아닐 수 없었다. 위기 상황은 우리 모두를 시련의 울타리에 가두곤 하지만, '난세의 영웅'이라는 말이 있듯이 위기를 기회 삼아 도약하는 기업들의 사례도 적지 않다. 이런 기업들은 결국 짙은 불확실성의 먹구름이 걷히면 찬란한 빛을 발하며, 새로운 모습으로 모두를 놀라게 하곤 한다. 그 원동력은 바로 혁신이다.

하지만 주변 환경이 녹록하지 않은 상황에서 선뜻 사업 혁신을 추구하는 것은 어쩌면 '무모한' 도전에 가깝다고도 할 수 있다. 그래서 기업의 혁신은 도전에 실패하더라도 잃을 것이 없다고 여겨지는 스타트업이나 실패의 여파를 감내할 수 있는 기초 체력이 튼튼한 중견·대기업이 주인공이 되는 경우가 더 많은 것 같다.

한편 중소기업들은 혁신 실패의 리스크를 줄이기 위해 대기업이 추진하는 혁신―신제품 개발 등―에 동참하는 방식을 택함으로써 보다 안정적인 변모를 꾀하는 전략을 구사하는 모습을 보인다. 자칫 무임승차처럼 여겨질지 몰라도 우리나라에서는 대기업과 협력 중소기업 모두에게 도움이 될 수 있다. 대기업과 중소기업의 구조가 대체로 수직 계열화되어 있기 때문이다. 즉 대기업 입장에서는 혁신 추진 단계부터 중소기업과 협력함으로써, 개발 완료 후 새 제품에 대한 이해도가 높은 중소기업의 부품 생산 지원을 받아 신속하게 완제품 양산 체제로 전환할 수 있다. 중소기업의 입장에서는 새로운 가치사슬(Value chain)하에서도 대기업과의 협력 관계를 이어가며, 자연스레 산업 트렌드에서 도태되는 것을 피할 수 있다.

그러나 이 경우 중소기업은 새로운 제품에 맞는 생산 라인 구축 등을 위해 추가적 자금이 필요하다. 이를 확보하는 과정에서 중소기업 대부분은 정보의 비대칭성, 취약한 재무구조 등으로 애로를 겪기 일쑤다. 현장에 나가 보면, "대기업과 함께 추진하는 사업이라 프로젝트가 원활하게 진행되면, 안정적으로 성장할 수 있고 수익성도 개선될 수 있는데, 현재 신용 상태만으로 자금 지원을 거절당하는 경우가 많다"라며 아쉬움을 토로하는 기업인들도 적지 않았다. 아무리 혁신적인 사업이라고 해도 기업이 금융권 여신심사의 문턱을 넘지 못하면, 혁신 노력이 좌초되는 현실이 안타까웠다.

담당 부서에 이런 문제점을 개선할 방안을 검토해볼 것을 지시했는데, 이내 '공동 프로젝트 보증'이라는 새로운 보증 제도를 고안해 보고해왔다. 설명을 들어보니, 금융권의 대출과 마찬가지로 신용보증기금의 보증도 기존에는 해당 보증을 신청한 기업별로 심사를 거쳐 지원 여부를 결정했는데, 이런 기존의 틀을 완전히 바꾸는 것이 핵심이었다. 즉 기존 심사 대상이 '기업'이었다면, 이 새로운 상품의 심사 대상은 '사업(공동 프로젝트)'이었다. 대기업과 중소기업이 공동으로 추진하는 프로젝트의 사업성과 혁신성 등을 고려하여 각 기업이 아닌 해당 프로젝트에 대한 지원 한도를 결정하고, 그 한도 내에서 프로젝트에 참여하는 중소기업들에 대하여 한층 완화된 심사 기준을 적용하여 보증을 지원하는 구조였다.

마침 금융당국에서도 기존의 금융 시스템에서 발생하는 문제들을 해결하기 위해 '혁신금융'을 표방한 다양한 정책들을 구상하고 있었다. 새 상품은 이러한 정책 취지에도 부합했다. 그리고 새로운 제도의 지속성 확보나 기업에 대한 홍보 효과를 고려할 때 금융정책의 하나로 추진하는 것이

나을 것 같아 금융위원회에 해당 상품을 정책과제 아이디어로 제시했다. 금융위원회에서도 기존의 틀을 깨는 신선한 혁신 제도가 될 수 있을 것 같다고 호응해주었다. 그 결과, 공동 프로젝트 보증은 2020년도 금융위원회의 업무 계획 과제로 포함되어 금융정책 과제로서 추진하게 되었다.

주력산업의 혁신에 동참하다

제1호 공동 프로젝트 보증 대상은 현대자동차의 전기차 '아이오닉5' 양산 프로젝트였다. 이 프로젝트에 참여하는 11개의 중소·중견기업에게 217억 원의 보증을 지원하였는데, 아이오닉5 출시 후 시장의 반응이 뜨거워 지원한 보람이 더 크게 느껴졌다. 그 이후에도 미래차 생태계 조성을 위해 현대모비스와 만도가 주도하는 프로젝트에 참여하는 22개 기업에 356억 원을 지원하여, 전기차 전용 구동 모터뿐만 아니라 통합 브레이크 시스템 등 미래차 전용 부품의 양산과 수출 경쟁력 확보에 기여했다. 2021년 말에는 현대트랜시스가 개발한 친환경 차량 시트 및 전기차 핵심 부품 양산 프로젝트에 참여하는 17개 협력기업에게 377억의 보증 지원을 결정하여 미래차 전환을 위한 지원을 이어나갔다.

오랜 수주 가뭄을 끝내고 역대 최대 수주실적을 달성하는 등 2021년 들어 재도약의 시기를 맞은 조선업 분야에도 공동 프로젝트 보증을 활용하여 자금 지원에 나섰다. 대우조선해양, 삼성중공업의 고부가가치 쇄빙선 건조 프로젝트에 참여하는 16개 기업에 196억 원을 지원한 것이다. 조선 산업이 상당 기간 동안 침체된 상태였기에 조선 기자재 관련 중소기업들의 재무 지표가 악화되어 있어 개별 기업에 대한 심사를 통해서는 지원이 쉽지 않은 상황이었다. 하지만 개별기업에 대한 평가 기준을 완화하고 프로젝트의 혁신성을 고려하여 심사하는 공동 프로젝트 보증을 통해 신용등급과 재무비율이 취약해진 중·저 신용의 협력 중소기업들에게도 자금 지원이 가능했던 것이다.

혁신, 상생, 협력

공동 프로젝트 보증은 대기업과 중견·중소기업 간의 상생과 협력을 장려하는 효과도 있다. 프로젝트 단위로 보증을 신청하다 보니 프로젝트 전체를 총괄하는 대기업이 심사 진행 과정에 참여하게 된다. 이 과정에서 대기업은 실제로 보증을 이용할 협력기업들을 대신해 프로젝트의 혁신성, 프로젝트의 협력 관계, 협력기업들의 기술력 등에 대한 정보를 신용보증기금에 제공하여 공동 프로젝트 보증이 원활하게 지원될 수 있도록 협조한다. 또한 프로젝트에 참여하는 협력기업들의 보증 수요 조사 등도 대신 수행하여 신속한 자금 지원이 이뤄지도록 적극적으로 힘을 보태고 있다.

제도의 취지를 십분 이해하고 동참한 대기업에 대한, 그리고 향후 대기업의 참여 확대를 위한 인센티브도 마련했다. 공동 프로젝트 보증 참여가 동반성장지수 평가지표로 편입될 수 있도록 유관기관과 협의를 진행한 것이다. 이내 해당 평가 기준을 총괄하는 공정거래위원회의 확인을 받아, 공동 프로젝트 보증은 대기업이 도입할 수 있는 '간접금융 지원 제도'로 인정받게 되었다.

'혁신성장'과 '동반성장'은 우리나라의 성장 정책에서 빼놓을 수 없는 키워드이며, '혁신'과 '동반'은 사회적으로도 매우 중요한 가치이다. 공동 프로젝트 보증은 개별 공공기관의 핵심적인 역량과 시스템을 활용하여 정부의 정책과 중요 가치 실현에 기여한 사례라고 볼 수 있다.

6) 상환청구권 없는 팩터링

연쇄도산의 위험이 도사리고 있는 기업 생태계

기업은 살아 있는 생명체와도 같다. 제품을 생산·판매하거나 용역을 제공하여 획득한 매출채권을 회수하고, 회수한 자금을 다시 생산과 투자 활동에 투입하는 일련의 순환 과정을 통해 기업은 생존하며 성장한다. 음식물을 섭취하고 이를 소화시켜 얻은 영양분으로 생명을 유지하고 성장하는 인체와 흡사하다. 음식물 섭취를 중단하거나 소화기가 제 기능을 하지 못하면 우리 몸에 탈이 나듯이, 기업 역시 활동 과정에서 어느 한 곳이 막히면 탈이 난다.

우리 몸은 혈액이 쉼 없이 순환하며 산소와 영양분을 공급해주는 역할을 하는데, 기업의 경우에는 자금이 그 역할을 한다고 할 수 있다. 기업의 자금 흐름이 원활하지 않을 때 '동맥경화'에 빗대어 '돈맥경화'라는 표현을 쓰는 것도 이 때문이다. 생산 활동을 아무리 잘해도 매출채권을 제때 회수하지 못해 필요한 자금을 확보하지 못하는 기업은 그 규모가 작거나 일시적으로 지연되는 수준이라면 잠깐 앓고 넘어가겠지만, 그 규모가 크거나 지연이 장기화된다면 생존마저 위협받을 수도 있다.

기업 간 거래가 현금 거래의 형태로 이뤄진다면 이런 문제가 없을 것이다. 하지만 판매 기업의 협상력이 낮은 경우—우리나라 대부분의 중소기업에 해당한다—에는 구매 기업의 편의에 따라 외상으로 거래가 이뤄지는 것이 보편적이다. 판매 기업은 외상 거래 시 채권 회수를 담보하기 위해 구매 기업으로부터 어음을 받기도 하고, 매출채권을 신속하게 현금화하기 위해 외상매출채권담보대출(이하 '외담대')을 활용하기도 한다. 하지만 두 경우 모두 거래 관계에서 기한의 이익을 누리는 것은 구매 기업이고, 구매 기업이 매입채무를 상환하지 않을 위험(부도 위험)은 판매 기업이 떠안아야 하는 구조이다.

예컨대 어음을 발행한 구매 기업이 결제기일에 대금을 지급하지 못해 부도가 날 경우, 어음을 할인해준 은행은 발행기업뿐만 아니라, 그 어음에 배서한 자—어음 할인을 위해 배서한 판매 기업도 포함된다—모두에게 상환을 청구할 수 있다. 이런 청구 행위를 상환청구권의 행사라 한다. 즉 상환청구권의 존재는 판매 기업이 어음 할인 수수료를 지불했음에도 불구하고 구매 기업의 채무 불이행 시에는 그 이행 책임을 부담하게 만든다. 이는 외담대의 경우에도 마찬가지이다. 그래서 구매 기업이 도산하면 판매 기업도 함께 도산하게 되는 이른바 '연쇄도산'의 우려가 상존할 수밖에 없는 것이 우리 중소기업들이 몸담고 있는 생태계의 현실인 것이다.

안 되면, 안 되는 이유부터 찾아봐야

어음 제도는 법률에 따른 강력한 처벌 등으로 채무자의 상환을 강제하는 효과가 있지만, 막상 채무가 이행되지 않았을 경우에 '연쇄도산'까지 막을 수는 없다. 나 역시 유동성이 부족한 기업들에게 어음 제도가 일면 유용할 수 있다고 생각한다. 하지만 지난 1997년 외환 위기 같은 국가적 위기 상황에서는 어음으로 인한 연쇄도산의 피해가 너무 크다는 위험이 상존한다. 이러한 어음 제도의 병폐에 대한 인식은 이미 사회적으로 공유되고 있어 '어음제도 폐지'가 대통령의 공약에 포함될 정도였다. 신용보증기금 이사장으로 취임했을 즈음, 중소벤처기업부와 금융위원회 등에서도 해당 공약을 실행하기 위해 어음제도의 단계적 폐지, 그리고 이를 대체할 새로운 결제 수단 마련 등에 대해 고심하고 있었다.

그동안 학계와 중소기업계에서는 어음 및 외담대의 대안으로 미국·영국 등 해외 금융 선진국에서 활성화되어 있는 상환청구권 없는 팩터링 제도를 도입해야 한다는 의견이 제기되어왔다. 상환청구권 없는 팩터링은 판매 기업이 구매 기업에 물품·용역을 제공함으로써 발생한 매출채권을 팩터링 회사에 상환청구권이 없는 조건으로 양도하고, 팩터링 회사가 판매 기업을 대신해 채권자로서 매출채권의 회수와 채권 관리 등 필요 업무를 수행하는 제도이다. 기업 입장에서는 판매 대금을 신속하게 현금화하고, 상환청구권 행사에 대한 부담도 없으니 더할 나위 없이 바람직한 제도이다. 아쉽게도 우리 금융시장에서는 그동안 활성화되지 않았는데, 그 이유는 크게 세 가지라고 할 수 있다.

첫 번째 이유는 우리나라 금융시장에 존재하고 있는 담보 중심의 여신 관행과 채무 불이행에 따른 높은 리스크에 대한 부담이다. 해당 제도는 매출채권이 부실화될 경우 손실을 전적으로 팩터링을 취급한 기관에서 떠안아야 하는 구조이다. 리스크 회피 성향이 강한 금융회사의 속성을 생각하면 이를 쉽게 받아들이지 못하는 것이 당연하다. 실제로 얼마 전 금융감독원을 중심으로 상환청구권 폐지에 대한 논의*가 있었으나, 폐지 시 중소기업에 대한 시중은행의 대출 기피로 판매 기업의 자금 조달이 오히려 악화될 수 있다는 의견이 제시되기도 하였다.

---

* 외담대 상환청구권 폐지 관련 은행권 의견 조회(2021년 3월, 금융감독원): 상환청구권 폐지 시 중소기업에 대한 대출 기피로 인한 신용경색 우려.

두 번째 이유는 제도의 특성상 신용정보·신용조사·신용평가·채권 관리 등의 업무를 함께 수행해야 하는데 미국, 영국 등 금융 선진국들과 달리 국내에는 이를 수행할 역량과 인프라를 지닌 금융기관이 많지 않다는 것이다. 실제 우리나라 기업 중 2%만이 기업 정보 의무 공시 대상이다 보니 정보 수집, 신용조사 및 심사상의 제약으로 금융기관들이 실무적으로 상환청구권 없는 팩터링을 운영하기가 쉽지 않았다.

세 번째로는 일부 민간 금융시장에 해당 서비스가 존재하나 소액 채권에 대해서만 취급하고, 높은 리스크에 상응하여 외담대에 비해 금리·수수료가 높기 때문이었다. 즉 상품성이 낮아 이에 대한 기업들의 수요가 많지 않았던 것이다.

너무 낙관적인 태도로 보일지 몰라도, 안 되는 이유를 찾았으니 절반은 해결한 셈이라는 생각이 들었다. 이제 문제점들을 해소할 방법을 하나씩 찾아나가는 일이 남았다. 이렇게 신용보증기금의 상환청구권 없는 팩터링 도입을 위한 첫발을 내딛게 되었다.

딜레마

내가 팩터링 도입에 대한 검토를 지시한 이후 담당 부서에서는 깊은 고민에 빠진 듯했다. 팩터링 업무가 신용보증기금에서 처음으로 해보는 여신 업무이다 보니, 부담이 적지 않았을 것이다. 이후 얼마 지나지 않아, 담당 부서에서 중간 보고를 해왔다. 팩터링 도입의 취지와 필요성은 인정되나, 공공성(정책금융)과 시장성(여신상품) 사이에서 적절한 균형점을 찾기가 쉽지 않아 고민이 많다는 내용이었다.

상환청구권이 없는 팩터링은 분명히 시장 실패 영역이다. 시중은행에서는 부도 위험이 적은 대기업이 구매 기업인 경우를 제외하고는 취급을 꺼리기 때문이다. 그래서 판매처가 대기업이 아닌 경우, 판매 중소기업들은 매출채권이 회수될 때까지 기다리는 수밖에 없다. 이러한 시장 실패를 보완하기 위해서는 공공 부문, 구체적으로는 팩터링 업무를 효과적으로 수행할 수 있는 정책금융기관의 개입이 불가피하다고 할 수 있다.

하지만 정책금융기관이라고 해서 모든 팩터링 수요에 대응할 수는 없는 노릇이다. 비영리법인으로서 민간 부문보다 상대적으로 손실을 조금 더 감내할 수는 있지만, 결국 국민의 세금이 투입되는 기관이기에 적정선에서 손실 규모를 방어해야 한다. 그렇다고 손실 최소화에만 집중하면 이용 기업에 금융비용 부담이 커져 상품성이 떨어지게 된다. 이럴 경우 자칫 아무도 이용하지 않는 제도로 전락하게 될 수 있다. 딜레마였다. 공공성과 시장성이라는 상반된 가치를 추구하는 두 함수 곡선을 놓고, 운영 손실과 이용 기업의 부담을 최소화할 수 있는 좌표를 찾는 어려운 작업이 팩터링 제도 설계의 핵심이었던 것이다.

담당 직원들도 꽤나 부담스러워하는 모습이 역력했다. 나는 신용보증기금이 그동안 축적해온 경험과 역량이라면 충분히 도전해볼 만하다고 격려했다. 구매자의 결제 능력, 곧 신용에 따라 손실 발생 여부가 결정되는 구조인데, 우리나라에 신용보증기금만큼 다양한 중소기업의 신용을 오랫동안 지속적으로 평가해온 기관도 없으니 자신감을 가져도 좋다는 이야기도 해주었다.

왜 여신업을 하려고 하시나요?

제도 도입을 위해 해결해야 하는 더 큰 문제가 있었다. 신용보증기금은

「신용보증기금법」에 따라 설립된 기관이니 수행 업무의 범위 역시 해당 법률에 정해져 있는데, 당연히 거기에 팩터링 업무는 들어가 있지 않았다. 법률 개정이라는 높은 산을 넘어야만 했다. 물론 법률 개정이 불가능한 것은 아니나, 대개 시간이 오래 걸리는 절차를 밟아야만 하는 일이었다. 그래서 제도가 마련되면 가급적 빨리 시행할 수 있도록 법률 개정 준비도 함께 진행하기로 했다.

뜻이 있는 곳에 길이 있다고 했던가. 2019년 4월 시행된 「금융혁신지원특별법」에 따른 '규제샌드박스' 제도가 눈에 들어왔다. 규제샌드박스란 아이들이 마음껏 뛰노는 모래 놀이터처럼 사업자들이 기존 시장에 없던 창의적·혁신적 서비스 등을 출시할 수 있도록 일정 기간* 동안 기존 규제를 적용하지 않거나 면제해주는 제도이다. 이를 발판삼아 법률 개정 전에도 상환청구권 없는 팩터링을 운영할 수 있겠다 싶었다.

규제샌드박스를 적용받으려면, 주무 부처인 금융위원회와 혁신금융심사위원회의 승인을 받아야 했다. 상환청구권 없는 팩터링이 어떤 측면에서 혁신적인지, 그로 인해 어떤 긍정적인 효과가 발생할 수 있는지 등을 설명하여 심사위원들을 설득해야 했다. 우리는 기존의 팩터링과 달리 매출채권을 보유한 기업이 이 제도를 통해 팩터링을 하는 순간부터 매출채권 부실화의 위험으로부터 완전히 자유로워질 수 있다는 점에서 혁신적인 제도임을 강조했다. 그리고 이를 통해 중소기업들이 자금 조달을 보다 용이하게할 수 있는 장점과 중소기업 연쇄도산 예방 효과 등에 대해서도 피력했다.

---

* 샌드박스 적용 기간: 기본 2년 외 추가 1회 2년 연장 가능(단, 법 개정 추진 시 추가 1.5년 연장이 허용되어 최대 5.5년 운용 가능).

심사위원들은 제도의 필요성에 대해 충분히 공감하는 분위기였다. 그럼에도 "그걸 왜 꼭 신용보증기금에서 하려는 것입니까?"라는 뉘앙스의 질문이 이어졌다. 선진국처럼 민간 영역에서 운영하거나, 시중은행에서 운용 중인 외담대의 상환청구권을 없애는 것이 낫지 않겠느냐는 의견도 있었다. 신용보증기금이 신용보증 업무야 국내에서 가장 오랫동안 해왔지만, 팩터링은 보증이 아니라 직접 기업에게 자금을 지원하는 여신 성격인데 그런 업무에 대한 경험이 없는 우리가 제대로 할 수 있겠냐는 의구심이 들었을 수도 있다. 이에 대해 신용보증기금 측에서는 이렇게 설명했다.

"특정 금융 상품이나 관련 시스템은 기술적으로 누구나 개발할 수 있습니다. 그러나 해당 상품을 통해 추구하는 가치가 '수익'이냐 '공익'이냐를 살펴볼 필요도 있다고 생각합니다. 그에 따라 동일한 상품도 다른 결과를 가져올 수 있기 때문입니다. 그리고 상환청구권이 없는 팩터링인 만큼, 제도의 성패는 기업에 대한 신용평가 역량에 따라 갈릴 것입니다. 이 두 측면에서 신용보증기금이야말로 최적의 팩터링 운영 기관이 될 수 있다고 생각합니다."

이러한 진심이 통하였을까? 2020년 4월 1일, 혁신금융심사위원회가 신용보증기금이 신청한 '상환청구권 없는 팩터링'을 혁신금융서비스로 지정했다는 반가운 소식을 들었다. 이제 새로운 제도를 취지에 맞게 잘 만드는 일만 남은 셈이었다.

박차를 가하다

혁신금융 서비스로 지정된 이후에는 발걸음을 재촉했다. 금융당국에서도 필요한 행정적 지원을 아끼지 않을 테니, 신속히 진행해달라는 요청이 있었다. 이에 2020년 5월부터 팩터링 업무를 전담할 TF팀을 구성했다. 국내에는 상환청구권 없는 팩터링 시장이 사실상 없다 보니* '無'에서 '有'를 창조하는 것과 다를 바 없었다. 연말까지 제도 설계와 상품 출시를 하겠다는 목표하에 TF팀은 하반기 내내 숨 돌릴 틈도 없이 앞만 보고 달렸다.

미국, 유럽 등 다른 나라의 팩터링 제도 사례를 조사하는 것은 물론, 시중은행과 금융결제원과도 협의를 진행했다. 비슷한 시기에 팩터링 상품 출시를 준비하던 민간 기업 '더존비즈온'과의 미팅 자리도 마련하여 민간 시장과 중복되지 않도록 시장 영역을 설정**했다. 중소기업 대표와의 면담을 통해 외담대 등 기존 매출채권 관련 여신 상품들의 장단점을 수요자 입장에서 살펴보는 일도 빼놓지 않았다.

제도 설계 마무리 단계에는 TF팀에서 내부적으로 역할극(Role Playing)을 진행하며, 오류나 문제점을 찾고자 노력했다. TF팀 직원들이 각각 구매 기업, 판매 기업, 신용보증기금의 역할을 맡아 가상의 상거래 사례를 만들어 시뮬레이션을 돌리면서, 제도가 잘 작동하는지, 서로에게 이익이 되는 것인지, 할인료는 적정***한지까지 꼼꼼하게 검증했다. 다른 한편에서는 사용자 편의를 위해 팩터링 전용 온라인 플랫폼도 구축해나갔다. 이렇게 박차를 가하는 과정을 거친 끝에, 2020년 12월에 신용보증기금의 상환청구권 없는 팩터링이 완성되었다.

---

* 2020년 4월 당시 상환청구권 없는 팩터링은 국내에 없었으며, 2020년 9월 더존비즈온에서 팩터링 상품을 최초로 출시했다.
** 더존비즈온의 상환청구권 없는 팩터링은 소액 매출채권을 대상으로 삼았으며, 중금리로 수익성을 추구하는 상품이다.
*** 기본할인율 설정 시 구매 기업 사고에 따른 손실 위험에 대비하여 사업연속성을 위한 최소의 이익은 보전(평균 부도확률≤평균 할인율)하는 수준을 '적정' 수준으로 설정했다.

빗나간 예상과 신속한 대응

2021년 1월, '상환청구권 없는 팩터링 출시'라는 보도 자료와 함께 팩터링은 세상의 빛을 처음 보게 되었다. 하지만 상품이 출시되면 정신없이 바빠질 것이라는 우려가 무색할 정도로 시장의 반응은 차가웠다. 연간 200억 원 수준을 목표로 세웠는데, 상품 출시 후 약 6개월 동안 취급한 팩터링 실적은 고작 10억 원이었다.

원인은 무엇보다 홍보 부족이었다. 팩터링은 상품 구조상 판매 기업이 본인의 매출채권을 신용보증기금에 양도하기 때문에, 매입채무를 상환하는 구매 기업의 동의도 수반되어야 한다. 따라서 구매 기업과 판매 기업 모두에게 자세한 설명과 홍보가 필요했다. 게다가 코로나19 위기로 기업 간 상거래 규모가 감소되었고, 양적 완화 조치 등으로 기업들의 자금 조달 환경이 개선됨에 따라 팩터링에 대한 수요가 함께 줄어든 측면도 있었다. 그래서 팩터링을 실제로 이용한 기업들로부터 제도를 구상할 때 미처 생각하지 못했던 불편한 사항들은 없는지 피드백을 받아 제도를 개선했다. 그리고 할인료 체계도 보다 수요자 친화적으로 변경했다.

중소기업과 접점에 있는 신용보증기금 영업점을 통해서 현장 중심의 영업 활동 역시 더불어 전개해나갔다. 국회, 정부, 언론 등과도 소통 활동을 강화하여 팩터링 제도의 장점과 정책적 효과를 알렸다. 그러자 혁신적인 제도에 대한 언론사들의 호의적인 기사들이 바로 이어졌고, 2021년 6월에는 정부의 약속어음 폐지를 위한 국정과제 세부추진과제*로 선정되기도 했다.

이런 노력 덕분에 하반기에 들어서며, 팩터링 이용 문의와 신청이 점차 늘었고, 연말까지 목표했던 200억 원을 달성하게 되었다. 상반기 실패는 하반기 성공의 어머니였다. 팩터링 이용 기업들의 호응과 입소문 효과로 시장에서의 관심과 기대도 이어졌다.

샌드박스 밖으로

규제샌드박스는 상환청구권 없는 팩터링의 도입을 앞당길 수 있는 하이패스 역할을 했다. 하지만 이 업무를 지속적으로 수행하기 위해서는 앞서 언급한 대로 「신용보증기금법」에 그것을 담아야 했다. 다행히 정부에서도 「2021년 하반기 경제정책방향」을 발표하며, 규제샌드박스 성과 가속화를 위해 후속 법령 정비를 조속히 마무리할 것임을 밝혔고, 국회에서도 적극적으로 입법 절차를 추진해주었다. 다만 그 과정에서 일각에서는 혁신금융심사위원회에서와 마찬가지로 여전히 신용보증기금이 이 제도를 도입해야 하는 당위성에 대한 의문이 제기되기도 했다. 2021년 상반기 팩터링 실적이 예상보다 저조했던 탓에 그 사유와 향후 추진 계획 등에 대한 자료 요청도 들어왔다. 하지만 법제화와 혁신금융서비스 지정을 위해 꾸준히 준비했던 자료들로 효과적으로 대응하여 그러한 의구심을 지울 수 있었다.

금융당국과 국회에서 많은 분들이 도움을 주신 덕분에 2020년 4월 혁신금융서비스로 시작된 사업은 1년이 지난 2021년 4월, 법률 개정안**이 발의되어 법제화 작업이 시작되었다. 그리고 2021년 12월 개정안이 국회 본회의를 통과하며 법제화의 대장정도 마무리되었다.

---

* 2021년 6월 18일 비상경제 중앙대책본부 겸 혁신성장전략회의 발표.
** 「신용보증기금법」 개정안 발의(21년 4월 26일): 김경만 의원 등 15인.

이로써 상환청구권 없는 팩터링 업무는 신용보증기금 설립 이후 추가된 네 번째* 신규 업무가 되었다. 2013년 보증연계투자 업무가 추가된 이래 8년 만에 법률상에 추가된 새로운 업무인 것이다. 이제 남은 일은 이용 기업들의 피드백을 반영하여 제도를 지속적으로 개선하고, 제도의 지속 가능성을 확보하여 제도 도입 목적을 달성하는 것이다.

신용보증기금이 마중물 역할을 한 것일까? 얼마 지나지 않아 다른 정책금융기관에서도 팩터링 사업을 준비하고 있다는 소식이 들려왔다. 경쟁이랄 것도 없다. 경쟁이라는 생각보다는 기업들 입장에서 좋은 제도에 대한 접근성이 더 좋아진다는 생각에 오히려 반가웠다. 금융시장 내에서 팩터링의 저변이 확대될 수 있는 좋은 환경이 조성되어가고 있는 것이다. 나는 우리가 먼저 개척한 길을 후발 주자들이 시행착오를 줄이며 잘 따라올 수 있도록 제도와 노하우를 아낌없이 공유해줄 것을 담당 부서에 지시했다. 팩터링 제도가 앞으로도 시장 내에서 순기능을 하며 '부도 걱정 없는 세상'을 앞당기는 데 기여할 수 있기를 바란다.

---

* 설립 이후 신용보증기금법상 업무 추가 사례: 1995년 재보증, 2009년 유동화회사보증, 2013년 보증연계투자, 2021년 중소기업 팩터링.

혁신 생태계 조성 기관

1) 스타트업 지원 플랫폼 구축

플랫폼 경제 시대의 도래

4차 산업혁명으로 인해 우리는 시나브로 초연결 시대에 돌입하게 되었고, 산업은 물론 사회 전 분야에서 디지털 트랜스포메이션이 가속화되고 있다. 정보통신기술(ICT) 발전으로 촉발된 이 현상은 코로나19 팬데믹으로 비대면 거래 선호도가 높아지며 가속도가 붙었다. 일각에서는 코로나19로 DT가 10년 이상 앞당겨졌다는 평가가 나오기도 한다.

DT가 확산되며 플랫폼 또한 부각되었다. 원래 플랫폼은 프랑스어로 평평하다는 뜻의 '플랫plat'과 형태라는 뜻의 '폼forme'이 결합된 'plate forme'에서 유래된 말이다. 과거 프랑스에서 적진의 형태에 따라 대포를 자유롭게 배치할 수 있도록 놓은 '평평한 판'을 지칭했는데, 평평한 판이 여러 가지 활동의 매개가 되면서 그 의미가 확장되었다. 기차역에서 사람들이 기차에 오르내리기 쉽도록 만든 플랫폼처럼 다양한 이들이 드나들며 손쉽게 필요한 서비스나 재화를 편리하게 교환할 수 있는 온라인·오프라인 공간을 뜻하게 된 것이다. 최근에는 플랫폼 경제, 플랫폼 사업, 플랫폼 기업 등의 용어가 일상화되면서 확장된 의미로 더 많이 사용되고 있다.

실제로 2019년 세계 시가총액 기준 상위 10개 기업 중 7개가 애플, 마이크로소프트, 아마존, 알리바바 등 플랫폼 기업이다. 전 세계 유니콘 기업 중 57.9%가 플랫폼 기업에 해당한다. 이런 성공사례는 창업 시장에도 영향을 미쳐 다양한 아이템의 플랫폼 스타트업들이 증가해왔다.

정부에서도 플랫폼 경제를 우리 경제가 직면한 구조적 문제 해결을 위한 돌파구로 인식하고 적극적으로 지원하는 모습이다. 2018년 8월 정부는 혁신성장 관계장관회의에서 "Innovative Platform: 혁신성장 전략투자 방향"(관계부처 합동)을 통해 혁신성장을 가속화하고 경제 체질 개선과 생태계 혁신 촉진을 위해 플랫폼 경제 구현이 필요하다고 밝혔다. 이 발표가 있고 얼마 되지 않아 원주에서 대통령 주재하에 공공기관장 워크숍이 열려 나도 참석했는데, 이 자리에서 김동연 당시 경제부총리가 직접 '플랫폼 경제'를 소개하는 강연을 한 것이 기억난다. 그 자리에서 '과연 이 자리에 있는 공공기관장들 중에 플랫폼 경제를 제대로 이해하는 사람이 몇 명이나 있을까? 신용보증기금이 금융 분야에서 플랫폼 경제를 선도해가야 하지 않겠나?'라고 생각했다.

플랫폼 신용보증기금의 시작

플랫폼 사업의 핵심 가치는 '연결'이다. 따라서 플랫폼 사업의 성패는 참여자(수요자와 공급자)를 얼마나 많이 모으고, 효율적으로 이들을 연결시킬 수 있느냐에 달려 있다고 할 수 있다. 일단 모여야 연결이 가능하다는 점과 플랫폼 사업의 '네트워크 효과'*를 고려한다면, 다수의 회원을 보유한 모바일 메신저 기업이나 인터넷 포털 기업들이 신생 기업보다 유리할 수밖에 없는 구조이다.

보증기관에서 플랫폼 기관으로 거듭나자는 혁신 계획도 이와 유사한 신용보증기금의 구조적 장점을 활용해보자는 아이디어에서 시작되었다.

---

* 참여자의 증가가 다른 참여자의 증가를 유발하는 효과.

플랫폼이라는 개념조차 없던 창립 초기 시절부터 신용보증기금은 신용보증제도를 운영하며 자연스럽게 대출 상품을 판매하는 은행 등 채권기관과 대출을 받으려는 중소기업들을 연결해주는 역할을 해왔다. 수요자와 공급자를 매칭해주고 그 수수료를 받는 형태의 플랫폼 사업을 한 것은 아니지만, 대출을 받고 싶으나 담보력이 부족하여 금융권을 이용하기 어려운 기업들에게 신용보증서를 제공함으로써 이를 담보로 은행에서 대출을 받을 수 있도록 연결해주는 것이 주된 업무였던 것이다. 그 과정에서 자연스레 중소기업 '회원'이 늘어났고 이제 그 수는 약 60만 개에 달한다. 개인 회원들이 가입하는 민간 SNS 기업과 비교하면 적은 수치로 보일 수도 있겠지만, 중소기업이라는 단일 특성을 가진 기업 회원인 점을 생각하면 결코 적지 않은 숫자이다.

이런 기업들을 은행뿐만 아니라 중소기업에 특화된 서비스를 공급하는 이들과 체계적으로 연결시켜주는 것만으로도 충분히 가치 있는 일이라고 생각되었다. 아직도 많은 중소기업들이 정보 부족으로 어디에서 어떤 서비스를 이용해야 할지 몰라 고민하는 것이 현실이기 때문이다. 기업들의 다양한 서비스 수요에 부응하여 신용보증기금 역시 신용보증뿐만 아니라 매출채권보험, 보증연계투자, 유동화회사보증, 경영컨설팅 등을 운영해오고 있지만 기업들의 서비스 수요는 점점 더 다양하게 세분화되고 있다. 마음 같아서야 기업들에게 필요한 다양한 서비스를 모두 직접 제공하고 싶지만, 한정된 재원과 인력으로는 가능하지 않은 노릇이다. 특히 이용자의 서비스 만족도를 생각할 때, 기존에 하지 않던 일을 우리가 새로 배워 추진하는 것보다는 이미 각 분야에서 전문성과 경험을 쌓은 기업이나 기관과 연결해주는 것이 효율적이라고 생각되었다.

플랫폼의 특성 중 하나는 참여자들의 역할이 고정되어 있지 않다는 점이다. 유튜브만 봐도 콘텐츠를 공급하는 크리에이터는 동시에 다른 크리에이터의 수요자(구독자)이기도 하며, 구독자도 언제든 콘텐츠를 올리는 공급자로 참여할 수 있다. 아마존과 같은 오픈 마켓 참여자들도 플랫폼 내에서 상황에 따라 판매자가 될 수도 구매자가 될 수도 있다.

앞서 소개한 한국형 페이텍스의 경우에도 데이터 플랫폼 참여자들의 역할은 수시로 바뀐다. 통상 사업 서비스나 금융 서비스를 제공하는 기업들이 공급자이고 중소기업들은 수요자라고 인식되지만, 신용보증기금 데이터 플랫폼에서는 중소기업들이 본인의 데이터를 제공하는 공급자가 되고, 최적의 거래처를 모색하는 서비스 기업들이 수요자가 된다. 신용보증기금은 기업 데이터를 '한국형 페이텍스(상거래 신용지수)'라는 가공된 정보 형태로 제공하여 매칭 대상을 합리적으로 결정할 수 있도록 돕는 플랫폼 관리자의 역할을 하는 셈이다.

「신보 혁신 5개년 계획」을 통해 '플랫폼 신보'를 선언한 것은 공급자와 수요자로 양분되는 기존의 정형화된 파이프라인(선형) 사업 구조의 틀에서 벗어나 플랫폼 사업 구조까지 확장하겠다는 의미이다. 이는 과거의 '사업 확장' 개념과는 구분되어야 한다. 새로운 사업을 개발하여 직접 수행함으로써 예산과 정원을 확보하는 통상적인 의미의 공공기관 사업 확장과는 다르기 때문이다. 직접 공급자가 되는 대신에, 수요자에게 도움이 되는 다양한 서비스를 가장 잘 제공할 수 있는 공급자와 해당 서비스를 필요로 하는 수요자들을 연결시켜주는 것이기 때문이다. 요컨대 '사업 영역'의 확장이 아니라 신용보증기금을 통해 창출되는 '가치'의 확장인 것이다.

플랫폼이라는 역할을 정한 뒤에는 연결 대상의 문제가 남는다. 카카오가 택시, 대리운전, 선물, 미용 등 다양한 제품과 서비스의 공급과 수요를 연결하는데, 신용보증기금은 중소기업과 누구 혹은 어떤 서비스를 연결할 것인지 결정해야 했다. 그렇다고 카카오처럼 수많은 분야의 플랫폼 역할을 한꺼번에 하는 것은 현실적으로 불가능한 일이다. 결국 우선순위에 따른 선택이 필요했고 선택의 기준은 중소기업들의 수요와 연결의 효과성이었다. 물론 정책금융기관으로서 정책적 타당성도 함께 고려해야 했다. 이런 기준에 따른 선택의 결과가 데이터 플랫폼과 혁신 스타트업 지원 플랫폼이다. 데이터 플랫폼은 앞서 한국형 페이덱스를 통해 설명했으니, 이번에는 혁신 스타트업 지원을 위한 플랫폼에 대해 소개하고자 한다.

① 프론트원: 혁신 스타트업 지원 오프라인 플랫폼

신용보증기금 직원들의 마음속 고향은 서울 마포구 공덕동이다. 마포대교에서 시내 쪽으로 두 블록 정도 들어오면 나타나는 공덕오거리. 그곳에 누구든 눈길을 주지 않고는 지나칠 수 없는 황금빛 건물이 있다. 1976년 6월 서울역 맞은편 옛 대우빌딩에서 최초로 업무를 시작한 신용보증기금이 1985년에 옮겨 와 둥지를 튼 이래, 2014년에 대구 혁신도시로 이전하기 전까지 터 잡았던 이 20층짜리 건물은 신용보증기금의 옛 사옥이다. 성장과 위기가 반복되어온 우리 경제의 격랑 속에서 중소기업에게 등대—직원들 사이에선 평일이고 주말이고 밤에도 불이 꺼지지 않고 야근하는 직원들이 많다는 의미라는 우스갯소리도 있다고 한다—와도 같은 존재였다. 공공기관 지방 이전 정책으로 본점이 대구로 이전하게 됨에 따라 이 건물은 '종전從前 부동산'으로 분류되었다. 이는 곧 매각 대상이 된 것을 의미한다.

　그런데 영 팔리지 않았다. 총 열다섯 차례나 입찰에 부쳤는데 유찰이 되거나, 응찰이 있더라도 계약 체결 전에 취소되곤 했다. 국회, 정부, 언론 너나없이 일부러 매각 조건을 과도하게 제시하여 고의로 매각을 지연시키는 것이 아니냐는 의혹을 제기했다.

　실상은 이러했다. 당시 부동산 시장에는 지방으로 이전하는 공공기관들의 기존 사옥들이 매물로 쏟아지며 매수자들의 협상력이 한층 올라간 상황이었다. 게다가 마포 사옥은 건물이 노후화된 데다, 초등학교와 인접한 지리적 요건으로 인해 개발 및 증축이 제한되어 선뜻 매수자가 나서지 않았던 것이다. 이것이 신용보증기금의 옛 둥지에 거미줄만 늘고 있던 까닭이었다.

　시간이 흘러 2017년 5월, 새로운 정부가 들어올 때까지도 마포 사옥은 새 주인을 찾지 못하고 있었다. 그런 와중 새 정부에서는 국정과제 중 하나로 '중소벤처가 주도하는 창업과 혁신성장'을 제시했다. 중소기업 지원을 담당하는 정책금융기관으로서 신용보증기금 역시 이 과제 달성에 기여할 방안을 마련해야 하는 터였다. 통상 이런 경우 신용보증기금에서는 신용보증제도를 활용하는 정책을 고안한다. 그런데 이번에는 마포 사옥을 매각할 게 아니라 혁신 스타트업 기업들을 위한 공간으로 탈바꿈시키는 것이 어떻겠냐는 아이디어가 나왔다.

　이 아이디어가 이후 발전되어 창업 복합 공간인 프론트원Front 1의 로드맵이라 할 「신보 구舊 사옥을 활용한 금융 중심 혁신창업기업 지원 공간 운영(안)」으로 재탄생했다. 마포 사옥을 리모델링하여 혁신성 높은 스타트업들에게 창업 공간을 무료로 제공하고 금융회사나 액셀러레이터,

벤처캐피털, 컨설팅사 등과 연결시켜 이들의 성장을 뒷받침하는 오프라인 창업 지원 플랫폼을 만들자는 것이었다.

이는 지방 이전기관의 기존 사옥은 매각한다는 정부의 원칙과 배치되기에 국토교통부와 국가균형발전위원회 등 정부 부처의 승인이 필요한 일이었다. 매각 원칙에 위배되지만, 지속적인 노력에도 매각이 지지부진한 상황에서 새 정부의 창업 활성화 정책을 뒷받침할 수 있는 내용이니, 승인 가능성도 있을 것 같았다. 그러나 일말의 희망을 품고 정부 부처를 찾아갔던 담당 직원들은 원칙을 어길 수 없다는 답변만 듣고 다시 대구로 내려왔다.

아이디어는 있었지만 이를 실현하기 위한 돌파구를 찾지 못하던 중 제 4차 경제관계장관회의(2017년 8월)가 열렸다. 이 자리에서 국유 재산을 사회적 경제 기업, 벤처·창업 기업 등을 지원하는 데 활용하는 방안에 대한 이야기가 나왔다. 금융위원장도 참석했던 회의였다. 얼마 지나지 않아 금융위원회에서 연락이 왔는데, 금융위원장이 참석할 예정인 간담회에서 신용보증기금이 금융위원회에 제안했던 '마포 사옥을 활용한 혁신타운 조성'에 대하여 논의할 예정이니, 더 구체적인 이야기를 듣고 싶다는 것이었다. 간담회가 끝나고 언론에는 "마포에 제2의 테크노밸리 혁신타운 조성한다"*라는 제목의 기사를 비롯하여 신용보증기금이 제시한 혁신 창업 공간 조성 계획을 알리는 내용들이 보도되었다.

여기까지가 내가 이사장으로 취임하기 전에 있었던 일이다. 취임 후 이와 관련하여 금융위원회와 다양한 이야기를 나눴는데, 정부의 상당한 기

---

* 《이데일리》 2017년 10월 19일.

대감이 느껴져 '기분 좋은 부담'으로 다가왔다. 한때 '뜨거운 감자'로 여겨지던 마포 사옥의 화려한 변신이다. 호의적인 분위기가 형성되는 가운데, 해당 프로젝트는 '마포 청년혁신타운(Mapo Innovation Town, MIT)'이라고 명명되었다.

금융위원회에서는 신촌 대학가 및 여의도 금융권과 인접한 지리적 장점을 살린 MIT를 조성함으로써, 기존의 대표적인 창업 메카인 강남 테헤란 밸리, 판교 테크노 밸리와 함께 '혁신 창업 트라이앵글'을 육성하겠다고 밝히기도 했다. 국회에서도 과거에는 매각 지연을 질책했지만, 신용보증기금의 새로운 아이디어를 반기는 분위기였다. 그해 국정감사에서 세부 추진 계획을 요청하는 국회의원들도 있었고 감사장에서 관련 질의도 적잖이 나왔다.

프로젝트의 중요성을 고려하여 전담 TF팀을 꾸릴 것을 지시했다. TF팀은 기존 로드맵을 보완하고 창업 환경 조사를 실시하는 것은 물론, 공간 조성 방안과 각종 지원 프로그램도 준비해나갔다. 중간중간 금융위원회, 과학기술정보통신부, 스타트업 업계 관계자, 마포구청 등과도 의견을 나누며 새롭게 탄생할 마포 사옥의 설계도를 그려나갔다. 그렇게 약 4개월의 숨 가쁜 여정 끝에 스타트업 생태계의 '핫 플레이스'로 거듭나기 위한 마스터플랜인 「마포 청년혁신타운 종합조성계획」이 완성되었다.

마포 사옥은 준공 후 35년이 지난 건물이라 리모델링 없이는 사용하기 어려웠다. 2018년 7월 30일 '마포청년혁신타운추진단(이하 '추진단')'을 구성하여 리모델링 사업에 본격적으로 착수했는데, 주어진 시간은 많지 않았다. 정부에서 2020년 5월 말에 리모델링 준공을 마치는 것으로 발표했으니, 기본계획 수립, 설계 및 입찰 기간 등을 생각하면 실제 주어진 공사 기간은 약 1년에 불과했다.

MIT가 완공되면 대규모의 창업 공간이 탄생할 것이라는 기대는 큰데 반해 시간과 예산은 한정적이었다. 리모델링 사업 예산으로 정부에 495억 원을 신청하였으나 심의 과정에서 상당액이 삭감되면서 손에 쥐게 된 금액은 299억 원에 불과했다. 공사비 부족을 걱정해야 할 지경이었다. 공공기관에서 넉넉한 예산으로 사업을 하는 경우는 드물다. 절감할 부분은 절감하고 주어진 여건에서 최선을 다하는 수밖에 없었다.

기본계획 수립 단계부터 제약된 예산과 시간 안에서 리모델링 효과를 최대화할 수 있는 부분을 찾아 우선순위를 결정하는 데 초점을 맞췄다. 공사 범위를 최소 범위, 중간 범위, 최대 범위로 나누어 검토한 결과, 최소 범위로 공사를 추진하더라도 예산이 부족하다는 보고를 받게 되었다. 기본계획 수립이 끝날 무렵인 2019년 9월부터 약 3개월간 국회 예산결산위원회를 수차례 방문하여 예산 증액의 필요성을 설명했다. 이를 통해 일부나마 가뭄에 단비 같은 30억 원의 추가 예산을 확보했다.

우여곡절 끝에 설계 회사와 추진단은 설계 착수 보고회를 열었다. 그 자리에서 나는 기능 개선뿐만 아니라, 입주할 기업들의 편의성을 높일 수 있도록 최대한 다양한 건물들을 벤치마킹하고 창업기업들을 만나 현장의 니즈를 파악해 반영해줄 것을 당부했다. 추진단 직원들이 서울 시내에 있는 창업 보육 공간 외에도 괜찮다고 알려진 웬만한 빌딩들은 안 가본 데가 없을 정도로 발품을 팔았다는 얘기를 나중에 듣고 진심으로 감사했다.

설계 단계에서는 빡빡한 예산을 고려하여, 주어진 예산으로 공사가 가능한 지하 1층부터 지상 18층까지를 1단계 대상, 향후 추가 예산 확보 시 진행할 수 있는 19층과 20층을 2단계 대상으로 구분했다. 설계 완료 후에는 2단계 공사 예산 확보를 위해 기획재정부를 수차례 방문하여 증액 필요성을 전달하는 노력 끝에 리모델링 공사 진행 중에 34억 원의 예산을 추가로 확보할 수 있게 되었다.

2019년 6월, 드디어 착공식이 열렸다. 이 자리에서 마포청년혁신타운은 혁신 창업 1번지를 뜻하는 '프론트원'이라는 현재 이름으로 명명되었고, 신용보증기금은 타운홀 미팅을 개최하여 세계 최대 규모의 창업 공간으로 거듭날 프론트원의 미래상에 대한 각계의 다양한 의견을 들었다. 그렇게 신용보증기금 마포 사옥의 변신을 위한 첫 삽을 뜨게 되었다.

리모델링 공사는 그 특성상 철거를 완료해야 정확한 건물 상태를 확인할 수 있다. 그런데 마포 사옥을 철거해보니 설계도면과 다르거나 파악되지 않는 구조물도 매우 많았다. 시공사 측에서 적잖이 당황했고 그에 따른 설계 변경이 수반될 수밖에 없었다. 그럼에도 불구하고 시공사와 추진단의 고민과 노력으로 전체 일정에 큰 차질 없이 공사를 마무리했다는 점이 고마울 따름이다.

다행히 단 한 건의 안전사고 없이 2020년 6월 말에 준공이 완료되었고, 2020년 7월 30일 세계 최대 규모*의 스타트업 복합 지원 플랫폼 '프론트원'이 문을 열었다. 개관식에는 정세균 국무총리와 윤관석 국회 정무위원장, 은성수 금융위원장, 김태영 은행연합회장, 이동걸 한국산업은행 회장, 조용병 신한금융지주 회장, 손태승 우리금융지주 회장, 허인 국민은행장(이상 당시 직위) 등 많은 분들이 입주 기업·스타트업 업계 관계자들

---

* 프론트원은 연면적 36,259㎡로 광화문광장의 두 배에 달하는데, 이는 프랑스의 대규모 스타트업 캠퍼스로 유명한 '스타시옹F'보다도 넓은 규모이다.

과 함께 참석하여 자리를 빛내주었다.

나는 개관식에서 축사를 통해 "신용보증기금 임직원들이 30년간 땀 흘려 일해왔던 마포 사옥이 혁신 창업 공간으로 재탄생된 것을 보니 감회가 새롭다. 프론트원이 국내 최고의 혁신 창업 플랫폼으로서 스타트업들의 아이디어와 잠재력이 실현되는 꿈의 공작소가 될 수 있도록 지원을 아끼지 않겠다"라고 약속했다.

프론트원은 개관 후 5년간 2,700개 스타트업의 성장을 지원하고 이를 통해 18,000개의 일자리를 창출할 것이라는 기대와 함께 출발했다. 면적 측면에서는 세계 최대 규모의 프론트원이 명실상부 세계 최고의 유니콘 기업들의 산실로 자리매김할 수 있기를 기원한다.

② U-Connect: 혁신 스타트업 투자 플랫폼

저성장 기조가 장기화되면서 기존의 대기업 주도 성장 정책이 한계에 봉착했다는 이야기가 나오기 시작했다. 자연히 고용 여력 또한 떨어지게 되어 일자리 문제가 심각해지자 취업 대신 창업을 선택하는 젊은이들도 상대적으로 늘었다. 과거의 창업은 해당 분야에 상당 기간 종사하며 기술과 노하우를 익힌 후, 이를 바탕으로 이뤄지는 경우가 많았다. 하지만 디지털 트랜스포메이션의 물결로 ICT에 대한 접근성이 높아지며, 창업기업이 혁신적인 아이디어만으로도 과거보다 훨씬 짧은 시간에 시장에 자리 잡을 수 있는 여건이 마련되었다. 반짝이는 아이디어로 시작한 스타트업이 단기간에 '유니콘 기업'*으로 발돋움하는 성공 사례들도 청년들의 도

---

*   기업 가치 10억 달러 이상, 설립 후 10년 이하인 스타트업을 일컫는 말로, 스타트업이 상장하기도

전 정신을 자극했다. 젊은 층의 창업은 '성공을 위해 선택한 창업'이 주류를 이루게 되어 더 이상 '선先 취업 후後 창업' 또는 '취업이 안 돼서 하는 창업'이 아니었다.

정부는 혁신 스타트업이 시장에 활력을 불어넣고 새로운 성장 동력이 될 수 있다는 가능성에 주목하여, 적극적인 창업 활성화 정책을 전개해왔다. 스타트업이 가장 애로를 겪는 자금 부족 문제를 해소하기 위해 정책금융기관을 활용한 대출 프로그램뿐만 아니라 모태펀드 등 다양한 펀드 조성, 규제 및 제도 개선을 통해 스타트업들의 자금 조달을 용이하게 함으로써 창업 생태계에 활력을 불어넣고자 노력해왔다. 이러한 정책 트렌드에 보조를 맞춰 신용보증기금 또한 다양한 스타트업 전용 상품 개발, 전담 지점 신설을 통해 창업 초기 기업들의 금융 접근성을 향상시켜왔다. 미래 성장성이 유망한 스타트업에 대한 보증연계 투자로 직접 투자 활동도 확대해왔다.

그러나 여전히 시장에서는 자금력이 부족한 상태에서 창업 전선에 뛰어든 스타트업이 사업 자금을 확보하는 것이 쉽지만은 않았다. 특히 창업 초기 기업들은 이자 등 당장의 금융비용 부담이 적은 투자 유치를 선호하는데, 한 치 앞도 알 수 없는 창업 초기 기업의 가능성만 보고 선뜻 투자금을 내어주는 투자자는 많지 않다.

투자자들의 이런 행태는 스타트업의 성공 확률을 생각하면 당연하다고도 할 수 있다. 미국의 스타트업 분석 기업인 스타트업 지놈Startup Genome은 「Global Startup Ecosystem Report 2019」에서 12명의 창업

전에 1조 원 이상인 기업은 유니콘처럼 상상 속에서나 존재할 수 있다는 맥락에서 만들어졌다.

자 중 1명만이 성공한다고 밝힌 바 있다.[*] 미국 벤처캐피털 컨설팅회사 피터 코한 어소시에이츠의 대표 피터 코한Peter S. Cohan은 벤처캐피털이 투자하는 10개 기업 중 오직 한 곳만 긍정적인 수익을 창출하고, 두 곳 정도가 간신히 시장에 존재하며 나머지는 모두 실패한다고 말하기도 했다.[**]

스타트업계 현장의 이야기를 들어보면, 우리나라의 경우 시드 머니라할 수 있는 창업 초기의 소액 투자금은 엔젤 투자 등을 통해 비교적 용이하게 받을 수 있는 편이라고 한다. 그러나 단기간에 현저한 성과를 기록한소수의 기업을 제외하고는 시리즈 A 등 추가 투자를 받는 것이 어려운 것이 현실이다. 그래서 창업 후 수년 내에 소위 '데스밸리'에 직면하게 되는데, 이 계곡을 넘지 못하고 실패하는 스타트업들이 부지기수이다. 혁신 스타트업이 아이디어를 사업화하고 시장에 안착하는 이른바 스케일업 단계까지 이르는 과정은 말 그대로 '험로'이다.

이는 우리나라의 IR(Investor Relations) 환경과도 무관하지 않다. 우리나라에서 창업 생태계가 가장 활발하다고 할 수 있는 서울만 하더라도 실리콘 밸리나 베이징과 비교할 때 투자 규모, 시장, 소프트웨어 인적자원에대한 급여 수준 등에 있어서 현격한 차이를 보이고 있다. 예컨대 2018년 1월부터 10월까지의 기간 동안 총 141개의 서울 소재 벤처캐피털이 투자한 평균 기업 수는 12개 정도이며 평균 투자금액은 199억 원인데, 이는베이징과 비교할 때 5분의 1도 안 되는 규모라고 한다.[***]

---

[*]   크리스 코비슐리Chris Corbishley도 「Getting to Series A: The odds and how we help founders beat them」에서 "스타트업 지놈은 3년 이내 사업에 실패한 스타트업은 92%라 했고, 포브스는 5년 이내에 90%가 사업에 실패한다고 했다"라고 밝혔다.
[**] Peter S. Cohan, 「Hungry Start-up Strategy」
[***] 서울시, 「창업생태계 조사 보고서」, 2018년.

그나마 수도권은 나은 편이다. 벤처캐피털협회의 통계에 따르면 민간 벤처캐피털의 투자 기업 중 지방 소재 기업은 17.0%(2014~2019년)에 불과하다. 지방 소재 벤처기업 수가 약 40%인 점을 고려한다면, 지방 기업들이 민간투자시장에서 상대적으로 소외받고 있다고 할 수 있다. 이는 대부분의 투자자가 수도권에 소재하고 있어 지방 소재 기업들과 지리적 접근성이 낮은 현실과도 무관하지 않을 것이다.

한편 투자자들은 원하는 투자 대상을 찾기가 쉽지 않다고 한다. 수많은 스타트업들이 탄생되고 있지만, 일일이 찾아다니며 만나볼 수도 없고 기존의 IR 플랫폼도 충분한 투자 풀pool을 확보하기에는 역부족인 실정이었다.

민간투자시장에서 발생하는 이런 미스매치 현상을 해소하기 위해 투자자와 투자 유치를 원하는 스타트업을 연결시켜주는 플랫폼 역할을 자처하며 시작한 것이 U-Connect이다. U-Connect는 신용보증기금이 만든 IR 플랫폼을 브랜드화한 것으로, U는 'You', 'Unicorn', 'Unique' 등의 의미를 내포하며, Connect는 혁신 스타트업과 투자자, 정책지원기관 등을 연결한다는 의미를 갖는다. U-Connect를 통해 혁신 스타트업과 투자자를 연결함으로써 혁신 스타트업이 유니콘 기업으로 도약하기를 바라는 마음을 담은 것이다.

혁신 스타트업은 U-Connect에서 다양한 투자자들을 대상으로 IR을 할 기회를 얻게 된다. 실제 투자로 연결되지 않더라도 투자 유치 가능성을 타진하며 보완이 필요한 부분을 발견할 수 있고 IR 활동 경험을 쌓을 수 있다. 투자자들은 투자처 발굴을 위한 탐색 비용을 줄일 수 있다. 찾아오는 기업을 기다리거나 시장 내에서 소문을 듣고 찾아가야 하는 수고를 덜 수 있는 것이다.

플랫폼 론칭 초기 단계에는 우선적으로 신용보증기금의 고객 기업들을 투자자들과 연계하는 역할에 초점을 맞췄다. 2019년에는 스타트업 지점별로 오프라인 데모데이Demoday[*]를 개최하여 스타트업과 투자자를 연결시켜주기도 했다. 플랫폼의 핵심이 네트워크 효과인 점을 고려하여 투자사와 스타트업들에게 U-Connect의 존재를 알리는 데에도 각별한 노력을 기울였다. 참여 유인을 제공하는 차원에서 U-Connect를 통해 투자 유치에 성공한 기업들을 위한 우대 조건의 특별 보증 상품도 출시했다. 본격적인 플랫폼으로 발돋움하기 위한 준비 기간으로 생각했던 2019년이었지만, 한 해 동안 6개 스타트업이 U-Connect 행사를 통해 민간투자사로부터 18억 원의 투자 유치에 성공하는 의미 있는 성과도 기록했다. 그런 과정에서 다양한 투자사들이 U-Connect에 참여하겠다는 의사를 밝혀왔다.

2020년에는 본격적으로 온라인 플랫폼으로서의 기능을 강화하기 시작했다. 예상치 못했던 코로나19는 당초 계획보다 빨리 온라인 플랫폼을 활성화시키는 촉매가 되었다. 기존에 오프라인으로 진행하던 데모데이 행사를 온라인으로 전환하여 진행하였고, 투자기관의 IR 행사도 U-Connect 플랫폼을 통해 이뤄졌다. 그뿐만 아니라 투자 유치를 희망하는 다양한 스타트업들의 IR 자료 게시 건수도 늘기 시작했다. 처음에는 어색했던 화상 IR 행사도 새로운 표준으로 자리 잡게 되었다. 2021년 말 기준으로 온라인 플랫폼에는 46개 투자사가 등록되어 365일, 24시간 활동 중이며, 투자 유치를 원하는 578개의 스타트업들의 IR 자료가 등록되어

---

[*] 어떤 계획을 실시할 예정일인 디데이D-Day 이전에 먼저 행사를 진행하는 날을 의미하는 말. 본래 실리콘 밸리에서 스타트업 육성 프로그램 이름으로 사용되다, 스타트업이 개발한 데모 제품, 사업 모델 등을 투자자에게 공개하는 행사를 일컫는 말로 사용되고 있음.

투자자들을 기다리고 있다.

아직까지 신용보증기금 고객 기업들을 위주로 운영하는 온라인 플랫폼은 향후 모든 기업이 접근할 수 있는 오픈 플랫폼으로 확대할 계획이며, 역량 있는 국내 최고의 벤처 캐피털, 액셀러레이터들과 협력을 통해 혁신 스타트업 풀을 상호 공유하는 등 협력 채널을 확대할 계획이다. 이를 통해 혁신 스타트업과 투자자, 그리고 정책 지원기관 간에도 스타트업을 효율적으로 지원할 수 있도록 유기적 협력 관계를 더욱 강화해나가고자 한다.

2) 기술평가 역량 업그레이드

혁신기업을 위한 환골탈태가 필요하다

이사장 공모 때 경영계획서를 준비하며 가장 먼저 한 일은 신용보증기금 홈페이지를 꼼꼼하게 살펴보는 것이었다. 신용보증기금의 기본적인 역할이나 업무에 대해서는 경제부처에 근무하며 오랜 기간 지켜보아왔지만, 최근 이슈나 보증 정책 방향 등을 보다 상세히 알아볼 필요가 있었기 때문이다. 기관 소개 내용이나 보도 자료, 신용보증제도 설명 자료 등 하나하나 빼놓지 않고 읽었다. 나만큼 홈페이지를 공부하는 마음으로 낱낱이 정독한 임직원도 아마 없을 것이다.

다양한 자료들을 읽다 보니 최근 신용보증기금이 추구하는 핵심적인 역할은 혁신 중소기업을 발굴하여 육성하는 것이라고 나름 정리가 됐다. 홈페이지에 가장 많이 등장한 단어도 '혁신'이었던 것 같다. 그런데 혁신이라고 하면 대개 혁신적인 기술과 관련이 있을 텐데, 기술보증기금이 아닌 신용보증기금에서 혁신 중소기업 지원을 메인 롤로 설정하고 있다는 것이 다소 의외였다. '요새는 신용보증기금에서도 기술보증기금처럼 기술평가를 하고 있나?'라는 막연한 궁금증에 홈페이지에서 신용보증기금의 기술평가 시스템에 대해 찾아보려 했다. 그러나 그 어디에서도 이와 관련된 자료는 발견할 수 없었다.

의아스러웠다. 이사장으로 취임하게 되면 궁금증을 풀 수 있으려니 하며, 평소 나의 관심과 과거의 경험 등을 바탕으로 기술평가의 필요성과 추진 계획 등을 경영계획서에 담아 이사장 공모에 지원했다. 기술 혁신기업들이 전 세계의 산업 구도를 재편하고 있는 4차 산업혁명의 시대에 혁신적인 기술이 중요하니만큼, 정책금융기관의 기술 혁신성에 대한 안목, 즉 기술을 평가하는 역량 또한 필수적이라고 생각했기 때문이다.

기술평가에 대한 개인적인 경험과 관심의 시작은 2008년으로 거슬러 올라간다. 당시 베트남의 기획투자부(MPI)에서는 「Sharing Korean Development Experience」라는 제목으로 우리 정부에 지식공유 사업을 신청했다. 이에 기획재정부는 높은 성장 잠재력과 개발 경험에 대한 수용도 등을 고려하여 베트남을 2009년도 KSP 사업의 집중 지원 대상 국가로 선정했다. 그리고 2009년부터 2011년까지 '베트남의 2011년~2020년 경제·사회 발전 전략과 한국의 발전 경험'이라는 큰 주제 아래 3년에 걸쳐 진행된 KSP 사업에 나는 수석고문으로 참여했다. 이를 계기로 베트남 정부는 그 후에도 한국과 매년 KSP 사업을 추진하게 되었는데, 2014년 KSP 사업은 '혁신 중소기업 금융지원을 위한 베트남 기술평가 시스템 개선'을 주제로 진행되었다. 그때 접한 기술보증기금의 기술평가와 기술신용평가 내용은 기존의 신용평가나 기업 가치 평가에만 익숙했던 내게 꽤나 흥미롭고 인상적이었다. 당시 내 자리가 베트남 고위 공직자들을 대상으로 그 내용을 직접 설명해야 하는 자리인지라, 기술보증기금의 기술평가 시스템을 속속들이 파악하여 전달하기 위해 꽤나 진지하게 들여다볼 수밖에 없었다. 그랬던 내가 그로부터 수년이 지나 신용보증기금 이사장이 되어 다시 기술평가에 대해 고민을 하게 되다니, 이것도 인연이라면 인연이라는 생각이 들었다.

취임 후, 내가 의아해했던 신용보증기금의 혁신기업 지원과 기술평가의 관계에 대한 궁금증을 해소하는 데에는 그리 오랜 시간이 걸리지 않았다. 생각했던 대로 신용보증기금은 오랜 역사를 가진 공공기관다운 조직문화를 갖고 있었고, 전반적으로 보수적이면서도 신중하며, 좀처럼 실수가 없어 보였다. 그런데 '기술' 이야기만 나오면 이상하리만치 꼬리를 내리고 하나같이 거리를 두는 것 같았다. 이유야 있겠지만 이런 모습을 보니 홈페이지에서 봤던 내용이 내게는 '신용보증기금은 기술을 잘 몰라도 혁신기업을 잘 발굴해 지원해왔다'는 앞뒤가 맞지 않는 말로 여겨졌다. 혁신기업의 대부분이 기술 혁신을 기반으로 삼을 터인데, 기술을 제대로 평가하지 않아도 기업의 혁신성을 판별할 수 있다는 이야기는 누가 봐도 '기적의 논리'에 가까웠다.

기술에 대한 노이로제와도 같은 반응을 보이는 것은 본점에 근무하는 임원이나 부서장들뿐만이 아니었다. 영업 현장에서 만나본 실무자들의 생각도 별반 다르지 않았다. 기술평가와 그에 기반한 보증은 기술보증기금에서 전담하는 것이지, 신용보증기금의 일은 아니란다. 기술에 대한 내부의 목소리는 이렇게 경영진부터 말단 신입직원에 이르기까지 놀랍도록 일관되고 한결같았다.

이런저런 이야기를 들어보니, 기술을 터부시하는 이런 풍토가 형성된 데에는 그럴 만한 이유가 있었다. 신용보증기금 설립 이후 국내 신용보증 시장은 신용보증기금이 사실상 독점하고 있었는데, 1989년 기술보증기금이 설립되면서 선의의 경쟁이 시작되었다. 그 과정에서 신용보증기금과 기술보증기금을 동시에 이용하는 기업들이 점차 늘었고, 정부와 국회에서는 이런 거래 행태에 제동을 걸었다. 한정된 재원으로 운영되는 공적 보증이 소수의 우량 기업들에게 쏠리면서 정작 보증 이용이 절실한 다수의 기업들이 이용할 수 없게 되는 비효율이 발생한다는 것이 이유였다.

이런 비효율을 해소하자는 취지로 2005년 정부에서는 「중소기업 금융 지원 체계 개편 방안」(재정경제부, 중소기업청)을 통해 신용보증기금과 기술보증기금의 업무 영역 특화 방안을 발표했다. 기술보증기금은 기술 혁신형 기업 지원 업무로 특화하고, 신용보증기금은 일반 혁신형 기업과 수출기업, 영세소기업, 시설자금 지원 업무로 특화하는 것이 요지였다. 이에 따라 같은 해 12월 신용보증기금과 기술보증기금은 「보증업무 특화 및 중복보증 해소를 위한 업무협약」을 체결하기에 이르러, 기술보증기금은 벤처·이노비즈 기업을, 신용보증기금은 그 외 일반 기업을 각각 전담하게 되었다.

이 협약을 예전부터 알고 있었기에 신용보증기금에 오면서 걱정되는 부분이 있었다. 기술력이 우수한 혁신기업들이 모두 기술보증기금으로 몰리지 않았을까 우려스러웠던 것이다. 그래서 이사장 취임 후 내 첫 번째 지시는 바로 신용보증 이용 기업 포트폴리오 현황을 보고해달라는 것이었다. 막상 통계를 보니, 우려했던 것보다는 쏠림 현상이 심하지 않았지만, '그 협약만 없었더라면'이란 아쉬움이 드는 것은 어쩔 수 없었다.

실제로 협약에서 정한 기준에 따라 기존에 신용보증기금을 이용하던 벤처기업 등 상당수의 우수 기술력 보유 기업들이 기술보증기금으로 이관*되었고, 신용보증기금을 찾은 기술 기반 기업들은 '기술보증기금으로 가셔야 된다'는 안내를 받고 발길을 돌려야만 했다. 이후 기업이 보증을 신청하면 가장 먼저 해야 할 일이 신용보증기금 영역인지 기술보증기금 영역인지를 구분하는 것이 되었다. 정부와 국회 등에서도 중복보증**에 대한 모니터링을 강화했고, 신용보증기금 내부에서도 내부 평가 제도를 통해 기술보증기금과의 중복보증을 최소화하면서 기술기업은 직원들의 마음속에서 점점 불가침의 영역이 되어간 셈이다. 이분법적인 영역 구분으로 인한 기업들의 불편을 해소하기 위해 양 기관이 협약을 개정하여 중복보증 예외 허용 조항 등을 마련하기도 했지만 한번 쌓은 높은 담장을 허물기에는 역부족이었다.

제도적인 요인 외에 내부 환경적인 요인도 있었다. 기술을 이해하고 평가하기 위해서는 기술에 대한 전문지식과 충분한 경험이 필요하다. 게다가 4차 산업혁명이 촉발한 기술 진보의 가속화로 최근 기술 트렌드는 과거와 비교할 수 없을 정도로 빠르게 변화하고 기술 간 융합도 활발하게 이뤄져 더욱 복잡해지고 있다. 그런데 영업 현장에서는 선임차장부터 말단 주임까지 각각 신규 보증 심사, 기존 보증 만기연장, 신용조사, 신용평가 업무 등을 모두 수행하느라 정신없이 바빠 보였다. 이런 상황에서 직원들에게 각자 알아서 기술 공부를 하라고 할 수도 없는 노릇이었다. 신용보

---

* 협약에 따른 신보·기보 간 보증 이수관 규모(2006~2008년 상반기)는 각각 2,897개 기업, 1조 1,501억 원(신보→기보), 8,767개 기업, 1조 786억 원(기보→신보)이다. 이수관 보증 규모는 비슷한 반면 기보에서 신보로 이관된 기업 수가 약 3배에 달하는데, 이는 신용도와 외형이 양호한 기업들이 신보에서 기보로 이관된 사례가 많다는 것을 의미한다.

** '중복보증'이라는 용어는 마치 동일한 대출금에 대하여 둘 이상의 보증인이 동시에 중복하여 보증하는 것으로 오해될 수 있어, 신용보증기금 내부에서는 기업이 2개 이상의 보증기관을 거래한다는 의미로 '복수 거래'라는 용어를 사용한다.

증기금의 보증 업무에 기술이 끼어들 여지가 좀처럼 보이지 않았다. 그러다 보니, 나부터도 '과연 이런 환경 속에서 직원들이 혁신적인 기술을 제대로 평가할 수 있을까? 과연 그 평가 결과에 대해 기업인들이 수긍할 수 있을까?'라는 의문이 들었다.

직원들도 이런 상황에 만족하고 있는 것은 아닌 듯했다. 업무 특화 정책에 따른 기업 이관에 대해 직원들은 기존의 거래 기업을 단순히 '넘겨줬다'가 아니라 '빼앗겼다'고 인식하고 있었다. 그리고 기술보증기금이 기술평가보증을 통해 벤처기업 인증*을 할 수 있어서 벤처기업 인증의 혜택을 바라는 유망 기업들을 기술보증기금에 많이 빼앗기다 보니, 신용보증기금도 벤처기업을 인증할 수 있는 기관이 되면 좋겠다는 이야기도 현장에서 끊임없이 나왔다고 한다. 현장에서 들은 이야기를 마음에 담아두었다가 공무원들과 만나는 자리에서 은근슬쩍 신용보증기금도 벤처기업을 인증할 역량이 된다는 식으로 운을 떼본 적도 있다. 하지만 돌아오는 대답은 여지없이 '신용보증기금은 기술평가를 할 수 없는데 어떻게 벤처 인증을 할 수 있나?' 식이었다. 답답한 현실이지만, 외부의 생각이 내 생각과 크게 다르지 않다는 것을 확인할 수 있었다.

그렇다고 언감생심 부러워하며 감나무 아래에서 입만 벌리고 있을 수는 없었다. 영업 현장에서는 당장 영업 유인으로서 벤처 인증을 원할 수 있지만, 내 입장에서는 벤처 인증을 떠나 제대로 기업을 평가하기 위해서

---

* 벤처기업으로 인증될 경우 대외적인 신인도 제고뿐만 아니라 법률상 세제 혜택 등을 받을 수 있어 유리한데, 기보에서 기술평가보증 8천만 원 이상을 받고, 그 금액이 기업 총자산의 5% 이상인 경우에는 벤처기업으로 인증될 수 있다. 따라서 보증을 이용하려는 기업들은 요건이 된다면 신보보다 기보의 보증을 선호한다. 하지만 「벤처기업육성에 관한 특별조치법」이 개정됨에 따라 2021년 2월부터 기술평가보증으로 벤처기업 인증을 받는 제도는 사라지게 되었다.

라도 당연히 기술평가 역량과 시스템을 갖춰야 한다고 생각했다. 벤처 인증은 그다음에 생각해도 되는 일이었다. 제대로 평가할 수 있는 역량이 생기면 벤처 인증 업무도 자연스레 뒤따라올 수 있다고 봤다.

이런 내 생각을 임원들에게 이야기하자 우리도 기술보증기금과 같은 기술평가 시스템을 도입해보자는 의견이 나왔다. 앞서 이야기한 것처럼 기술보증기금의 평가 시스템에 대해서는 내가 자세히 알고 있었다. 짧은 시간 내에 쉽게 개발할 수 있는 수준이 아니었다. 기술보증기금에서 그 시스템을 우리에게 넘겨줄 리도 없었다. 그래서 시간이 다소 걸리더라도 중장기적으로 기술평가 역량을 개선할 수 있는 로드맵을 수립하여 차근차근 추진해나가자는 의견을 제시했다. 그리고 영업 현장에서 모든 직원이 개별적으로 기술평가를 하는 것은 무리가 따르니, 우선 전문평가 인력으로 구성된 별도의 조직에서 혁신 기술에 대한 평가를 전담하도록 하자는 의견을 제시했다.

'제대로 된' 혁신기업을 발굴·육성하기 위한 기술평가 역량 강화 노력을 기울인 끝에 신용보증기금은 2018년에는 발명의 평가기관, 2020년에는 기술평가기관으로 지정되었다. 이런 외부의 공신력 있는 인증이 디딤돌이 되어, 2020년에 개정된 「벤처기업육성에 관한 특별조치법」에 따라 2021년부터는 벤처투자기관*이자 벤처확인 전문평가기관으로서 업무를 수행하게 되었다. 이하에서는 기술 불모지라고 여겨지던 신용보증기금이 기술평가 분야에서 환골탈태하게 된 일련의 과정을 소개하고자 한다.

---

* 2021년 2월부터 신보가 5천만 원 이상 투자한 기업으로서 해당 투자금액이 기업 자본금의 10% 이상인 경우 벤처기업으로 인정받을 수 있다.

① 발명의 평가기관: 기술평가 시장에 첫발을 내딛다

2018년 6월, 이사장으로 취임하여 부서별 업무 보고를 받던 중 눈에 띄는 흥미로운 내용이 있었다. 다름 아닌 '발명의 평가기관 지정 신청'이었다. 정부의 지식재산 금융 활성화를 위해 신용보증기금이 발명의 평가기관으로 지정받기 위한 준비를 하고 있다는 것이었다. 전임 이사장의 사의 표명 후 경영 공백으로 인해 진행이 지연된 측면이 있어 나의 빠른 의사결정이 필요하다고 했다. 기술평가 역량을 키우고 싶어 했던 나로서는 솔깃할 수밖에 없었다.

발명의 평가기관은 「발명진흥법」에 따라 지식재산의 기술성, 권리성, 사업성 등을 평가하여 IP의 가치 금액을 산정하는 전문기관이다. 당시 발명의 평가기관으로는 공공 연구기관 등 총 15개가 지정되어 있었고, 금융회사 중에서는 한국산업은행과 기술보증기금 단 두 곳만이 포함되어 있었다.

발명의 가치를 평가하는 일이라면 결국 기술의 가치를 금액으로 평가하는 것일 텐데, 과연 우리가 할 수 있을까? 보증 심사를 할 때 일부 기업에 대해서 지식자산평가를 한다고는 들었지만, 과연 전문기관으로 지정될 정도로 우리의 역량이 충분한 수준인지 의구심이 들었다. 기술보증기금의 경우, 이공계 박사 인력도 충분하고 보증도 기술평가를 바탕으로 하니 가능할 것 같았지만 적어도 내가 알아온 신용보증기금은 그런 경험이나 노하우가 부족해 보였기 때문이다. 게다가 평가기관의 평가 결과는 은행이 IP를 담보로 대출을 실행하거나 투자기관이 투자 규모 등을 결정하는 데 활용될 뿐만 아니라 IP 거래, IP 현물출자, IP 사업 타당성 분석 등에도 사용되기 때문에 고도의 전문성과 오랜 평가 노하우가 필수적으로 요구된다.

　당시 보고를 하던 실무자들의 모습은 그동안 '기술' 이야기만 하면 얼버무리는 듯했던 다른 직원들의 모습과는 달라 보였다. 첫 대면 보고라 긴장한 표정도 보였지만, 그 뒤에 자리 잡은 자신감과 확신이 느껴졌다. 이런 직원들의 열의를 꺾고 싶은 기관장은 없을 것이다. 미래를 위한 새로운 시도가 될 것 같으니 적극적으로 한번 추진해보라 이야기했고 나도 도울 일이 있으면 언제든 알려달라고 했다.

　물론 직원들 표정만 보고 결정한 일은 아니다. 지식재산과 기술의 중요성을 절감하고 있던 나로서 이런 새로운 도전을 지지하지 않을 이유가 없었다. 발명의 평가기관으로 지정될 수 있을지는 확실하지 않았지만 만약 지정될 경우, 기술이라면 손사래를 치는 조직 분위기를 전환할 좋은 기회가 될 것 같았다. 설령 지정되지 않는다고 하더라도, 준비하는 과정에서 신용보증기금의 기술평가 시스템과 인프라를 되짚어보고 보완해야 할 부분을 객관적으로 파악해볼 계기가 될 테니, 손해 볼 게 없다는 생각이었다. 그래서 권장섭 당시 전무이사를 중심으로 발명의 평가기관 신청에 필요한 제반 사항들을 잘 준비해서 추진해달라고 당부했다. 이날의 결정이 발명의 평가기관 지정 이후 기술평가기관 지정, 벤처투자기관 지정 등으로까지 이어지며, 기술평가 분야에 본격적으로 진출하는 첫걸음이 될 줄은 당시엔 미처 알지 못했다.

　첫 보고를 받은 후 한동안은 모든 일이 일사천리로 진행되는 듯 보였다. 그러나 이내 부서 간에 교통정리가 필요했다. 신용보증기금의 평가 시스템은 물론 보유하고 있는 데이터 등 기술평가와 관련된 과거, 현재, 미래를 종합적으로 담은 사업계획서를 작성하려니 다수의 부서가 관련되었기 때문이다. 각 부서도 본래의 업무가 있어 바쁜 와중에 선뜻 나서 총대를 메기 싫어하는 눈치였다. 간부들과 협의한 결과, 짧은 기간 동안 가장 효율적으로 진행하기 위해 별도의 TF팀을 구성하여 본업에 얽매이지 않고 집중할 필요가 있다는 결론을 내렸다. 신용보증기금의 미래 사업이 될 수 있는 사안이니 미래전략실에서 관련 업무를 총괄하도록 하였고 신용조사와 신용정보, 신용평가, 인적 자원, 전산화 등과 관련된 부서 직원들을 불러 모았다.

TF팀으로부터 틈틈이 보고받으며, 우리가 보유한 기업 정보의 규모, 평가 기법과 평가 역량이 생각보다 훨씬 뛰어난 수준이라는 것을 깨닫게 되었다. 그뿐만 아니라 지식재산과 관련된 보증 상품들을 꽤 오래전부터 운영해왔고, 지식재산 평가와 기술력 평가 기법을 현행 기업평가 시스템에 반영하여 이미 업무에 적용해왔다는 사실도 알게 되었다. 신용보증기금에서도 기업을 평가할 때 기술이 빠질 수 없다는 생각에 시스템을 구축했지만, 보증기관 업무 특화 정책 등으로 전면에 내세우기에는 부담스러운 부분이 있었던 것 같았다. 다행스러웠고 우리가 추진하는 일이 무리 혹은 억지가 아니라는 자신감이 들었다.

하지만 시간이 너무 촉박했다. 내가 부임한 6월 초에 최종 의사결정이 이뤄지다 보니 발명의 평가기관 신청 마감인 6월 말까지 신청에 필요한 자료들을 준비하기에 빠듯해 보였다. 신청 마감일에 가까워지자 미래전략실장이 두꺼운 책자 한 권을 들고 찾아왔다. 신청 서류와 사업계획서인데 한눈에 봐도 수백 페이지 분량이었다. 나는 가장 중요한 사업계획서부터 꼼꼼하게 읽어보았다. 앞으로 기술평가 시장에서 수행할 역할과 그 역할을 수행하기 위한 조직, 인력, 평가 시스템, 관련 매뉴얼 등 아주 디테일한 내용까지 포함되어 있었다. 기술평가를 수행하게 될 직원들의 열정과 책임감, 그리고, 우수 기술 보유 중소기업에 대한 지원 의지가 담겨 있었다. 내가 보기에 이 정도 수준이면 적어도 사업 계획이 미비하다는 이유로 평가기관 지정 절차에서 탈락할 일은 없어 보였다.

그런데 보고 말미에 미래전략실장이 두 가지 문제점이 있다고 털어놨다. 평가기관 지정 요건에 관한 것이었다. 첫째는 신용보증기금이 지금까지 수행해온 기술 및 지식재산 평가를 평가단이 요구하는 수준의 기술평가로 인정받을 수 있을 것인지의 여부였다. 다른 하나는 인력 구성 요건이었다. 회계사, 세무사, 박사, 변호사와 같은 전문자격을 갖춘 인력은 충분했지만, 평가단의 입장에서는 잦은 순환 근무로 인해 기술평가 5년 이상의 경력자가 부족하다고 볼 수도 있어, 실사 때까지 추가적으로 설명 자료를 준비해 대응해야 할 것 같다는 것이었다.

두 번의 실사에서는 발명의 평가기관으로서 필요한 조직, 인력, 평가 시스템, 매뉴얼 등의 구비 여부와 사업계획서의 타당성에 대한 강도 높은 검증이 이어졌다. 역시 우리가 우려했던 부분에 대해 평가단도 지적했다. 업계에서 표준화된 평가 매뉴얼, 전담 조직, 기술평가 전문 인력이 없거나 부족하다는 것이었다. 하지만 평가단은 "신용보증기금이 기술평가 경험은 다소 부족해도 향후 기술평가시장에서 수행할 역할을 사업계획서에 잘 담았다"는 긍정적인 코멘트도 해주었다.

직원들이 이렇게 열심히 하는데, 나도 가만히 앉아서 기다릴 수만은 없었다. 발명의 평가기관을 지정하는 특허청 관계자와 면담을 통해 신청 취지와 기대 효과를 상세하게 설명했다. 국내 최대 규모의 보증기관인 신용보증기금이 발명의 평가기관이 된다면, 2013년부터 운영해온 지식재산

보증 제도와의 시너지 효과를 통해 더 효율적으로 IP 보유 기업들의 자금 조달을 뒷받침할 수 있다는 점을 강조했다. 특히 평가기관이 되면 기존에 평가기관에 의뢰하여 결과를 기다림에 따라 소요되던 IP 가치평가 기간을 단축하여 보증 지원에 소요되는 시간도 단축시킬 수 있다는 점을 힘주어 전달했다. 고맙게도 특허청 관계자들은 신용보증기금을 신뢰한다며, 금융위원회와 함께 추진하고 있던 동산·IP금융 활성화 정책에 적극적인 참여와 관심을 부탁했다.

금융위원회와의 협의도 빼놓지 않았다. 당시 금융위원회는 특허청과 함께 '지식재산금융 활성화 종합계획'을 준비하고 있던 터였다. 그래서 나는 우수 지식재산을 보유한 중소기업을 발굴하여 지원하기 위해 그동안 해온 것 이상으로 적극적으로 추진해나가겠다는 의지를 전달했다. 또한 은행 등 금융회사들이 지식재산을 포함한 동산 담보에 인색해왔다는 사실을 고려할 때, 지식재산금융 활성화를 위해서는 신용보증기금의 신용보강 역할이 중요하다는 의견도 제시했다. 그리고 발명의 평가기관 지정이 그 촉매 역할을 할 수 있을 것으로 기대된다고 덧붙였다.

2018년 9월, 특허청에서는 신용보증기금을 발명의 평가기관으로 지정하여 고시했다. 모두 6개 기관이 신청하였는데 신용보증기금을 포함하여 3개 기관만 최종 선정되었다. 내심 기대는 하고 있었지만, 확신할 수는 없었던 결과를 얻게 되어 기뻤다. 실무진들은 진행 경과를 지켜보며 올해 탈락할 경우 내년에 재신청할 가능성도 배제하지 않고 있었다고 한다. 나중에 들은 말로, 당시 신용보증기금이 기술평가 시장에 뛰어드는 것을 견제하는 기관들도 있었다고 하니 이러한 성과가 더욱 값지게 느껴졌다. 이런 여건 속에서 신용보증기금의 역량과 의지를 믿고 기술평가 시장에 진입하는 그 첫 번째 관문인 발명의 평가기관 지정에 힘을 실어준 박원주 당시 특허청장에게 감사하지 않을 수 없다.

발명의 평가기관으로 지정된 후에는 신청 당시 제출한 사업계획서의 내용들을 신속하게 추진하기 위한 후속 조치들에 착수했다. 2019년부터 기술평가 사업을 본격적으로 진행할 수 있도록 TF팀을 가동해, 전담 조직 신설, 기존의 기술이나 지식재산 관련 보증제도 개정 등 조직과 제도 정비 방안을 마련했다. 그 결과, 2019년 1월에 전담 조직인 '신산업지원센터'[*]를 설치함으로써 발명의 평가기관 역할을 수행할 채비를 마쳤다.

특허청에서 발명의 평가기관으로 지정한 것은 신용보증기금이 부동산 담보 위주의 금융 관행 개선 시기를 보다 앞당기는 역할을 해줄 것이란 기대가 반영된 결과라고 생각한다. 이런 기대에 부응하여 신용보증기금은 부동산 담보가 없어도 우수한 기술(지식재산)이 있다면 금융을 이용할 수 있도록 뒷받침하는 노력을 아끼지 않았다. 2019년 4월에는 금융위원회·특허청·시중은행 등과 IP금융 활성화를 위한 업무협약을 체결했으며, IP담보대출을 받은 기업에 대출금액의 50% 범위에서 최대 10억 원까지 보증을 추가로 제공하는 IP-Plus 보증을 출시함으로써 IP담보대출 활성화에 기여했다. 기존에 운영해오던 지식재산보증 프로그램 지원 규모도 꾸준히 확대해나갔다. 이러한 노력을 인정받아 2020년 6월 제55회 발명의 날 기념식에서는 '발명 장려 유공' 단체 부문 대통령 표창을 받는 기쁨도 누릴 수 있었다.

기술은 혁신과 불가분의 관계로 인식되는 반면, 기술과 금융은 쉽사리

---

[*] 2019년 7월 '지식재산금융센터'로 명칭 변경.

연결되지 못했던 것이 우리나라 금융의 현실이었다. 4차 산업혁명 시대에 들어서며, 기업의 혁신적인 기술은 어느 때보다 중요해졌다. 혁신기업이 늘어날수록 국가의 경쟁력이 강화되고 국민들의 삶은 편리하고 윤택해질 수 있다. 앞으로도 신용보증기금은 발명의 평가기관이라는 위상에 걸맞게 혁신적인 아이디어와 기술력으로 유니콘 기업을 꿈꾸는 기업들의 비상을 적극적으로 지원해나갈 것이라 믿어 의심치 않는다.

② 기술평가 역량 강화 로드맵 수립과 기술평가기관 지정

발명의 평가기관으로 지정되자 기대했던 대로 기술을 바라보는 직원들의 시선이 달라졌음을 느낄 수 있었다. 평가를 전담하는 조직으로 신산업지원센터를 신설한다고 하니 생각보다 많은 직원들이 지원했고, 제1호 기술가치평가보고서 공개 후에는 그동안 커 보이기만 했던 '남의 떡'인 기술시장이 손에 곧 잡히겠다는 확신도 조금씩 커졌다. 그러나 냉정하게 말하자면 발명의 평가기관 지정은 그야말로 기술평가 시장에 대한 공식적인 접근 권한이 생겼다는 이상의 의미를 부여하기는 어려웠다. 심사 과정에서 지적되었던 부분을 잘 보완하고 평가기관이라는 지위에 걸맞은 역할을 수행하려면 경험을 쌓고 전문성도 꾸준히 키워나가야만 했다. 발명의 평가기관은 그 지위가 영구적인 것이 아니기에*, 행여 역할이 기대에 못 미칠 경우 그 지위가 박탈될 수도 있다. 그렇게 되면 사실상 시장에 다시 진입하는 것은 영영 불가능하게 될 수도 있어, 앞으로가 더욱 중요했다.

---

* 특허청은 「발명진흥사업 운용요령」에 따라 발명의 평가기관의 운용 실태를 점검하여 평가능력을 상실한 경우에는 평가 업무 정지 또는 지정 취소 처분을 할 수 있다.

한편으로는 물이 들어올 때 노를 저어야 한다는 생각도 있었다. 발명의 평가기관을 추진할 때 직원들에게 말은 하지 않았지만, 내 마음속에서 발명의 평가기관은 경유지일 따름이었다. 취임 전부터 생각했듯이 혁신기업을 육성하고 혁신성장 정책을 뒷받침하려면 기술평가 체계를 제대로 갖추고 역량을 꾸준하게 키워야 한다는 것이 내 지론이었다. 그리고 취임 후 영업 현장 직원들의 이야기를 들으면서, 기술평가 역량을 업그레이드시켜 벤처기업 인증 권한을 취득하여 시장에서 기술보증기금과 동등한 지위에 올려놓아야겠다고 마음먹었던 바도 있었다.

발명의 평가기관으로서 어느 정도 자리 잡아가는 것이 보이자, 때가 무르익었다는 생각이 들었다. 2019년 4월 초, '지피지기 백전불태知彼知己百戰不殆'라는 생각으로 신용보증기금의 평가 시스템을 담당하는 리스크관리실에 신용보증기금과 기술보증기금의 기술평가 모형 운영 현황을 비교해 보고해달라고 지시했다. 지시한 바로 다음 날 출근하니 이미 준비되어 있었다는 듯 보고서가 책상 위에 놓여 있었다. 보고서는 양 기관의 기술평가모형과 평가조직, 전문 인력을 비교한 내용이 주를 이뤘다. 예상했던 것보다 솔직한 보고서였다. 신용보증기금도 스타트업 지점, 투자금융센터 등에서 나름 기술평가를 하고 있지만, 기술보증기금과 비교해 전반적으로 미흡하다는 자기 고백적인 내용이 담겨 있었다. 내 생각과 일치했다. 일단 스스로 부족하다는 점을 알고 있다니 다행이라면 다행이었다. 이전까지 보고서에서 우리가 부족하다는 내용을 좀처럼 본 적이 없던 터라 직접 이야기를 들어봐야겠다는 생각으로 대면 보고를 요청했다.

이내 잔뜩 긴장한 모습으로, 보고서를 작성한 황경룡 당시 리스크관리실장과 담당 팀장이 들어왔다. 갑자기 왜 대면 보고를 하게 되었는지 모르겠다는 어리둥절한 표정이었다. 보고서를 잘 읽었다는 이야기와 함께 궁금했던 내용을 물었다. 보고서에는 기술보증기금에 비해 부족하긴 하지만, 신용보증기금에도 박사급 인력이 있다는 내용이 있었다. 나는 이 박사급 인력이 기술평가를 담당하는 박사가 아니라 그냥 박사 학위를 지닌 직원들이 아닌지 물었다. 내 생각이 맞았다. 사실에 입각한 정보가 중요하므로 앞으로도 보고서에서 거품을 걷어내라고 당부했고, 우리끼리 창피할 것도 없으며, 현실을 제대로 파악해야 제대로 된 대책을 세울 수 있다고 덧붙였다. 리스크관리실장에게 미래전략실과 함께 기술평가 체계 구축을 위한 TF팀을 구성해서 최대한 빨리 진행할 것을 지시했다. 들어올 때 표정보다 더욱 당황한 표정이었지만, 리스크관리실장은 '네'라는 짧은 답변과 함께 돌아갔다.

그날로부터 약 2주 후, 기술평가 역량 강화 TF팀이 꾸려졌고, TF팀은 3주 동안 머리를 맞대고 고민한 끝에 중간 보고를 해왔다. 꽤나 부지런히 움직인 모양이었다. 보고 내용을 들여다보니 전반적으로 내가 생각했던 방향과 일치했다. 무리해서 한 번에 모든 것을 해결하기보다는 기술평가 관련 조직 신설, 전문 인력 양성, 평가모형 개발, 기술기업 지원 제도 확대 등을 약 3년에 걸쳐 점진적으로 추진해나가는 내용이었다. '패스트 팔로워Fast Follower' 전략을 통해 2022년까지 차근차근 경쟁기관인 기술보증기금을 따라가겠다는 취지로 이해됐다. 이 정도로 자존심을 구기면서 검토했다면, 현상 파악과 대책 마련도 비교적 현실적으로 접근했을 것이다. '거품을 걷어내라'는 한 마디의 질타가 가져온 효과였다. 최고가 되겠다는 내용이 아니었음에도 보고서의 계획대로 추진한다면, 어지간한 기술평가 체계를 갖출 수 있을 것 같아 보였다.

다음 문제는 조직 내부의 공감대를 형성하는 것이었다. 발명의 평가기관으로 지정되면서 분위기가 환기되긴 하였으나, 기술평가는 또 다른 차원의 문제였다. 국내 최대 보증기관이자 보증기관들의 '맏형'이라는 자부심으로 똘똘 뭉친 신용보증기금 임직원들이 동생이 더 잘하는 기술평가를 따라 하겠다는 계획을 온전히 받아들일까? 우선 TF팀에 각 부서 팀장과 부서장, 담당 임원들의 의견을 수렴한 뒤에 최종 보고를 해달라고 했다.

그동안의 경험을 통해서 알고 있다. 기관장이나 외압에 의해 억지로 추진하는 변화는 당장은 그럴듯하게 추진되는 듯해도 머잖아 시들게 마련이고, 시간이 좀 더 지나면 언제 그런 일이 있었냐는 듯 사그라진다. 내부 공감대를 단단히 형성하는 것이 우선이다. 그 과정에서 갈등이 빚어질 수도 있겠지만, 그런 과정 없이 소위 '답정너'*식으로 추진해서는 오래 못 갈 게 불 보듯 뻔하다.

예상은 했지만, 내부 반발이 심상치 않다는 소리가 들렸다. 본점 부서 팀장들을 모아놓고 진행한 회의에서는 TF팀장 입에서 '이런 분위기라면 기술평가를 포기할 수밖에 없다'는 이야기까지 나왔다고 하니, 어떤 상황이었지 대략 짐작이 되었다. 부서장 회의에서도 '우리도 기술보증기금과 같은 평가 시스템을 도입해야 한다'는 소수 의견이 있었지만 전체적으로 부정적인 의견이 압도적이었다고 비서실장이 분위기를 전달해줬다. 다만 회의 말미에 비서실장이 내 의중을 살짝 흘린 뒤에는 분위기가 반전되었다고 한다.

---

* '**답**은 **정**해져 있고 **너**는 대답만 하면 돼'라는 뜻의 신조어로 상대에게 원하는 대답을 정해놓고 질문하는 사람 또는 그런 행위를 뜻한다.

'역시 기관장이 나서야만 하는 것인가?'라는 생각이 들었지만 우선 지켜보기로 했다. 그렇게 쉽게 해결하려고 했다면 진작 움직였을 일이다. TF팀장으로부터 최종 보고를 받아보기로 했다. 아마도 긍정적이든 부정적이든 다양한 의견이 오갔을 테고 각자 입장에서 진지하게 생각해보았을 것이다. 이제 결론을 내릴 때가 다가왔다고 판단했다.

최종 보고서는 제법 두꺼웠다. 전체적인 내용의 흐름은 중간 보고 때와 크게 다르지 않았지만, 실행과제가 더 구체화된 느낌이었다. 의견 수렴 과정을 거치면서 실제 행동에 옮겨야 하는 실행과제의 실현 가능성이 고려됐을 것이다. 빳빳한 A4 용지에 인쇄된 보고서였지만, 어째 많이 닳은 듯했다. 이 정도면 됐다 싶었다. 이제는 실행이 관건이라는 생각으로 보고서에 결재하려고 마음먹었다. 그런데 TF팀장이 정작 결재를 받아야 하는 기안문을 안 가지고 왔단다. 금방 가지고 오겠다는 것을 말렸다. 오히려 잘되었다. 이미 부서장들의 합의를 받은 보고서이지만, 내가 한 번 더 확실하게 시그널을 주어야겠다는 생각이 들었다. 그래서 다음 날 창립기념행사 후 주요 부서장들을 한자리에 모아 마지막 토론회를 개최하자고 했다.

보고서에 합의했던 관련 부서장들과 팀장들이 모였다. 토론회에 앞서 TF팀장이 그간의 경과와 주요 내용을 보고했다. 나는 보고서 내용에 이의가 있는 부서장은 이 자리에서 발언하라고 기회를 줬다. 다행히 별 얘기가 없는 게 그동안 갑론을박을 거치며 어느 정도 의견이 모아진 듯했다. 그래도 기획 초기에 일부 임직원들이 탐탁지 않게 생각했던 사실을 알고 있기에 내가 최종적으로 한 번 더 쐐기를 박았다.

"오늘 여기 참석한 부서장들 모두 결재문서에 사인한 사실을 잊지 마십시오. 중간에 흐지부지되는 일이 없도록 각 부서에서 담당한 역할을 차질 없이 추진해주시기 바랍니다."

회의장을 빠져나가는 길에 어제 결재를 못 받았던 TF팀장이 기안문을 들고 내 사인을 받으려 기다리고 있었다. 부서장들이 모두 사인한 그 기안문이었다. 우연찮게 창립 43주년 기념일에 「기술평가시장 본격 진출을 위한 기술평가 체계 구축 방안」이라는 새로운 도전이 시작되었다. 그렇게 신용보증기금은 기술평가를 향해 다시 새로운 발걸음을 내딛게 되었다.

기술평가 시장 진출을 위한 전략 목표 중 하나는 '기술평가기관'으로 지정되는 것이었다. 기술평가기관은 「기술의 이전 및 사업화 촉진에 관한 법률」에 따라 산업통상자원부에서 지정하며, 공인된 기술 감정기관으로서 기술 가치 평가 결과는 법원·국세청 등에서 공식 자료로 인정된다. 발명의 평가기관의 평가 대상이 특허·실용신안·디자인권에 제한된 반면, 기술평가기관은 특허를 포함한 기술 및 기술력 전반에 대한 평가 업무를 수행하므로 기술평가 시장 내에서의 활동 범위도 더 넓다고 볼 수 있다. 발명의 평가기관에 이어 기술평가기관으로도 지정된다면 기술평가 시장 내에서 신용보증기금의 공신력과 인지도를 높일 수 있을 것으로 기대되었다.

기술평가기관으로 지정되는 방법은 크게 두 가지가 있다. 하나는 산업통상자원부를 통해 지정되는 방법이고, 다른 하나는 발명의 평가기관으로서 특허청 고시에 따른 패스트트랙Fast Track에 따라 지정되는 방법이었다. 가급적 빠른 시일에 지정될 수 있는 후자를 택했다. 2018년에 발명의 평가기관으로 지정되어 요건을 충족하고 있을뿐더러, 발명의 평가기관 심사 과정을 거치며 이미 특허청 측에서 신용보증기금의 기술평가 역량과 인프라에 대해 충분히 이해하고 있으리라는 기대감도 반영된 결정이었다.

그런데 변수가 생겼다. 통상 특허청과 한국발명진흥회에서는 매년 8월 경 발명의 평가기관 인증 업무를 마무리해왔는데, 예년보다 신청 건수가 크게 늘어 심사가 11월이 다 되어서야 끝나게 된 것이다. 이 때문에 보통 9월부터 시작하던 기술평가기관 지정 심사도 부득이하게 늦어져 사실상 해를 넘길 수밖에 없다는 연락을 받았다. 이렇게 해를 넘기면 다시 9월이 나 되어야 신청할 수 있으니, 패스트트랙의 장점을 전혀 살릴 수 없게 된 것이다. 이쯤 되면, 담당 직원들은 아쉬움을 삼킨 채 내년을 기약하게 마련이다. 그런데 그렇지가 않았다. 말도 많고 탈도 많았던 기술평가였지만, 일단 공감대가 형성되고 일도 진척되다 보니 가속도가 붙은 모양이었다. 관련 부서와 기술평가 전담 조직 직원들은 물론 임원들까지 똘똘 뭉쳐 분주히 움직이는 모양새였다. 듣자 하니 대외 네트워크 활동을 시작했다는 것이었다. 이런 기민함과 단결력 덕분일까? 특허청은 이듬해인 2020년 1월 기술평가기관 지정 신청을 받는다는 공고를 냈다. 전부터 차분하게 준비해온 우리는 즉시 신청서를 제출했고 두 달 뒤인 3월 기술평가기관 으로 지정되었다는 낭보가 날아왔다.

이렇게 약 1년 가까이 기울인 노력이 의미 있는 결실을 맺었다. 아직 보완하고 개선할 부분은 남았지만, 이 정도면 시장에서 제대로 된 명함을 내밀 수 있다. 이제 그 누구도 '신용보증기금은 기술평가를 할 수 있는 역량이 부족하다'는 예전부터 거슬리던 이야기를 꺼낼 수 없을 것이다. 앓던 이가 빠진 기분이 이런 기분일 것이다. 취임 전부터 내 머릿속을 떠나지 않았던 고민에 적극적으로 공감하고—비록 처음에는 다들 고개를 젓거나 갸우뚱했지만—이내 열과 성을 다해 뛰어준 직원들에게 진심으로 고마운 마음이 들었다. 이런 식으로 합이 맞는다면야 무슨 일인들 못 할까 싶었다.

기술평가 시장에서 공신력을 얻고 외형을 확장하는 동안 다른 한편에서는 기술평가 역량도 탄탄해지는 모습이었다. 발명의 평가기관 지정 후 첫 평가보고서를 작성할 때만 해도 전담 조직에서 다소 생소한 업무에 조심스러워하는 분위기였다. 하지만 이내 양자점(Quantum Dot)* 캡슐화 기술, 프로브 스테이션Probe Station** 제조 기술 등 내게는 이름조차 낯선 첨단 기술에 대해서도 평가를 척척 수행해냈다. 괄목상대할 일이었다.

우리에게는 아직 '벤처기업 인증'이라는 또 다른 관문이 남아 있었다. 영업 현장에서 들었던 '벤처기업 인증 기능이 없어 좋은 기업들을 빼앗긴다'는 직원들의 하소연을 떠올리며, 새로운 도전 앞에 마음을 다잡았다.

3) 벤처투자기관 및 벤처확인 전문평가기관 지정

벤처 인증: 신용보증기금의 숙원 사업

2000년 밀레니엄 시대가 열리고 대한민국엔 벤처 붐이 일었다. 테헤란로에는 젊은 직장인들이 정장 차림에 인라인스케이트를 타고 출근길을 누비는 광경이 펼쳐졌다. 오피스텔엔 책상 하나와 퍼스널컴퓨터 한 대

---

* 초미세 반도체 나노 입자를 양자점(Quantum Dot, QD) 또는 퀀텀닷이라고 한다. 이는 최근 나노 화학 분야에서 주목받는 주제이다. 양자점 기술을 이용해서, 기존의 PDP, LCD, LED, OLED 등에 비해 색상이 더 선명하고 수명이 길며 가격도 저렴한 디스플레이 장치를 만들 수 있다. (네이버 지식백과)

** 프로브 스테이션은 반도체 조립공정을 진행하기 전에, 웨이퍼 상에 만들어진 수백 개, 수천 개의 반도체칩이 제대로 완성되었는지 테스트하기 위해서 웨이퍼의 프로브 카드Probe Card에 있는 프로브 팁Probe Tip을 칩의 패드에 접촉시키고, 주검사 장비부터 전기적인 신호를 보내 칩의 정상 유무를 판정하는 검사 장비이다. (한국과학기술정보연구원, 「반도체 측정/검사장비 기술동향」, 2009)

밖에 없지만 아이디어와 열정만은 가득한 청장년들의 창업이 폭발적으로 늘었다. IT 강국인 대한민국이기에, 곧 미국의 실리콘 밸리처럼 벤처 생태계가 활성화되는 것도 머잖아 보였다.

그로부터 10여 년이 지난 어느 날, 뉴스에서는 '삼겹살 벤처'라는 제목하에 우후죽순처럼 벤처기업을 양산하고 있는 제도의 문제점을 꼬집기 시작했다. 창의적 아이디어와 혁신의 아이콘이 되어야 하는 벤처기업이 원래 제도의 목적과 취지는 상실한 채 각종 혜택을 취하기 위한 수단으로만 이용되는 현실을 지적한 것이다.

문제의 원인은 무엇이었을까? 2020년에 「벤처기업육성에 관한 특별조치법」(이하 '벤처기업법')이 개정되기 전까지 벤처기업은 다양한 유형으로 나뉘어 있었으며, 벤처기업의 기술 및 사업 성장성을 평가하는 평가기관도 20여 개에 달했다. 그럼에도 2019년 말 기준으로 벤처기업 3만여 개 중 88.8%에 해당하는 기업은 특정 두 기관의 보증 또는 대출을 받음으로써 인증되었다. 보증·대출 유형의 경우 평가와 인증을 한 기관에서 진행되는 데다, 평가 후 보증이나 대출을 바로 이용할 수 있다는 점을 생각하면 기업들의 합리적인 선택으로 인한 결과라고 볼 수 있다. 이런 쏠림 현상은 예견된 일이었다.

이런 문제를 해소하려는 취지에서 2017년 7월에 벤처기업법 개정안[*]이 발의되었다. 기술보증이나 무담보대출을 받은 기업을 벤처기업의 요건에서 삭제하는 대신, 특허권 등 신기술을 보유하면서 사업성이나 기술성이 우수한 것으로 평가받은 기업이 벤처기업으로 확인받을 수 있도록

---

[*] 2017년 7월 28일 김병관 의원 대표 발의.

하는 내용이었다. 그러나 이 개정안은 제20대 국회 기간 내에 처리되지 못한 채 폐기되고 말았다.

그러던 중 2018년 1월 중소벤처기업부에서 벤처확인제도 개편 방안을 발표했고, 그 내용을 담은 벤처기업법 개정안이 같은 해 11월 정부 입법으로 다시 발의되었다. 법률안 소관 상임위원회인 국회 산업통상자원중소벤처기업위원회(이하 '산자중기위')에서 개정안에 대한 검토가 이뤄지긴 했으나, 벤처기업에 미치는 영향이 큰 만큼 단기간에 통과되지 못한 채, 속절없이 시간이 흘렀다. 나를 비롯하여 임직원들이 수시로 상임위원회 관계자들에게 법률 개정의 필요성과 신용보증기금의 참여 의사를 꾸준히 설명하는 수밖에 없었다.

우여곡절 끝에 법률 개정안은 2019년 11월에 이르러, 상임위원회 대안으로 본 회의 상정과 통과를 남겨두게 되었다. 그런데 하필 당시 국회에서는 '공직선거법'과 '공수처법'이 이슈가 되며 필리버스터filibuster까지 벌어졌다. 법률 개정은 요원한 일로만 보였다. 필리버스터가 끝나야 벤처기업법 개정안이 통과될 수 있었기에 '이제 끝나나, 저제 끝나나' 하는 마음으로 무제한 연설을 하염없이 시청했던 기억이 난다. 이 당시 본회의에 상정된 민생법안이 「개인정보 보호법」, 데이터 3법, 「기초연금법」 등 총 198건이었으니, 나 말고도 같은 마음으로 국회 방송을 시청했던 이들이 도처에 있었을 것이다. 다행히 2020년 1월 9일, 벤처기업법 개정안은 패스트트랙을 통해 통과되었다. 혼란스러운 상황에서도 벤처법 개정안에 관심을 기울여준 당시 산자중기위 소속 국회의원들과 의원실 관계자들에게 다시 한번 감사의 말을 전하고 싶다.

신용보증기금은 벤처기업법이 개정되기 전까지는 벤처 시장에서 사실상 배제되어 있었다. 우리 입장에서 역할의 부재보다 심각한 문제는 기존에 거래하던 기업들이 벤처기업의 혜택을 받기 위해서 신용보증기금과의 거래를 끊고 기술보증기금이나 중소벤처기업진흥공단에 찾아가야 한다는 사실이었다. 정책적으로 신용보증기금과 기술보증기금의 중복보증을 허용하지 않는다는 원칙 때문에 벤처 인증을 받기 위해서는 부득이 신용보증기금과의 인연을 정리할 수밖에 없었던 것이다.

영업 현장에서는 기술력이 우수하고 전도유망한 기업들이 신용보증기금의 지원에 힘입어 성장세를 이어왔음에도 불구하고, 세제 혜택 등을 받기 위해 떠나는 그들을 붙잡을 명분이 없어 난감하고 안타까울 수밖에 없었다. 직원들은 '우리가 도대체 무엇을 잘못한 것일까?'라는 생각이 들었을 것이다. 벤처기업 인증 권한을 사실상 특정 기관에서 독점하고 있기에 성장성 높은 기업에 우리가 더 이상 혜택을 주지 못한다는 현실은 영업 현장에 근무하는 직원들에게 적잖은 상실감과 허탈감을 안겨주었다. 그런 일이 반복된 10여 년의 상황은 직원들에게 '우리도 벤처기업 인증기관으로서 벤처 시장에 참여하고 싶다'는 열망을 넘어 '반드시 참여해야 한다'는 간절함으로 발현되었다. 이렇게 벤처기업 인증은 신용보증기금의 '숙원 사업'이 된 것이다.

① 벤처투자기관 지정

2017년 7월 정부조직 개편으로 중소기업청이 중소벤처기업부(이하 '중기부')로 승격되었다. 중기부에서는 2018년 1월 「민간중심의 벤처 생태계 혁신대책」을 발표하며, 향후 벤처 정책의 로드맵을 공개했다. 이 발표를 통해 중기부는 그동안 정부 주도로 추진해온 벤처 정책에서 탈피하여 민간이 주도하고 정부는 후원하는 방식으로 민관의 역할을 재정립할 것임을 천명했다.

그중에서도 눈에 띄는 대목은 벤처기업 확인 제도를 전면 개편한다는 것이었다. 특히 보증·대출 유형을 폐지하고 신기술 성장 유형을 신설하는 한편, 벤처투자 유형의 범위를 확대한다는 내용은 벤처기업 인증을 숙원 사업으로 여겨온 우리 입장에서 주목할 수밖에 없었다. 다만 이번 발표에서는 방향을 제시하는 수준이었고 관련 법률 개정도 필요한 사항이라 앞으로 어떻게 진행될지는 지켜봐야 하는 상황이었다.

그런데, 보증·대출 유형을 폐지한다? 앞으로는 기술보증기금이 기술평가보증을 통해 벤처기업으로 인증하는 일은 없어진다는 말이다. 그러면 영업 현장의 볼멘소리는 저절로 사라지게 될 것이란 말인가? 우리는 벤처 인증은 해보지도 못하고 끝나는 것이란 말인가?

이후 벤처기업 확인 제도 변경 내용을 담은 벤처기업법 개정안 내용을 살펴보니, 앞으로는 중기부에서 지정한 민간 벤처확인기관이 벤처기업 인증을 전담한다는 내용이었다. 그런데 벤처기업이 되려는 수요가 많다 보니 1차적으로 기업을 심사할 전문평가기관을 별도로 둘 수 있도록 되어 있었다. 최종적으로는 벤처확인기관에서 인증하지만 벤처확인기관으로부터 업무를 위탁받은 기관에서 1차적으로 기업과 접촉하여 평가를 진행하는 것으로 보였다. 벤처확인기관은 민간단체로 지정하기로 하였으니, 공공기관인 신용보증기금은 벤처확인기관이 될 수 없었다. 그래서 일단은 심사를 담당하는 전문평가기관으로 지정되는 것을 목표로 삼았고, 이후 벤처 관련 법령 개정 상황을 보며 필요한 준비를 해나가기로 했다.

2020년 3월, 벤처기업법 시행령과 시행규칙 개정안이 입법예고되었다. 시행규칙에는 벤처기업확인기관에서 심의에 필요한 자료를 작성하도록 되어 있는데, 이 경우 벤처기업확인기관의 장은 중기부 장관과 협의를 거쳐 분야별 전문성을 갖춘 기관에게 서류 검토와 현장실사를 실시하게 할 수 있다는 내용이 포함되어 있었다. 전문기관을 선정하는 기준 등은 제시되어 있지 않았다.

그런데 관련 법령 진행 상황을 모니터링하던 담당 부서에서 새로운 아이디어를 제시했다. 전문기관 지정과는 별도로 투자 유형의 벤처 인증 절차에 참여해보자는 것이었다. 이번 법령 개정으로 벤처투자 유형을 적용받는 벤처투자자 6개가 추가되는데, 우리도 보증연계투자를 하고 있으니 입법예고 기간에 의견을 제시해보자는 것이었다. 즉 신용보증기금이 투자한 기업이 벤처기업으로 인증받을 수 있게 하자는 것이었다. 그러고 보니 개정 전 법령에는 이미 정책금융기관인 한국산업은행과 중소기업은행도 벤처투자자로 지정되어 있었다. 중소기업과 창업기업을 평가하면서 보증과 연계하여 직접 투자를 하는 신용보증기금이 배제될 이유가 없었다는 생각이 들었다.

문제는 촉박한 일정과 관행이었다. 입법예고 기간은 3월 5일부터 4월 14일까지 한 달이 조금 넘는 기간이었다. 그리고 통상 정부에서 입법예고를 하면 이번에 개정되는 내용에 한정하여 법리나 형평성 등에 대한 의견을 수렴하는데, 우리가 이야기하는 사항은 새로 조문을 하나 만들어달라는 것이었다.

신용보증기금이 벤처투자자로 참여할 명분은 분명했다. 민간 위주로 벤처 생태계를 개편하겠다는 법령 개정의 취지는 이해하고 있었으나, 인증기관을 늘려 기업인들에게 선택권을 확대한다고 그 취지가 훼손되는 것은 아니다. 특히 수익을 목적으로 하는 민간투자자들과 달리 공공기관 투자자만이 갖고 있는 장점도 명확했다.

이번 법령 개정을 통해 온라인소액투자자나 액셀러레이터 등 민간투자자가 벤처투자자에 포함되었는데, 민간투자자 대부분은 조기에 이익이 실현되기 어렵다고 판단될 경우 투자를 기피하게 마련이다. 물론 빨리 이익을 실현하고 성장할 기업을 시장의 눈으로 선별하는 것이 잘못된 것은 아니지만, 창업 초기 벤처기업들에게는 성장에 다소 시간이 걸리더라도 투자금을 회수하지 않고 믿고 기다려주는 투자자들도 필요하다. 이른바 '인내 자본'이 필요한데, 이는 공공기관 투자자가 수행할 수 있는 역할이다.

실제로 신용보증기금의 보증연계투자는 혁신적인 아이디어나 사업 아이템을 보유한 창업기업을 위주로 이뤄지고 있는데, 그 규모가 연간 500~600억 원 수준이라 연간 50조 원에 육박하는 보증 공급금액에 비하면 미미하다 할 수 있고, 투자 업무는 2013년에서야 법제화되어 신용보증기금이 이러한 일을 하고 있다는 사실을 모르는 이가 많았다. 기존 법령에 한국산업은행과 중소기업은행이 포함되고 신용보증기금이 빠져 있는 것도 이런 이유 때문일 것이다.

담당 부서에서 기민하게 대응하여 보증연계투자 업무를 하고 있는 신용보증기금과 기술보증기금을 벤처투자자에 포함시켜달라는 입법의견을 제출했다. 당시 신용보증기금 본사가 있는 대구는 특정 종교집단의 감염으로 코로나19 확진자가 급속도로 증가하던 때라 섣불리 대면 회의를 하기도 어려운 상황이었다. 그러나 사안의 시급성을 고려하여 법령 개정과 관련된 부서 실무자들을 불러 모아 방역 수칙을 지키며 대책 회의를 열어 시기를 놓치지 않도록 적극적으로 대처할 것을 당부했다.

나 역시 신용보증기금이 벤처투자자로 참여해야 하는 필요성을 감독 부처인 금융위원회, 경제정책을 담당하는 기획재정부, 시행령 개정 절차 중 하나인 차관회의를 주재하는 국무조정실 등 정부 부처에 적극적으로 설명하며 성원을 부탁했다. 특히 공공투자를 마중물로 삼아 이어지는 민간 후속투자 유치 효과와 벤처투자 시장 활성화 등 공공투자의 장점과 정책적 타당성을 강조했다.

중기부도 법령 개정과 관련하여 여러 이슈를 검토하느라 신용보증기금과 기술보증기금의 보증연계투자 업무 등 공공기관 투자자의 역할에 대해서 미처 생각하지 못했던 터라, 우리가 입법의견을 제출하자 적잖이 당황한 듯 보였다. 그러나 좋은 취지임을 십분 이해하고 의견을 수용해주어, 결국 신용보증기금이 법령에서 정한 요건에 맞춰 투자한 기업은 벤처기업으로 인정받게 되었다. 주관부처 입장의 당시 바쁜 일정을 감안하면 쉽지 않았을 텐데 지금 돌이켜봐도 참으로 고마운 일이 아닐 수 없다. 신용보증기금의 역량과 의지를 믿고 벤처투자자가 될 수 있도록 지원해준 각 정부 부처의 관계자들에게 다시금 감사의 인사를 전한다.

② 연구개발형 벤처기업 확인 전문평가기관 지정

2020년 5월 벤처기업법 시행령이 개정되며, 신용보증기금을 포함한 12개 기관이 벤처투자기관으로 지정되었고, 같은 해 6월 24일에는 사단법인 벤처기업협회가 벤처기업확인기관으로 지정되었다. 또한 그달에 개정된 시행규칙에 따라, 벤처기업확인기관은 벤처기업의 평가를 위한 현장실사와 자료 확인 등의 업무를 벤처전문평가기관(이하 '전문평가기관')에 위탁할 수 있게 되었다.

시행령은 국무회의를 통해 타 부처의 의견을 수렴하고, 입법예고를 통해 국민 의견을 수렴하는 절차를 거친다. 반면 시행규칙은 국무회의를 거치지 않으며, 시행령처럼 입법예고를 통한 국민 의견 수렴 절차는 있으나 그렇게 수렴된 국민 의견을 반드시 반영해야 하는 것은 아니다. 또한 전문평가기관의 지정은 중기부 장관이 지정한 벤처기업확인기관의 장이 중기부 장관과 상의해서 지정하게 되어 있으니, 중기부의 의견이 중요한 구조였다.

기술보증기금과 중소벤처기업진흥공단이 중기부 산하기관인 반면, 신용보증기금은 금융위원회 산하기관이기에 우리가 중기부의 환영을 받지 못할까 우려됐다. 국민들에게는 신용보증기금이 기술보증기금과 밥그릇 싸움을 하는 것으로 보일 수도 있겠다 싶었다. 우리가 할 수 있는 것은 솔직하게 우리 입장을 설명하고 순수한 시장 진입 목적을 설명하는 것이었다.

그러던 중 2020년 9월 「'20년 제2차 금융지원위원회 장보기 행사」가 열렸다. 금융지원위원회는 중기부 장관이 위원장으로 주재하는 위원회로 중소기업 지원과 관련된 정부 부처와 중소기업 지원기관들이 참여하여 중소기업 지원 방안 등에 대해 논의하는 자리이다. 신용보증기금 이사장도 이 위원회의 당연직 위원이다. 이번 위원회는 회의와 함께 추석을 앞두고 전통시장 살리기를 위한 행사도 진행됐다. 서울 양천구 신영시장에서 박영선 당시 중기부 장관을 만날 수 있었다. 시장을 한 바퀴 돌며 식료품을 구입하면서 상인들을 격려한 뒤에 위원들이 모였다. 나는 그 자리에서 개인적으로 박영선 장관에게 신용보증기금도 벤처기업 인증 제도에 참여하길 바란다는 입장을 전달했다. 이를 통해 신용보증기금이 최대 보증기관으로서 중기부에서 역점을 두고 추진 중인 K-유니콘 프로젝트에 적잖은 힘을 실어줄 수 있을 것이라고 덧붙였다.

K-유니콘 프로젝트는 전통 제조업에 치중되어 있던 벤처기업의 스펙트럼을 플랫폼 등 4차 산업혁명 관련 분야로 넓히고, 벤처로 시작하여 유니콘 기업으로 도약할 수 있도록 뒷받침하는 중기부의 사업이다. 신용보증기금이 K-유니콘 프로젝트에 일조할 수 있다는 말은 그저 듣기 좋은 소리가 아니었다. 2019년까지 탄생한 국내 11개 유니콘 기업 중 4개 기업*이 신용보증기금에서 창업 초기 단계부터 혁신성과 성장성을 눈여겨보고 과감하게 지원한 기업들로, 4차 산업혁명 시대의 대표 분야인 플랫폼 산업 등을 기반으로 성장을 거듭하고 있는 기업들이다. 모든 산업에 대한 맞춤형 평가 시스템을 통해 특정 업종에 치우침 없이 지원하고 있는 범용 보증기관으로서 업종 다변화를 추구하는 K-유니콘 프로젝트에 기여할 수 있다는 자신감에 찬 제안이었다.

박영선 장관으로부터 신용보증기금의 참여에 대해 긍정적으로 검토해보겠다는 호의적인 답변을 들을 수 있었다. 행사를 마치고 회사로 돌아와 바로 담당 임직원들에게 벤처확인제도와 관련된 인사들을 적극적으로 만나볼 것을 지시했다. 지속적으로 진심을 다해 이야기하면서 쌓이는 것이 신뢰이다. 만나고 또 만나야만 했다. 노조위원장과 간부들도 국회, 관련 부처, 언론 등을 찾아다니며 신용보증기금의 참여 필요성을 설명했다.

민간에서는 신용보증기금의 벤처 시장 진입 의도를 바로 이해하고 환영하는 듯했다. 과거 특정 기관에 대한 지나친 쏠림현상이 발생한 벤처확인 제도의 문제점을 바로잡고, 신용보증기금을 비롯한 다양한 기관들이

---

* 야놀자, 배달의 민족, 토스, JM 솔루션.

선의의 경쟁을 함으로써, 제도가 더욱 활성화될 것 같다는 기대를 숨기지 않았다. 그러나 담당 부처인 중기부는 전문평가기관 선정이 시장에 미치는 영향력 때문인지 명확한 긍정의 시그널을 보내주지 않았다.

밖으로는 어떻게 비칠지 모르겠지만, 우리는 다른 기관들과 제로섬 게임을 하기 위해 벤처 시장에 뛰어든 것이 아니었다. 벤처를 벤처답게 키워보자는 제도 개편 취지에 맞춰, 벤처다운 벤처를 발굴·육성하고, 기존 거래 기업들이 벤처기업이 되기 위해 거래 보증기관을 반드시 바꿔야 하는 불편을 해소하기 위해 시작한 것이었다. 40여 년간 기업의 기술력, 혁신성, 성장성 등을 평가해온 노하우를 살려 벤처기업의 기술력과 사업성을 평가함으로써 벤처 생태계 활성화에 이바지할 수 있다고 믿었다. 또한 전국 단위의 영업망을 통해 금융·비금융 서비스를 제공하고 있는 만큼, 벤처기업의 수도권 집중도를 완화하는 데에도 기여할 수 있을 것으로 기대했다.

전문평가기관 지정 과정은 꽤나 조심스러운 분위기 속에 진행됐다. 진행 상황에 대한 정보가 차단되어 국민참여입법센터와 중기부 보도 자료 등에 공개되는 내용 외의 다른 정보는 모두 막혀 있었다. 벤처기업법 개정 시행 시기가 2021년 2월인데, 2020년 10월 말이 되도록 벤처평가기관 지정에 관한 공모 소식이나 공문은 접할 수 없었다. 당연히 공모 절차를 거치게 될 것이고 공모 과정에서 우리의 역량을 객관적으로 입증할 수 있으리라 기대하고 있었는데, 시간이 지나도 공모 절차에 대한 이야기가 나오지 않아 전전긍긍하게 되었다. 반드시 공모 절차를 거치라는 명문 조항이 없으니, 혹시 임의 지정 방식으로 진행되는 것은 아닐까 하는 생각도 들었다. 10월 내내 실무자들이 중기부에 찾아가 신용보증기금의 참여 필요성을 재차 설명하고 평가기관 선정 기준이나 절차, 진행 일정에 대해서도 물었으나, 아직 정해진 바가 없다는 것이 중기부의 공식 입장이었다. 그렇게 10월 말이 되었다. 개정 법률 시행일에 맞추려면 공모 절차를 진행하는 것이 현실적으로 어렵다고 보이는 시점에 다다른 것이다.

며칠 후인 11월 4일, 홀연히 중기부에서 벤처평가기관 지정 신청을 받는다는 내용의 공문이 접수되었다. 기술평가기관 등 총 67개 공공기관에 발송된 문서였는데, 불과 1주일의 신청서 작성 기간이 주어졌다.

그리고 공문을 통해 처음으로 벤처전문평가기관 선정 기준이 공개되었다. 예상 밖으로 기술평가기관 선정 등에 적용하는 평가 요소들과는 다소 차이가 있었다. 예를 들어, 기술평가 인력 산정 시에는 대개 변호사, 회계사 등의 전문직과 계열을 불문한 박사급 인력이 모두 포함되었으나, 이번에는 이공계 박사, 변리사 등 이과로만 한정되어 있었다. 인문학의 중요성이 부각되고 빅블러 현상으로 산업 간 경계가 모호해지고 있는 시대에 굳이 범위를 그렇게 한정하는 것이 의아스러웠다.

평가 기준이 이렇다 보니 신청서를 제출하면서도 초조하고 불안한 마음일 수밖에 없었지만, 이제 절차에 따른 결과를 기다리는 것 외에는 할 수 있는 것이 없었다. 벤처평가기관 선정위원회가 열릴 것이라는 사실은 알았으나 위원이 누구인지 언제 열리는지 알 수 없는 상황이었고, 안다고 위원들을 만나서도 안 되는 일이었다.

인고의 시간이 지났고, 크리스마스이브에 맞춰 산타클로스의 선물처럼 전문평가기관으로 지정되었다는 공문을 받았는데, 신용보증기금은 중소벤처기업진흥공단과 함께 연구개발 유형에 대한 전문평가기관으로 지정되었다. 보증·대출 유형 대신 새롭게 생기는 혁신성장 유형에 대한 평가

기관으로는 기술보증기금 등의 기관들이 지정되었다. 사업 혁신성과 기술력만 인정받으면 되는 혁신성장 유형에 비해 연구개발 유형은 이미 기존에 존재하던 유형으로서, 이 유형의 벤처기업이 되려면 몇 가지 요건을 충족해야만 한다. 기업부설연구소 등을 갖추고 있어야 하고 연간 연구개발비도 일정 수준을 충족해야 한다. 연구개발 유형의 벤처기업은 2020년 말까지 전체 벤처기업의 7.3% 수준에 불과했다.

신용보증기금은 기관의 성격이나 역량을 고려할 때 혁신성장 유형의 전문평가기관을 염두에 두고 있었기에 다소 의외의 결과였다. 하지만 어떤 유형이든 우수한 벤처기업을 발굴하여 육성하는 정책에 전문평가기관으로서 참여할 수 있게 되었다는 점을 생각할 때 서운해할 일은 아니었다. 오히려 기술 혁신을 위해 연구개발에 투자하는 기업들이 그동안 보증·대출 유형에 가려져 비중이 낮았던 이상 현상을 정상화하는 데 기여할 수 있으리라는 새로운 기대감이 생겼다. 연구개발에 힘을 쏟는 기업이야말로 성장 잠재력을 갖추고 있는 기업이자 벤처다운 벤처라고 할 수 있다. 또한 기술보증기금과 다른 유형의 전문평가기관으로 활동하게 됨으로써 불필요한 경쟁 요인도 발생하지 않게 되었다.

벤처전문평가기관 업무를 시작한 첫해인 2021년에 신용보증기금은 총 1,607건의 평가를 수행했다. 이를 통해 총 1,265개의 벤처기업이 새로 탄생했다. 전체 벤처기업 중 연구개발 유형이 차지하는 비중은 7.3%에서 19.3%로 늘어나게 되었다.

과거 제1벤처붐이 우리 경제 도약의 기폭제가 되었듯이, 제2벤처붐 정책은 벤처기업들이 다시금 우리 경제의 새로운 성장 동력이 되도록 키우자는 취지를 지녔을 것이다. 주변의 적극적인 성원과 지지 덕분에 벤처투자자이자 전문평가기관으로 지정된 것을 나와 신용보증기금 임직원 모두가 잘 알고 있다. 2021년부터 개정된 벤처기업법이 시행된 만큼, 될성부른 기업들이 미래의 유니콘 기업으로 도약할 수 있도록 큰 힘을 보태는 것이 그에 보답하는 길이 될 것이다.

4) 혁신 ICON 50 프로젝트

혁신 ICON 50 프로젝트: 될성부른 기업을 유니콘으로 키우자

바람직한 혁신 생태계를 조성하기 위해서는 기업의 성장단계별 특성을 반영한 맞춤형 지원이 필요하다. 그중에서도 생태계에 진입하는 스타트업에 대한 지원은 생태계의 활력을 높이는 측면에서 가장 중요한 부분이라고 할 수 있다. 다양한 스타트업이 생태계에 진입하면 새로운 바람을 불러일으킬 수 있고, 선의의 경쟁과 상호 학습 등을 통해 유니콘 기업이 탄생할 확률도 높아지기 때문이다. 정부에서 창업 활성화 정책을 꾸준히 펼쳐온 것도 이와 같은 맥락일 것이다. 이는 과거 대기업 위주의 성장 전략이 봉착한 한계를 넘어서기 위한 정부의 새로운 대안이라고 볼 수 있기에, 정책금융기관인 신용보증기금 역시 혁신 스타트업 생태계 조성에 일조하는 것이 마땅한 일이다.

우리나라에서는 2019년까지 11개의 기업이 유니콘 기업의 반열에 올랐다. 이 중에는 '토스'를 운영하는 '비바리퍼블리카', '야놀자', '지피클럽', '배달의 민족' 등 신용보증기금에서 창업 초기에 사업 자금을 지원한 기업도 네 개나 된다. 2017년부터 스타트업 지원 제도 운영을 위한 별도의 본점 부서를 신설하고 스타트업 전용 지점을 설치하는 한편, 퍼스트펭권 보증 프로그램[*]과 스타트업 네스트NEST 프로그램 등 과감한 지원 제도를 만들어 혁신 스타트업을 발굴·육성하고자 노력해온 성과이다.

전설 속에서나 볼 수 있다는 맥락에서 명명되었지만, 유니콘 기업은 세계 각국에서 탄생하고 있으며, 그 수는 그 나라의 혁신 스타트업 생태계 상태를 보여주는 바로미터와도 같다. 제아무리 혁신적인 스타트업도 창업 초기에 겪는 자금난이나 판로 개척 등의 문제를 DIY[**] 방식으로 해결할 수는 없다. 성장에 필요한 충분한 양분을 공급할 수 있는 옥토 위에 뿌리를 내리고 주변의 지속적인 돌봄 속에 스케일업 과정을 거쳐 어렵게 맺는 열매가 유니콘 기업인 것이다.

유니콘 기업 수를 놓고 본다면 우리나라의 스타트업 생태계는 210개를 배출한 미국, 102개인 중국, 22개인 영국, 18개인 인도 등에 비해 저조한 것이 사실이었다. 우리나라의 스타트업 지원기관들이 대부분 창업 초기 기업 지원에 집중하다 보니, 스타트업들은 성장 궤도에 진입한 이후 유니콘 기업을 꿈꾸며 성장해야 할 시점에 이르러서는 오히려 고립되는 양상이었다. 스타트업은 쉬우나 스케일업이 어려운 것이 우리 생태계의 현실인 것이다.

신용보증기금에서는 이런 문제점을 인식하고 단순한 일회성 지원 방식에서 탈피하여 창업 초기부터 혁신 스타트업을 선별하여 육성하는 '스

---

[*] '퍼스트펭귄'은 무리 중에서 처음 바다에 뛰어든 펭귄처럼 현재의 불확실성을 감수하고 과감하게 도전하는 스타트업을 상징한다. 신용보증기금에서는 우수한 아이디어와 기술력을 바탕으로 신시장을 개척하여 글로벌 리더로 성장할 가능성이 높은 기업을 '퍼스트펭귄' 기업으로 선정하여 집중 육성하기 위한 보증 프로그램을 운영하고 있다.

[**] 'Do it yourself'의 약자로 원하는 물건을 직접 만든 방식을 의미.

타트업 네스트* 프로그램'을 운영해왔다. 하지만 이 프로그램 역시 창업 초기 기업이 안정적으로 생태계에 뿌리를 내리는 단계까지의 돌봄에 초점이 맞춰져 있었다. 특히 대부분의 스타트업들이 이런저런 이유로 당초에 수립했던 마일스톤milestone** 달성이 지연됨에 따라 정해진 돌봄 기간이 끝난 후에 추가적인 지원을 받는 것이 쉽지 않았다. 지원기관 입장에서 추가적인 지원을 할 타당성이 충분치 않았던 것이다.

나는 기존의 스타트업 지원 방식이 씨앗을 최대한 많이 뿌려놓고 우량 DNA를 가진 씨앗이 어느 날 갑자기 아름드리나무로 변해 있기를 바라는 것 같아 보였다. 조금 과장하면 정화수를 떠놓고 달을 보며 비는 게 낫겠다는 생각도 들었다. 될성부른 떡잎을 정확하게 선별하여 비료도 주고 주변의 잡초도 뽑아주며, 단절 없이 집중적으로 정성 들여 키워야 나무가 쑥쑥 큰다. 스타트업도 마찬가지다.

이런 내 생각을 직원들과 공유했고 이는 「신보 혁신 5개년 계획」에도 반영되었다. 5년간 더도 말고 매년 10개 수준에서 유니콘 기업으로 성장할 가능성이 보이는 혁신 스타트업 50개를 선정하여 과감하게 지원하는 프로그램을 만들게 된 것이다. 당시 신용보증기금을 이용하는 기업이 22만 개 수준인 점을 고려하면, 그야말로 엄선하겠다는 취지라고 할 수 있겠다. 선정된 기업은 신용보증기금을 대표하는 혁신기업이라는 의미를 담아 '혁신 아이콘'이라는 이름을 붙였고, 해당 프로젝트는 5년 동안

---

*   새로운 비즈니스 모델(New)을 기반으로 확장 가능성(Expandability)을 갖춘 혁신 스타트업의 성장을 지원하는 금융·비금융 복합 육성 플랫폼(Total Platform)을 의미.

** 사전적 의미로 주요 단계를 의미하며, 스타트업 업계에서는 궁극적인 최종 목표를 달성하기 전에 이뤄야 하는 비교적 소규모 과제를 의미한다.

50개의 혁신기업을 발굴하겠다는 의미를 담아 '혁신 아이콘 50 프로젝트'가 되었다.

미래 유니콘 기업에 대한 미래성장성 중심 지원 체계 구축

그동안 스타트업의 양적 확대를 통해 창업 생태계 활성화를 추구했다면, 이제는 질적 향상을 꾀하자는 취지에서 비롯되었고, 엄선한 기업들을 대상으로 운영하기 때문에 기존 제도와는 다른 파격적인 우대가 필요했다. 그래야만 실제로 잠재력이 뛰어난 기업들이 관심을 보일 테고 실질적인 도움이 될 테니 말이다. 혁신 아이콘 기업에는 매출액이나 이익 등 가시적인 성과가 다소 부족하더라도 혁신성과 유니콘 기업으로 성장할 수 있는 잠재력을 갖추고 있다면 최고보증한도(운전자금 70억 원)*를 적용하기로 했다.

그리고 별도의 심사 방식을 적용함으로써 기존 제도의 틀에서는 불가능했던 수준까지 과감하게 지원하기로 했다. 기존 심사체계에서 적용하는 추정 매출액이나 재무비율 분석 등에 따른 일률적인 보증한도 체계와 다른 별도의 심사체계를 적용하기로 했기에 가능했다. 따라서 이는 정부의 혁신금융 정책의 키워드 중 하나인 '미래 성장성 중심의 기업 여신심사'와 방향성 면에서 일치하는 접근법이라고도 할 수 있다.

혁신 아이콘 기업의 투자 유치도 지원했다. 기업이 희망할 경우, 해당 기업이 속한 분야에 대한 투자 실적이 우수한 벤처 캐피털을 소개해주었다. 이를 통해 비공개 기업 설명회를 개최할 기회를 제공했고,

---

* 2020년 11월 혁신 아이콘 기업의 보증한도는 150억 원으로 상향되었다.

U-Connect에도 우선적으로 참여할 수 있도록 했다. 원하는 기업은 신용보증기금과 협력체계를 구축한 KOTRA나 한국무역협회 등과 연계하여 해외 데모데이 참가, 해외 시장조사 등 판로 확대에 필요한 서비스와 컨설팅도 제공했다.

그리고 혁신 생태계 조성을 위한 프로젝트인 점을 고려하여, 혁신 아이콘 기업의 성과를 혁신 생태계 구성원들과 공유하도록 함으로써 생태계 내 선순환 구조를 형성할 수 있도록 설계했다. 혁신 아이콘으로 선정된 기업은 성과 목표를 달성할 경우, 기업이 선택한 방식에 따라 그 성과를 생태계 구성원과 공유하겠다는 내용의 '성과 공유 약정'을 신용보증기금과 체결하도록 했다. 예컨대 혁신 아이콘 기업이 기업 공개(IPO)를 하거나 대규모 후속 투자 유치, 일정 규모 이상의 매출액·수출액·당기순이익 달성 등의 경영 성과를 거둘 경우, 사회적 취약계층 고용, 직원 인센티브제 도입, 청년기업 또는 지방소재기업에 대한 투자, 강연 및 기술자문 등 멘토 활동의 방식으로 혁신 생태계에 기여할 수 있도록 한 것이다. 신용보증기금이 선정한 혁신 아이콘이 많이 성공할수록 혁신 생태계도 더욱 활기를 띠게 되는 이유이다.

파격적인 지원이 따르는 만큼, 심사의 전문성은 물론 공정성도 절대적으로 보장되어야 했다. 그래서 혁신 아이콘 기업 선정을 위한 별도의 심의위원회를 구성했다. 위원회에는 내부 위원 4명과 동수同數로 학계, 투자업계, 금융업계 등에서 일정 경력 이상을 보유한 외부 기업 심사 전문가[*]를

---

[*] 기업 심사 전문가 요건은 다음과 같다.
　1. 대학교에서 회계, 투자, 자금 분야의 전임강사 이상으로 재직 중인 자.
　2. 투자업무 관련 전문자격증, 공인회계사 자격을 취득하고 해당 분야에서 3년 이상 종사한 자.

포함시켰다. 임원들에게는 혁신 아이콘 기업 선정에 절대로 부당한 개입이 발생해서는 안 된다고 따로 강조했다.

뜨거운 반응

2019년에는 7월과 12월, 두 차례에 걸쳐 혁신 아이콘 기업 선정 절차를 진행했다. 기업들의 반응은 기대보다 뜨거웠다. 2회에 걸쳐 12개 기업을 선정하였는데, 응모한 기업 수는 232개에 달해 평균 19.3 대 1의 높은 경쟁률을 기록한 것이다. '밀리의 서재'와 같이 시장에서 이미 인지도 높은 기업도 포함되어 있었는데, 과거 재무제표 위주 심사로는 금융 이용이 쉽지 않았을 기업들이 대다수였다. 혁신 아이콘으로 선정된 기업의 평균적인 모습은 재무제표상 순손실을 기록하고 있지만 고용 창출과 투자 유치에 강점을 보유하고 있으며, 데스밸리 구간에 근접한 업력의 성장 유망한 혁신기업들이었다. AI, IoT, 바이오, 자율주행 등 기술 기반의 기업 비중이 58.3%에 달했으며 콘텐츠 플랫폼 기업이 41.7%였다.

신용보증기금은 기업별 자금 수요 등을 고려해 이들 기업에 총 750억 원의 크레디트 라인Credit Line을 설정하였고, 1차 연도에 101억 원의 신규 보증을 지원했다. 5개 기업은 혁신 아이콘 전용 컨설팅 프로그램인 '혁신성장 컨설팅 프로그램'을 이용하여 주 52시간제 도입에 대비한 인사(노무) 컨설팅, 잡 매칭job matching, 해외 진출 연계 등의 비금융 서비스를 제

---

3. 금융회사, 증권회사, 투자전문기관, 자산운용회사 등에서 투자업무에 5년 이상 근무한 팀장급 이상의 경력 보유자.
4. M&A 등의 방식으로 매각된 기업의 경영진으로 5년 이상 종사한 자.
5. 그 밖에 위원장이 필요하다고 인정하는 자.

공받았다.

신용보증기금을 대표하는 혁신기업인 만큼 일부 기업은 내가 직접 찾아가 선정서를 전달하고 현판식을 개최하기도 했다. 언론에 혁신 아이콘 프로젝트와 선정 기업을 함께 홍보하는 한편, 혁신기업 현장의 건의·애로 사항도 청취하고 우리의 기대감도 전달해주기 위해서였다.

제도를 도입하면 반드시 필요한 것이 성과 점검이다. 내부적으로 정한 목표만큼 기업을 선정해서 자금을 지원했는지를 점검하는 것이 아니다. '아웃풋output'이 아니라 '아웃컴outcome'을 보자는 것이었다. 나는 담당 부서에 혁신 아이콘 기업들이 선정 후 어떤 성과를 내는지 추가적으로 제도 개선이 필요한 사항은 없는지 꼼꼼하게 챙길 것을 신신당부했다. 제도 도입 초기인 만큼 기획 과정에서 생각하지 못한 일들이 있을 수도 있으니, 성과 분석 결과를 바탕으로 개선이 필요한 부분이 있다면 신속하게 조치를 취해야 했기 때문이다.

눈부신 성과

혁신 아이콘 선정 기업들의 경영 성과는 눈부셨다. 2020년 1월에 분석해보니, 12개 기업 중 10개 기업의 월평균 매출액 증가 합계액은 약 92억 원에 달했으며, 이 중 4개 기업은 월평균 매출액 증가 금액이 5억 원을 상회하는 등 성장세를 이어갔다. 일자리 측면에서도 11개 기업에서 혁신 아이콘 선정 이후 고용 인원이 증가하였으며, 증가 인원의 합은 총 120명에 달했다. 혁신 아이콘에 선정된 기업 간 협업을 통해 결합상품을 출시하고 공동 마케팅을 통해 상당한 매출 실적을 거두며 시너지 효과를 얻었다는 이야기도 전해 들었다.

혁신 아이콘 선정 이후 5개 기업이 민간 벤처캐피털로부터 후속 투자 유치에 성공함으로써 혁신 아이콘 선정을 통해 기대하였던 마중물 역할도 의도대로 이뤄지는 모습이었다. 이 중 4개 기업은 상장을 목표로 기업 공개를 준비하고 있었는데, 2021년 2월에는 혁신 아이콘 제2기 출신인 AI 헬스케어 기업 ㈜뷰노가 혁신 아이콘 기업 중 최초로 코스닥 시장에 상장되었다. 2014년 12월에 설립된 ㈜뷰노는 의료 영상이나 생체신호 같은 데이터를 분석하는 인공지능 솔루션을 개발·공급하는 헬스케어 기업이다.

혁신 아이콘 프로그램을 도입할 때 머릿속에 그렸던 청사진이 조금씩 현실이 되어간다는 뿌듯함에 직접 방문해 축하 인사를 전하기로 했다. 창업 후 약 7년 만에 기업 공개라는 성과를 거두기까지의 생생한 스토리도 궁금했다.

㈜뷰노의 사업장에서 김현준 대표, 이예하 이사회 의장 등 기업 경영진에 인사를 전하자 김현준 대표는 "신용보증기금의 혁신 아이콘 프로그램을 통해 필요했던 자금 조달을 할 수 있었던 것은 물론, 혁신 아이콘 기업 선정의 후광효과로 후속 투자 유치에도 큰 도움이 되었다"며 고맙다는 마음을 표했다. 그리고 "혁신 아이콘 프로그램이 성장 유망한 혁신기업들의 스케일업을 지원함으로써 혁신 스타트업 생태계 조성에 큰 도움이 된다"는 호평과 함께 "주변에 있는 혁신 스타트업에도 혁신 아이콘 프로그램을 널리 알리겠다"며 홍보 대사 역할까지 자처했다.

신용보증기금은 2020년에도 상·하반기에 각각 5개씩 10개의 혁신기업을 추가로 선정했으며, 보다 적극적인 지원을 위해 기존에 70억 원이었던 보증한도 역시 150억 원으로 확대했다. 2021년에는 AI, O2O* 서비스, 자율주행 등 다양한 산업 분야에서 11개 기업을 새로운 혁신 아이콘으로 선정하며 프로젝트를 성공적으로 이어나갔다. 그리고 2022년 3월 드디어 혁신 아이콘 기업 출신 제1호 유니콘 기업이 탄생했다. 2020년 하반기에 혁신 아이콘 기업으로 선정되었으며, '오늘의 집'이라는 인테리어 플랫폼으로 유명한 ㈜버킷플레이스가 그 주인공이다.

국가경쟁력을 높이기 위해서는 혁신성을 갖춘 기업을 발굴하여 육성하는 것이 중요하다. 하지만 그보다 더욱 큰 틀에서 중요한 것은 혁신기업들이 무럭무럭 성장할 수 있는 건전한 생태계를 조성하는 것이라고 생각한다. ㈜버킷플레이스를 신호탄으로 신용보증기금을 대표하는 혁신 아이콘 기업들이 하나둘 유니콘 기업이 되어 글로벌 무대 위를 훨훨 날아다니는 모습을 기대해본다.

5) 밸류업 프로그램

기업 구조조정 시장의 실패

기업 구조조정은 "기업이 경제 및 산업 여건의 변화에 대응하여 조직을 개편하거나 사업을 재편함으로써 당면한 위기 상황을 극복해나가는 일련의 경영 활동"이라고 정의할 수 있다. 그러나 금융시장에서 일반적으로 통용되는 기업 구조조정의 개념은 부실징후기업에 대한 특별 관리 정도로만 인식된다. 전적으로 채권자의 입장에서 이해한 결과이다.

은행은 50억 원 이상의 여신 이용 기업에 대해 정기적인 신용위험평가

---

*   Online to Offline의 이니셜로 온라인과 오프라인의 결합을 의미함. 온라인에서 물건이나 서비스를 구매하고 오프라인에서 물건을 받거나 서비스를 제공받는 서비스가 그 예이다.

를 실시하여 A등급부터 D등급까지 등급을 부여한다. A등급인 경우에는 별도의 조치가 필요 없지만, B등급의 경우 패스트트랙, C등급인 경우에는 워크아웃Workout, 마지막으로 D등급의 경우에는 법정관리를 진행하는데, 실무적으로는 워크아웃과 법정관리만을 묶어 기업 구조조정이라고 부르기도 한다.

기업 가치가 상대적으로 높은 대기업의 경우 법정관리가 진행되더라도 조기에 종결되는 경우가 비일비재하고, 기업 간 인수합병 등을 통해 현행 제도하에서도 기업 구조조정 절차가 원활하게 이루어진다고 볼 수 있다. 채권은행의 신용위험평가 대상인 여신 규모 50억 원 이상인 중견기업의 경우에도 채권은행으로부터 정기적 신용위험평가를 받게 되고, 부실징후가 인지되는 경우 신속 금융지원 또는 기업 구조조정 절차를 밟게 된다. 대기업과 마찬가지로 현행 제도 범위에서 신용위험평가 등급에 상응하는 사후관리가 이뤄지며, 추가적인 금융지원을 받을 길도 열려 있는 것이다. 대기업이나 중견기업 위주로 제도가 운영되는 것은 아마도 대·중견기업의 경우 협력 중소기업 등 다양한 이해관계자가 존재하여 이들 기업의 부실이 하청업체의 부실화 및 고용 문제 등 상당한 사회적 비용을 유발할 수 있기 때문일 것이다.

반면 폐업에 따른 사회적 비용이 상대적으로 낮고 여신 규모가 작은 대다수 중소기업의 경우에는 기업 구조조정의 혜택을 제대로 누리지 못하는 것이 현실이다. 사실상 제도의 사각지대에 놓여 있다고 할 수 있다. 금융 방식의 변화 등에 따라 기업 구조조정 활성화의 필요성은 커지지만, 정작 대부분의 중소기업은 「채무자 회생 및 파산에 관한 법률」에 따라 법원을 통한 법정관리를 진행하는 것 외에는 달리 구제받을 길이 없는 것이다. 게다가 중소기업이 일단 법정관리에 들어가게 되면 그 낙인 효과로 인해 추가적인 금융권 자금 조달이 매우 곤란해지고, 기존 거래처와의 거래도 끊기는 경우가 허다하다. '구조조정'이라고 부르지만 사실상 '퇴출'로 이어지다 보니 이를 '회생' 절차라고 하는 것이 타당한지도 의문이다.

글로벌 금융 위기나 코로나19와 같은 급격한 환경 변화로 일시적인 경영 애로가 발생하면 멀쩡했던 대기업·중견기업도 크게 휘청거리게 마련인데, 현행 제도는 일시적으로 휘청거리는 중소기업을 부축하여 다시 균형을 잡고 뛸 수 있도록 하는 역할을 제대로 못 하고 있다. 이런 구조가 고착화된 것은 수많은 중소기업에 대한 구조조정 작업을 진행하는 비용이 그를 통해 얻게 되는 수익보다 크다는 민간 시장의 판단으로부터 비롯되었을 것이다.

은행에 기업의 보증인으로서 보증을 서는 신용보증기금 역시 크게 다르지 않았다. 부실징후가 발생한 기업에 대한 정상화 실적을 KPI로 운영하는 등 제도적으로 '비 올 때 우산을 빼앗는' 행태를 개선하고자 노력을 기울이긴 했으나, 현실적으로는 채권 관리에 더 집중해온 경향이 크다. 그 중심에는 은행에서 기업을 부실 처리하고 보증채무 이행을 청구하면 그에 따라야 하고, 그 이후에는 기업에 대한 구상권자가 되어 기업으로부터 채권을 회수해야 하는 보증인으로서의 구조적인 한계가 자리 잡고 있었다. 신용보증 공급 규모가 꾸준히 증가하는 가운데, 성공 확률이 불확실한 구조조정이나 기업 정상화에 자원을 집중하는 것도 쉽지 않았다. 기업 정상화보다는 채권 추심에 인적·물적 자원을 집중하여 부실기업으로부터 구상채권을 회수하는 것이 효율성이나 기금 운용의 안정성 측면에서 더

낮다는 생각이 내부에서도 우세했다. 실제로 회수된 채권 금액은 곧바로 기본재산에 산입되어 신용보증 공급의 재원이 되므로, 채권 회수 업무는 핵심 사업인 신용보증 사업을 확대하기 위해 반드시 필요한 업무였다. 그러다 보니 기업 구조조정, 부실기업 정상화 업무는 늘 우선순위에서 뒤로 밀려왔던 것이다.

구조조정의 패러다임 전환

최근 들어 기업 구조조정의 역할과 범위가 재해석되고 있다. 경제적 위기 상황이 상시화된 '뉴 노멀New normal 시대'에 접어들며 구조조정 대상 기업이 증가한 영향도 있을 것이다. 하지만 기업 구조조정을 단순히 실패한 기업에 대한 사후처리로 이해할 경우 오히려 은행의 손해 규모가 막대해진다는 인식의 확산이 더 큰 영향을 끼친 것으로 보인다. 물적 담보나 보증 위주의 여신 체계에서는 구조조정보다는 신속한 채권 회수가 손실 규모를 최소화하는 지름길이었지만, 신용대출과 투자가 활성화된 최근 상황에서는 기업의 부실을 억지抑止하는 것이 손실을 줄이는 방편이라고 여기게 된 것이다.

국가 경제나 혁신 생태계 관점에서도 기업 구조조정의 순기능을 높여 기업을 최대한 정상화시키는 것이 여러모로 유리하다. 기업은 생산적 경제 활동의 중요한 축으로 기능하고 있을 뿐만 아니라, 일자리를 유지하는 고용 저수지이자, 새로운 고용을 창출하는 원천이기 때문이다. 기업 구조조정 시장 실패에 대한 인식과 바람직한 혁신 생태계 조성이라는 혁신금융 정책과 맞물려 정부에서도 중소기업 구조조정에 대한 개선책을 마련하려는 시도가 이어졌다.

우리도 과거의 채권 관리 방식만을 고수할 수만은 없었다. 기업 구조조정의 범위가 확대되고 사전 구조조정이 강조되는 금융시장의 전반적 변화 속에서 채권 관리의 방법을 선회할 때가 되었다고 판단했다. 이러한 사회적·정책적 환경 변화 속에서 신용보증기금의 중소기업 사전 구조조정 프로그램인 '밸류업 프로그램'이 태동하게 되었다.

밸류업: 중소기업의 가치를 업그레이드하다

중소기업 구조조정 시장의 실패를 보완하는 차원에서 시작된 밸류업 Value-up 프로그램은 공공기관인 신용보증기금이 주도하는 사전 구조조정 프로그램으로 기획되었다. 이 프로그램은 무엇보다 '구조조정=퇴출'이라는 등식을 타파하고 사전적·선제적 구조조정을 통해 성장성을 갖춘 중소기업의 일시적 경영 위기를 오히려 재도약의 발판으로 삼을 수 있도록 지원하는 데 중점을 두었다. 기존 구조조정 제도의 사각지대를 해소하기 위해 총 여신 규모가 10억 원 이상이고 100억 원 이하인 기업들을 대상으로 삼았으며, 일시적 위기를 극복하여 경쟁력을 회복하고 기업 가치를 업그레이드시킬 수 있는 조치들을 프로그램에 포함시켰다.

예컨대 기업 운영 자금 지원뿐만 아니라 구조개선 계획 수립 단계부터 외부 전문 컨설팅을 지원하기로 하였으며, 일회성 지원에 그치지 않도록 프로그램 기간을 최대 4년까지 지속되게 설계했다. 채무 상환에 대한 부담이 없도록 해당 기간에는 이용 중인 보증 전액에 대한 만기연장을 보장했다. 구조개선 계획을 성실하게 이행하는 기업에 대한 인센티브 차원에서 이행 성과가 양호한 것으로 확인되는 기업에는 최대 50억 원까지 단계별로 추가 자금을 지원하도록 했다. 계획만 번지르르하게 수립하여 채무 상환을 유예하려는 목적으로 제도가 악용되는 것을 막기 위한 조치였다. 도덕적 해이 방지를 위해 대상 기업에 대한 지원 여부는 외부 전문가가 포함된 심사위원회를 통해 결정하도록 했다.

구상채권 관리의 관점을 채권 회수에서 기업 개선으로 전환하자는 취지로 담당 부서명도 '재기지원부'에서 '기업개선부'로 변경했다. 그리고 기업개선부에는 밸류업 프로그램을 전담할 '기업개선팀'도 신설했다.

'밸류업' 작명 에피소드

최초 기획 시 프로그램 명칭은 '턴 어라운드Turn Around 프로그램'이었다. 구조조정에 대한 전향적인 시각 전환과 위기를 넘어선 새로운 도약의 뜻을 담았다. 그러나 턴 어라운드라는 명칭이 회생절차 등에서 이미 사용되고 있어 새로운 작명이 필요하게 되었다. 이에 사내 공모를 실시하였는데 'K-Track 프로그램', 'Jump-Up 프로그램', 'SS-Renovation 프로그램' 등의 이름이 제시되었고, '신보 팔팔 프로그램', '생기 프로그램', '명랑 프로그램'과 같은 재미있는 이름도 있었다.

현장을 움직이게 하라

대개 새로운 보증 프로그램은 내규에서 정한 보증한도나 지원 대상 범위에서 벗어나지 않는 경우 비교적 쉽게 제도화 과정을 통해 현장에서 실행된다. 그런데 이번 건은 좀 달랐다. 경영 애로를 겪고 있는 기업은 리스크 관리 시각에서 바라보면 영락없이 보증을 해주지 말아야 할 대상이기 때문이다. 매출액 급감, 수익률 저하, 자본 잠식 등으로 이들 기업의 재무지표는 좋을 리가 없다. 그런 좋지 않은 상황을 개선하기 위해 구조조정이 필요할 테니 말이다. 영업 현장에 있는 직원들이 과연 움직일지조차 의문이었다. 직원들 입장에서는 반송 대상 기업에 보증을 해주는 프로그램으로 인식될 수도 있을 법했다.

현장 직원들이 적극적으로 지원에 나설 수 있도록 하기 위해서 가장 먼저 필요한 것은 공식적인 면책 제도였다. 이에 신용보증기금 감독 부처인 금융위원회에 밸류업 프로그램 도입을 제안하며, 이 제도를 활성화하려면 취급 직원에 대한 면책 조항이 반드시 필요하다고 강조했다. 혁신금융 정책을 추진하고 있는 금융위원회에서는 제도의 필요성에 전적으로 공감하며, 최대한 신속하게 진행하면 좋겠다는 의견을 제시했다. 금융위원회에서는 얼마 지나지 않아 우리가 요청한 대로 취급 직원에 대한 면책 내용이 포함된 업무 지침을 보내주었다. 그뿐만 아니라, 2019년 7월 금융위원장이 직접 해당 프로그램을 언론에 발표하여 홍보까지 해주었다.

면책 조항도 중요했지만, 직원들이 더욱 적극적으로 움직이게 하기 위한 추가적인 조치가 필요했다. 우선 영업점 내에 전문팀을 구성하여 업무에 대한 관심도를 높이는 한편, 조직 내에서 BP(Best Practice) 사례를 창출할 수 있도록 포상 확대와 대내외 홍보 활동도 병행했다.

민간 금융시장에서 원활하게 이뤄지지 않는 중소기업 사전 구조조정을 위해 신용보증기금이 팔을 걷어붙이고 나섰지만, 밸류업 프로그램이 안착하고 활성화되기 위해서는 은행들의 협조와 참여가 반드시 필요했다. 신용보증기금의 보증서는 결국 은행 대출과 연계되어 있어, 밸류업 프로그램을 적용하는 기업에 보증 만기를 연장하고 추가로 보증을 지원하더라도 은행에서 대출 만기연장과 신규 대출을 거절하면 소용이 없기 때문이다. 특히 프로그램을 기획하면서 은행들과 협력체계를 구축하여 대상 기업들이 경영 개선 기간 동안 금융비용 부담을 줄일 수 있도록 금리를 우대해주는 방안을 생각했는데, 이는 우리가 강제할 수 있는 사항이 아니었다. 은행 입장에서는 이자 수입 감소를 부담해야 하는 부분이라 쉽사리 동참해줄지 우려스러웠다.

다행히 정책금융기관 성격을 갖고 있는 중소기업은행에서 가장 먼저 우리와 뜻을 함께해주었다. 그 밖의 시중은행들과 일괄 단체 협약을 체결하고자 했으나, 코로나19가 발생하면서 여의치 않게 되었다. 하지만 이미 두 차례의 은행 합동 설명회를 진행하며 일부 은행들과는 일정 수준의 공감대를 형성한 터였기에, 우선 이 은행들과 협의를 진행하기로 했다. 최종적으로 하나은행, 농협은행, 신한은행에서 프로그램의 필요성에 공감하여 우리와 손을 맞잡게 되었다.

밸류업 프로그램은 정책적으로도 중요성을 인정받아, 2020년 「경제정책방향」(기획재정부)에 '사전 구조개선을 위해 성장잠재성이 높은 경영애로 중소기업 300개에 금융과 컨설팅 등을 지원'이라는 내용으로 포함되었다. 그리고 신용보증기금의 프로그램 도입 직후인 2020년 9월 중소벤처기업진흥공단에서 선제적 구조개선 프로그램을 발표하였는데, 대상 기업군이 총여신 100억 원 미만으로 밸류업 프로그램 대상과 일치하며, 지원 내용 또한 밸류업 프로그램과 상당 부분 유사한 것으로 확인되었다. 즉 신용보증기금이 정책금융 부문에서 사전 구조조정 제도의 틀을 마련하여 제시하는 선도기관의 역할을 한 셈이다.

밸류업 프로그램은 '비가 올 때 우산을 빼앗는' 행태로 국민들에게 인식되고 있는 '사후적' 구조조정의 틀을 '사전적·상시적' 구조조정으로 전환했다는 점에서 의의를 갖는다. 그리고 금융시장에서 구조조정의 사각

지대에 놓여 있던 중소기업들에 경쟁력 강화와 재도약의 기회를 제공할 수 있게 되었다는 점에서도 주목할 만하다. 밸류업 프로그램이 중소기업 구조조정 시장의 패러다임을 바꾸는 방아쇠가 되어, 금융권 전반에 걸쳐 사전적·상시적 구조조정이 확산되어 건강한 중소기업 생태계 조성에 도움이 될 수 있기를 바란다.

공공기관장의 혁신, 이것만은 기억하자

① 거창한 것만이 혁신은 아니다

거창한 혁신만을 좇다 보면 오히려 힘만 빼고 아무런 성과도 얻지 못할 수 있다. 지금은 작아 보이는 변화도 충분히 의미 있는 혁신이 될 수 있다는 점을 명심해야 한다. 작은 혁신이 때로는 위대한 혁신의 불씨가 되기 때문이다. 결과에 대한 집착보다는 시대의 흐름을 읽는 통찰력과 변화를 두려워하지 않는 열린 마음가짐이 성공적인 혁신을 낳는 경우가 훨씬 많다.

② 혁신의 시작과 끝은 모두 국민이어야 한다

공공기관의 주인은 국민이다. 당연히 혁신의 A부터 Z까지 그 방향과 기반도 당연히 국민이어야 한다. 그 원칙에서 벗어나는 순간부터는 그 어떤 혁신도 자화자찬이고 아전인수에 지나지 않게 된다. 주인이 원하지 않는 일을 하는 대리인의 최후는 너무나도 자명하다. 그 유명한 게티즈버그 연설의 '국민의, 국민에 의한, 국민을 위한(of the people, by the people, for the people)'이 혁신에도 적용되어야 한다.

③ 무얼 바꿀지 모르겠다면 시장 실패 영역에 주목하라

적잖은 공공기관이 시장 실패를 해소하기 위해 설립된다. 하지만 기술, 정책, 문화 등 다양한 요인으로 시장 환경은 시시각각 변하며, 새로운 시장 실패 영역이 나타나게 마련이다. 이로 인한 시장(국민)의 불편을 포착하여 해결 방안을 제시하는 것도 공공기관의 할 일이며, 이런 노력이 곧 사업 혁신으로 이어진다. 시장 실패 영역은 의외로 찾기 쉬울 수도 있다. 평소 지나쳤던 고객들의 불만사항을 새로운 마음으로 다시 한

번 들여다볼 것을 추천한다.

④ 구성원들의 참여와 공감대 없이는 느림보 혁신밖에 못 한다

아무리 서 말 구슬이 있어도 꿰는 것은 결국 직원들의 몫이다. 국민의 입장에서 혁신 계획을 세우고 추진하는 것은 맞지만, 실행 주체가 배제된 상태에서 수립된 계획은 추진 단계에서 난항을 겪기 쉽다. 누구나 본능적으로 변화를 꺼리는데, 갑자기 누군가 시켜서 어쩔 수 없이 하게 되는 혁신이라면, 속도와 성과 면에서 크게 기대하기 어렵다. 직접 만들지는 않았어도 내게 미리 보여주고 의견 제시 기회를 받았던 사안과 갑자기 하늘에서 떨어진 사안에 대한 수용도의 차이는 천양지차이기 때문이다.

⑤ 실행력을 확보하려면, 반드시 사전에 정부와 교감을 나눠라

정부 부처 감독을 받는 공공기관 특성상 새로운 업무를 도입하려면 대개 승인이 필요하다. 그러다 보니 기관에서 기껏 열심히 준비했는데, 정부 부처에서 승인을 해주지 않아 무산되거나 지연되고 있다는 볼멘소리를 하는 경우도 적잖이 볼 수 있다. 문제는 타이밍이다. 담당 공무원이 우리 기관 업무만 들여다보고 있을 수 없다. 어느 정도 윤곽이 나오면 미리 공유해야 실행 단계에서 차질이 발생하지 않는다. 정부의 반대로 접더라도 기획 단계에서 접어야 자원 낭비를 최소화할 수 있다. '한국형 페이덱스' 사례처럼 기관의 혁신 아이디어가 정부의 정책과제가 된다면 오히려 실행 동력을 강화하는 계기가 될 수도 있다.

3부

공익

― 국가위기 극복과 사회적 가치 실현에의 기여

공익을 최우선으로 생각하는 마음가짐은 사리사욕의 절제, 공명정대한 업무 처리, 청렴 정신, 윤리성 등과도 일맥상통한다. 이 대목에서 어린 시절부터 우리 어머니가 자식들 귀에 못이 박이도록 하던 말을 언급하지 않을 수 없다. 바로 '공짜 좋아하지 말라'는 당부이다.

1장
공익에 입각한 위기 대응의 원칙

공익의 마음가짐

공익은 내가 가장 중요하게 생각하는 가치이다. 행정고시 합격 후 30년이 넘도록 사회생활의 대부분을 공직에서 지낸 탓인지 개인이나 가족, 특정 조직 등 내 주변보다는 국민과 국가 등 공공의 이익을 우선시하는 사고방식이 시나브로 체화되었나 보다. 공익은 공공기관의 설립 목적을 생각할 때, 기관장뿐만 아니라 공공기관 임직원이라면 누구든 제1의 가치로 삼기에 마땅한 덕목이다.

앞서 언급했듯이 공공기관은 국민의 대리인이다. 따라서 공공기관의 수장인 기관장이 국민의 이익을 가장 우선으로 생각해야 하는 것은 너무나도 당연한 일이다. 언제나 선공후사, 멸사봉공이다. 1부에서 소개한 '공기업 최고경영자의 목적함수'를 통해 설명하자면 공공성의 비중을 의미하는 α값을 최대화하고 개인적 목표 및 효용의 비중인 γ값을 최소화해야 한다는 뜻이다.

공익을 우선시한다는 것이 말은 쉽지만, 실천하는 것은 생각처럼 쉽지 않다. 기관장이라는 자리는 공익은 물론 기관의 생존과 성장도 책임져야 하는 자리이기 때문이다. 그래서 기관의 이익(β) 역시 무시할 수 없다. 개인의 이익(γ)이야 본인의 욕심을 버린다면 최소화할 수 있다. 하지만 α와 β의 트레이드오프 관계는 기관장의 머리를 복잡하게 만든다. 공익을 추구하는 과정에서 공공기관 역시 자연스럽게 성장·발전하는 것이 이상적이겠지만, 이는 말 그대로 이상일 뿐이다. 현실에서 공익을 우선 추구하려면 기관의 희생이 따르게 마련이다. 극단적으로 공익만을 좇다 보면 기관의 존립이 흔들릴 수도 있는데, 공익을 위해 구성원들의 희생만을 강요할 수도 없는 노릇이다. 희생만을 강요받는 이들에게 동기 유발을 기대할 수는 없기 때문이다.

그래서 공공기관장의 머릿속은 α, β, γ가 끊임없이 싸우는 전쟁터이며, 재임 기간은 시시각각 변하는 환경 속에서 사안별로 목적함수의 값을 최대화할 수 있는 최적의 α, β, γ 조합을 찾아내는 여정과도 같다. 상황에 따라 최적의 조합은 달라지겠지만, 내가 함수 문제를 풀 때 가장 우선시하여 고려하는 값은 단언컨대 α이다. α를 늘리면 β와 γ가 상대적으로 줄어들지만, 이는 시차를 두고 회복할 수 있다. 하지만 β와 γ를 늘리는 데 집착하다 보면 기관의 존립 자체가 흔들릴 수도 있음을 명심해야 한다.

공익을 최우선으로 생각하는 마음가짐은 사리사욕의 절제, 공명정대한 업무 처리, 청렴 정신, 윤리성 등과도 일맥상통한다. 이 대목에서 어린 시절부터 우리 어머니가 자식들 귀에 못이 박이도록 하던 말을 언급하지 않을 수 없다. 바로 '공짜 좋아하지 말라'는 당부이다. 이 말이 그때는 그냥 가벼운 말씀으로만 들렸다. 그런데 사회생활을 시작하면서부터 '공짜'의 유혹이 도처에 널려 있음을 알게 되었고, 점차 어머니가 염려하던 게 무언지도 깨달을 수 있었다. 그리고 유혹의 순간이 닥칠 때마다 어머니의 그 말은 어김없이 내 머릿속에서 경종을 울리곤 했다.

정부 부처 과장 시절 일이다. 눈코 뜰 새 없이 바쁜 가운데, 회의를 마치고 자리에 돌아와보니 웬 봉투 하나가 책상 위에 덩그러니 놓여 있었다. 업무상 만났던 분이 식사라도 한번 하자는 걸 극구 사양했더니 내가 없을 때 직원들과 회식이라도 하라고 돈 봉투를 자리에 놓고 간 것이다. 어떻게든 돌려주어야 한다는 생각에 직접 수소문한 끝에 봉투 주인의 주소를 알아냈다. 정신없이 바빴지만 부하 직원에게 시켰다가는 '과장 자리에 앉아 있으면 돈 봉투가 들어온다'는 그릇된 생각을 하게 될까 봐 시키지도 못했다. 결국 짬을 내어 우체국에 찾아가 사비로 수수료까지 부담하고 송금환을 보낸 뒤에야 마음을 놓을 수 있었다.

세상에 공짜가 어디 있단 말인가? 어머니가 말하던 '공짜'를 나는 대학 시절부터 'windfall profit(횡재)'이라는 조금 더 세련된 표현으로 바꿔 지금까지도 제1호 경계 대상으로 삼고 있다. 영업 조직에 현장경영을 나갈 때면 나 역시 부모의 마음으로 직원들에게 빼놓지 않고 당부했다. "공공 기관 직원에게 사심私心은 곧 사심邪心이니, 초심을 잃지 말라"라고 말이다. 이는 곧 나 자신에게 하는 말이기도 했다.

털어서 먼지 안 나는 사람 없겠지만, 돌이켜보면 어머니의 '조기 교육'으로 공짜는 멀리하고 '공公' 자字를 가까이하며 살아온 덕분에 지금까지 다양한 인사 검증과정을 별 탈 없이 통과하고 내게 과분하다고 생각되는 자리를 지내올 수 있었던 것 같다. 요즘 세상에 우리 모두 청백리淸白吏가

되자고 권유할 일은 아니지만, 적어도 공공 부문에 몸담고 있다면 청렴 의식을 바탕으로 공익을 우선적으로 좇아야 한다는 생각에는 누구도 이론이 없을 것이다.

청백리

관직 수행 능력과 청렴·근검·도덕·경효·인의 등의 덕목을 겸비한 이상적인 관료상이다. 고려 시대부터 청백리 제도가 존재했던 것으로 판단되며, 조선 시대에는 제도적으로 청백리 제도를 운영했다. 의정부議政府·육조六曹의 2품 이상 당상관과 사헌부司憲府·사간원司諫院의 수장이 천거하고 임금의 재가를 얻어서 의정부에서 뽑았다.

조선 초·중기에는 생존자 가운데서 선발하여 염리廉吏로 대우하였고, 후기에는 염리로 녹선錄選되었다가 사망한 자나 사망한 자 가운데서 염명廉明이 높았던 관리를 청백리로 녹선하여 우대했다. 사림士林이 득세하던 시기에는 청백리 사상이 강화되어 많은 사람이 녹선되었으나, 후기에는 그 인원이 격감되었다. 청백리가 되면 후손들에게 선조의 음덕을 입어 벼슬길에 나갈 수 있는 특전도 주어졌다.

청백리는 총 217명이 배출되었는데, 맹사성·황희·최만리·이현보·이언적·이황·이원익·김장생·이항복 등이 대표적인 인물이다.

두산백과 요약

「신용보증기금법」에 명시된 설립 목적*은 신용보증기금이 공익을 최우선적으로 추구해야 하는 의무를 재확인시켜준다. 이는 경제 위기가 발생할 때마다 구원투수 역할을 자처하고 나서며, 정부 정책을 적극적으로 수행하는 이유이기도 하다. 공공기관으로서 신용보증기금의 모든 업무가

---

* 담보능력이 미약한 기업의 채무를 보증하게 하여 기업의 자금융통을 원활히 하고, 신용정보의 효율적인 관리·운용을 통하여 건전한 신용질서를 확립함으로써 균형 있는 국민경제의 발전에 이바지함.

공익을 위한 것이지만, 임직원들의 헌신적인 노력으로 국가적 위기를 극복해나가는 과정이야말로 공익을 추구하는 대표 사례라고 하겠다. 그런 의미에서 3부에서는 임기 중에 있었던 신용보증기금의 코로나19 위기 극복 노력에 대해 되돌아보고, 공공기관으로서 추진한 사회적 가치 실현 노력에 대해서도 함께 이야기하고자 한다.

10년 주기 경제 위기설의 징크스

2020년은 한마디로 '코로나19의 해'라고 요약할 수 있을 것이다. 팬데믹은 인류를 공포에 휩싸이게 만들었고 짧은 기간 동안 수많은 이들의 소중한 목숨을 앗아 갔다. 또한 사람 간의 접촉과 이동의 제약은 우리 삶의 방식을 송두리째 바꿔놓으며 개인과 가정, 국가는 물론 글로벌 경제까지 모두 심각한 위기 상황으로 몰아넣었다.

2020년 1월 20일, 우리나라에 첫 확진자가 발생했을 때만 하더라도 대부분의 사람들은 코로나가 이토록 확산될 것이라고는 생각하지 못했다. 나 역시 처음에는 우리나라의 방역 시스템과 과거 질병 대응 경험을 생각할 때 일시적인 유행 뒤에 곧 사라질 것으로 예상했다. 그러나 예상과 달리 세계는 삽시간에 코로나19 팬데믹 국면을 맞게 되었다. 우리나라에서도 2020년 2월 18일 전국 기준 31번 확진자이자 대구 지역 최초의 확진자 발생을 기점으로 신용보증기금 본사가 있는 대구 지역에서 코로나19가 급속하게 확산되기 시작했다.

코로나19 위기를 겪으며 대한민국 경제의 10년 주기 위기설이 떠올랐다. 나는 1975년부터 공무원 생활을 하면서 그간의 경험을 통해 우리 경제의 10년 주기 위기설에 집착 아닌 집착을 하게 됐다. 1970년대 후반 오일 쇼크, 10년 후 외채 위기에 이어 1990년대 후반에는 IMF 외환 위기가 닥쳤고, 2008년에는 서브프라임 모기지 사태가 촉발한 글로벌 금융 위기까지 거의 10년 주기로 어김없이 국가적 위기가 찾아왔기 때문이다. 그래서 2018년 신용보증기금 이사장에 취임하면서도 내심 '이제 또 10년이 다 되어가는데'라고 속으로 걱정하며 그 징크스가 깨지기만을 바라기도 했다. 취임 당시 경제 지표가 그리 좋지는 못했어도 2018년과 2019년에는 큰 위기 없이 넘어가는 것 같아 다행이라고 생각했는데, 바이러스로 인한 경제 위기라니. 상상도 하지 못했던 유형의 위기가 닥친 것이다.

코로나19는 위기 양상과 영향력 면에서 과거와 차원이 달랐다. 기존의 위기는 크게 보면 실물 또는 금융 분야 중 어느 한쪽의 문제였다. 하지만 코로나19는 감염 확산으로 인한 실물경제의 위축이 금융 분야로 전이되며 순식간에 실물과 금융 분야 양 측면에서 위기 상황이 야기되었다. 지역적으로도 과거에는 동아시아 외환 위기처럼 국지적으로 발생했던 것과 달리 전 세계에서 동시다발적으로 일어났다.

당황스러운 상황이었지만 수수방관하고 있을 수는 없었다. 내 기억 속 신용보증기금은 숱한 경제 위기 상황에서 언제나 버팀목 역할을 해오던 기관이다. 경제 위기 상황이 닥치면 정부는 금융시장 안정과 실물경기 침체를 방지하기 위한 정책금융 수단으로 신용보증제도를 적극적으로 활용해왔다. 신용보증제도는 승수乘數효과를 통해 최소한의 재정 투입으로 유동성 공급 효과를 극대화할 수 있는 효율적인 제도이기 때문이다. 예컨대 정부에서 1조 원을 직접 대출 형태로 지원하면 그 효과는 1조 원에 그치지만, 신용보증기금에 1조 원을 출연하면 신용보증기금에서는 그 금액의 최대 20배인 20조 원까지 신용보증을 공급할 수 있어 효과가 증폭된다.[*] 게다가 신용보증기금은 전국적인 영업망과 심사 역량을 갖추고 있어 급박한 상황에서 신속성과 적정성을 모두 충족시키며 금융정책을 집행하기에 더할 나위 없이 적합한 기관이다. 이런 연유로 평소에는 사람들이 별 관심을 보이지 않던 신용보증기금은 위기가 되면 국민들과 언론의 주목을 받는 가장 바쁜 기관 중 하나로 탈바꿈한다.

실제로 IMF 외환 위기 극복 과정에서 신용보증기금의 보증 규모는 1997년 11.3조 원에서 이듬해 21.4조 원으로 약 두 배가 증가했다. 글로벌 금융 위기 때도 2008년 31.7조 원에서 2009년 46.9조 원으로 15.2조 원을 늘리며, 기업 유동성 공급의 첨병 역할을 했다. 임직원들 역시 스스로를 위기 시 구원투수 또는 소방수라고 부르며 이러한 역할에 자부심을 갖고 있었다.

10년 주기의 위기뿐만 아니라 우리 경제를 위협하는 다양한 산발적 이벤트 발생 시에도 금융시장과 실물경제의 안전망 역할을 수행해오며, 신용보증기금 직원들에게는 경제 위기에 대처하는 위기 극복 DNA가 생성된 것 같다. 미증유의 코로나19 위기 상황은 잠들어 있던 그 DNA를 깨우는 자극이 되고도 남았을 것이다.

---

[*] 「신용보증기금법」상 기본재산과 이월이익금의 합계액의 최대 20배까지 보증총량을 운용할 수 있지만, 기금의 지속가능성 확보를 위해 통상 10배 내외 수준에서 운영된다.

위기 대응 원칙: 정책금융기관의 책임과 지속가능성 확보

코로나19 위기가 방역 위기를 넘어 경제 위기로 확산되자, 예상대로 정부에서 신용보증기금을 찾았다. 정부는 우리가 과거 경험을 살려 이번에도 신속한 유동성 공급을 통해 시장의 불안을 해소하고 경기 안정에 기여해주길 바랐다. 당연히 평상시보다 공급 규모의 확대가 따를 수밖에 없었고, 코로나19가 업종과 기업 규모를 불문하고 모든 기업에게 타격을 주는 상황이다 보니 지원 대상도 평소보다 넓혀야 했다.

상황이 위중해지며 2020년 4월 대통령 주재로 민간·국책 금융기관장이 모두 참석한 코로나19 대응 기업·소상공인 긴급 금융지원 현장 간담회가 열렸다. 대통령이 직접 코로나 위기 극복을 위한 금융권의 노력을 격려하고 적극적인 금융지원 협조를 당부하기 위한 자리였다. 참석자별로 돌아가며 대통령에게 현장 애로사항이나 지원 방안에 대한 의견을 제시했다. 그 자리에서 나는 경제 관료로서 겪었던 다양한 위기 대응 경험을 바탕으로 확립한 평소 지론을 이야기했다.

"위기 시 대응 정책은 시기적으로는 '선제적'이어야 하고, 규모 면에서는 '시장의 예상을 뛰어넘는' 수준으로 하는 것이 바람직합니다."

여기까지는 공직자로서 가졌던 지론이었고, 금융정책을 집행하는 공공기관장으로서 한 가지를 더 말했다.

"그리고 현장에서 정책이 신속하고 효과적으로 작동하려면 실무자들에 대한 면책 제도 범위를 확대할 필요가 있을 것 같습니다."

이 자리에서 이야기하지는 않았지만, 정책 당국과의 협의 과정에서는 신용보증기금 이사장으로서 한 가지를 더 염두에 두어야 했다. 바로 기금과 기관의 지속가능성을 확보하는 것이었다. 국가가 어려운데 기관만 살겠다는 차원의 생각이 아니라, 신용보증기금과 신용보증제도는 앞으로도 우리 경제에 꼭 필요하다고 여겼기 때문이다.

앞서 소개했듯이 신용보증의 승수효과는 강력한 유동성 지원을 가능하게 만드는 '마법 지팡이'와도 같지만, 결국 이 역시 보증채무라는 우발 채무이기에 적정선을 지켜야 한다. 정부에서는 신용보증기금의 운용배수*가 10배 수준이라는 사실을 들며, 위기 상황이니 법정 최대 배수인 20배까지 확대해야 하는 것 아니냐고 질의해왔다. 하지만 법률에서 정한 20배는 한도의 개념일 뿐 최적치는 아니다. 운용배수는 신용보증기금이 보증을 선 채권자에게 지급할 수 있는 여력을 나타내주는 지표이기에 보증기관의 대외 공신력과 직결된다. 내부적으로 바젤Ⅲ상 총자본비율 2등급을 적용한 10배 수준**을 적정 운용배수로 설정하여 운영하고 있는 것도 대외 공신력을 유지하기 위한 것이라 할 수 있다.

운용배수 10배를 좀 더 쉽게 설명하면, 100원을 들고 있는 신용보증기금이 1,000원까지 보증을 운용할 수 있다는 뜻이다. 이는 역으로 보증금액의 10%가 부실화되면 지급 능력이 상실된다는 것을 의미하기도 한다. 평상시 신용보증기금의 부실률은 4% 내외를 유지하고 있어 문제가 없지만, 위기 시에는 기업들의 부실 확률이 평상시보다 훨씬 상승할 수 있다는 점을 고려해야 한다. 일단 부실률이 증가하고 채무자를 대신하여 채권자에게 채무를 이행하는 사례가 증가하기 시작하면 기본재산이 줄어든

---

* 　보증총량을 기본재산과 이월이익금의 합계액으로 나눈 수치.

** 　10.5%의 역수인 9.52배, 은행권은 1등급을 적용하여 7.4배로 운용.

다. 곧 계산식에서 분모가 줄어드는 효과로 운용배수는 눈덩이처럼 급격하게 늘어나는 것이다. 지급 능력이 없는 보증기관의 보증서는 휴지 조각이 되고 만다. 이는 곧 그동안 경기 방어 수단이자 중소기업 성장을 위한 유동성 공급 수단으로 활용한 신용보증 시스템 자체가 붕괴되는 것을 의미한다.

이런 우려 때문인지 코로나19 위기 극복을 위한 금융지원 정책에 대한 논의가 시작될 무렵 신용보증기금 내부에서는 정부에서 검토하고 있는 다양한 정책에 적극적으로 참여하는 것은 맞지만, 리스크 높은 분야에 대한 지원 정책은 가급적 최소화할 수 있게 내가 나서 막아주기를 바라는 눈치였다. 하지만 내 생각은 조금 달랐다. 정책금융기관들이 똘똘 뭉쳐서 위기 극복에 나서야 하는 상황에서 꼭 필요한 정책이라면 다소 무리가 되더라도 빠짐없이 참여해야 한다는 것이 내 생각이었다. 다만 그렇게 하려면 정부에서 기금의 안정성과 신용보증 시스템의 지속가능성을 확보할 수 있는 충분한 재정적인 뒷받침을 해주어야 한다고 생각했다. 보증 공급은 늘리더라도 운용배수는 최대한 안정적으로 관리해야 한다는 것이 핵심이었고, 이는 연중 수시로 진행된 금융당국이나 국회와의 협의 과정에서 내가 일관되게 주장한 원칙이었다. 다행히 정부와 국회에서도 이에 동의하여 코로나19 지원 프로그램 시행에 필요한 재원을 추경에 반영해주었다. 덕분에 기금 고갈에 대해서는 한시름을 던 상태에서 코로나19 위기 극복을 위한 보증 공급 확대를 적극적으로 추진할 수 있었다.

코로나19 확산 진원지, 그 중심에서 보낸 나날들

국내에 첫 번째 코로나19 확진자가 발생했다는 뉴스를 접했을 때는 그 저 특이사례로 그치기를 희망했지만, 일시적인 자연재해와 달리 전염병 의 특성상 그 확산 범위에 따라 상황이 어떻게 급변할지 모른다는 생각이 들었다. 혹시 모를 사태에 대비하여 1월 말부터 본점에 재난대책본부를 가동하기로 했다. 아니나 다를까 코로나19는 잦아들기는커녕 확산일로를 걸었다. 특히 2월 18일 슈퍼전파자로 알려진 31번 확진자가 신용보증기 금 본사가 위치한 대구에서 발생했다. 정부에서 위기 단계를 심각 단계로 상향조정했다. 이에 그날 바로 본점에 기존의 재난대책본부뿐만 아니라, 비상경제상황실을 설치하며 비상경영체제에 돌입했다. 1주일이 채 되지 않아 1일 확진자 수가 세 자리 수를 넘어서는 등 확산 그래프의 기울기는 점점 더 가팔라졌다. 타지에 생활 근거지를 두고 대구 본점에 근무하는 대 다수의 직원들은 혹시 모를 감염을 걱정하여 주말에도 본인의 집으로 가 지 않고 대구에 머물렀다.

상황이 심각해지자 국무총리까지 대구로 내려와 비상대책본부를 설치 하고 머물며 현장을 진두지휘했다. 나 역시 대구에 머물며 종종 국무총리 를 찾아가 현장에서 파악한 중소기업과 지역 경제 현황 등을 전달하고 지 원 방안에 대해서도 의견을 나눴다.

확진자 수 증가로 인한 감염에 대한 우려는 사람들의 이동 감소로 이어 졌고 이내 눈에 띌 정도로 소비도 위축되었다. 당연히 기업들의 매출도 감 소되었다. 영업 현장을 통해 파악해보니 기업들의 자금난이 본격화되는 조짐이 보이기 시작했다. 본점 비상대책회의를 소집해 비상 상황에 대한 경각심을 일깨워주고 직원들의 안전 관리 강화와 중소기업에 대한 적극적인 지원이 필요함을 강조했다. 코로나19 확산의 진원지에 있는 본점이 마비될 경우 정부의 금융지원 정책 수행에 차질을 빚을 수 있고, 자금난에 영업점을 찾는 기업인들이 늘게 될 경우 전국 영업 현장에 있는 직원들의 안전도 걱정될 수밖에 없었다.

우선, 확진자 급증세를 보이는 대구에 있는 본점의 경우 부서별로 자리를 비울 수 없는 필수 인력 외에는 재택근무를 하거나 수도권에 확대 설치한 스마트워크센터에 분산하여 근무하도록 지시했다. 하지만 지점의 경우 정부의 각종 추가 지원 대책들을 집행해야 했기에 오히려 업무량이 늘어나는 상황이었다. 감염 위험과 정책 수행 공백 모두를 최소화해야만 했다. 그래서 우선 가림막 설치 등 물리적 방역 조치를 강화하는 일부터 즉시 시행했고 홈페이지, 고객센터, 전화 등을 활용한 비대면 서비스 시스템을 최대한 활용하여 고객과의 접촉을 최소화하도록 지시했다. 신규 보증을 위한 현장조사도 최소화했다. 행여 특정 지점에서 확진자라도 발생한다면 정책 수행에 막대한 차질을 빚을 수밖에 없기에, 언제든 지점 폐쇄를 염두에 두고 업무 공백이 생기지 않도록 업무 인수·인계서 작성 등 만반의 준비를 했다.

대구 지역 상황이 계속 악화되자 간부들이 내게 서울 스마트워크센터에서 근무할 것을 권했다. 내가 나이로 보면 고위험군에 속하기도 하고 기관장이 태풍의 한가운데에 머물고 있는 것이 부담스러웠나 보다. 하지만 내 생각은 달랐다. 기관장이 자기 한 몸 편하자고 열심히 일하는 직원들을 사지에 던져두고 내빼는 것 같아 스스로 용납할 수 없는 일이었다. 계속 대구에 머물며 본점을 진두지휘하고 일선 현장에서 고생하는 직원들과 함께 숨 쉬며 다독이는 것이 기관장으로서 해야 할 일이라고 생각했다.

틈틈이 영업본부장이나 지점장들과 돌아가며 화상회의를 통해 지역별 현장 동향과 애로사항을 파악했고 그때마다 비상시국임을 고려하여 최대한 적극적으로 기업 자금 수요에 대응할 것을 주문했다. 위기 때 빛나는 정책금융기관의 역할에 대해 이야기하고, 이번 위기를 겪으면서 공익을 우선시하는 신용보증기금의 위상은 더욱 올라갈 것이라고 독려했다. 대구·경북에 소재한 지점의 경우 직접 현장을 방문하여 방역 환경과 정책보증 집행 상황을 점검하는 한편, 지역 중소기업을 직접 찾아 현장의 생생한 이야기를 듣고 건의 사항을 제도에 반영했다.

금융당국에는 코로나19 관련 보증 지원 업무에 대한 면책 범위를 확대해줄 것을 요청했다. 시간이 지나면 대통령, 장관, 이사장 모두 자리를 떠나게 마련인데, 일을 시킨 사람들이 없는 상황에서 문제가 발생할 경우 책임은 남아 있는 직원들의 몫이 되곤 한다. 이는 부당하니, 고의 과실이 아니라면 직원들에게 일정 부분 면책이 필요하다는 것이 내 생각이었다. 긴급한 위기 상황에서 면책 조항은 현장의 대응 속도를 높이는 촉매가 된다는 사실을 경험을 통해 누구보다 잘 알고 있었기에 취한 조치이기도 했다.

공익을 생각하는 코로나19 종합지원기관

정부는 코로나19로 피해를 입고 있는 중소기업·소상공인의 자금 경색과 금융시장 불안 해소를 위해 긴급 금융지원책을 마련했다. 3월 19일 청와대에서 첫 비상경제회의를 열고 '민생·금융안정 패키지 프로그램'을

매일경제

위기때 가장 고생한 신보 직원들 … 내가 떠나도 책임 묻지 말아야

코로나위기 기업지원 주도 윤대희 신용보증기금 이사장

대담 = 노영우 금융부장

"1975년부터 공무원 생활을 하면서 묘하게 우리 경제 10년 위기설에 장착하게 됐다."

윤대희 신용보증기금 이사장(71)은 매일경제와 인터뷰에서 사무관 때부터 느꼈던 위기설을 꺼냈다. 1970년대 후반 오일쇼크, 10년 후 외환위기에 이어 1990년대 후반엔 국제통화기금(IMF) 위기가 닥쳤다. 다음은 2008년 금융위기였다. 그는 "2018~2019년에 별다른 위기가 없어 이제야 징크스가 깨지는가 했더니 결국 위기 중 가장 큰 코로나19 위기가 닥쳤다"고 설명했다. 병 소와 사람들의 위축을 막는 기관이다 보니 대구위기 카리 전 신용보증기금이 가장 바쁘게 언론의 주목을 받는 기관이 되 할 박경훈 특히 이번에 코로나19로 가장 큰 고생을 했던 대구 한복판에 머물면서 주변 사람들과 기업이 지치과 전당을 묻는 현장에서 지원 업무를 담당하며 많은 것을 느꼈다. 윤 이사장은 "코로나19 기간 내내 대구에 머물면서 기업을 도왔다면 주변에서 서 흘로 숨어가며 권유했지만 고생하는 직원들을 두고 떠날 수는 없었다"고 말했다. 그는 "시간이 지나면 나는 여기 그러고 떠날 것이지만 함께 열심히 일했던 직원들을 남는다"며 "열심히 일한 그들에게 향후 이유가 잘못됐을 때 책임을 거는 건 옳지 않다고 강조했다.

최소한의 재정투입 통해
유동성 공급 극대화시켜
업종 등 특성별 맞춤지원

평소 드러나지 않던 신보
위기 닥치면 가장 바빠져

나는 이사장서 떠나지만
일선 직원은 끝까지 남아
면책부여 등 부담 줄여야

다. 굳모닝 상상 치르고도 외부에 알리지않아 직원들을 지인들 담화시키는 데 한 소탈한 모습도 직원들 사이에서 화제가 됐다. 다음은 일문일답.

─첫 직장이 서울은행이네데.
▶대학 다닐 땐 고시에 고도 관심이 없었다. 공부보다는 사회문제에 관심이 더 많았다. 처음으로 들어간 직장이 서울은행이었고 거기서 기업 신용을 조사하는 신용조사부에서 일했다. 신보 외 인연이 그때 시작된 것 같다.

─고시를 보게 된 계기는.
▶어머니의 속뜻을 읽기 위해서였다. 어느 날 어머니가 "공무원하고 군수 되는 것 같이 그렇게 부러워하시는 것일 안 되느냐"고 말씀하시기에 그걸 알아듣고, 하기 어떤 고시 책을 장치 집에 공부하러 간 것이다. 공무원 생활을 오래 하면서 사회생활을 얻어냈던 그 공무원이 된 계기가 됐다.

He is… △1949년 인천 출생 △1973년 서울대 경영학과 졸업 △1973년 서울은행 입행 △1975년 행정고시 17회 합격 △2001년 재정경제부 경제정책국장 △2004년 청와대 경제수석 △2007년 국무조정실장 △2018년~ 신용보증기금 이사장

▶신보 이사장에 응모할 때 자격증명서를 제출하라고 서울은행을 인수하면 되는 은행에 요청했더니 저쪽에는 없다고 하다가 나중에야 찾았다. 연락이 오기도 했다. 그래서 서울은행 경력증명서를 겨우 제출할 수 있었다. 공무원 생활할 때는 이날 사무관이 화와 제도 서울은행 출신만의 선배님을 만나게 되어 영광이었다 했다.

─경제위기를 어떻게 막아낼까.
▶선제적인 정책이 중요하다. 1997년 IMF 외환위기나 2008년 세계 금융위기때와 다르다. 전 세계적으로 공급과 수요 측면에서 동시에 앞에 나고 수요와 공급이 하고 있다. 마치과 유럽 등 선진국에서 제개해인 시스템을 강화하는 게 어들 먹고 있도 중다. 정부 입장에서 보면 마땅한 대체에나 수단이 없다. 가장 쉽게 작동할 수 있는 정책금융기관들이 그만큼의 역할을 해야 한다.

─위기 때마다 주목받는 이유는.
▶보증이 만들어내는 마법 같은 효과 때문이다. 1조원의 재정을 신보에 투입할 경우 여러배의 운용능력을 통해 10조원의 자금을 시장에 공급할 수 있다. 이 돈 보증의 승수효과라고 하는데, 최소한의 재정 투입으로 유동성 공급 효과를 극대화하는 것을 말한다. 또 신보는 기업과 소상공인에 대한 정보 역량을 갖고 있다. 업종과 지역, 기업 규모 등 다양한 지원 대상의 특성에 맞춘 맞춤 지원이 가능하다.

─코로나19에 대응을 한 신보의 역할은.
▶대표적인 것으로 유동성회사채보증(P-CBO)과 기업어음(CP) 차환 프로그램 등이 꼽을 수 있다. 여들은 모험하는 회사채 발행과 단기자금 시장 안정화를

위해 꼭 필요한 부분이다. P-CBO는 신용등급이 낮은 회사채에 신용을 보강한 뒤 자금시장에 유동시키는 방법이다. 이미 P-CBO를 통해 2조1315억원의 자금이 침체된 경기 취속으로 어려워진 기업들에 단비가 되고 있다.

─대기업 지원도 늘어난 것 같다.
▶상반기에 엔티엔, 소비재 제조업, 도소매업 등을 하는 대기업에 3050억원의 P-CBO를 공급했다. 회사채 신속인수 프로그램에서는 두산인프라코어에 120억원 규모가 지원됐다. 신보의 중심 역량이 중소기업지 정책금융기관이지만, 대기업이 잘 돌아가야 중소기업도 생존이 가능하다. 또 대기업에 대해서는 고용총량유지의무를 부과하고 있다. 자금을 지원하는 대신 고용을 줄이지 말라는 얘기다. 약한 어떤 결과에 따라 금리 할인 등을 주기 때문에 기업들 반응이 나쁘지 않다.

─직원들 부담은 줄 것 같은데.
▶과거 외환위기를 떠나며 버렸던 두번의 경제위기를 거치며 신보의 여렵이 커지고 근본적으로 드러났다. 일선 현장을 다니면서 직원들에게 위기 때 빛나는 정책금융 기관 역할에 대해 많이 이야기한다. 이번 위기를 겪으면서 신보의 위상이 더욱 올려갈 것이니, 힘들면 면속 코로나19와 관련된 업무에 대해서는 면책조항을 두어야 한다는 게이니, 내부 대통령도 떠나고 장관도 떠나고 이 이사장도 떠나다. 일은 이렇게 시켰는데 나중에 문제가 되면 책임을 지는 것은 남아 있는 직원들이다. 고의 과실이 아니라면 일정 정도의 면책을 주는 것이 필요하다. 이와 관련해 코로나 회로부터 면책 조항을 받아 운용하기 시작했다. 이승을·한상윤 기자 정리

윤대희 신용보증기금 이사장이 지난 3일 서울 중구 은행회관 뱅커스클럽에서 매일경제와 인터뷰하고 있다. [한주형 기자]

- 1 -

일경제

대구서 겪은 코로나 경제위기 … 밖에서 본 것보다 훨씬 컸다

─코로나19의 대구로 확산이 본격이 있는 대구에서 시작됐는데.
▶처음에는 정말 아찔했다. 처리해야 할 보증 업무가 신더미 같은데 직원들이 걸리면 아파나 하는 걱정이 앞섰다. 특히 내가 연령으로 보면 고위험군에 들어가기 때문에 임원들은 서울의 스마트오피스에서 일하면서 갈음하게 일을 보라고 권유했다. 대구에 함께 사는 아내도 서울로 가라고 했지만 직원들을 그대로 두고 대구를 떠날 수 없었다. 고생을 해도 같이 하자는 생

각에 31번 확진자가 발생하던 날 비상경제상황실과 재난대책본부를 즉시 가동시키고 비상경제체제로 전환했다. 선제적 예방조치 덕분에 아직까지 확진자 한 명도 안 나온 점은 다행이다.

─코로나19 확산 시기에도 전국 영업현장을 챙겼다.
▶영상회의가 큰 도움이 됐다. 본부 대책회의와 일선현장 점검회의 등을 모두 영상회의로 진행했다. 요즘은 시스템이 좋아져서 대면회의와 큰 차이가 없을 정도다. 대구·경북지역 영업조직 현

장은 직접 방문해서 챙겼다. 우리가 집행한 정책금융이 제대로 전달되고 있는지 확인하기 위해 자동차부품 제조업계와 공연기획업계 등도 찾았다. 이들의 피해상황을 직접 눈으로 보고 건의사항 등은 제도에 반영했다. 현장에서 직접 체감하는 중소기업의 위기는 인편매체나 보고서로 접하는 것과는 천지 차이다. 피해 기업들의 생생한 목소리는 그 어느 매체도 잘실하게 다가왔다. 이들이 '골든타임'을 넘기지 않도록 하는 것이 우리의 일이다.

─혁신금융이 큰 역할을 했다고.
▶대표적인 것이 지난해 구축한 비대면 플랫폼이다. 대면 접촉을 최소화하고 객과 직원들의 안전을 보호하면서도 신속한 보증지원을 할 수 있게 된 것이다. 이로 인해 코로나19가 한창 기승을 부리던 3~4월에도 신보 영업점에서는 고객 접수가 등록 같은 심각한 모습이 없었다. 보증 신청과 자료 제출, 전자심사 등을 비대면으로 처리할 수 있어 8만1건가량을 비대면으로 처리해 효율성을 높였다. 과거 방식만 답보해

서는 신보의 지속 성장을 물론 생존마저 위협받을 수 있다. 변화를 추구하고 이를 주도하는 노력이 필요하다. ─한국형 뉴딜인덱스가 돼셔다. ▶상거래 데이터를 가공해 기업에 제공하는 미국의 페이먼스 사례를 벤치마킹한 것이다. 신보가 지난달 출시한 상거래 신용지수 연계 보증 상품은 기존의 재무제표로는 평가등급이 낮아 보증 지원을 받지 못하는 기업들을 위한 것이다. 신용등급은 좋지 않더라도 상거래 신용도가 우수한 기업들에 보증을 해주는 것이다. 이 활용하면 약 8만개 중소기업에 신용지수를 산출해 보증회사 확대되고 것으로 보고 있다. 신보가 축적한 상거래 신용지수를 은행에서도 활용할 수 있도록 제공할 계획이다.

발표한 것이다. 비상경제 극복을 위해 정부, 정책금융기관 및 시중은행 등 전 금융업계가 함께 논의해 만든 이 프로그램은 코로나19 위기에 취약한 경제 주체들이 버틸 수 있는 안전판을 만들기 위해 마련한 것으로, 전례 없는 범국가적 금융 분야 위기 대응 프로그램이었다.

총 50조 원+α 규모의 이 프로그램은 최우선적으로 중소기업·소상공인·자영업자 등에 대한 지원과 취약계층 금융 부담 완화를 목표로 삼았다. 금융시장 전반을 안정화하기 위한 조치들이 망라되어 있었는데, 그 안에는 소상공인 유동성 지원, 중소기업·소상공인 특례보증, 영세 소상공인 전액보증, 원금 만기 연장, 이자 상환 유예 등 다섯 가지 주요 프로그램이 포함되어 있다. 이후 코로나 확산세가 거세짐에 따라 정부는 당초에 50조 원이었던 규모를 약 1주일 만에 100조 원+α로 두 배 이상 늘렸고 중견기업과 대기업까지 지원 대상을 확대했다. 그리고 약 한 달 후에 이 프로그램은 다시 175조 원+α로 늘게 된다.

이에 따라 신용보증기금도 다양한 임무를 부여받게 되었는데, 평상시 주요 지원 대상인 중소기업뿐만 아니라, 영세 소상공인, 중견기업, 대기업까지도 다양한 프로그램을 통해 지원하게 되었다. 금액 면에서도 신용보증기금이 맡은 특례보증, 위탁보증, P-CBO보증, 금리보전 등을 합치면 총 36조 7천억 원으로 175조 원의 약 21%에 해당되니, 가히 코로나19 종합지원기관이라 할 만하다.

늘어난 업무량에도 불구하고 임직원들은 위기 극복 DNA를 다시금 입증했다. 본점 인원을 줄여 영업 현장 인력을 늘리는 등 부담을 서로 나누며 정책금융기관으로서 공익을 달성하기 위해 혼신의 노력을 다했던 이들의 모습을 떠올리면 지금도 고맙고 가슴이 뭉클하다.

2장

신용보증 공급 확대를 통한 중소기업과 영세 소상공인 위기 극복에의 기여

코로나19 우대보증: 위기는 초기 대응이 중요

나는 공직 생활 중 수차례 위기 상황을 경험하고 정책 현장에서 이에 대응하면서 위기는 초기 대응이 매우 중요하다는 것을 지론으로 삼게 되었다. 위기가 확산되기 시작하면 경제 주체의 불안 심리와 결합되어 그 파급효과가 걷잡을 수 없이 커지는 사례를 직접 봐왔기 때문이다. 또한 위기 발생 시 그 피해는 신용보증기금의 주요 고객인 중소기업과 자영업자 같은 소위 경제적 약자에 집중될 것이 자명했다.

이에 나는 담당 부서에 선제적이고도 적극적인 대응책을 신속하게 마련할 것을 주문했다. 당시 정책 당국의 대응은 우선 모니터링을 강화하고, 향후 상황 변화에 따른 컨틴전시 플랜Contingency Plan을 점검하는 수준이었다. 하지만 신용보증기금은 이보다 한 걸음 더 나아가 자체 재원을 활용하여 피해 기업에 대한 지원 방안을 마련했다. 2020년 2월 7일, 코로나

19로 피해가 우려되는 중소기업에 대한 3천억 원 규모의 우대보증(보증비율, 보증료 등을 우대) 제도를 신설하고 해당 기업들의 기존 보증은 전액 만기를 연장하기로 한 것이다.

우대보증은 과거 MERS 사태 당시 운용했던 'MERS 피해 중소기업 특례보증'을 참고했다. 다만 과거 MERS 특례보증은 지원 대상이 여행·운송·숙박·공연업·병의원 등 주된 피해가 우려되는 업종으로 제한된 데 비해, 이번에는 코로나19의 피해가 광범위한 점을 고려하여, 피해 발생 여부를 영업 현장에서 직접 판단하여 지원 여부를 결정할 수 있도록 대상을 넓혔다.

이 프로그램은 코로나19 확산이 본격화되어 코로나19 특례보증을 도입하면서 종료되었는데, 본격적인 정부 차원의 금융지원 방안이 마련되기 전에 코로나19 방역 위기가 급격한 경제 위기로 이어지지 않도록 선제적으로 막아주는 버퍼 역할을 했다고 볼 수 있다.

코로나19 특례보증: 급한 불부터 잡아야

나를 포함한 모든 국민들의 기대와는 다르게 코로나19 사태는 악화일로였다. 세계적으로 확진자 수가 폭증했고 이내 통제 불능의 상황에 빠져들었다. 정부도 바삐 움직였다. 코로나19로 어려움을 겪는 수출기업 등에 대한 지원책 마련을 위해 관계부처 간 논의가 진행되었다. 금융위원회(이하 이 부에서 '금융위')에서도 시장 안정과 피해기업 지원책 마련을 위해 한국은행, 금융감독원 등 금융정책 당국과 신용보증기금, 한국산업은행, 중소기업은행 등 정책금융기관, 은행연합회 등과 함께 코로나19 금융권 대응 점검 회의를 매주 개최했다.

　정부에서는 그간 위기 때마다 큰 역할을 해오던 신용보증기금이 이번에도 무언가를 해주기를 바라고 있었다. 이미 2020년 2월 선제적으로 시행한 코로나19 우대보증은 공급을 시작한 지 한 달이 채 되기도 전에 총량 한도인 3천억 원을 초과한 상태였다. 그만큼 중소기업이 느끼는 체감 경기 악화 정도가 심각하다는 방증이었다. 추가적인 처방이 필요했다. 이에 금융위와 협의하여 기존 우대보증의 우대사항을 보다 확대하고, 심사 절차를 간소화한 코로나19 특례보증 도입을 신속하게 추진했다.

　특례보증은 말 그대로 평소와 다른 기준으로 심사 절차와 기준을 간소화하는 특례를 적용하는 보증인 만큼 리스크가 높아 이를 위한 재원 확보를 전제로 진행하는 경우가 많다. 실제로 정부와 국회에서도 이와 관련해 추경 편성 논의가 시작되고 있었지만 이를 기다릴 시간이 없었다. 나는 담당 부서에 일정 부분 우리가 리스크를 감수하더라도 정부의 위기 극복 의지를 믿고 재원이 확보되기 전이라도 최대한 신속하게 지원책을 마련하자고 이야기했다.

　정책 당국의 협조와 직원들의 노력으로 2020년 3월 13일부터 코로나19 특례보증 공급을 시작할 수 있었다. 특례보증은 직간접 피해 여부를 불문하고 코로나19로 영향을 받는 모든 기업을 지원 대상으로 했다. 긴급 상황인 점을 고려하여 피해 여부도 기업이 입증할 필요가 없도록 완화하였고, 과거에는 지원이 어렵던 은행권 연체나 체납 사실이 있는 기업이더라도 그 사유가 코로나19로 인한 것이라고 인정될 경우 지원이 가능하도록 했다. 최대한 신속하고 적극적인 피해기업 지원이 가능하도록 설계한 것이다.

우대보증 3천억 원과 합하여 총 1조 원 규모를 집행하겠다는 의지로 7천억 원을 총량 한도로 설정했는데, 당시 피해가 심각했던 대구·경북 지역에 3천억 원, 그 외 지역에 4천억 원을 배정했다. 특례보증 검토 당시만 해도 이 정도 규모면 일정 부분 시장의 자금 수요를 감당할 수 있으리라고 예상했었다. 그러나 특례보증 공급을 개시하고 1주일 만에 대구·경북 지역 외에 배정한 4천억 원에 대한 접수가 마감되어버렸다. 기업들의 상황이 그만큼 악화되어 있었던 것이다.

이미 정부 추경예산이 7천억 원을 기준으로 배정되어 국회 심의 절차가 진행 중인 상황에서 이대로 특례보증 지원을 종료할 수도, 그렇다고 피해가 심각한 대구·경북 지역에 배정된 3천억 원을 다른 지역으로 돌릴 수도 없는 상황이었다. 보증 사업과 예산을 담당하는 관련 부서에서는 수차례 논의 끝에 올해 본예산 사업으로 배정되었던 위기 대응 프로그램 예산 300억 원을 활용하여 특례보증 규모를 확대하는 방안을 마련해 왔다. 당초 배정된 위기 대응 프로그램 예산이 코로나19 상황을 대비하여 마련한 것은 아니지만 '이보다 더 긴급한 위기 상황이 어디에 있겠는가?'라는 생각에 그렇게 하는 것으로 결정했다. 결국 2020년 3월 25일, 특례보증 총량 한도를 4천억 원 더 늘렸고 중단되었던 특례보증 공급이 재개되었다.

코로나19 특례보증은 정부의 구체적인 피해 지원 방안이 마련되기 전 단계에서, 코로나19 피해기업에게 긴급 자금을 지원하는 역할을 톡톡히 했다. 이를 눈여겨본 정부는 코로나19 재확산 조짐이 보이던 2020년 9월 4차 추경 편성 당시, 특례보증 1조 5천억 원을 추가로 지원하기 위한 예산을 신용보증기금에 배정했고, 신용보증기금은 2020년 한 해 동안 총

2조 6천억 원의 특례보증을 기업들에게 신속하게 공급했다. 코로나19가 장기화 추이를 이어간 2021년에는 신용보증기금 자체 재원으로 1조 5천억 원의 특례보증을 추가로 지원했다.

영세 소상공인 지원: 위기에는 업무 영역이 따로 없다

코로나19로 인한 내수경기 악화는 누구보다 영세 소상공인들에게 직격탄이 되었다. 주로 음식점 같은 소비 업종을 영위하는 영세 소상공인들이 매출 급감으로 생존의 위협을 느끼게 되어 신속한 자금 수혈이 시급한 상황이었다. 정부에서도 이를 인지하고 소상공인시장진흥공단, 지역신용보증재단 등 기존에 소상공인 지원을 전담하던 기관을 통해 긴급경영자금 지원에 나섰다.

하지만 기존의 지원 시스템으로는 폭주하고 있는 소상공인 자금수요를 감당하기에 역부족이었다. 지원기관이 영업을 시작하기 전 이른 아침부터 신청인들이 길게 줄을 서는 것은 예사였고, 직원들이 대기 번호표를 나눠주는 진풍경이 벌어졌다. 신속한 지원을 통해 정책효과를 높여야 하는 정부 입장에서는 난감한 상황이었다. 이내 정부로부터 과거 외환 위기당시 생계형창업보증 등과 같은 소상공인 지원 프로그램을 운영한 경험이 있는 신용보증기금의 참여가 필요하다는 요구가 들어왔다.

하지만 우리 입장에서 소상공인 지원 요청은 그리 달갑지 않은 상황이었다. 외부적으로는 예전부터 국회나 감사원 등에서 보증기관 간 업무 영역 중복을 비효율 요인으로 보고, 보증기관 간 명확한 역할 분담을 요구해왔기 때문이다. 즉 소상공인은 사실상 신용보증기금의 지원 대상 영역이 아니었다.

내부적으로도 고민이 큰 사안이었다. 앞서 언급한 외환 위기 시절 생계형창업보증을 도입했을 당시 직원이 과로로 쓰러지는 사례가 비일비재할 정도로 업무량이 폭주했었다. 게다가 생계형창업보증은 공급 이후 누적 부실률이 37.8%에 달하는 높은 부실 발생 등 후폭풍으로 보증 운용에 어려움을 겪었던 선례가 있었다.

그러나 공공기관으로서 이런 국가적 위기 상황에서 존폐의 기로에 놓인 영세 소상공인을 지원하자는 정부의 요청을 거절할 수는 없었다. 누군가는 나서야 하는 상황이었다. 임직원들 중에는 은근히 내가 정부의 요청을 거절하길 바라는 이들도 있었다. 고심 끝에 담당 부서장에게 정부의 요청에 맞게 적극적으로 검토는 하되, 보증 운용과 관련된 중요한 사안은 언제든 반드시 나와 논의할 것을 당부했다.

영세 소상공인 지원을 위한 신용보증기금의 역할 확대에 대해 정책 당국과의 논의가 진행되었고, 수차례의 논의 끝에 신용보증기금이 참여하는 세 가지 프로그램―시중은행 이차보전, 영세 중소기업·소상공인 신속·전액보증, 초저금리대출 협약보증―이 2020년 3월 19일 「코로나19 대응을 위한 민생·금융안정 패키지 프로그램」에 포함되어 발표되었다. 영세 소상공인 지원 검토 초기에는 여러 논란과 우려가 있었지만, 신용보증기금은 다시 한번 정부에서 믿고 맡겨준 역할을 성실하게 수행했고, 이를 통해 정책자금 집행 초기 시장에 발생했던 병목현상 해소와 영세 소상공인들의 긴급 자금 조달에 일조할 수 있었다.

소상공인 2차 금융지원 프로그램: 소상공인 지원 여력 확보

코로나19로 인한 경기침체가 심화됨에 따라, 정부가 마련한 12조 원 규모의 소상공인 전용 '초저금리 금융지원 패키지' 프로그램의 한도가 거의 다 차고 있었다. 코로나19 사태가 언제 잠잠해질지 모르는 상황에서 정부로서는 그다음 지원 카드를 준비해야 했다. 또한 자금 수요 몰림으로 인한 병목현상 등 기존 프로그램을 집행하면서 확인되었던 문제점에 대한 개선 방향 역시 함께 고려해야만 했다.

이에 정부가 주목한 것이 신용보증기금이 운용 중인 위탁보증 제도였다. 위탁보증 제도란 기업이 받는 은행 대출에 신용보증기금이 보증서를 담보로 제공하되, 서류 수집, 보증 심사, 보증료 수납 등 관련 업무 일체를 은행에 위탁하여 처리하는 것이다. 이러한 위탁보증은 보증과 대출심사가 은행에서 동시에 진행되어 지원 절차를 간소화할 수 있고, 전국에 있는 은행의 영업점에서 보증 절차가 진행되기 때문에 병목현상을 완화시키고 신속한 지원이 이뤄질 수 있다는 장점이 있다.

반면, 대출기관에서 보증서 발급 업무까지 처리하다 보니, 보증기관보다는 은행의 수익을 우선시하는 '대리인 문제'가 발생하여 신용보증기금에서 취급하는 직접보증보다 위탁보증의 부실률은 통상 높게 나타나곤 했다. 은행에서도 관리 업무 증가에 대한 부담과 보증 부실 발생 시 보증 취급 절차의 적정성 심사와 그에 따른 직원 문책 등으로 위탁보증을 선호하지 않는 편이었다. 이로 인해 위탁보증 규모는 2017년 말 2,378억 원, 2018년 말 2,298억 원, 2019년 말 2,158억 원으로 점차 줄어들고 있었다.

그런데 이번에 정부에서 요청한 소상공인 위탁보증 규모는 9조 5천억 원, 대출금액 기준으로는 10조 원이었다. 기존에 운용하던 위탁보증 시스템으로 감당할 수 있는 수준이 아니었다. 또한 이번 위탁보증은 영세 소상공인 대상 프로그램으로, 지원 대상, 심사 절차, 지원 방식 등에서 기존의 위탁보증과는 판이하게 달랐다. 신용보증기금을 대신해서 보증한다는 형식만 위탁보증일 뿐, 제로베이스에서 새롭게 제도를 설계해야 하는 상황이었다.

게다가 위기 상황이다 보니 주어진 시간도 많지 않았다. 정부에서는 2020년 4월 29일 「소상공인 2차 금융지원 프로그램 세부 추진계획」 정책을 발표한 후, 3주일 내에 신속하게 프로그램을 도입해줄 것을 요청했다. 아직 위탁보증 업무를 담당할 시중은행과 세부 내용에 대한 합의도 이루어지지 않은 단계에서 참으로 막막할 수밖에 없었다. 제도 시행까지 주어진 시간은 단 3주였으며, 3주 안에 시중은행과 심사 방법, 지원 절차 등 세부사항에 대한 협의는 물론, 신용보증기금과 은행 간 전산 시스템 연결, 관련 제규정 개정, 은행에 배포할 업무 처리 매뉴얼 작성 등 해야 할 일은 산더미 같았다. 그야말로 시간과의 싸움이었다.

이를 위해 신속하고 효율적으로 업무를 추진할 TF팀을 신설했다. 위탁보증 프로그램 관련 의사결정과 세부 업무는 TF팀에서 전담하고, 금융위 운용 지침 검토, 업무 위탁 신고 등 제반 행정절차는 소관 부서에서 담당하는 방식으로 준비 조직을 이원화했다. 짧은 기간이었지만, 밤낮없이 고생한 직원들 덕분에 다행히 5월 25일에 무사히 프로그램을 시행할 수 있었다.

소상공인 2차 금융지원 프로그램은 코로나19 위기 단계에 따라 즉각적으로 대처할 수 있는 정책금융 수단을 제공했다는 데에 그 의의가 있다. 실제로 코로나19가 재확산 조짐을 보이던 2020년 9월 기업별 지원 한도를 2천만 원으로 상향하여 정책효과를 거두었으며, 2021년에는 프로그램 지원 여유분에서 3조 원을 집합제한명령으로 영업에 지장을 받고 있는 임차 소상공인 지원에 적극 활용했다.

중소기업 활력 보강 프로그램: 중소기업이 활기를 되찾도록

코로나19로 인한 위기 상황은 사실상 거의 모든 산업으로 예외 없이 확산되었다. 특히 우리나라와 같이 수출의존도가 높은 경제 구조를 가진 국가는 코로나19로 인한 국가 간 국경 봉쇄와 인적·물류 이동 제한으로 더 큰 어려움에 직면할 수밖에 없었다. 코로나19로 인해 우리나라의 전반적인 산업 경쟁력이 악화될 수도 있는 상황이었다. 정부에서는 주요 산업에 대한 지원 방안을 마련하려는 노력이 이어졌고, 관련 중소기업 지원을 위한 신용보증기금의 역할이 지속적으로 요구되었다. 정책 당국과 신용보증기금, 한국산업은행, 중소기업은행 등 정책금융기관 간에 역할 분담을 위한 논의가 여러 차례 진행되었고, 최종적으로 신용보증기금에는 5조 4천억 원 규모의 '중소기업 활력 보강 프로그램'을 통한 우대보증 공급이라는 과제가 주어졌다.

믿고 역할을 맡겨준 정부에 대한 감사함과 책임감도 컸지만, 그에 대한 부담과 우려도 만만치 않았다. 중소기업에게 활력을 불어넣어주기 위해 마련한 프로그램이기에 최대한 적극적으로 운영하는 것은 당연한 일이었지만, 5조 4천억 원이라는 지원 규모는 신용보증기금이 과연 단기간에 공급할 수 있을까라는 의심이 들 만큼 큰 규모였다. 신용보증기금에서 연간 신규 보증으로 공급하는 12조 원의 약 45%에 해당하는 금액이었기 때문이다.

또한 보증 운용 재원을 신규 보증 지원에만 집중할 경우, 현재 보증을 이용하고 있는 기존 기업에 대한 지원이 소홀해질 수 있다는 점도 우려되었다. 이에 전체 금액 중 일부를 기존 코로나19로 어려움을 겪고 있는 기존 보증 이용 기업을 지원하는 데에 활용하는 방안을 정책 당국에 제안했다. 정책 당국에서도 신용보증기금이 그동안 해온 역할에 대한 신뢰가 형성되어 있어서인지, 우리가 제시한 의견을 긍정적으로 수용해주었다. 세부사항에 관해 수차례의 의견 조정을 거쳐 우대보증 5조 4천억 원에 대한 지원 방안은 다음과 같이 결정되었다.

우선 코로나19로 어려움을 겪는 수출기업에 대해 2조 5천억 원을 지원하고, 주력산업의 경쟁력 강화를 위해 자동차·화학·철강·조선·디스플레이·반도체 등 6개 주력산업 관련 업종을 영위하는 기업에 대해 1조 원의 우대보증을 공급하기로 했다. 그리고 남은 1조 9천억 원으로는 앞서 논의한 대로 기존 보증의 만기가 도래하는 코로나19 피해기업을 지원하게 되었다.

지원 방안이 결정되자마자, 바로 2020년 4월 1일부터 전국의 영업 조직에서 중소기업 활력 보강 프로그램이 개시되었다. 그 결과 2020년 말까지 이 프로그램을 통해 수출기업에 2조 5,212억 원, 주력산업 영위기업에 1조 20억 원의 신규 보증을 각각 공급할 수 있었고, 기존에 신용보증을 이용하고 있던 코로나19 피해기업에 대해 1조 9,076억 원의 만기연장을 지원하는 성과를 거두게 되었다.

3장
P-CBO보증으로 금융시장과
중견·대기업 경영 안정화에 기여

코로나19 P-CBO보증: 다시 P-CBO보증을 찾다

2020년 2월 초 금융위로부터 영세 소상공인과 중소기업에 대한 신용보증 공급 확대뿐만 아니라, 만일의 사태에 대비하여 P-CBO(Primary CBO)보증을 통한 대기업 지원 대책도 준비해야 할 것 같다는 의견이 전해져 왔다. P-CBO보증을 담당하는 부서장으로부터 보고를 받고 신용보증기금이 대기업까지 지원해야 하는지 고민에 빠질 수밖에 없었다. 당시만 해도 금융위의 입장은 코로나19 사태가 조만간 진정될 수도 있으니, 컨틴전시 플랜 차원에서 만일의 사태에 대비하는 수준으로 제도 운영 방안에 대한 검토만 해놓으면 될 것 같다는 것이었다.

내부적으로 유동화회사보증이라고 부르는 P-CBO보증은 앞선 금융위기 때마다 대규모 자금을 신속하게 집행하기 위한 효과적인 수단으로 활용되어왔다. P-CBO보증은 여러 기업들이 발행하는 회사채를 한 묶음(pool)으로 만들어서 이를 유동화전문회사(Special Purpose Company, SPC)에 매각한 후, 신용보증기금의 신용 보강(보증)을 통해 초우량 채권(AAA등급)을 발행하고 이 채권을 기관 투자자들에게 매각하는 흐름으로 운영되는 제도이다. 신용등급이 낮은 투기등급(BB+ 이하) 기업들이 회사채 발행을 통해서 자금을 조달할 수 있게 해주는 사실상 유일한 정책금융 제도라고 할 수 있다. 금융시장이 안정된 상황에서는 투기등급의 기업들도 은행 대출이나 주식 발행을 통해 자금을 조달할 수 있지만, 위기 상황에서는 이런 방식의 자금 조달은 차단된다. 이때가 바로 P-CBO보증이 필요한 시기이다.

금융위로부터 컨틴전시 플랜 검토 이야기가 나오고 나서 채 한 달이 되기도 전에 대구·경북 지역이 진원지가 되어 코로나19가 확산되기 시작했다. 영세 자영업자들의 어려움도 커졌지만, 항공업, 해운업, 영화관처럼 직접적인 피해가 예상되는 업계에서는 대기업, 중견기업, 중소기업 할 것 없이 모두가 문을 닫을 수도 있다는 위기감이 증폭되었다.

당장 회사가 영업을 중단하면 그 많은 직원들과 가족들이 어떻게 생계를 유지할 것인지에 대한 걱정스러운 마음이 가장 먼저 들었다. 그럼에도 신용보증기금에게는 엄연히 중소기업 지원이라는 고유의 역할이 있었기에 대기업 지원은 가급적 하지 않는 것이 옳다고 생각했다. 대기업에 대한 지원은 국책은행 또는 민간 금융시장에서 담당하거나, 기업들이 자본시장에서 스스로 해결해야 한다고 믿었기 때문이다.

하지만 정부는 신용보증기금이 1990년대 말 외환 위기와 2008년 글로벌 금융 위기 때 중견기업과 대기업도 지원했다는 사실을 이미 잘 알고 있었다. 심지어 이런 역할을 지켜보아온 일부 국회의원들은 신용보증기금의 금융시장 안정 기능을 「신용보증기금법」에 명시하는 법안 발의를 추진하기도 했다. 위기 상황에서 우리를 멀티플레이어로 인식하는 이들이 점점 많아진 것이다.

게다가 시간이 지날수록 코로나19 팬데믹은 걷잡을 수 없는 수준으로 확산되며 금융시장이 제대로 작동하지 않는 상황까지 이르게 되었다. 금융위는 거의 매주 새로운 제도 도입을 검토했고 우리 실무자들도 매주 긴급 대책회의에 참여하게 되었다. 금융위의 새로운 대책들은 대부분 신용보증기금과 한국산업은행이 분담하는 상황이었다. 가끔 중소기업은행도 회의에 참석하긴 했지만 유가증권 시장에 상장된 중소기업은행에 주주들의 이익에 반하여 정책금융의 역할을 맡기는 것이 쉽지는 않았을 것이다. 몇 년 전까지만 하더라도 이런 상황에서 보증 정책은 기술보증기금이 신용보증기금과 어느 정도 분담해왔지만, 기술보증기금의 감독 권한이 중기부로 이관된 후부터는 사실상 규모가 큰 정책금융 고유의 역할은 신용보증기금과 한국산업은행이 양분해왔다.

처음 금융위와 대기업 지원 프로그램에 대해 협의하는 과정에서는 예전처럼 중견기업과 대기업이 발행한 회사채의 차환을 지원하는 회사채 신속인수제도를 재도입하면, 그때 우리가 참여하는 수준으로 이야기가 오갔다. 위기 상황에서 기업이 과거에 발행했던 회사채의 만기가 일시에 도래하면, 시장에서 물량을 소화하지 못하여 차환에 애를 먹는데, 그때 차환을 지원하는 역할을 해달라는 것이었다. 신용보증기금은 이미 2001년과 2013년 두 번에 걸쳐 회사채 신속인수제도를 운용했던 경험이 있다. 물론 그로 인해 큰 손실을 입은 적도 있어 재도입에 대해 걱정이 없는 것은 아니었다. 하지만 과거에 운용했던 만큼 정부에서 시장 안정을 위해 정책적으로 운용할 필요가 있다면 당연히 도입해야 했다. 우선은 소관 부서에 회사채 만기 도래 규모와 수요 파악 등 시장 상황을 검토하고 필요시 즉시 대응할 수 있도록 준비하라고 일러두었다.

사실 신용보증기금은 2000년부터 우리나라에서 가장 먼저 P-CBO보증을 도입해 운영해왔기에 기술적으로 큰 어려움은 없을 것으로 생각하고 있었다. 하지만 위기 대응 시 나의 원칙처럼 정책 수행을 하다가 기관이 위태로워져서는 안 되는 일이었다. 특히나 중견기업과 대기업에 대한 P-CBO보증은 규모가 중소기업에 대한 보증과는 비교도 되지 않을 만큼 크다. 어쩌다 큰 회사 하나만 부실화되어도 운용배수가 치솟게 된다. 아무리 긴급한 유동성 공급이 필요하다 하더라도 충분한 기본재산을 확보하지 않은 채 진행할 수는 없었다. 즉 예산 확보가 관건이었다. 만약의 경우를 대비해 추가 예산 없이 기존의 중소기업 지원 용도의 재원으로 중견기업 및 대기업에 대한 코로나19 P-CBO보증을 지원할 수 있을지 검토해보기도 했지만, 역시나 지원 규모를 고려하면 추가 예산 없이는 불가능한 상황이었다.

다행히 3월 중순부터 국회의 추경 심사가 진행되었다. 상황이 워낙 긴급하게 전개되다 보니 원래 수개월이 걸리던 예산 출연 심사가 단 며칠 만에 끝났다. 신용보증기금도 신속하게 합리적 수준의 예산을 요구해 추경을 받아야 했다. 담당 부서 직원들은 적정 소요 예산 산출과 요구자료, 코로나19 상황에 맞는 새로운 제도 설계로 눈코 뜰 새가 없었다.

금융시장 상황이 급격히 악화되면서 P-CBO보증 신규 도입에 대한 언론 보도가 나오기 시작했다. 노동조합도 사태를 주시하면서 직원들의 여론을 파악하고 담당 부서에 대책을 물었다. 대다수의 직원들은 과거 위기 때마다 신용보증기금이 담당했던 업무들을 잘 이해하는 것은 물론, 성공적으로 임무를 완수한 것에 대해 자랑스럽게 생각하고 있었다. 하지만 노동조합에서는 자칫 제도를 잘못 운용하여 대규모 손실이 발생하면 결국 기관의 존립을 걱정해야 하는 상황이 올 수 있다는 점을 우려하고 있었다. 직원들이 부담하게 될 엄청난 업무량도 노동조합이 예의주시하는 이유 중 하나였다.

신용보증기금 재정에 엄청난 부담을 주게 될 수 있는 중견·대기업 P-CBO보증을 도입하기 위해서는 각별한 대비가 필요하다는 데에 노와 사 모두가 공감했다. 실제로 과거에 있었던 손실이 다시 발생하지 않는다는 보장이 없으니, 대비책이 필요한 상황이었다. 이에 담당 이사와 부서장이 정부로부터 충분한 재원을 받을 수 있도록 최선을 다할 것이며, 제도를 꼼꼼히 설계하고 전문 인력도 충분히 투입해서 제도를 잘 운용하겠노라고 노동조합 측을 설득함으로써, 제도 도입을 확정할 수 있었다.

2020년 3월 17일, 국회에서 1차 추경이 확정되었다. 이로써 추경예산 2,400억 원이 신용보증기금에 출연되어 이를 재원으로 코로나19 P-CBO 보증 1조 7,000억 원을 공급하게 되었다. 나는 예산이 확정되자마자 한시라도 빨리 자금을 집행할 수 있도록 해달라고 담당 부서를 독려했다.

직원들은 과거에 중견기업과 대기업을 지원한 사례를 바탕으로 제도 도입을 준비하고 있었다. 하지만 과거 실무자들은 이미 그 자리를 떠나 다른 곳에서 근무하고 있었고 현재 담당자들은 생생한 현장 경험이 없었다. 당시 담당자들에게 연락하여 진행 과정상 문제점들을 파악해보려고 했지만, 기억에 의존하여 경험을 공유하는 데에는 한계가 따랐다. 그래서 담당 부서장에게 이번만큼은 반드시 '업무 일지'의 형태로 생생한 기록을 남겨,

다음 담당자들이 비슷한 시행착오를 겪지 않도록 하라고 지시했다. 다음에도 유사한 일이 반복될 가능성이 크기 때문에 후임자들을 위해 기록을 남겨야 한다는 것은 내 평소 지론이기도 하다. 지금 바쁘고 정신이 없지만 조금만 더 시간을 들여 남긴 기록들이 후배들에게는 아주 중요한 자산이 되며, 기록하는 직원들도 나중에 후배들로부터 갑자기 전화를 받고 희미한 기억을 더듬어야 하는 수고를 덜 수 있다.

정부는 1차 추경이 확정되자마자 다음 플랜을 준비했다. 1차 추경 확정일로부터 1주일이 지난 2020년 3월 24일에는 P-CBO보증 5조 원을 증액하는 방안을 발표했다. 그만큼 금융시장 상황이 심각했다. 4월 1일에는 은성수 당시 금융위원장이 신용보증기금 유동화보증센터를 방문하여 적극 행정에 대한 면책 공문을 전달하고 적극적인 업무 처리를 당부하며 신속한 지원을 독려했다.

이렇게 되니, 기존 조직으로 신속한 업무 처리가 가능할지 의문이 들었다. 그래서 전무이사에게 전문심사 인력으로 구성된 전담 조직 신설을 지시했다. 관련 업무 경험이 많은 직원들을 모아 '코로나19 대응 심사 전담반'을 꾸려, 코로나19 P-CBO보증 편입을 신청한 중견·대기업에 대한 심사를 전담하도록 한 것이다.

추경예산도 확정되고 금융위로부터 대기업 지원 등에 대한 운용지침도 받았지만, 이를 반영하여 내부적으로 이사회를 개최하고 각종 내규를 새로 만드는 절차도 만만치는 않았다. 일부 비상임이사들은 '신용보증기금이 무슨 대기업을 지원하느냐?'며 부정적인 의견을 피력하기도 했다. 하지만 위기의 심각성과 정책금융기관으로서의 역할을 설명한 결과, 결국 비상임이사들도 정부의 정책 방향에 동의하게 되어, 4월 말부터는 본격적으로 기업들의 자금 신청을 받을 수 있었다.

그런데 1차 추경 예산에 따른 P-CBO보증 공급이 시작되기도 전에 정부에서 추가 공급 계획을 발표했다. 당초 1조 7천억 원이던 계획을 6조 7천억 원으로 5조 원이나 확대한 것도 모자라, 얼마 지나지 않아 다시 5조 원을 더하여 총 11조 7천억 원이라는 공급 계획을 발표한 것이다. 적잖이 당황했지만 그만큼 시장이 빠르게 경색되고 있다는 의미로 받아들였다. 정부가 발표하는 어마어마한 규모의 지원 계획은 실제 공급이 이루어지지 않더라도 그 발표만으로도 시장을 안심시키는 이른바 '공표효과(announcement effect)'가 있다. 추경을 통하여 확정된 1조 7,500억 원이 P-CBO보증 시드머니로 확정되면서 시장에는 안심해도 좋다는 시그널로 작용했다.

코로나19 P-CBO보증이 시행되자 기다렸다는 듯이 많은 기업들이 자금을 신청했다. 특히 자동차부품 산업, 해운업, 영화관 운영업, 항공업, 레저관광업 등 코로나19의 직접적인 피해가 큰 기업들이 대거 자금 조달에 나섰다. 우리도 적극적으로 대처하여 유동성 부족을 겪고 있는 코로나19 피해기업들이 대부분 원하는 자금을 지원받을 수 있도록 노력했다.

얼마 후 날씨가 따뜻해지고 코로나 확진자 수가 줄어들면서 기업들의 실적도 조금씩 회복되고 금융시장도 빠르게 안정되었다. 반대로 코로나19 P-CBO보증에 대한 수요는 점점 줄어들었다. 국정감사에서 추경예산을 확정해준 국회의원들이 지원 규모가 예상에 못 미친다는 질책을 할까 걱정되기도 했지만, 금융시장 불안이 장기화되어 기업들이 자금난에 허덕이는 것보다는 낫다 싶었다.

그러나 코로나19는 만만한 상대가 아니었다. 계절이 바뀌고 추위가 찾아오자 2차 팬데믹이 시작되었다. 2021년에 들어서 백신 접종이 진행되며 그 기세가 다소 수그러드는가 싶더니, 2021년 하반기에는 확진자·위중증 환자·사망자 숫자가 모두 급격하게 늘어났다. 수출 실적이 호조세를 보이는 등 얼어붙었던 경기에도 온기가 찾아오리라 기대한 것도 잠깐이었을 뿐, 전염력 강한 '오미크론' 변이 확산으로 세계 경제는 다시 움츠러들었다. 코로나19로 인해 글로벌 공급망은 불안정해졌고, 원자재 물가, 소비자 물가 모두 상승하며 불확실성이 증폭되었다.

P-CBO보증 수요 감소를 걱정했던 것은 행복한 착각이 되어버렸다. 2021년에도 기업들의 신청은 이어졌다. 길게 내다보고 추경을 통해 재원을 마련해놓은 것이 천만다행이었다. 정부와 유기적인 협의를 통해 유례없이 단기간에 큰 규모로 P-CBO보증을 지원한 이번 경험은 신용보증기금과 우리 경제에 큰 자산이 될 것이다.

CP 차환 발행: 기업어음 매입을 통한 응급처치

신용보증기금은 2000년부터 P-CBO보증을 공급하고 있기는 해도 그 외에는 채권시장과 그리 큰 관련이 없는 편이다. 하지만 2020년 코로나19로 인한 금융시장 불안이 가중되면서 신용보증기금은 그간 해본 적이 없는 다양한 업무들을 경험하게 되었다. 그래서 가끔은 '정부가 우리 역량을 너무 과대평가하는 것이 아닌가?'라는 생각마저 들 정도였다.

정부가 2020년 3월 24일 발표한 「코로나19 관련 금융시장 안정화 방안」에는 기업어음(CP, Commercial Paper) 차환 지원 내용이 포함되어 있었다. CP는 신용 상태가 양호한 기업들이 담보 없이 단기차입을 위하여 발행하는 융통어음으로 통상 3개월이나 6개월짜리가 대부분이다. CP는 단기자금이기 때문에 금리조건이 회사채보다 유리해서 이용하는 기업들이 꽤 많다. 계속해서 차환(리볼빙)하는 번거로움이 있기는 하지만 낮은 금리를 향유하고자 하는 우량기업들이 많이 이용한다. 정상적인 금융시장에서는 주로 증권회사들이 매입을 해주기 때문에 3개월마다 차환하는 것이 어렵지 않았다. 하지만 금융 위기 상황에서 증권회사들이 CP를 매입해줄 자금이 고갈되면 CP 발행 기업들은 갑자기 유동성 흐름이 막혀 어려움을 겪게 된다. 라임자산운용과 옵티머스펀드 등 사모펀드의 환매 중단 사태도 시장 상황을 더욱 악화시켰다.

정부 발표 내용을 보면서 나는 빈틈없는 금융지원책을 마련했다고 생각했을 뿐, CP 차환에 우리가 참여하게 될 것이라고는 전혀 예상하지 못했다. 그간 단기금융시장과는 관련이 없었기에 CP 차환 지원에 참여할 일도 없었던 것이다. 그런데 어쩐 일인지 금융위는 정부 대책 발표 다음 날인 3월 25일 CP 차환 대책회의를 개최하면서, 우리에게도 참석해달라고 연락해 왔다. 금융시장의 상황이 신용보증기금을 회의석상으로 불러낸 것이었다. 결국 우리는 이 새로운 일에 참여하기 위해 다시 두 팔을 걷어붙이게 되었다.

4월 24일 제도가 시행되었으나 막상 CP 차환에 대한 수요는 제한적이었다. 기존에 CP를 발행한 기업들이 모두 차환에 어려움을 겪는 상황이 아니었고, 코로나19로 인한 피해 규모가 큰 일부 기업들이 CP의 차환 요청 여부를 놓고 저울질하고 있었기 때문이다. 유동성에 여유가 있는 기업들은 내부 유보 자금으로 CP를 상환하기로 결정하는 경우도 많았다. CP

차환을 신청할 경우 시장에서 정책금융기관까지 이용해야 할 정도로 기업의 자금 사정이 좋지 않다는 시그널로 인식될 수 있다는 평판 리스크에 대한 우려도 수요를 제한하는 요인으로 작용한 것 같았다.

결국 5월 초 최종적으로 4개 기업에 대한 3천억 원의 CP 차환 지원이 결정되었다. CP 시장은 주로 신용이 좋은 기업들이 이용해왔기 때문인지 4개 중 3개가 대기업 계열 회사들이었다. 당시 채권시장 상황이 워낙 불안정했기 때문에 기업별 발행금리의 유불리를 단정 짓기는 어려웠다. 다만 시장에서 발행 가능한 금리보다 미미하게 낮은 수준으로 지원됐을 것으로 추정된다. 당시 채권시장의 수요 부족도 해당 기업들이 프로그램에 참여하게 된 요인으로 작용했을 것이다.

6월 이후 본격적으로 여름에 접어들고 코로나19 확진자도 감소하면서 단기금융시장의 불안은 빠르게 진정되었다. 주식시장이 정상화되자 증권사들도 CP 매입을 위한 유동성을 확보할 수 있게 되었다. 곧이어 한국산업은행도 저신용 CP·회사채 매입기구를 출범시켰고, 신용보증기금의 P-CBO보증을 통해 장기자금으로 전환할 수도 있었기 때문에 CP 차환 프로그램의 수요는 거의 없는 상황이 되었다.

결과적으로 이 프로그램은 긴급한 시기에 응급처치로서 신속하게 작동하여 맡은 바 소임을 다한 것이다. 단지 코로나19 팬데믹이 장기화되고 있어 언제 다시 CP 차환 프로그램을 재가동해야 할지는 알 수 없다. 프로그램과 재원이 준비되어 있고 어렵게 얻은 1차 발행의 경험이 있어 2차 지원은 훨씬 수월할 것이다.

회사채 신속인수제도: 대기업 지원에 나서다

회사채 신속인수제도는 기업들이 기존에 발행한 회사채를 만기에 차환할 수 없는 경우 신용보증기금, 주채권은행, 증권업계가 공동으로 분담하여 차환 회사채 인수를 지원하는 제도이다. 회사채 시장이 정상적으로 작동하는 경우에는 필요가 없지만, 금융시장이 제대로 작동하지 않을 경우 도입의 필요성이 제기된다.

과거 신용보증기금은 두 번의 회사채 신속인수제도에 참여하여 대기업들의 회사채 차환을 지원한 경험이 있다. 2001년 처음 회사채 신속인수에 참여하였을 때는 인수채권의 70%를 신용보증기금이 책임졌다. 이후 2013년에 도입된 2차 회사채 신속인수 때에는 신용보증기금 책임분이 60%로 낮아졌지만 결과적으로 큰 손실을 떠안고 말았다. 당시 세계적으로도 경쟁력이 있었던 대기업 세 곳이 무너지면서 1조 원이 넘게 대위변제를 하게 된 것이다. 이로 인해 직원들의 기억 속에 회사채 신속인수제도는 어떤 경우에도 다시 참여하지 말아야 할 기피 대상으로 각인되어 있었다.

하지만 코로나19 팬데믹으로 인한 또 한 번의 경제 위기는 싫다고 거부할 수 있는 선택권을 용납해주지 않았다. 금융위는 2020년 2월 초 다양한 회사채 시장 정상화 계획 중 하나로 회사채 신속인수제도 도입에 대해 검토해줄 것을 요구해 왔다. 담당 부서 실무자들은 과거 손실을 언급하며 강하게 거부 의사를 밝혔지만, 3월 들어서 코로나19가 더욱 확산되면서 금융시장에도 짙은 그림자가 드리워지기 시작했다. 결국 제도 재도입을 전제로 실무적 검토를 시작하게 되었다.

내부 검토가 진행되는 동안 사태를 파악한 노조위원장이 곧바로 반대 성명서를 발표했다. 과거의 손실 규모와 그에 따른 심각한 후유증을 생각하면 당연한 반응일 수 있다고 여겨졌다. 담당 부서장으로부터 2013년 시행된 제도의 문제점에 대하여 보고받았다. 노조의 주장대로 지원 대기업의 부실화로 엄청난 손실을 입었던 것이 사실이었다. 그런 사례가 반복되지 않기 위해서는 철저한 준비와 제도 재설계가 필요했다.

나는 금융위의 제도 재도입 검토 요구의 중대성을 감안하여 전무이사에게 심층 실무회의를 통해 합리적인 결론을 도출해볼 것을 지시했다. 4월 13일, 전무이사는 전 임원과 주요 부서장이 참석하는 확대 간부회의를 개최하여 신속인수제도 도입 전반에 관해 논의했다. 회의 결과, 신용보증기금이 인수하는 위험에 대한 완화 장치를 철저하게 준비하여 참여하는 것으로 가닥을 잡았다. 나는 회의 결과를 보고받고 담당 부서장에게 종합적인 위험 관리 방안을 마련할 것을 지시했다.

리스크 규모가 큰 만큼, 회사채 신속인수제도 설계에 대한 참여 기관들 간 의견도 첨예하게 대립하게 되었다. 결국 금융위에서 중재에 나서는 일까지 벌어졌고, 그 결과 기업별 한도를 2,000억 원, 계열별 한도를 3,000억 원으로 설정하여 신용보증기금의 책임 상한선이 마련되었다. 최저 인수 가능 등급도 BBB-등급으로 설정하여 투기등급 인수를 제한했다.

또한 신용보증기금의 위험 분담을 과거 60%에서 50% 수준으로 낮추어 다른 참여자들의 도덕적 해이 발생 위험을 줄였다. 이 밖에도 편입기업의 후순위 인수비율을 과거에 운용했던 제도와 동일한 수준으로 유지하여 신청기업 스스로 일정 부분 위험을 부담하게 하여 책임경영을 유도하고자 했다.

4월 24일 오후 늦게 담당 부서장으로부터 최종적으로 참여기관 간 협약 내용의 협의가 완료되었다는 보고를 받고 최종 서명을 했다. 실무자들의 철저한 준비가 없었다면 회사채 인수 후에 과거와 같은 대규모 손실이 다시 발생할까 다리도 뻗지 못하고 자게 되었을 것이다. 나는 오랫동안 고생한 실무자들에게는 반드시 나중에 큰 보람을 느낄 것이라고 격려했다.

4장
신용보증기금의 사회적 가치 실현 노력과 성과

사회적 가치 실현을 위한 첫걸음

문재인 정부의 100대 국정과제 중 열두 번째 과제는 '사회적 가치 실현을 선도하는 공공기관'이었다. 사회적 가치란 말은 언뜻 추상적으로 들릴 수 있는데, 정부의 국정과제 소개 자료에는 그 개념이 조금 더 구체적으로 설명되어 있다. 요약하면, 인권·안전·환경 및 양질의 일자리 등 사회적 가치를 반영하여 공공기관 정책을 수립·시행함으로써 국민 전체가 누리는 사회적 편익을 늘리겠다는 것이다. 실제로 범정부 차원에서 사회적 가치 창출을 위한 인프라 구축과 금융지원 등의 정책을 추진하면서, 공공기관에서는 '사회적 가치'라는 말이 더 이상 낯설지 않은 용어가 되었다. 그리고 사회적 가치와 함께 '사회적 경제'라는 개념 역시 주목을 받으며, 고용 불안, 빈부 격차 확대, 지역 간 경제 양극화 등 기존 경제 체제에서 발생한 문제를 해결하기 위한 대안으로 제시되기도 했다.

공공기관의 설립 목적이 공익 추구인 점을 생각해보면, 사회적 가치는 공공기관과 당연히 밀접한 관계를 맺고 있다고 할 수 있다. 그렇다 보니 공공 부문에서 사회적 가치 실현을 위한 선도적 역할을 해줄 것을 요구하는 목소리가 점점 높아지는 것은 자연스러운 현상이다. 나 역시 공공기관이 사회적 가치 실현에 앞장서는 것이 맞는다는 생각에 이사장 취임 후 가장 중요한 경영 목표 중 하나로 사회적 가치 실현을 꼽았다.

신용보증기금은 2012년부터 사회적경제기업에 대한 보증 지원 제도를 최초로 시행한 이후, 2013년에는 협동조합, 2017년에는 마을기업과 자활기업에 대한 보증 지원 제도를 추가적으로 도입하여 금융 부문에서 사회적경제기업의 성장을 뒷받침해오고 있었다. 그러나 지원 규모는 2017년까지 연간 약 100억 원 수준에 머물렀고, 보증 지원 외에는 별다른 체계화된 사회적 가치 창출 기반이 없던 것이 사실이다.

그래서 취임 후 수립한 「신보 혁신 5개년 계획」에 '사회적 가치 기반의 공공서비스 창출'을 3대 전략 목표 중 하나로 설정했다. 이어서 '사람을 생각하는 금융, 가치를 더하는 신보'라는 사회적 가치 부문 비전과 '국민이 공감하는 사회적 가치 실현 선도기관'이라는 목표를 담은 사회적 가치 추진체계를 마련했다. 그리고 이를 전사 경영전략체계와 연계하여 '신보형 사회적 가치'를 창출하기 위한 밑그림을 완성했다. 컨트롤 타워로 사회적 가치 추진위원회(이하 이 장에서 '위원회')를 구성했고, 자문기구와 협의기구도 설치했으며, 실행 조직인 사회적 가치 추진센터도 본점에 신설했다. 또한 사회적 경제 활성화를 위해 전국 8개 영업본부에 사회적 경제팀을 신설하여 사회적 기업들을 현장에서 밀착 지원할 수 있는 전국적인 네트워크도 갖췄다.

위원회는 위원장을 비롯한 외부 위원 4명과 내부 위원 5명으로 구성했는데, 다양한 분야의 전문적인 의견을 수렴하고자 사회적 가치 관련 단체, 학계, 기업, 연구기관 등에서 전문가들을 초빙했다. 위원장으로는 국제 사회적 경제 협의체(Global Social Economy Forum, GSEF) 공동의장을 맡고 계시던 송경용 신부를 위촉했으며, 국회 저출산·고령화대책특별위원회 자문위원인 송치승 교수, 한국공정무역협의회 이미영 이사, 정책연구소 LAB2050 이원재 소장도 위원으로 참여해주었다. 위원회는 컨트롤 타워로서 사회적 가치 추진 계획 수립, 실행, 점검 등 사회적 가치 추진 활동 전반에 걸쳐 올바른 방향과 방법을 제시함으로써 목표를 향한 순항에 큰 힘이 되었다. 또한 후에 신용보증기금이 ESG경영을 본격적으로 도입·추진하면서 'ESG추진위원회'로 확대 개편되어 ESG경영의 컨트롤 타워 역할을 수행하게 되었다.

사회적경제기업 지원 선도기관

5,000억 원. 신용보증기금이 2018년부터 2022년까지 5년 동안 사회적경제기업에 공급하기로 계획한 보증 규모이다. 사회적경제기업은 설립 목적과 사업 성격상 상업적 이익을 추구하는 일반적인 기업과 상이한 면이 많다. 그럼에도 불구하고 금융권에서 일반 기업과 동일한 잣대로 금융 심사를 하다 보니, 사회적경제기업들은 자금 조달에 어려움을 겪기 일쑤였다. 이런 사회적경제기업과 금융권을 매개하는 것이 신용보증기금의 임무였다. 어떤 일이든 자금이 부족하면 동력을 잃게 마련이기에, 사회

적 가치를 좇는 사회적경제기업이 충분한 자금 조달을 통해 그들이 지향하는 사회적 가치를 창출할 수 있도록 돕고자 신용보증을 적극 공급하기로 한 것이다. 실제로 2017년에 158억 원에 불과했던 사회적경제기업에 대한 보증 공급액은 2018년에 1,077억 원으로 급증한 데에 이어, 2019년에는 1,609억 원, 2020년에는 1,655억 원, 2021년에는 1,803억 원으로 증가세를 이어갔다. 특히 일반적인 신용보증뿐만 아니라, P-CBO보증, 보증연계투자 등 다양한 방식의 지원을 통해 사회적경제기업의 성장에 기여하고자 노력했다.

신용보증 지원 규모를 늘리며, 직접 사회적경제기업들을 자주 접하다 보니, 장기적으로 사회적경제기업의 금융권에 대한 접근성을 높일 필요성이 있다는 생각에 이르렀다. 주변의 이야기를 들어보니, 금융권에서는 일반 기업과 다른 표준 평가 시스템이 필요하다는 의견이 제시되었다.

마침 사회적금융협의회에서는 「사회적 금융 활성화 방안」을 발표하며, '표준 사회적 성과 평가체계 구축'을 과제로 선정해 추진해나가기로 했다. 이에 신용보증기금이 해당 시스템을 개발하기로 했다. 정책금융기관 중에 사회적경제기업에 대해 가장 많은 심사를 한 경험과 기존의 기업 평가 시스템과 노하우를 보유하고 있는 선도기관이 맡아서 추진하는 것이 바람직하다고 생각했기 때문이다. 연구용역 과정을 거쳐 2019년에 개발을 마친 사회적경제기업 평가 시스템은 사회적경제기업으로서의 부합성과 금융지원의 타당성이라는 기준을 바탕으로 총 10개 등급(SV*1~10등급)으로 사회적경제기업을 평가한다. 특히 사회적경제기업의 특성을 고려하여

---

*   Social Value를 의미.

평가 대상의 지배구조를 기준으로 일반형과 협동조합형으로 평가모형을 이원화했다.

새로운 시스템을 적극적으로 활용하여 신용보증을 지원하는 것은 물론, 2020년 4월부터는 기관별 수요에 맞게 활용할 수 있도록 웹 기반 플랫폼을 통해 시스템을 개방했다. 이에 마치 기다렸다는 듯이 14개 기관이 여신심사에 활용하겠다고 나섰다. 이 플랫폼은 단순히 사회적경제기업 지원을 위한 등급 산출이라는 용도를 넘어, 이를 이용하는 사회적경제기업들의 다양한 데이터를 수집함으로써 향후 빅데이터를 기반으로 한 사회적경제기업 지원 정책 수립 등에도 큰 도움이 될 것으로 기대된다.

금융 지원 외에, 사회적경제기업 특성에 맞춰 비금융 지원 서비스도 제공했는데, 영세한 창업 초기 사회적경제기업들이 안정적인 기반에서 사업할 수 있도록 다양한 컨설팅 서비스를 지원한 것이 대표적인 예이다. 이런 노력에는 우리가 직접 사회적 가치를 창출하는 것도 중요하지만, 민간 부문에서 사회적 가치를 창출하는 다양한 주체들을 육성하여 성공 사례를 만들어 사회적 가치에 대한 인식과 사회적경제기업의 저변을 확산시키겠다는 생태계 조성자로서의 포부도 담겨 있었다.

사회적 가치 역시 사용자 경험이 중요

신용보증기금이 사회적 가치 실현을 선도하는 기관이 되기 위해서는 먼저 임직원들에게 사회적 가치가 내재화되어야 한다는 것이 내 지론이었다. 기관 명의로 특정 단체에 기부하는 것도 의미 있는 사회적 가치 창출 활동이지만, 이런 활동은 한계도 명확하다. 사회공헌활동을 하는 많은 이들은 내가 누군가에게 도움을 주었다는 사실에서 얻는 뿌듯함으로 활동을 지속적으로 해나가게 마련인데, 단순한 기부 활동은 그런 느낌이 약하다. 흔히 말하는 사용자 경험(User Experience, UX) 측면에서 빈약하다 보니 경험이 다시 새로운 시도를 만드는 선순환 구조를 구축할 수 없는 것이다.

그래서 사회공헌활동 담당 부서에 작은 일이라도 임직원 참여도를 높일 수 있는 활동 위주로 추진하자는 방향성을 제시했다. 이런 관점에서 새로운 아이디어를 모았고 이는 새로운 형태의 사회공헌활동으로 이어졌다. 전국의 영업본부별로 사회적경제기업과 공동으로 사회공헌활동을 펼쳤고, 1영업본부 1촌(村)·1영업본부 1전통시장 자매결연 맺기, 1인 1나눔 계좌 갖기 운동, 저체온증 위기의 개발도상국 신생아를 위한 털모자 뜨기 운동 등이 추진되었다.

중소기업 종합지원기관으로서 중소기업들과 사회적 가치의 의미를 공유하고 함께 힘을 모아 확산시킬 수 있는 방법도 모색했다. 묘안을 고민하던 중 '지역사회공헌 인정제'에 대해 알게 되었는데, 이 제도는 보건복지부와 한국사회복지협의회가 공동으로 주관하여 지역사회를 위해 공헌한 기업과 기관을 발굴하고 그 공로를 인정해주는 제도이다. 우리 사회가 안고 있는 다양한 사회문제를 해결하기 위해 오랫동안 묵묵히 헌신해온 기업들이 보람을 느끼게 될 수 있고, 이는 곧 그들의 지속적인 사회공헌 활동의 동력이 될 수 있겠다는 생각이 들었다. 2019년 8월, 이 제도의 성공적인 정착을 위한 첫 번째 협력자가 되고 싶다는 생각을 보건복지부와 한국사회복지협의회에 전달했다. 이내 3자 간의 지역사회공헌 인정제 활성화를 위한 업무 협약 체결로 이어졌다. 협약식에 참석한 김강립 당시 보건복지부 차관과 서상목 한국사회복지협의회 회장에게 지역사회공헌 인정기업에 대해서는 신용보증기금에서 각종 지원 시 우대 혜택을 제공하기로 약속했다.

이러한 노력을 인정받아 신용보증기금은 2019년 12월에 우수 지역사회공헌 인정기업으로 선정되어 보건복지부 장관상을 수상하기도 했다. 2020년에는 고객 기업들을 대상으로 지역사회공헌 인정 제도에 대한 홍보 활동을 전개했다. 304개의 기업으로부터 인정 신청을 받아, 59개 기업을 추천하였고 이 중 39개 기업이 지역사회공헌 인정기업으로 선정되었다. 이는 전체 265개 인정기업 중 14.7%에 해당하는 수치이며, 중소기업으로만 한정할 경우 우리가 추천하여 인정을 받은 중소기업 수가 전체 인정 중소기업의 42.4%에 달했다. 고객 기업 중에 지역사회공헌이라는 가치에 대해 우리와 같은 뜻을 지닌 기업들이 많다는 사실에, 그리고 이런 기업들이 인정 제도를 통해 보람을 느낄 수 있게 해준다는 것에 뿌듯함이 배가되었다.

지역과 함께 만드는 사회적 가치

2014년부터 대구로 본점을 옮긴 신용보증기금은 내가 취임한 2018년에 이미 대구혁신도시의 터줏대감 같은 존재감을 드러내며, 혁신도시 내 공공기관들과 함께 협업을 통해 다양한 사회적 가치 창출 노력을 기울여오고 있었다. 내가 취임한 이후에도 정부에서 제시한 13개의 사회적 가치 요소들과 연계하여 사회공헌 사업을 활발하게 추진했는데, 그중 대표적인 사회적 가치 요소와 그 관련 사례 세 가지를 소개하고자 한다.

첫 번째 사회적 가치는 '안전'이었다. 안전의 분야는 광범위하겠지만, 특히 아이들의 안전에 초점을 맞췄다. 아프리카에 "한 아이를 키우려면 온 마을이 필요하다"라는 속담이 있는데, 한 아이가 온전하게 성장하기 위해서는 지역사회 전체가 노력해야 한다는 뜻이다. 우리 사회의 미래인 아이들의 안전이야말로 지역사회가 앞장서 추진해야 하는 일이다. 어떤 활동이 가장 도움이 될 수 있을까 궁리하던 차에 나와 같은 생각을 갖고 있는 지역기관들과 연이 닿았다. 이심전심으로 일은 일사천리로 진행되었다. 2020년 10월에 대구 동구청, 대구 동부경찰서, 대구 동구 청소년상담복지센터와 함께 '지역사회 아동·청소년 안전 환경 조성을 위한 업무협약'을 체결하게 된 것이다. '셉테드(CPTED)'* 사업을 중점적으로 추진하기로 뜻을 모았는데, 그 일환으로 지역 내 아동·청소년 범죄 취약 장소에 1388 청소년 전화 등을 홍보하는 로고젝터**를 시범적으로 설치한 것이 그 첫 단추였다. 어찌 보면 그렇게 크지 않은 사업이라고 할 수도 있는데, 아이들의 안전을 생각하는 마음에 대해 지역사회에서 고마움을 거듭 전해왔다.

두 번째 사회적 가치는 '사회 통합(사회적 약자 배려)'이다. 이 가치를 실현하기 위해 지역 내 취약계층이라 할 수 있는 분들을 위한 다양한 인적·물적 지원을 실천해나갔다. 신용보증기금 대학생봉사단과 연계한 어

---

*   Crime Prevention Through Environment Design. 범죄 예방 환경 설계기법으로 도시나 건물을 설계할 때 사각지대를 없애는 등 범죄에 이용될 만한 요소를 최소화하는 것.

**   특정 로고나 전달 메시지를 LED조명을 활용하여 지면에 투영하는 장치.

린이 금융 교육, 독거 어르신을 위한 장수사진 촬영, 지역 아동 연합 발표회 등 함께 호흡할 수 있는 사회공헌활동이 대표적인 사례이다. 특히 2020년은 코로나19, 집중호우 등의 재난으로 유난히 사회적 약자 계층이 더 큰 고통을 받은 한 해였다. 신용보증기금은 신속하게 피해 기업들에게 특례보증을 공급했는데, 특히 대구·경북 지역이 코로나19 확산 때문에 특별재난지역으로 선포되었을 때 3,000억 원 규모의 보증 지원을 통해 지역 기업과 지역 경제의 충격을 완화시켰다. 나와 임원들은 급여 일부를 반납하여 모은 4,500만 원을 대구사회복지공동모금회에 기부하기도 했다.

마지막 사회적 가치는 '공동체'이다. 양극화는 개인과 개인의 갈등 요인이 되기도 하지만, 나아가 우리 사회에서 공동체가 파괴되는 현상으로 이어지기도 한다. 신용보증기금이 지역공동체의 일원으로서 무엇을 할 수 있을까 고민하던 차에 대구시에서 전개 중인 '담장 허물기 사업'을 알게 되었다. 1996년에 시작된 이 사업은 2019년까지 공공·민간 부문 총 1,009개소의 담장 33.5km를 허물어 가로공원 등을 조성하는 성과를 거둬왔다. 여기에서 영감을 얻어 신용보증기금 본점 시설 개방을 통해 지역사회와의 심리적 담장을 허물고자 했다. 지역 배드민턴 동호회 등을 위해 실내 체육관과 대강당 개방을 확대했고 신용보증기금 어린이집에서도 지역 아동 정원을 늘렸다.

2020년 11월에는 직원들의 기숙사 '청림재' 옥상에 지역사회를 위한 태양광 발전시설을 설치했다. '햇빛발전소사업'이라고 명명된 이 사업은 공공기관이 발전소 부지를 제공하고 지역 주민들로 구성된 협동조합이 발전 시설을 설치하는 사업이다. 신용보증기금에서 청림재 건물 옥상을 안심에너지협동조합에 임대하여 태양광발전시설을 설치했는데, 여기에서 발생하는 발전 수입 연 2,100만 원가량은 지역 사회와 공익사업을 위해 활용된다. 이 사업은 공공기관이 앞장선 민·관·공 협력 선도 모델로서 2020년 기획재정부 주관 21대 우선과제로 선정되어, 공공 부문의 지역상생 활성화와 지역자산화 사업의 확산에도 기여할 것으로 기대된다.

ESG경영의 물결

앞서 언급한 대로 공공기관의 사회적 가치 실현은 국정과제로서 공공 부문에서 지속적인 화두였고 관심의 대상이었다. 그런데 2020년에 들어서면서, 사회적 가치와 큰 틀에서 궤를 같이하지만 그 적용 범위를 보다 구체화한 'ESG경영'이 전 세계적인 기업 경영의 화두로 급부상했다. 환경(Environment), 사회(Social), 거버넌스Governance의 이니셜을 모아 만든 이 개념은 코로나19라는 상황과 어우러지며 짧은 시간에 글로벌 트렌드로 자리 잡게 되었다. 추상적인 개념에 그칠 수도 있는 세 가지 가치였지만, 블랙록Black Rock으로 대표되는 글로벌 투자회사들의 투자 기준이 되면서, 글로벌 기업들의 ESG경영 발걸음은 재빨라지고 있었다.

이 같은 ESG의 물결은 이내 공공 부문까지 밀려왔다. 그런데 ESG경영이 대두된 초창기이다 보니 그에 대한 관심은 커지고 논의도 늘었지만, 기업별로 각 가치를 기업 경영에 어떻게 반영할지에 대해서는 다소 갈팡질팡하는 분위기였다. 나 역시 ESG경영의 중요성에 대해서는 일찌감치 인지하고 있었지만, 이는 단순히 몇 가지 과제만 이행하면 끝나는 단기적인 과제가 아니었다. 특히나 공공 부문에서의 ESG경영은 투자 유치와 직결되는 민간 부문과는 다르기에, 그와 차별화된 시각으로 접근해야 한다고 생각했다. 그래서 먼저 우리가 발을 딛고 있는 상황에 맞춰 E, S, G를 각각 재정의하여 로드맵을 그려보되, 트렌드의 도입기인 만큼 환경 변화를 예의주시하며 유연하게 대응해나가기로 했다.

사실 신용보증기금은 공공기관으로서 사회적 약자인 중소기업을 지원하는 것이 본연의 업무이기에 기관의 존립 자체가 사회적 가치를 목적으로 하고 있다. 그뿐만 아니라 앞서 언급한 바와 같이 사회적경제기업에 대한 지원도 꾸준히 해왔으며, 다양한 직원 참여형 사회공헌활동 등을 통해 사회적 가치를 창출해왔다. 또한 신·재생에너지나 녹색 산업 분야에 대한 지원 제도를 통해 환경 정책에 기여하고 있었으며, 투명·윤리경영을 강화하는 등 공공기관으로서 지속가능경영을 추구해오고 있었다.

ESG경영의 흐름을 지켜보니, '찻잔 속 폭풍'에 그칠 현상이 아니라는 판단이 섰다. 정부에서도 민간과 공공 영역 구분 없이 ESG경영을 독려하는 분위기가 감지되었다. 세 가지 가치를 중심으로 하는 기관 차원의 로드맵을 마련하고 전담 조직을 설치하여 능동적으로 대응할 필요가 있다는 생각이 들었다. 이에 기존에 수행하고 있던 업무들을 ESG의 관점에서 재분류하고 ESG경영을 촉진시키기 위한 아이디어를 모아보기로 했다. 기존의 '사회적가치추진센터'와 '사회적가치추진위원회'도 각각 'ESG추진센터'와 'ESG추진위원회'로 확대 개편했다.

ESG추진위원회 외부 위원 명단

성명	소속 및 직위	주요 경력	비고
송경용	한국사회가치연대기금 이사장	現) 한국사회가치 연대기금 이사장 前) (사)나눔과미래 대표	위원장
윤영미	녹색소비자연대 전국협의회 공동대표	現) 2050탄소중립위원회 위원 前) 한겨레신문사 출판국 편집장	
송치승	원광대학교 경영학 교수	現) 한국경영사학회 이사 前) 한국증권연구원 연구위원	
황세운	자본시장연구원 연구위원	前) 자본시장연구원 자본시장실장 前) 상명대 금융경제학 조교수	
이원재	정책연구소 LAB2050 대표	前) 저출산고령사회위원회 위원 前) 한겨레경제연구소 소장	
김영덕	디캠프-프론트원 센터장	前) 롯데액셀러레이터 사업 총괄 사장 前) 인터파크게임즈 사장	

*위원별 現 경력사항은 위원회 구성 당시 기준임.

먼저 ESG추진센터에서는 ESG경영 중장기 로드맵으로 「ESG 종합추진계획」을 세우기로 했다. 내가 센터에 주문한 것은 「신보 혁신 5개년 계획」과 마찬가지로 우리 내부 입장이 아닌, 국민과 시장의 관점에서 필요한 사항에서부터 시작하라는 것이었다. 자가당착을 피하고 계획의 이행을 통한 이익을 국민들이 누리는 것이 마땅하기 때문이다. 이는 ESG의 G, 즉 거버넌스와도 관련이 있다. ESG경영을 주창하면서 기관에서 자기 입맛에 맞게 독단적으로 로드맵을 수립하는 것 자체는 앞뒤가 맞지 않았다.

이러한 방향성에 입각하여 '국민생각 공모'를 통해 국민들의 아이디어를 수집했고, ESG추진위원회의 외부위원들을 비롯한 다양한 외부 전문가들도 직접 찾아가 의견을 들었다. 또한 ESG경영 로드맵의 방향에 대한 적합성과 타당성을 모색하기 위해 학계에서 ESG 분야에 정평이 난 교수진에게 연구용역을 의뢰하기도 했다. 내부적으로는 본점 팀장들로 구성된 미래전략협의체, 부서장 간담회, 온라인 설문조사 등을 실시하는 한편, 'ESG경영 확산을 위한 특별 업무 제안'을 실시하여 내부 의견을 수렴하고 공감대 확산을 유도했다.

그 결과 2021년 7월 「신보형 ESG 종합추진계획」이 완성되었다. 이 계획에서는 '신보형 ESG'를 '신용보증기금의 고유한 업業을 원천으로 E(환경), S(사회), G(지배구조)가 균형을 이루며 가치를 더해가는 신新 성장 전략 체계'라고 정의했다. 그리고 임직원 선호도 조사를 통해 '사람을 생각하는 금융, 가치를 더하는 ESG 신보'를 ESG경영의 비전으로 제시하였고, E, S, G, 분야별 전략과제도 선정했다. 끝으로 ESG경영의 지속가능성과 효과성을 높이기 위해서는 내부 기반 확충이 필요하다는 내 의견을 반영하여 ESG 조직문화 조성과 인프라 구축 내용도 로드맵에 추가되었다.

신보형 ESG 종합추진계획 비전 체계 개요

비전		사람을 생각하는 금융, 가치를 더하는 ESG 신보
전략 과제	환경 책임(E)	·탄소중립·녹색금융 지원 강화 ·친환경 기업 육성 전략 추진 ·친환경 업무 프로세스·인프라 구축
	사회적 책임(S)	·사회적경제 금융지원 고도화 ·고용의 질 개선 기반 구축 ·일자리 창출 여건 조성 ·안전 중심 경영기반 구축 ·포용적 금융지원 강화

전략 과제	지배구조 (G)	·고객 중심 디지털 대전환 추진 ·ESG 거버넌스 확립 ·클린·공정 경영 시스템 마련 ·협력 기반 경영활동 강화
ESG 기반 확충		·ESG 조직문화 조성 ·ESG 인프라 구축

「신보형 ESG 종합추진계획」 수립 후에는 전 임원과 전국에 있는 200여 명의 본부점장들과 비대면 'ESG경영 선포식'을 개최하여 ESG경영에 대한 인식을 환기시켰다. 그리고 인트라넷을 통해 전 직원이 'ESG경영 참여를 위한 실천 서약서'에 서명함으로써 '기후행동', '사회적 가치', '투명한 의사결정', '중소기업 동반성장'에 앞장설 것을 다짐했다.

ESG추진센터에서는 ESG경영에 대한 내부 공감대를 확산시키기 위해 '나부터, 지금부터'라는 캐치프레이즈를 내걸고 'now-ESG 프로젝트'를 진행했다. 프로젝트의 시작과 함께 먼저 직원들의 ESG 실천 수준 자가진단을 실시하여 경각심을 일깨웠고, 작은 생활 속 실천부터 함께해보자는 취지로 종이컵 사용 줄이기부터 함께 도전했다. 세척이 귀찮아서 텀블러를 사용하지 않는 직원들을 위해 스타트업에서 개발한 텀블러 세척기를 본점 각 층에 설치했고, '서랍 속 텀블러 꺼내기' 캠페인의 일환으로 'ESG 커피차' 이벤트*도 개최했다.

개인적으로는 ESG경영에 대한 트렌드와 지식 습득, 협력 네트워크 구축을 위해 환경재단과 국내 언론사에서 개설한 'ESG리더십 과정'에 참여했다. 다양한 분야의 최고경영자급 인사들이 참석한 과정으로 최근 ESG경영에 대한 높은 관심을 확인할 수 있었고, 원우들의 추천으로 내가 2기

---

* 텀블러 등 개인 컵을 커피차로 가지고 오면, 무료로 커피나 차를 제공하는 이벤트.

원우회장으로 선출되기도 했다. 과정 참석자들은 수료 후에도 논의와 교류를 이어가기 위해 'ESG 포럼'을 발족시켰는데, 나 역시 포럼에 꾸준히 참여하며 ESG경영 관련 지식과 최신 트렌드를 익히고 ESG경영을 위한 기관 간 협력 네트워크를 구축할 수 있는 기회로 활용했다. ESG경영의 도입 초기인 점을 고려할 때, 벤치마킹할 수 있는 사례 공유 등 기관 간 협력이 중요하다고 생각되었기 때문이다.

ESG경영 트렌드는 알고 있으나 무엇을 해야 할지 어려워하는 중소기업들을 위한 가이드북도 제작했다. ESG경영과 관련된 필수 기본 지식과 핵심 이슈 등을 쉽게 이해할 수 있도록 책자로 제작하여 영업 조직을 통해 기업들에 전달했고, 홈페이지에도 파일을 게시하여 쉽게 활용할 수 있도록 했다. 지금까지는 대기업 위주로 ESG경영이 도입되고 있지만, 우리나라의 대기업과 중소기업의 협력 관계와 글로벌 가치사슬을 생각한다면 ESG경영이 머지않아 중소기업에도 중요한 이슈가 될 것으로 예상되었기 때문이다.

산업 분야에서 4차 산업혁명이 기술 혁신을 촉발하고 있듯이, 앞으로 기업 경영 분야에서는 ESG경영의 물결이 기업 경영 혁신의 '이그나이터 igniter'가 될 것으로 보인다. 적잖은 공공기관들이 앞다투어 ESG경영을 선포하며, 그동안 상대적으로 소홀하게 여겼던 새로운 가치에 관심과 역량을 집중하고 있다. 경영 환경의 변화에 기민하게 대처하기 위한 노력이라는 점에서 과거 '복지부동'의 아이콘처럼 여겨지던 공공기관의 이미지를 생각하면 고무적이다. 다만, ESG경영의 목적지는 결국 '공익'이라는 공공기관의 최우선 가치라는 사실을 인식했으면 하는 것이 나의 바람이다. 환경(E) 보전, 사회(S) 기여, 지배구조(G) 개선을 통한 투명성 확보라는 가치는 결국 우리가 과거 '사익'을 우선시하며 배제했던 '공익적' 가치를 회복하기 위한 것이라고 할 수 있기 때문이다.

'색깔 있는' 보증

E, S, G 중에서도 최근 가장 큰 관심을 받는 분야는 E, 즉 환경 분야인 것 같다. 1천 년 만의 대홍수를 겪은 서유럽, 잇따른 산불을 겪은 캐나다와 미국, 극심한 가뭄과 한여름의 한파를 겪은 브라질, 알래스카보다 추운 텍사스, 해수면 상승으로 수도를 이전하는 인도네시아. 이 밖에도 빈발하는 이상 기후 현상과 그로 인한 자연재해 등의 소식을 접하다 보면, 이제 더 이상 이런 일들이 결코 '이상한(abnormal)' 현상이 아닐 수도 있겠다는 생각마저 든다.

기후 문제는 리우회의, 교토의정서, 발리회의, 파리협정 등을 통해 오래전부터 전 세계적으로 인식을 공유해온 이슈이다. 그럼에도 일부 국가들이 먼 훗날의 문제인 기후보다는 눈앞의 개발과 성장을 우선시하여 행동이 인식을 따라가지 못한 면이 있다. 하지만 각국에서 탄소중립을 선언하고, 굴지의 글로벌 기업들이 ESG경영을 본격적으로 추진하면서 최근 논의가 활발하게 진행되고 있다.

우리나라에서도 한국판 뉴딜의 한 축으로 그린뉴딜이 포함되며 녹색산업에 대한 금융지원의 필요성이 강조되었고, 정부에서는 2020년 8월 민관 합동으로 '녹색금융 추진 TF'도 출범시켰다. 이어 2020년 12월에는 「2050 탄소중립 추진전략」을 발표하면서 우리 사회에서 기후, 환경, 녹색금융 등에 대한 논의는 한층 더 뜨거워졌다.

사실 우리나라에서도 기후 문제는 비단 최근의 이슈만은 아니다. 이미 2010년 1월에 「저탄소 녹색성장 기본법」이 제정되었으며, 이를 기반으로 저탄소 녹색성장 국가전략, 녹색성장위원회, 녹색기술과 녹색산업에 대한 육성 및 지원책 등도 마련되었다. 그리고 이 법률에는 "신용보증기금은 녹색기술·녹색산업에 우선적으로 신용보증을 하거나 보증조건 등을 우대할 수 있다"라는 조문도 포함되어 있다. 이에 따라 신용보증기금에서는 녹색기술 인증 기업과 친환경 기업을 위한 우대 제도를 마련했고, 대기업·한전 등과 협약을 체결하여 특별 보증 상품을 도입하기도 했다.

통상 녹색성장을 지원하는 일체의 금융 활동을 '녹색금융'이라고 일컬어왔는데, 의미가 포괄적인 데다 정책적 지원이 집중되다 보니 일각에서는 '무늬만 녹색 아니냐?'는 냉소적인 비판도 제기되었다. 하지만 녹색금융이 엄연히 10여 년간 녹색성장을 지원해온 '지속가능한 금융'으로서 그 역할을 해온 것은 부인할 수 없다. 그리고 최근 탄소중립 정책이 본격화됨에 따라 녹색금융은 새로운 전기를 맞게 되었다. 기존의 녹색금융이 환경 전반에 걸쳐 포괄적이었다면, 이제 '기후금융'으로, 더 좁은 의미로는 '탄소금융'으로 대상이 구체화되었다.

정책금융기관으로서 신용보증기금도 이러한 변화에 대응하는 과제를 안게 되어 고심하던 중에 산업통상자원부에서 신재생에너지 기업에 대한 금융지원 방안에 대한 협의를 요청해왔다. 한국에너지공단, 신용보증기금, 기술보증기금과 함께 신재생에너지 활성화를 위한 지원 방안을 마련하고 싶다는 것이었다.

사실 신재생에너지 산업은 탄소 저감 기여도는 높지만, 발전 시장의 수익성 악화 등으로 관련 기업들의 신용도는 떨어졌다. 일례로 태양광 발전 기업이 현물시장에 팔 수 있는 신재생에너지 공급 인증서(Renewable Energy Certificates, REC) 가격은 2017년에 12만 3천 원에 거래되던 것이 2021년에는 2~3만 원대로 폭락했다. 기존 기업들은 불안한 수익성으로 위태로운 상황이었고, 새로운 기업이 섣불리 시장에 진입하는 것도 쉽지 않았다. 산업과 기업에 대한 심사를 통해 보증을 지원하는 보증기관의 입장에서는 이러한 시장 상황을 잘 알고 있었기 때문에 정책적 타당성만으로 이런 기업들을 지원하는 것이 부담스러울 수밖에 없었다.

그럼에도 불구하고 정책금융기관으로서 탄소중립 정책에 반드시 필요한 사안을 앞에 두고, 리스크만을 핑계로 발을 뺄 수는 없는 일이다. 보증기관마저 나서지 않으면 관련 기업들의 자금 조달은 요원해질 수밖에 없기 때문이다. 그래서 담당 부서에는 산업통상자원부의 요청을 수락하되, 시장 상황을 제도에 반영하여 신재생에너지 산업과 관련 기업들에게 실질적인 도움이 될 수 있도록 해줄 것을 당부했다.

우리가 참여 의사를 밝히자 산업통상자원부에서는 산업통상자원부 고시[*]를 개정하여, 해당 사업을 "녹색보증사업"으로 정의하고 시행기관으로 신용보증기금, 기술보증기금, 한국에너지공단을 지정했다. 아울러 해당 산업에 대한 지원이 원활하게 이뤄질 수 있도록 별도 계정 설치를 의무화하고 운용배수(출연금의 7배)를 규정함으로써 사업 수행 기반을 마련해주었다. 사업 주체인 신용보증기금, 기술보증기금, 한국에너지공단은 2021년 3월에 「녹색보증사업 도입을 위한 업무 협약」을 체결하여 신재생에너지

---

[*] 「신·재생에너지 설비의 지원 등에 관한 규정」

기업에 대한 금융지원 협력체계를 구축하며 사업 추진을 위한 밑그림을 그렸다. 한국에너지공단에서 추천한 중소·중견기업에 대해 보증기관에서 우대 조건의 보증을 지원하는 것이 사업의 골자였다.

앞서 언급한 대로 신재생에너지 시장의 리스크 등으로 기존의 기업평가나 심사체계로는 보증 지원이 원활하게 이뤄지지 않을까 우려되었는데, 이를 보완하기 위해 담당 부서에서는 별도의 평가 시스템을 마련했다. 기존 평가 시스템과 마찬가지로 기업 신용도와 미래성장성을 평가하되, 신청 기업의 '기후기술' 평가를 통해 사업 취지에 부합하는 기업에 지원이 이뤄질 수 있도록 설계한 것이다. 이로써 기업이 보유한 온실가스 감축 기술의 수익성, 환경 개선 정도 등이 우수한 경우에는 신용등급이 다소 낮더라도 지원이 가능해졌다. 탄소저감 인프라 확대를 위해 보증한도 역시 중소기업은 최대 100억 원, 중견기업은 최대 200억 원으로 설정하여 여타 보증 상품에 비해 파격적으로 우대했다.

녹색보증의 취지와 정부의 의지, 그리고 기관의 ESG경영 추진 방향 등을 고려하여 전담 조직도 신설했다. 전국 8개 영업본부에 ESG보증팀을 만들어 녹색보증을 전담하도록 했고 전문성이 요구되는 중견기업에 대한 신용조사와 심사는 전문심사센터에서 담당하도록 했다. 계정 신설에서부터 내규 제정, 조직 체계 신설까지 불과 석 달 만에 완비되었다. 사실상 하반기가 되어서야 본격적인 보증 공급이 이뤄질 수 있었던 상황이었음에도, 출연금(250억 원)에 운용배수(7배)를 적용한 1,750억 원을 그해 말까지의 목표로 정했다. 전담 조직에서 적극적으로 움직여준 덕분에 11월에 목표를 조기 달성했으며, 2021년 연말까지 총 1,890억 원을 지원했다. 그리고 이러한 노력을 인정받아 '2021년 한국에너지대상'에서 '탄소중립에너지 산업발전' 단체 부문 대통령 표창을 수상하는 영예도 누릴 수 있었다.

'녹색보증'처럼 색깔로 표현되는 보증 제도나 상품은 지금까지 없었다. 그만큼 색이 뚜렷한 보증이라고 할 수 있겠다. 기후 문제는 전 세계, 전 인류가 함께 움직여도 단기간에 개선 효과를 얻기 쉽지 않은 것이긴 하지만, 그렇다고 수수방관만 하다가는 '모두가 모든 것을 잃게 될 수도 있는' 중대한 문제이다. 지도에서 녹색은 점점 사라지고 지구의 온도는 오늘도 조금씩 올라가고 있다. 쉬운 일이 아닌 것을 알지만, 세계가 함께 문제를 인식하고 탄소발자국을 지워나가고자 노력하고 있다. 이제 막 첫발을 내디딘 녹색보증이 지구 온난화의 속도를 조금이라도 늦추는 데에 보탬이 될 수 있기를 바란다.

사회적 가치 실현은 공공기관의 의무

제21대 국회의 제1호 법안은 2020년 6월에 발의된 「공공기관의 사회적 가치 실현에 관한 기본법안」이다. 사회적 가치 실현을 공공 부문의 핵심 운영 원리로 삼고, 업무 수행 시 이를 체계적으로 실행하도록 함으로써 공공 부문부터 사회적 가치를 실현하자는 취지에서 발의된 법안이다. 법안에서는 '사회적 가치'를 "사회·경제·환경·문화 등 모든 영역에서 공공의 이익과 공동체의 발전에 기여할 수 있는 가치"라고 정의한다. 그리고 이를 실현하기 위한 기본계획 수립, 추진 조직, 성과 평가 및 포상 등에 관한 사항들을 정하고 있다. 법안이 통과될 경우, 공공 부문에서 사회적 가치 실현은 명백한 법정 의무로서 더욱 중요하게 여겨질 것으로 보인다.

민간 부문에서도 사회적 가치에 대한 관심은 증가하고 있다. 국제적으로는 글로벌 기업들을 중심으로 지속가능경영 수준을 거래 기업의 선결 요건으로 반영하거나 무역 장벽으로 적용하는 사례를 쉽게 볼 수 있다. 개발도상국들도 점차 사회적 책임(CSR)을 강조하면서 해외로 진출한 우리 기업들에도 사회적 책임 이행의 중요성이 커지고 있다. 기존에 기업의 가치를 평가할 때 주를 이뤘던 재무 요인 외에 대표적인 비재무 요인으로 ESG가 새로운 화두가 된 것도 사회적 가치에 대한 인식 확산과 연관된다고 할 수 있겠다.

신용보증기금은 2020년 '사회적 경제 활성화 유공 사회적 가치 실현 부문' 대통령 표창을 수상했다. 사회적 가치에 대한 지속적인 관심과 노력으로 맺은 뜻깊은 결실이라고 할 수 있겠다. 이를 계기로 사회적 가치 창출에 대한 기관 내부의 관심도 한층 높아지게 되었다. 수상까지 하고 나니, 주위에서 사회적 가치가 중요한 것은 알겠는데, 어디서부터 어떻게 해야 할지 모르겠다며 조언을 구하는 이들도 생겼다. 이런 질문에 대해 나는 사회적 가치는 결국 공공기관의 존립 목적인 공익과 일맥상통하는 것이라고 대답한다. ESG경영의 'S'뿐만 아니라, E, S, G 모두가 결국 우리 사회, 즉 공공의 이익과 발전을 위한 것이다. 공익은 공공기관이 존속하는 한 변함없이 따라야 하는 최우선 가치이자, 761개에 달하는 우리나라의 공공기관, 공공기관장, 공공기관 임직원 모두의 의무이다. 공공기관에 몸담은 임직원들 모두가 이런 마음가짐으로 각자 자리에서 최선을 다할 때 얻게 되는 고귀한 열매가 바로 사회적 가치가 될 것이다.

'사회적 가치'의 정의

1. '사회적 가치'란 사회·경제·환경·문화 등 모든 영역에서 공공의 이익과 공동체의 발
   전에 기여할 수 있는 가치로서 다음 각 목의 내용을 포괄한다.
   가. 인간의 존엄성을 유지하는 기본 권리로서 인권의 보호
   나. 재난과 사고로부터 안전한 근로·생활환경의 유지
   다. 건강한 생활이 가능한 보건복지의 제공
   라. 노동권의 보장과 근로조건의 향상
   마. 사회적 약자에 대한 기회제공과 사회통합 증진
   바. 협력업체와의 상생협력 및 공정거래
   사. 품위 있는 삶을 누릴 수 있는 양질의 일자리 창출
   아. 지역사회 활성화와 공동체 복원
   자. 경제 활동을 통한 이익이 지역에 순환되는 지역경제 공헌
   차. 윤리적 생산과 유통을 포함한 기업의 자발적인 사회적 책임 이행
   카. 환경의 지속가능성 보전
   타. 시민적 권리로서 민주적 의사결정과 참여의 실현
   파. 그 밖에 공동체의 이익실현과 공공성 강화

   「공공기관의 사회적 가치 실현에 관한 기본법안」제2조 제1호

공공기관장의 공익, 이것만은 기억하자

① 모든 의사결정의 최우선 기준은 공익이어야 한다

공공기관장에게 이 말은 설명이 따로 필요 없을 정도로 당연한 말이다. 누구나 머리
로는 이해하고 실천하려 노력하지만, 공익을 빙자해 사익을 누리는 '빙공영사憑公營
私'의 사례도 적잖이 볼 수 있다. 전국에 있는 700개가 넘는 공공기관장들의 머릿속
은 언제나 '목적 함수'의 α, β, γ 값을 계산하느라 분주하다. 하지만, 복잡할수록 단순
하게 생각하라는 말처럼, 공익이 최우선이라는 사실 하나만 명심한다면, 의외로 함수
문제는 쉽게 풀릴 수 있다.

② 청백리 정신을 이어받자

관직 수행 능력과 청렴·근검·도덕 등 유교적 덕목을 겸비한 이상적인 관료상으로 여겨진 청백리. 개인으로서의 소비 생활까지 왈가왈부할 수는 없지만, 공공기관에 몸담은 이들에게 적어도 직무 수행 시만큼은 윤리 면에서 무결점을 유지하는 것이 필수이다. 업무 과실이야 고치면 그만이지만, 청렴은 한 번의 실수도 용납되지 않는다. '제궤의혈堤潰蟻穴'이라고 했다. 작은 개미구멍 하나로 방죽이 무너지듯, 청렴에 생긴 작은 흠집 하나가 개인과 기관 모두를 일시에 무너뜨릴 수 있음을 명심해야 한다.

③ 국가적 위기 상황에서 국민들이 기댈 수 있는 곳은 공공기관이다

우리는 날씨가 추우면 몸을 움츠린다. 위기 상황의 개인과 기업도 마찬가지다. 이들이 다시 기지개를 켤 수 있게 만드는 것은 정부와 공공기관의 몫이다. 정부에서 위기 타개책을 수립하지만 이 중 상당 부분은 공공기관이 집행하기 때문이다. 국민과의 최접점에서 정책을 집행하는 위치이기에 '공표 효과'를 고려해 평소보다 더욱 과감하고 선제적으로 대응해야 한다. 위기 때 움츠리는 공공기관에 위기가 지난 후 남는 것은 존재의 이유에 대한 무수한 질타뿐이다.

④ 기관의 존립을 지키는 것도 공익이다

위기 시 과감하게 나서라는 말과 모순되어 보일 수도 있겠지만, '백척간두百尺竿頭'의 상황 속에서도 반드시 지켜야 할 것은 지켜야 한다. 평시에는 하지 않았을 것도 비상시에는 적극적으로 해야 하지만, 시킨다고 무조건 다 해서도 안 된다. 나만 살자는 이야기가 아니다. '멸사봉공滅私奉公'의 마음가짐은 좋지만, 결말이 '멸사봉공滅社奉公'이되어선 안 된다. 적정선을 찾는 것이 관건인데, 이를 위해서는 평시에 스트레스 테스트 등을 통해 미리 객관적인 기준을 마련해놓아야 한다. 필요하다면 법제화를 하는 것도 좋은 방법이 될 수 있겠다. 위기는 한번 지나가면 끝이 아니다. 언젠가 다시 맞게 될 위기 극복 과정에 참여할 수 있는 지속가능성을 유지하는 것 역시 '공익'을 위하는 것이다.

4부

신뢰

— 공공기관 지속성장을 위한 탄탄한 기반

신뢰는 주고받는 것이다. 기관과 기관, 기관과 개인, 개인과 개인 등 모든 유형의 관계를 시작할 때는 물론, 유지하고 발전시켜나가는 데에도 신뢰는 필수적이다. […] 공공기관은 수많은 이해관계자들과 신뢰를 쌓고 그러한 신뢰의 연결고리를 유지하는 가운데 주어진 임무를 수행함으로써 최종적으로 국민들과 신뢰 관계를 형성하는 것이 숙명이라고 할 수 있다.

1장
인사 운영

신뢰의 중요성

신뢰의 사전적 의미는 '굳게 믿고 의지함'이다. 신뢰를 뜻하는 영어 단어 'trust'의 어원은 '편안함'을 의미하는 독일어의 'trost'에서 연유된 것이라고 한다. 우리는 누군가를 믿을 때 마음이 편안해진다. 혹시 그 사람이 배신을 저지르진 않을까 하고 염려할 필요가 없기 때문에 마음이 편안해질 뿐만 아니라 배신을 예방하기 위해 들여야 할 시간과 노력을 절약하는 효과를 얻을 수도 있다.[*]

신뢰는 규범만큼 강한 규제력을 가지고 있는 것은 아니지만 일단 신뢰 관계가 형성되면 상대의 기대를 벗어나는 행위를 억제하며, 그것에 의해 상대의 행위를 예측할 수 있게 된다고 한다. 행위자는 상대의 행동을 예측

---

[*] 강준만, 『세계문화사전』(인물과 사상사, 2005).

할 수 있을 만큼 충분한 정보를 가지고 있지 않기 때문에 신뢰가 필요하다는 것이다.* 이런 관점에서 볼 때 복대리인 구조 등으로 복잡한 지배구조와 다양한 이해관계가 얽혀 있는 공공기관의 경영 환경하에서 신뢰의 중요성은 더욱 높아진다.

신뢰는 주고받는 것이다. 기관과 기관, 기관과 개인, 개인과 개인 등 모든 유형의 관계를 시작할 때는 물론, 유지하고 발전시켜나가는 데에도 신뢰는 필수적이다. 상호 신뢰가 없다면 우호적 관계 형성 자체가 어려울뿐더러 설령 관계를 맺더라도 오랫동안 유지될 리가 만무하다. 공공기관에게는 수많은 이해관계자들과 신뢰를 쌓고 그러한 신뢰의 연결고리를 유지하는 가운데 주어진 임무를 수행함으로써 최종적으로 국민들과 신뢰 관계를 형성하는 것이 숙명이라고 할 수 있다.

기관 차원의 신뢰도 중요하지만, 리더십 관점에서도 신뢰는 리더가 반드시 갖춰야 할 덕목 중 하나라고 생각한다. 특히 구성원들과의 돈독한 신뢰가 중요하다. 통상 기관 간에는 MOU(Memorandum of Understanding, 양해각서) 체결 등 공식적인 절차를 통해 신뢰 관계가 형성된다. 하지만 내부 구성원 간의 신뢰를 쌓기 위해서는 형식적인 절차나 계약 관계보다는 실제로 원활한 소통이 이뤄질 수 있는 시스템과 환경을 마련하고 수평적 조직문화를 조성하는 것이 중요하다. 기관 간의 관계가 서로의 권리와 의무 사항을 함께 정해놓고 신의성실의 원칙에 따라 준수하는 정태적인 관계인 데 반해, 조직 구성원들은 하루하루 머리를 맞대고 다양한 문제를 함께 해결해나가는 동태적인 관계에 놓여 있기 때문이다. 사람 간의 신뢰는 문서가 아

---

* 정치학대사전편찬위원회, 『21세기 정치학대사전』(한국사전연구사).

닌 마음에서 시작되기에 서로에 대한 의구심이 싹트는 순간 그 조직은 삐거덕대며, 작은 문제 하나를 해결하는 데에도 불필요한 자원을 낭비하게 될 것이 자명하다. 신뢰가 없는 조직에서 효율을 기대하기 어려운 이유이다.

하지만 조직 규모가 커지다 보면 구성원 개인 간의 신뢰에만 기댈 수는 없다. 개인 간의 신뢰를 형성할 수 있는 제도적 환경을 조성하는 노력이 필요하다. 경영 전반에 걸쳐 각종 제도를 체계적으로 정비하고 안정적으로 운영하는 것도 상호 신뢰도를 높이는 데 있어 반드시 필요한 것이다. 이는 앞서 이야기한 대로 상대방에 대한 예측가능성을 높여주는 효과가 있기 때문이다. 빈번한 제도 변경은 불확실성을 키우게 되어 합리적인 의사결정을 저해할 뿐만 아니라, 긴 안목으로 조직 미래 발전을 위한 계획을 수립하여 추진하려는 의지를 무력화시키게 된다.

특히 기관장으로서 책임져야 하는 인사 운영, 노사 관계, 성과 평가 등의 분야에서 신뢰의 중요성은 아무리 강조해도 지나치지 않다. 개인적으로 인사 운영의 큰 원칙으로 삼는 것 중 하나로 『송사宋史』에 나오는 '의인불용疑人不用 용인불의用人不疑'가 있다. 의심스러운 사람은 기용하지 말고, 일단 기용했으면 의심하지 말라는 뜻으로 채용은 물론 주요 보직에 대한 인사에도 적용하고자 노력했다. 당연히 여기서 말하는 믿음은 맹목적인 믿음이 아니라 합리적 판단과 양방향 소통을 통해 형성될 수 있는 상호 신뢰를 의미한다.

성과 평가도 마찬가지이다. 평가를 받는 사람과 평가를 하는 사람이 서로를 믿을 수 있어야 하고, 평가 제도가 합리적이고 공정하다는 신뢰가 형성되어 있어야 한다. 신뢰할 수 없는 평가 제도가 가져올 수 있는 것은 조직 내 반목과 불만밖에 없다.

서로가 대척점에 놓여 있는 것처럼 여겨지는 노사 간의 관계 역시 상호 신뢰가 없다면 대립과 갈등만 야기하게 마련이다. 역지사지의 자세로 서로의 입장을 이해하고 의견을 존중해야 한다. 서로 의견은 다를 수 있지만, 노와 사 모두 조직의 발전을 위하는 마음은 같다는 상호 신뢰를 쌓아야 한다. 그래야만 정반합正反合의 과정을 통해 성장하는 조직이 될 수 있다. 서로 믿지 못하는 노사 관계에는 정과 반만 있을 뿐이다.

신뢰에 관한 명언

사람은 다른 사람으로부터 믿음과 신뢰를 잃었을 때 가장 비참해진다. 벤자민 프랭클린

사람과 사람이 접촉할 때 가장 큰 신뢰는 충고를 주고받는 신뢰이다. 프랜시스 베이컨

신뢰 없는 우정은 있을 수 없고, 언행일치가 안 되는 신뢰란 있을 수 없다. 새뮤얼 존슨

중대한 문제는 현명이나 민첩성만으로는 결코 해결할 수 없다. 부끄럽지 않은 행동과 상호 신뢰의 공명정대한 마음이 있어야 해결된다. 알베르트 아인슈타인

공평한 마음으로 사私를 멸하고 정치를 행한다면 백성은 반드시 신뢰하여 따르게 되는 것이다. 공평公平은 정치의 근본이다. 성왕成王, 『서경書經』

인생에서 가장 훌륭한 것은 대화다. 그 대화를 완성시키는 가장 중요한 것은 사람들과의 신뢰 관계, 즉 상호 이해를 두텁게 하는 것이다. 랠프 에머슨

아티스트의 권리와 의무

인사권은 리더가 갖고 있는 가장 강력한 권한 중 하나이다. 무릇 모든

권리에 그에 상응하는 의무가 따르듯, 인사권 역시 그 이면에는 인적 자원(human resources)을 적재적소에 투입하여 최상의 결과를 이끌어내야 한다는 의무가 자리하고 있다. 기관에서 그 권리와 의무가 가장 큰 사람은 기관장이다.

'인사人事가 만사萬事'라는 말은 인사의 중요성을 표현하지만, 그것 하나만 제대로 하는 것도 쉽지 않다는 속뜻도 담겨 있다. 인사 업무는 직원 개개인에 대한 정보 수집·분석 작업부터 평가, 배치, 승진, 교육 등 그 범위가 넓을뿐더러, 관련 의사결정이 당사자는 물론 조직에도 연쇄적으로 영향을 미친다. 조직은 단지 사람들이 모여 있는 물리적 결합체가 아닌 유기적인 생물처럼 움직이는 화학적 결합체에 가깝기 때문이다. '신의 한수'라는 말처럼 바둑에서 한 수가 한 판의 승패를 좌우할 수도 있듯이, 한 명의 인사가 회사 전체에 큰 영향을 미칠 수도 있어 인사는 몇 수 앞까지 내다보며 머리를 쥐어짜야 하는 일이기도 하다.

하지만 조직이 일정 규모 이상으로 커지면, 리더 혼자서 일일이 인사를 모두 챙길 수 없다. 인사 권한을 일부 위임해야 하고 제도와 시스템에 대한 활용도를 높일 수밖에 없다. 이때부터 인사권자의 주된 역할은 본인의 경영 철학에 맞는 인사 운영 방향을 명확하게 제시하고, 인사 제도와 시스템을 모니터링하며 문제점을 개선해나가는 것으로 전환된다.

조직에 충분한 TO와 이를 뒷받침할 수 있는 예산이 넉넉하다면 그나마 운신의 폭이 넓을 수 있다. 하지만 경영 전략에 따라 인적·물적 자원을 비교적 자유롭게 투입할 수 있는 민간 부문과 달리, 공공기관의 정원과 예산은 철저하게 정부에 의해 관리되고 있다. 여러 제약 요건하에서 운영의 묘를 발휘해야만 하는 것이다. 공공기관 인사 업무 담당자들 사이에서 회자되는 '인사는 기술이 아니라 예술(art)'이라는 말에는 그런 고충이 담겨 있을 것이다.

이런 예술의 영역이라 할 수 있는 인사 업무에 임하는 내 나름의 철칙이 있었다. 첫 번째로 인사 제도에 관한 건의는 열린 마음으로 적극적으로 수용하는 것이다. 여느 제도와 마찬가지로 언제나 옳은 제도는 없으며, 환경이 바뀌면 제도 역시 그에 맞춰 바꿔야 하는 것이 당연하기 때문이다.

두 번째로 특정인에 대한 청탁은 절대로 용납하지 않는 것이다. 인사 청탁은 인사의 기반이 되어야 하는 인사권자와 직원들 간의 신뢰를 무너뜨리는 최악의 행위이므로, 어떤 일이 있어도 청탁 행위가 발붙여서는 안 된다고 생각한다.

마지막으로 인사권은 경영권과 함께 마땅히 존중받아야 하는 권리라는 것이다. 이는 전국금융산업노동조합과 금융산업사용자협의회가 합의한 단체협약 제31조*에도 명시되어 있다. 경영진이 노동조합의 존재와 권리를 존중해야 하듯, 노동조합 역시 CEO의 인사권을 마땅히 존중해야 한다. 각자의 고유 권한에 대한 상호 존중에서 상생의 노사 관계가 시작될 수 있는 것이다.

---

* 제31조(인사원칙) 조합은 다음 내용의 인사관리권이 사용자에게 귀속함을 확인하며, 사용자는 다음의 인사 시 공정하고 합리적인 인사를 실시하여야 한다. (이하 생략)

"사람이 제일 중요합니다."
인재 경영에 대한 CEO들의 생각

"사람을 만드는 회사입니다만, 전기 제품도 만듭니다." 파나소닉 창립자 마쓰시타 고노스케
(마쓰시타 고노스케는 직원들에게, 고객이 '당신의 회사는 무엇을 만드는 회사인가?'라고 질문하면 이렇게 대답하도록 가르쳤다.)

"회사를 만든다는 것은 사람을 만드는 것이다. 인재는 이윤이 가장 높은 상품이며, 인재를 제대로 경영하는 기업이 최후의 승자다." 레노버의 CEO 류촨즈

"사람이 조직의 가장 가치 있는 자원이고 경영자의 업무는 사람들이 자유롭게 성과를 창출하도록 돕는 것이다." 피터 드러커

"나는 시간의 75%를 핵심인재를 찾고, 배치하고, 보상하는 데에 썼다." 前 GE 회장 잭 웰치

1) 인사 원칙의 확립

첫인사, 엉터리 훈수는 안 하느니만 못하다

외부 출신 인사들이 기관장으로 선임되는 경우가 대부분인 공공기관의 경우, 기관장들이 취임 초기에 인사 관련 의사결정 과정에서 어려움을 겪게 마련이다. 인사 담당 부서에서 다양한 정보를 제공하겠지만, 조직 구성원들을 충분히 파악하는 데에는 시간이 필요하기 때문이다. 논어에 '모든 사람이 미워하고 있어도 반드시 자기 자신이 직접 확인해야 하며, 모든 사람이 좋아하고 있어도 반드시 자기 자신이 직접 확인해야 한다(衆惡之 必察焉 衆好之 必察焉)'는 말이 있다. 전해 듣는 것과 본인이 직접 보고 확인하는 것은 또 다른 일인 것이다. 그렇기에 취임 초기 인사는 아무래도

조심스러울 수밖에 없다.

내 경우에도 2018년 6월에 이사장으로 취임했는데, 당장 7월에 하반기 보완인사를 치러야 했다. 하반기 보완인사의 경우 승진 인사 없이 이동인사만 진행되어 부담은 덜했지만, 직원들에게 인사가 얼마나 중요한 관심 사항인지는 공무원 생활을 하면서 느꼈기 때문에 신경이 쓰일 수밖에 없었다. 특히나 신용보증기금은 전국에 영업 조직이 산재해 있어, 같은 건물 내에서의 부서 이동 수준이 아니라 발령 사항에 따라 갑자기 생활 근거지가 바뀌는 경우도 발생할 수 있었다. 생활 근거지에서 벗어나게 될 경우 본인은 물론 가족들의 육아·교육 환경 등도 바뀔 수 있어, 정기인사만큼 큰 폭의 변동이 없음에도 직원들은 보완인사에 관심이 많았다.

지역 간 이동뿐만 아니라 담당 업무의 변동성도 높은 편이었다. 물론 인사 담당 부서에서 직원 개인별 경력 경로 관리를 하고는 있었지만, 신용보증, 채권관리, 신용보험, 본점 업무 등 성격이 다소 상이한 업무에도 불구하고 직군, 직렬, 직무 간에 칸막이가 없이 수시로 자리 이동이 가능한 구조이기 때문이다.

최고 인사권자이긴 하지만 아직 구성원들에 대해 정확하게 파악하지 못한 상태이기에, 이번에는 큰 방향과 원칙만 제시하고 한 걸음 물러서 지켜보는 게 낫다고 생각했다. 2,500명에 가까운 직원들이 근무하는 기관 인사에 섣불리 개입했다가는 엉터리 훈수꾼이나 선무당이 되기가 십상이니 말이다. 물론 전제 조건은 있다. 나 스스로가 인사 기조, 인사 제도와 시스템에 대해 큰 문제가 없다는 확신을 가질 수 있어야 한다는 것이다.

인사 담당 부서로부터 인사 제도와 절차에 대한 설명을 들어보니, 나름 체계적이고 합리적인 시스템을 갖추고 있다는 생각이 들었다. 인사 제도와 시스템이 정부와 다른 점도 있지만 생각보다 비슷한 점도 많다고 느껴져서인지, 경제기획원 인사계장과 재정경제원 총무과장으로 인사 업무를 담당했던 시절이 떠오르기도 했다. 다만 시스템이나 제도 외에도 정성적인 요인이 적잖이 반영되고 있는 것 같았다. 이는 개인별로 디테일한 부분까지 챙길 수 있다는 장점은 있지만, 직원들 입장에서는 예측가능성이 다소 떨어질 수 있겠다는 생각이 들었다. 그래도 인사 제도는 전체적으로 볼 때, 안정적인 기반 위에 운영되고 있다는 판단이 섰다. 그래서 하반기 보완인사는 가급적 담당 부서에 믿고 맡기는 대신, 인사 기준을 잘 지키며 투명하게 진행하는지 정도만 살펴보기로 했다.

인사 담당 부서에는 보완인사인 점을 고려하여 안정적인 인력 운용, 객관적 데이터를 토대로 한 공정하고 투명한 인사, 합리적이고 균형 있는 인사라는 기본 방향을 제시했다. 그리고 인사 발령 후에 즉시 사내 인트라넷을 통해 이번 인사의 운영 방향과 원칙을 직원들에게 공개하고 '공정하고 투명한 인사'를 추진해나가겠다는 새 이사장의 확고한 의지를 밝혔다.

첫인사를 별문제 없이 마무리한 후 첫 간부 회의를 열었다. 대개 인사 후 첫 회의는 상견례 성격이 짙어, 이사장은 간부들에게 같이 일하게 되어 기쁘고 앞으로 같이 잘 해보자는 정도의 덕담을 건넨다. 하지만 나는 이 자리에서 이번 인사에는 내가 관여하지 않았음을 알렸다.

"이번 인사에서 새롭게 부임한 부서장들은 내가 발탁한 것도 아니고, 유임하게 된 부서장들은 내가 재신임한 것도 아닙니다."

사실 그대로 이야기한 것뿐이었지만, 예상하지 못했던 내 멘트에 회의장은 잠시 긴장감에 휩싸인 것 같았다. 괘념치 않고 이어서 내가 이번 인사에 적극적으로 개입하지 않은 취지를 차분하게 설명했다. 그리고 앞으로 조직과 구성원들에 대해 알아가며 잘 준비해서 다음번 정기인사에 반영하겠다고 이야기했다. 이제는 내가 직접 직원들을 만나서 속속들이 파악해가는 긴 여정을 시작해야 할 때가 된 것이다.

두 번째 인사, 예외 없는 인사 원칙의 확립

인사에 대해 모두가 만족하는 조직은 없을 것이다. 특히나 규모가 큰 조직일수록 인사에 대한 불만은 더 클 수밖에 없다. 승진을 할 수 있는 인원은 한정되어 있는데, 승진을 원하지 않는 사람은 없다. 승진뿐만 아니라, 전국적인 영업망을 갖춘 신용보증기금은 이동 인사에 대해서도 불만이 많은 편이다. 직원들이 원하는 지역은 쏠림 현상이 발생하는 반면, 공공기관으로서 지역에 따른 고객 접근성의 편차를 줄이기 위해 전국 각지에 지점을 운영하기 때문에 누군가는 격지에서 근무를 해야 한다.

문제는 승진을 못 하고 원하는 지역에서 근무하지 못하는 것에 대하여 단순히 불만을 가진 수준을 넘어, 인사가 특정 학교나 지역, 입사 기수 등에 편중되어 있다는 인식이 만연해 있다는 것이었다. 불만이 의구심과 불신으로 확장된 가장 안 좋은 경우라고 생각되었다. 불신은 당연히 직원 개인과 조직 모두에게 해가 된다. 이를 막기 위해서는 무엇보다 직원들에게 명확한 인사 원칙을 제시하고 그 원칙이 지켜지고 있음을 직접 느낄 수 있게 해주어야 한다고 생각했다. 그래서 취임 후 두 번째 인사이자, 사실상 내가 하는 첫 번째 인사였던 2019년 상반기 정기인사를 앞두고 이번 인사에서 중점을 둘 두 가지 원칙에 대해 인사 담당 부서에 단단히 일렀다.

첫 번째 원칙은 특정 학교·지역·기수별로 균형을 맞추는 것이다. 특히 본점 부서장 자리에는 특정 학교·지역·기수별로 최대 2명까지만 배치하라고 했다. 이런 원칙하에 인사 작업을 하다 보니 운신의 폭이 좁아질 수밖에 없었다. 담당 부서에서 애로를 토로했다. 몇몇 간부들이 불가피한 경우에는 예외를 두면 어떻겠냐는 의견도 제시했다. 적재적소에 인재를 배치해야 하는데 내가 제시한 쿼터제가 걸림돌이 될 수도 있다는 것이다. 일견 맞는 말이긴 했지만, 부서장을 맡을 수 있는 직급에 오른 직원 정도라면 누가 어느 자리에 가든 금세 적응할 수 있을 것이라는 생각이 들었다. 그리고 부서장의 영향력이 크기야 하겠지만 본점의 시스템이라면 부서장의 경험이나 역량이 다소 부족하더라도 부하 직원들과 힘을 모아 충분히 보완할 수 있을 것이라고 판단했다. 그리고 인사에 대한 의구심과 불만을 해소하기 위해 원칙을 제시해놓고 나부터 지키지 않아서는 안 된다는 생각에 끝까지 원칙을 고수하기로 했다.

막상 이렇게 인사를 치르고 보니, 일부 부서의 경우 본점에서 팀장 경력이 없는 부서장이 배치되었다. 적잖은 간부들이 제대로 본점이 돌아갈지 걱정하는 눈치였다. 인사 발령 후 첫 부서장 회의를 열었는데, 절반가량은 내가 얼굴도 모르는 '낯선' 부서장들이었다. 살짝 당황스럽기는 했지만, 돌이켜보면 결국 어느 부서장 하나 모자람 없이 빠르게 잘 적응하여 누군가 우려했던 '본점 마비'와 같은 참사는 발생하지 않았다.

두 번째 원칙은 누구든 입사 후 10년 이내에 본점 근무를 최소 한 번씩은 의무적으로 하는 순환 근무의 기틀을 마련하는 것이었다. 이 역시 본점 순환 근무에 대해 '순환=회전문'이라고 인식하는 직원들의 불만을 해소하기 위한 것이었다. 현장경영을 다니며 들었던 본점 근무에 대한 막연한 '거리두기'식 태도를 바꿔야겠다는 의도도 있었다. 직접 경험해보지도 않고 본인의 역량과 적성이 본점에 맞지 않는다고 재단하는 직원들의 모습을 보며 느꼈던 안타까움에서 비롯된 것이기도 하다. 그리고 이런 인사원칙을 천명하기 위해 인사를 앞두고 직원들에게 공시하는 인사 기준에 "4급 이하 본점 근무 경험이 없는 직원의 신규 전입을 확대하여 역량 발휘 기회를 부여하고 미래 인재를 육성할 것"임을 명시했다.

이로 인해 그야말로 '햇병아리' 같은 젊은 직원들이 본점으로 대거 전입하게 되었고, 본점 근무 경력 없이 팀장으로 갓 승진한 직원들도 입사 후 근 20년이 되어 처음으로 본점 건물에 입성하게 되었다. 부서장 인사와 마찬가지로 일부 간부들은, 본점 업무에 익숙하지 않은 부서장들도 많이 왔는데, 실무진들까지 너무 많이 바뀌는 것에 대해 걱정하기도 했다. 실제로 인사 발령 이후 초기에는 직원들이 서로 불편할 수도 있었을 것이다. 하지만 결과적으로 본점 순환 근무는 직원들 개인에게는 좋은 경험이자 기회가 되었고, 조직문화 차원에서도 자연스럽게 본점과 지점 간의 상호 이해도를 높이는 효과를 가져다주었다.

내가 주도한 첫 번째 인사에서 제시한 이 원칙들을 재임 기간 내내 지키고자 노력했다. 당시에는 본의 아니게 주변의 우려를 자아내기도 했지만, 이제는 그 원칙들이 너무나도 당연한 것이 되었다. 그렇게 할 수 있었던 것은 잠깐의 불편함을 감수하더라도 눈을 질끈 감고 원칙을 지키겠다는 내 고집도 한몫했지만, 무엇보다 낯선 본점 근무 환경에 재빨리 적응하여 소임을 다해낸 직원들이 있었기에 가능했다고 생각한다. 믿음직스럽고 고마울 따름이다.

2) 시스템 인사 기반 마련과 이동 인사 제도 개선

신용보증기금의 시한폭탄

취임 첫해에는 새로운 조직에서 뭔가 거창하게 새로운 일을 벌이기보다는 먼저 신용보증기금 가족의 일원이 되어야겠다고 생각했다. 그래서 직원들의 목소리에 귀를 기울이고 눈높이를 맞추는 데에 집중했다. 본점 부서는 물론 전국 방방곡곡에 있는 영업 조직도 직접 찾아가 직원들과 이야기를 나눴고, 노동조합 행사나 청년이사회 등 직원들을 만날 수 있는 자리에는 최대한 참석했다. 기차가 됐든 자동차가 됐든 이동하는 중에는 만나게 될 직원들의 인사기록 카드를 한 장 한 장 꼼꼼하게 읽었다. 책만 보는 것보다 시청각 자료를 활용하면 교육 효과가 더 크다. 이렇게 미리 읽고 직접 만나서 이야기를 나눠보면, 확실히 더 오래 기억에 남는다.

직원들을 만나 이런저런 이야기를 듣다 보니, 의외인 대목이 있었다. 나는 우리 직원들이 고용도 안정적이고 비교적 높은 급여도 받고 있어 직장 생활에 대한 만족도가 매우 높을 줄 알았는데 꼭 그렇지만도 않아 보였다. 임원이나 부서장들에게 그 이유를 물어보니, 직원들이 다른 부분은 비교적 만족하는데, 비연고지 근무나 잦은 이동에 대해 불만이 좀 많다는 답이 돌아왔다. 전국 단위의 영업 조직 운영으로 불가피한 근무처 이동, 그리고 예측이 어려운 이동 발령이 소위 '워라밸'이라고 하는 일과 삶의 균형(Work-Life Balance) 측면에서 직원들에게 적잖은 스트레스 요인으로 작용한다는 것이었다.

인사 담당 부서에 이런 이야기를 건넸더니, 부서에서도 모르는 이야기가 아니었다. 오히려 너무나도 잘 알고 있고 이를 해소하기 위해 꾸준히 노력해온 것 같았다. 그 일환으로 이동 시기나 비연고지 근무 시기에 대한 예측가능성을 높이기 위해 TTM(Time to Move)* 제도와 이동 마일리지 제도를 도입하여 운영해왔다.

내가 볼 때 이런 문제는 운영의 문제라기보다는 구조적인 문제였다. 수도권에 거주하는 직원들이 다수인 반면, 이들이 근무할 수 있는 수도권 소재 영업 조직은 제한되어 있고, 반대로 지방 소재 영업 조직은 근무 희망자가 늘 부족했던 것이다. 따라서 원치 않는 비연고지 근무가 불가피한 구조였다. 특히 2014년에 공공기관 지방 이전 정책에 따라 본점이 대구로 이전하면서, 본점에서 수용할 수 있었던 수도권 근무자 수가 더욱 줄어 비연고지 근무 사례가 늘어나게 됨으로써 그에 대한 불만이 더 커진 것이었다.

직원들의 만족도가 낮은 조직에서 높은 성과를 기대하는 것만 한 놀부 심보도 없다. 설령 좋은 성과를 낸다 해도 불만이 가득한 조직은 '시한폭탄'과도 같다. 그대로 시간만 보내다가는 정말 언제 어떻게 터질지 모르는 일이다. 그렇다. 기관장은 폭탄 제거반장 역할도 해야 한다. 영화 007 시리즈의 한 장면처럼 시한폭탄에 연결된 빨간 선을 끊어야 할지 파란 선을 끊어야 할지 결정해야 한다. 그러기 위해서는 먼저 폭탄 설계도를 정확하게 파악해야 한다. 어설픈 경험이나 직감에 의존하여 잘못된 선을 끊었다간 그나마 남아 있는 시간이 다 지나기 전에 폭발할 수도 있으니 말이다.

---

* 현재 근무 중인 곳에서 다른 곳으로 이동할 때가 얼마나 근접했는지를 가늠해볼 수 있도록 본인의 이동 이력을 등급화하여 제공하는 제도.

시한폭탄을 해체하려면 설계도를 먼저 확보하라

폭탄 설계도를 확보하기 위해, 인사 담당 부서에 이동 인사에 대한 직원들의 인식과 문제점 등에 대한 현황을 먼저 파악해볼 것을 지시했다. 특히, 담당자의 직관이 아니라 데이터와 설문조사 등을 통해 현재 현장의 생생한 목소리를 수렴하라는 조건을 달았다. 설문조사를 할 때에는 비연고지 근무의 불가피성을 뒷받침할 수 있는 객관적인 통계 자료를 보여주라고 했다. 개인 입장에서만 생각하지 말고 본인이 몸담은 조직의 환경과 다른 직원들의 입장까지 염두에 두고 설문에 참여해달라는 일종의 '넛지 nudge'*였다.

인사 담당 부서장에게 나중에 들어보니 설문조사를 시작할 때만 해도 실무자들은 '직원들에게 설문조사를 하면, 회사 입장이나 제도에 대한 세부 내용은 잘 살펴보지 않고, 본인 생각대로만 답변하는 데다, 고충 사항도 개인별로 다양해서 다 들어줄 수도 없다. 그래서 결국에는 본인 의사가 인사에 제대로 반영되지 않았다는 생각에 오히려 불만만 더 쌓인다'는 입장을 보였다고 한다.

하지만 막상 사실에 근거한 통계를 보여주며 설문조사를 실시했더니 설문 내용뿐만 아니라 해당 통계에 대한 직원들의 반응이 오히려 더 많았다고 했다. 직원들이 막연하게 선호 근무지에 대한 수급 불균형으로 비연고지 근무가 불가피하다는 생각만 했지, 수도권 근무 희망자와 근무 가능 인원의 차이가 실제로 어느 정도인지는 잘 모르고 있었던 것이다. 예

---

* '옆구리를 찌르다'는 영어 단어로 강압이 아닌 부드러운 개입으로 사람들이 더 좋은 선택을 할 수 있도록 유도하는 방법을 의미.

를 들어, 서울에서 근무할 수 있는 자리는 약 400명인 데 반해 희망자는 약 700명이었다. 즉 서울만 해도 300명 정도는 본인이 원하지 않는 곳에서 근무할 수밖에 없는 것이다. 반대로 대구·경북은 본점을 포함하여 약 470명이 근무할 수 있는 자리가 있는데 희망자는 160명에 불과해, 약 310명은 원하지 않더라도 이 지역에서 근무할 수밖에 없는 구조다. 이런 데이터를 통해 직원들이 이동 인사의 구조적 한계에 대해 정확하게 인식할 수 있게 된 것이다. 폭탄 설계도를 작성하는 과정에서 뜻밖에 '공감'이라는 아이템을 획득한 셈이었다.

한편, 직원들이 설문조사를 통해 직접 인사에 대한 불만을 드러내놓고 이야기하는 것이 부담스러울 수 있으니, 직원들과 가장 가까운 곳에서 소통하며 입장을 대변하는 노동조합과도 이야기를 나눠보라고 했다. 노동조합은 무조건 사측과 대립각만 세우는 꽉 막힌 조직이 아니다. 오히려 노사협의회뿐만 아니라 회사발전협의회를 통해 직원 개개인의 권익과 회사 발전을 위해 생산적인 비판을 하는 것은 물론이거니와, 필요할 경우 사측과 머리를 맞대고 고민하며 힘을 보태주는 동반자 같은 존재다.

노사 간 상호 원윈Win-Win 관계에 대한 신뢰가 있었기에 중요한 이슈가 있을 때면 서로 협조를 구할 수 있었고, 인사라는 주제는 조직원들에게 무엇보다 중요한 이슈 중 하나이기에 함께 논의하는 것이 당연하다고 생각했다. 기대대로 노동조합에서는 기꺼이 직원들의 생생한 의견을 모아 담당 부서에 전달해주어 현황 파악과 제도 개선 방안 마련 등 폭탄 해체 작전 수립에 큰 도움을 주었다.

시스템 인사를 해야 하는데, 시스템이 없다고?

설문조사와 노동조합과의 논의를 거치며 이동 인사에 대한 직원들의 인식과 현황에 대해 파악할 수 있었다. 폭탄 설계도는 얻었으니, 이제 해체 작업에 들어가야 했다. 그런데 이때 예상치 못한 복병을 발견하게 되었다. 이동 인사 작업을 위한 각종 정보 분석과 시뮬레이션 등에 활용되는 인사 정보 시스템이 노후화되어 제 역할을 못 하고 있는 것이었다.

나는 개인의 경력은 물론 평판이나 조직에 대한 기여도 등 정성적인 요인까지 복합적으로 반영하여 결정되는 승진 인사와 달리, 이동 인사는 개인의 거주지, 생활권, 경력, 직무 경험 등을 반영하여 그야말로 시스템적으로 해결해야 하는 분야라고 생각해왔다. 그런데 전산 시스템이 낡아, 2,500명에 달하는 직원들에 대한 데이터를 바탕으로 정밀하게 수행해야 할 작업을 담당자들이 직접 처리해오고 있던 것이다. 담당자들이 고생하는 것도 문제이지만 시스템보다 사람이 주가 되는 이런 방식은 담당자의 주관이 개입될 여지가 있고 실수 발생 확률도 상대적으로 높아 바람직하지 않다. 시스템이 주가 되고 사람이 확인하는 방식으로 바꿔야 한다는 생각에 당장 시스템 개선이 필요하다고 이야기했다. 예산 담당 부서장도 따로 찾아 반드시 필요한 예산이니 잘 챙길 것을 당부했다.

갑작스러운 지시였지만, 예산 담당 부서에서는 2020년 정보화전략계획(ISP) 수립에 인사 시스템 개발을 반영하는 등 기민하게 대처하여 필요한 예산을 확보했다. 이에 2020년 4월부터 전산 시스템 재구축 작업을 시작할 수 있었고, 2020년 12월 성공적으로 새로운 시스템을 가동하게 되었다. 인사 내신이나 자기신고뿐만 아니라 직원별 경력, 연수, 희망 직무, 직무만족도 등의 데이터를 바탕으로 이동 인사 작업을 객관적이고 투명하게 실시할 수 있는 '시스템 인사'의 가장 중요한 인프라가 마련된 것이다.

인사 재량권이라는 말을 많이 사용하는데, 개인적으로 재량권 위주의 주관적인 인사보다는 데이터와 시스템이 바탕이 되는 객관적인 인사를 선호한다. 이렇게 해야 인사 재량권 남용이니 재량권 일탈이니 하는 분란이 발생할 가능성도 줄어든다. 특히나 통상 3년으로 기관장의 임기가 정해진 공공기관의 경우에는 이런 시스템 기반 인사의 필요성이 더욱 부각된다. 기관마다 나름의 인사 운영 정책이 있을 텐데, 기관장 교체 때마다 그 방향이 큰 폭으로 바뀌면 직원들은 혼란스러워할 수밖에 없기 때문이다. 기관의 특성을 반영하여 수립한 인사 정책을 효과적이고도 효율적으로, 그리고 지속가능하게 추진하기 위한 튼튼한 기반이 바로 인사 시스템이다.

일전에 인공지능을 통해 인사를 실시했더니 직원들의 불만이 사라졌다는 국민은행의 사례를 소개한 기사[*]를 읽은 적이 있다. 2020년 7월에 실시한 1,086명 대상 하반기 영업점 직원 인사에 AI 시스템을 처음 활용했는데, 사람보다 더 섬세하게 직원 및 영업점 요구를 반영해 인력을 배치해 직원들의 만족도가 높았다는 내용이었다. 기사에서도 '실험'이라고 표현했듯 초기 단계이지만, 빅데이터와 AI 기술의 발전 속도를 보면, 머지않아 'AI 인사'는 더 이상 흥미로운 기사 소재조차 되지 못할 수도 있을 것 같다.

일단, 할 수 있는 것부터 하자

인사 정보 시스템을 재구축하는 데에는 전산 개발 등으로 시간이 다소 필요했다. 그래서 직원들이 인사 제도에 대한 만족도를 높일 수 있는 다른

---

[*] "KB의 실험...AI에 인사 맡겼더니, 인사 불만이 사라졌다"(《조선일보》 2020. 10. 5.)

제도 개선책을 먼저 찾아보기로 했다. 이동 인사에 대한 직원들의 불만을 유발하는 구조적 문제인 지역별 근무 수요와 공급의 미스매치는 하루아침에 해결할 수 있는 문제가 아니었다. 아무리 지역별 채용을 증가시켜도 순환 근무 체계하에서 그 지역에만 묶어둘 수도 없을뿐더러, 설사 그렇게 해도 지금 수준의 갭을 메우기까지는 족히 10여 년은 걸릴 일이었다. 작더라도 직원들이 피부로 느낄 수 있는 제도 개선이 필요하다고 생각했다.

고심한 끝에 아이디어가 떠올랐다. 자기신고*를 할 때 희망 근무지뿐만 아니라 본인이 가장 기피하는 지역을 입력하도록 하여 적어도 그 지역으로는 발령을 내지 않는 것이었다. 어차피 원하는 곳으로 모두 배치할 수 없는 상황에서 최악의 상황은 피할 수 있도록 제도적으로 보호해주자는 취지였다. 시한폭탄의 시계를 멈출 수는 없지만 폭발 시한을 연장하는 일종의 차선책이었다. 이 제도는 2019년 하반기 보완인사부터 적용했는데, 작은 변화였지만 자기신고 입력 화면에 새로운 입력 칸이 생긴 것을 보며 직원들이 회사에서 인사 제도 개선 노력을 기울이고 있음을 인식하게 되는 효과도 있었다.

3) 본점 의무 근무제 도입: 소통 활성화와 경쟁력 강화의 필수 요건

기관마다 다르지만, 금융기관의 조직은 대개 본점과 지점으로 나뉜다.**

---

* 상반기 정기인사와 하반기 보완인사 시즌에 전 직원을 대상으로 건강 상태, 현 직무에 대한 만족도와 근무 의욕, 결혼·육아·출산 등 신상 변동 사항에 대한 정보, 이동 희망 여부와 희망 근무지 등에 대해 본인이 신고하는 제도.

** 직제 규정상 정식 명칭은 본점과 영업점으로 구분되지만, 직원들은 본사는 '본점'이라 부르고 이에 대비하여 영업점은 '지점'이라고 부른다.

본점은 기관의 사업과 경영 관리 등에 관한 기획 기능을 주로 담당하며, 지점은 본점에서 만든 제도하에 각 지역에서 사업을 직접 수행한다. 기관에 따라 직렬을 구분하고 그 구분에 따라 채용과 인사가 이뤄지기도 하지만, 신용보증기금의 경우 ICT 분야를 제외하고는 사실상 직렬 구분 없이 전 직원이 순환 근무를 한다. 즉, 누구든 본점과 지점의 칸막이 없이 이동할 수 있는 구조이다. 신용보증 업무를 하다가 구상권 관리 업무를 할 수도 있고, 다시 신용보험 업무를 하다가 본점에서 기획이나 경영 지원 업무를 할 수 있는 것이다.

모든 제도가 그렇듯 이러한 제도에는 장단점이 존재한다. 직원 입장에서는 순환 근무를 통해 다양한 직원들과 다양한 업무 경험을 할 수 있다. 직접 경험을 통해 본인의 적성에 맞는 업무를 파악할 수 있고 각 조직과 직원 간의 상호 이해도를 높일 수 있다. 입사할 때 선택한 업무를 퇴사 때까지 그것도 매일 봐오던 사람들과 함께할 때 발생할 수 있는 매너리즘이나 권태감도 상대적으로 낮출 수 있는 장점도 있다. 반면, 업무 환경의 잦은 변화에 따른 적응 과정은 스트레스 요인이 될 수 있고 동일한 업무에 대해 장기간의 경험을 통한 전문성 함양이 어렵다는 측면에서는 마이너스 요인으로 작용할 수도 있다. 근무지의 잦은 변경은 '워라밸' 측면에서도 부정적인 영향을 줄 수 있다.

개인적으로는 순환 근무 시스템을 선호한다. 직원들이 입사 초기에 본점과 지점의 다양한 업무를 두루 경험함으로써 본인의 적성에 맞는 업무를 탐색하고, 그 이후부터는 그런 업무 분야에서 경험을 꾸준히 쌓을 수 있도록 운용하는 것이 이상적이라고 생각하기 때문이다. 물론 이런 제도의 장점을 키우고 단점을 줄일 수 있는 방식으로 제도가 운용된다는 전제가 필요하겠지만 말이다. 인사 담당자들에게 이런 내 생각을 이야기하니 전적으로 공감한다는 답변이 돌아왔다. 그런데 이상과 현실 사이에는 언제나 차이가 있게 마련이다.

이야기를 들어보니, 본점 근무가 지점 근무보다 여러 면에서 힘들다는 인식 때문에 예전부터 본점 근무 희망자가 부족한 상태였다고 한다. 본점이 대구로 이전한 후부터 그런 현상이 더욱 심화되었다고 한다. 마포 본점 시대에는 그래도 본점 근무가 적성에 맞는 직원들이 본점 자리의 일정 비율을 채워주는 역할을 했는데, 대구 이전 후로는 그런 직원들마저도 가뜩이나 스트레스를 많이 받는 본점 근무에다 주말부부 또는 '기러기' 생활까지 불가피하다 보니 점점 더 본점 근무를 기피하게 되었다는 것이다.

게다가 승진 TO가 부족해 승진 소요 기간이 길었던 시절에는 본점 근무가 발탁 승진 측면에서 유리하다는 인식이 인센티브 요인으로 작용하기도 했는데, 최근에는 젊은 직원들의 승진 소요 기간이 많이 단축되어 더이상 인센티브로서 작용하지 못하고 있는 실정이라고 했다. 업무 경험 확대보다는 그저 집 가까운 지점에서 근무하는 것이 대다수 직원들이 원하는 것이라는 이야기로 들렸다.

"본인이 알면 놀라 펄쩍 뛸 겁니다!"

인사 담당 부서에서 들었던 직원들의 본점 기피 현상을 직접 눈으로 확인하기까지는 얼마 걸리지 않았다. 현장경영을 위해 지점을 방문할 때면, 언제나 직원들의 이력을 꼼꼼히 살펴본다. 직접 만날 직원들에 대한 호기심에서 비롯된 것이 아니라, 직원들의 경력 경로(career path)가 어떻게 관리되고 있는지 보기 위한 것이었다. 한번은 어느 직원의 전공과 근무 경력이 눈에 띄어, 지점장에게 그 직원에 대한 평을 부탁했다. 성실하고 꼼꼼하게 일도 잘하고 성격도 좋은 직원이라는 답변이 돌아왔다. 내가 보기에 본점에서 근무할 기회가 되면, 적성을 살려 좋은 경험을 쌓는 기회가 될 수 있을 것 같아 보여 지점장에게 인사 내신을 할 때 본점 근무를 추천해보라고 했다. 당연히 '좋은 기회가 될 것 같으니, 나중에 특별히 신경 좀 써주십시오'라는 답변이 나오려니 했는데 내 예상은 보기 좋게 빗나가고 말았다.

"본인이 알면 놀라 펄쩍 뛰며, 두고두고 저를 원망할 겁니다."

비단 이 지점에서만 그런 것이 아니었다. 다른 지점에서도 당연하다는 듯 비슷한 반응이 이어졌다. 내가 직접 본점 근무 의사를 슬쩍 물어보면 "저는 지점이 체질입니다"라고 이야기하는 직원도 있었다. 물론 현장에서야 웃어넘겼지만 곰곰이 생각해보니 '아니, 본점 근무를 해보지도 않고 본인이 지점 체질인지 제대로 알 수나 있나?'라는 생각이 우선 들었고, '이래서야 조직이나 직원들이 발전할 수 있겠나?'라는 생각으로 이어졌다. 물론 현장에서 기업을 지원하는 업무가 주된 사업이다 보니 80% 이상의 직원들이 지점에서 근무하고는 있지만, 아무래도 현장에서 같은 업무만 하다 보면 시야가 좁아질 수밖에 없다. 그렇게 내 팀과 지점만 생각하다 보면 조직 구성원으로서 개인적인 성장에도 한계가 있을 수밖에 없다.

물론 지점에서 열심히 일하며 본점에서 기획한 프로그램이나 제도를 현장에서 실행하는 것도 중요하다. 하지만 어차피 장기간 신용보증기금에서 근무할 것이라면, 그런 제도들이 어떤 취지에서 어떤 과정을 거쳐 만들어졌으며, 기관 전체적으로 어떤 의미가 있는지 좀 더 넓은 시각에서 바라볼 수 있는 안목을 키우는 일도 개인의 경쟁력을 키우는 데에 도움이 된다. 당장 편하자고 해오던 일에만 안주하는 자에게 성장이나 발전이 제

발로 찾아올 리가 없다.

이런 상황을 방치해서는 본점 근무 인력 수급의 불균형이 고착화될 수밖에 없다. 그렇게 되면, 본점 근무 인력 풀도 줄어들 수밖에 없었다. 본점 근무 인력이 따로 정해져 있는 것은 아니지만, 아무래도 소수의 인력으로 효율적으로 본점을 운영해야 하는 기관의 특성상 상위 직급으로 올라갈수록 본점 근무 경험이 없는 직원을 배치하는 것을 꺼리기 때문이다. '한번 해병이 영원한 해병'인 것처럼, 본인의 의사와는 무관하게 '한번 본점 직원은 영원한 본점 직원'이 되는 것이다. 실제로 본점에서 자주 근무하는 특정 직원들에 대해서는 '회전문' 인사라는 꼬리표가 붙어 다니는 상황이었다. '회전문' 인사든 아랫돌 빼서 윗돌 괴는 '상석하대上石下臺' 인사든 불가피하다면 당장은 그렇게 할 수밖에 없지만 지속가능성 측면에서 걱정하지 않을수 없었다. 기관은 지속가능성을 전제로 운영되지만, 직원 개개인은 퇴직을 하기 때문이다. 임기응변식 인사가 계속되면 본점의 경쟁력은 언젠가 절벽을 마주하게 될 수도 있다. 특정 지점의 경쟁력이 떨어지는 것은 다른 지점에서 보완이 가능하지만, 본점의 경쟁력 저하는 곧바로 기관의 경쟁력 저하로도 이어질 수 있다. 본점과 지점 간 인력 순환이 원활하게 이뤄지는 지속가능한 인사 운영 체계를 구축해야 하는 시점이라고 생각됐다.

다섯 번째 의무

인사 담당 부서에서 받은 통계를 살펴보니 전체 직원 중 54%만이 본점 근무 경험이 있었고, 이들의 평균 본점 근무 기간은 4.5년이었다. 직급별로 보면 이들 중 66%가 5급 때 처음으로 본점 업무를 시작한 반면, 3급이 되서야 본점 근무를 처음 하게 된 직원은 26명으로 본점 근무 경험자 중 약 3%에 불과할 정도로 매우 드물게 나타났다. 대개 한 근무지에서 약 2년 정도 근무하는 점을 생각해보면, 이 통계상으로는 한 번도 본점 근무를 안 한 직원이 절반가량이나 되지만, 일단 근무를 하면 평균적으로 두 번은 근무한 셈이었다. 앞서 이야기한 '회전문' 인사가 틀린 말이 아니었던 것이다.

자세한 수치는 보고를 받고 나서야 확인할 수 있었지만, 대략적인 수준은 현장경영을 다니면서 이미 짐작할 수 있었다. 지점을 다니다 보면 대략 20년이 넘는 경력에도 본점 근무 경험이 없는 직원들이 수두룩했기 때문이다. 그런 직원들의 이야기를 들어보면 본인도 처음에는 큰 꿈을 갖고 본점에서 근무를 하고 싶어 본점 근무를 신청하기도 했다고 한다. 그런데 적당한 시기에 본점에 진입하지 못하다 보니, 나중에는 본점에 새로 들어간 후배들한테 업무를 배우기에도 민망한 나이가 되어버려 본점 근무를 신청하기가 꺼려진다는 것이었다.

본점 근무를 추천해준다고 해도 본인은 지점 체질이라고 고사하는 사람도 문제이지만, 본점 근무를 희망하는데도 갈 수 없는 사람이 있는 것도 문제라고 생각됐다. 가만 보니 취임 초창기 노동조합에서 내게 읽어보라고 한가득 전해준 노동조합 성명서와 정책 자료집에도 이런 내용들이 담겨 있었던 같았다. 물론 성명서와 정책 자료집이라는 성격을 고려하면 그 내용이 100% 정확하다고 할 수는 없겠지만, 본점 경력자들만 계속 본점에 근무하며 주요 보직을 차지한다는 내용이 있었고 노동조합에서는 이를 '회전문 인사', '그들만의 리그' 등으로 표현했던 것 같다. 뭔가 특단의 조치가 필요했다. 고심 끝에 내린 결정을 인사 담당 이사와 부서장에게 전달했다.

"누구든 입사 후 10년 내에는 최소 한 번씩 본점 근무를 의무적으로 하도록 합시다. 본점과 지점 간 상호 이해도를 높이고 본인의 적성과 역량을 확인하는 차원에서라도 누구나 한 번씩은 본점 업무를 경험해야 합니다. 한번 근무한 다음에는 본인 희망에 따라 추가로 더 하든지, 영업점 근무를 하든지 결정하면 됩니다. 본점 근무를 해보지도 않고 어떻게 자기가 본점 체질인지 영업점 체질인지 이야기할 수가 있겠습니까? 주니어 시절에 본점에 와보고 싶었는데도 올 수 없게 되어 직장 생활 내내 본점 업무를 한 번도 하지 않게 됐다면 인사를 잘못한 것입니다. 당장 다음 인사 때부터 반영할 수 있도록 준비해주시기 바랍니다."

이렇게 해서 신용보증기금 직원들은 국민의 4대 의무인 국방·근로·교육·납세의 의무에 이어 '본점 근무의 의무'라는 다섯 번째 기본 의무를 부여받았다. 인사 담당 부서의 어깨는 무거워지고 발걸음은 빨라질 수밖에 없었다.

의무가 추가되면 당연히 권리도 추가되어야

국민의 4대 의무 중 근로와 교육은 의무이자 권리이다. 본점 근무를 의무화했지만, 나는 이 또한 의무이자 권리라고 생각한다. 본점 근무를 하고 싶다면 누구든 그 기회를 보장받을 권리인 것이다. 내 생각은 그렇지만 일부 직원들 입장에서는 너무나도 이행하기 싫은 의무로만 받아들여질 수도 있을 것이다. 그래서 본점 근무 직원들에 대한 우대 방안을 마련해야겠다고 생각했다. 인사 담당 부서장에게 어떤 우대책이 좋을지 함께 고민해보자고 했다.

인사 담당 부서에서는 본점 근무 직원들의 고생을 인정해 고과 상 가점을 주는 방안을 보고해왔다. 다른 지방 이전 공공기관들도 그렇게 하고 있는 데다 개인의 승진에 직접적으로 도움이 되니 당사자들 입장에서는 가장 좋은 인센티브가 되리라는 것이었다. 나 역시 직장인들에게 가장 영향력이 큰 두 가지는 급여와 승진이라고 생각해왔기에 동의했다. 다만, 지금까지는 본점 근무의 의무가 없었기 때문에 형평성을 잘 살피고 노동조합과 직원들의 의견을 잘 수렴해서 진행할 것을 당부했다. 이 과정에서 내부적으로 적잖은 논란이 있기도 했지만 결국 인센티브 제도를 도입함으로써 의무에 따른 권리가 추가되었다.

2020년 1월 정기인사부터 본점 근무 의무제와 인센티브 제도가 적용된다는 사실을 알리고 자기신고를 받았다. 그 결과 작년에는 96명에 불과했던 본점 전입 희망 직원 수가 156명으로 크게 늘어났다. 인사 배치 작업을 거치며 모두 원하는 부서에 배치하지는 못했지만, 전입 희망자들은 가급적 본점으로 발령을 냈다. 이번에 수용하지 못한 인원들은 다음 인사에서라도 최대한 반영하도록 했다. 인사 발령을 마치고 보니 본점으로 전입한 직원의 절반이 넘는 54%가 입사 후 처음으로 본점에 근무하게 된 케이스였다.

내 입장에서야 내가 원하던 대로 본점 근무 희망자와 실제 전입자 모두 늘게 되어 만족스러웠지만, 그렇지 못한 이들도 있었다. 본점에 남아 있는 부서장과 직원들은 조금 당황해하는 눈치였다. 본점 경험이 전혀 없는 직원들이 늘어나다 보니, 업무가 제대로 돌아갈 수 있을지, 남아 있는 직원들만 더 고생하게 되는 건 아닌지 걱정이 태산인 것이었다. 부서장들을 불러 인사 취지에 대해 직접 다시 한번 설명했다. 특히 본점에 새로 온 직원들이 조금 답답하더라도 인내심을 갖고 잘 격려하면서 초반에 잘 적응할 수 있는 분위기만 조성해주면 단기간에 자기 몫을 해낼 것이라고 이야기했다. 그리고 당연히 본점 업무에 서툴 수밖에 없는 데다, 낯선 환경에서 주눅이 들 수도 있으니 각별한 관심을 갖고 지켜봐줄 것을 부탁했다. 만약에 본점 의무 근무제가 자리 잡지 못하고 흐지부지하게 되면, 지금 남아 있는 직원들은 회전문 안에서 계속 빙글빙글 돌게 될 수도 있다고 으름장도 놓았다. 처음에는 살짝 불만이 섞인 표정들도 보였는데, 이 말 한마디에 다들 고개를 끄덕이는 분위기가 되었다.

이렇게 다섯 번째 의무 제도가 시작됐다. 다행히도 신규 전입 직원들과 본점 업무 모두 제 궤도를 이탈하는 일 없이 순항을 이어갔다.

4) 여성 인력 양성

신용보증기금 이사장님, 부끄럽지 않으십니까?

국정감사장에서 국회 정무위원회 소속 한 의원이 내게 갑작스러운 질문을 던졌다.

"신용보증기금 이사장님, 부끄럽지 않으십니까?"

"네⋯⋯?"

질문의 의도를 파악할 수가 없어 당황한 표정을 숨기지 못했다. 질문한 의원이 그럴 줄 알았다는 듯 질문의 취지를 설명했다. 당시 감사장에는 신용보증기금뿐만 아니라 정무위원회 산하에 있는 다른 금융 공공기관들도 함께 감사를 받고 있었는데, 유독 우리 기관만 감사장에 여성 간부가 한 명도 없다는 점을 꼬집은 것이었다. 둘러보니 정말 그랬다. 공공기관의 여성 임원 및 인력 운영 현황의 문제점을 지적하려는 의도였다. 내가 여성 인력의 중요성에 관심이 없었던 것도 아닌데, 당시 상황은 마치 내가 여성 인력의 중요성을 인식하지 못하는 공공기관장이라도 된 것만 같아 얼굴이 화끈거렸던 기억이 난다. '본점에 내가 중용한 여성 간부들을 일부러라도 모셔다 앉혀놓는 센스를 발휘했어야 했나?'라는 생각도 잠시 들었다.

공직에 있을 때부터 여성 인력의 중요성에 대해서는 내 나름대로 정리한 생각이 있었다. 과거 유교적 문화로 인한 남녀 차별을 없애자는 사회문화적인 관점만은 아니었다. 여성의 경제 활동 참여 확대는 인구절벽과 고령화에 따른 국가 성장잠재력 저하 문제를 해결하기 위해 반드시 필요한 일 중 하나이다. 저출산·고령화가 지속되면 경제 활동에 참여할 수 있는 인력, 즉 노동력이 감소하게 된다. 그리고 경제 활동량이 적어 소득이 낮은 노령층 증가는 자연히 소비 감소와 정부의 세수稅收 감소로 이어지게 된다. 반면, 줄어든 세수에도 불구하고 정부에서 책임져야 할 소득이 없는 국민은 늘어, 정부의 지출 확대로 재정 부담이 늘게 된다. 나라의 성장잠재력이 떨어지는 문제가 발생할 수밖에 없는 것이다.

하지만 인구절벽 문제는 쉽사리 해소될 것 같지 않다. 2021년 초 행정안전부에서 발표한 인구 통계 자료를 보면 2020년에 우리나라 인구가 사상 처음으로 줄어든 것으로 나타났다. 출생자 수가 27만여 명으로 역대 최저치를 기록하며 30만여 명에 달하는 사망자 수에 못 미치는 이른바 '인구 데드크로스'가 발생하여 전년보다 2만여 명이 줄어든 것이다. 특히 출생자 수는 2017년 40만 명 선이 무너지고 불과 3년 만에 30만 명 선 아래로 떨어진 반면, 60대 이상의 인구 비중은 24%를 기록하여 2011년 대비 약 8.2%p가 늘어나 고령화가 심화되는 추세를 보였다.

물론 출산율을 높이는 것이 직접적인 해결책이 되겠지만, 이는 단기간에 해소할 수 없는 문제이다. 결국 유휴 인력의 경제 활동 참여 확대를 대안으로 생각해볼 수 있는데, 특히 높은 교육 수준에도 불구하고 육아 문제 등으로 경력이 단절되곤 하는 여성 인력의 경제 활동 확대가 문제 해결의 중요한 열쇠가 될 수 있다.

OECD 교육지표 통계(2019년 기준)에 따른 25~34세 최종학력 비율을 살펴보면 우리나라의 고등교육 이수 비율은 70%로 OECD 평균인 45%를 훨씬 상회한다. 특히 여성의 고등교육 비율은 76%로 64%인 남성보다 오히려 높은데, 이는 OECD 회원국 중에서도 가장 높은 비율이다. 하지만 높은 교육 수준에도 불구하고 2019년 기준으로 우리나라 여성의 고용률[*]은 51.6%에 그친다. 우수한 인력이 경제 활동에서 배제되고 있는 것이다.

특히 20대 후반에는 71.1%에 달하는 여성의 고용률이 결혼·출산·육아 등으로 30대 후반에 59.9%까지 떨어진다는 사실은 우리 여성들의 경력 단절 현상을 여실히 보여준다. 40대부터 다시 고용률이 증가하며 소위 'M자형'을 보이지만, 재취업을 하는 이들은 대부분 경력 단절 이전 수준의 일자리로 복귀하지 못하는 것이 현실이다. 기혼여성 중 경력 단절 여성 비율은 2019년 기준 19.2%에 달하며, 6세 이하 자녀가 있는 여성 10명 중 4명은 경력 단절 여성에 해당[**]한다고 하니, 인구 감소로 인한 성장잠재력 저하 문제의 해결책이 바로 여기에 있다고 해도 과언이 아니라고 생각한다.

지난 2018년 미국 경영 컨설팅 기업 매킨지에서 발표한 「동등의 힘: 아시아 태평양에서 여성 평등의 확산」 보고서의 내용을 보면, 우리나라

---

[*]   통계청, 「경제활동인구조사」.
[**] 통계청, 「지역별고용조사」.

여성은 비슷한 일을 할 때 남성 대비 45%의 임금밖에 받지 못한다. 간부직에서 여성이 차지하는 비중도 남성 대비 12%로 17개국 중 16등을 차지했다. 보고서는 만약 양성평등을 달성할 경우 그 효과로 우리나라의 GDP가 2025년까지 9% 증가할 것으로 추정했다. 여성의 경제 활동 확대가 곧 우리나라의 성장으로 이어질 수 있다는 것이다.

유리천장과 유리벽에 필요한 것은 균열

우리 경제의 성장잠재력 제고 차원에서 여성 인력의 중요성에 대해서는 누구나 인식하고 있지만, 이는 공공기관장 한 명이 해결하기에는 너무나도 큰 이슈이다. 그래서 적어도 내가 기관장으로 있는 신용보증기금에서 할 수 있는 부분부터 실천해나가고자 했다. 기관의 최고 인사권자로서 내가 할 수 있는 일은 '유리천장'과 '유리벽'부터 완화해주는 것이었다.

'유리천장(glass ceiling)'은 여성과 소수민족 출신자들의 고위직 승진을 막는 조직 내의 보이지 않는 장벽을 뜻하는 말로, 충분한 능력과 자질을 갖추었음에도 조직 내에 관행과 문화처럼 굳어진 부정적 인식으로 인해 고위직으로의 승진이 차단되는 상황을 비판적으로 표현한 말이다.[*] 이는 정부에서 양성평등을 위해 운영하고 있는 적극적 고용 개선 조치(Affirmative Action, AA)[**]와도 연관되어 있다.

'유리벽(glass wall)'은 여성이 조직에서 전략적으로 중요한 직무에 수

---

[*] 네이버 지식백과.
[**] 고용상 성차별 해소 또는 평등촉진을 위해 특정 성을 잠정적으로 우대하는 조치('06년 도입)로서, 공공기관 및 500인 이상 사업장을 대상으로 여성 근로자 및 관리자 비율이 규모별, 동종 업종 평균의 70%에 미달한 기업에게 시행계획서를 제출하도록 하고 이행실적을 점검하는 제도.

평적으로 분리되는 현상을 지칭하는 말로 유리천장의 원인을 밝히는 논의 과정에서 탄생한 용어다. 즉, 여성의 일자리가 암묵적으로 비핵심 직무에 국한되는 현상을 '보이지 않는 유리벽'에 비유한 것인데, 이로 인해 여성이 남성보다 승진 가능성이 떨어지게 되어 결국 유리천장에 직면하게 된다는 것이다.

내가 취임해서 살펴보니, 신용보증기금의 경우에도 여성 채용이 적고 퇴사율이 높던 과거 우리 사회의 전반적인 분위기 때문인지 상위직 여성 비율이 낮은 편이었다. 채용도 적었는데 중도에 퇴사하는 직원들도 남성에 비해 상대적으로 많아 승진을 통해 관리자급이 되는 경우가 많지 않던 것이다. 구조적인 유리천장이 존재하는 것이다. 소위 핵심 업무의 경우에도 '배려' 혹은 '본인 기피' 등을 이유로 '유리벽'이 곳곳에 자리하고 있었다. 일각에서는 이런 현실을 개선하기 위해 채용과 관리자 선임 시 여성 할당제 적용이 필요하다는 의견도 있었다.

하지만 인력 구조상 일률적으로 할당제와 같은 제도를 도입하기에는 적절치 않아 보였다. 일단 여성 채용 비중*은 최근에 이미 50% 수준을 넘어 제도 도입 필요성이 낮았다. 본부점장 직위의 경우 본부점장 승진 요건을 갖춘 고경력군 여성 비율 자체가 워낙 낮은 편이라 바로 할당제를 도입할 경우 역차별의 우려가 존재했다.

대신, 인사 운영을 통해 구조적인 문제를 지속적으로 개선해나가기로 했다. 할당제처럼 비율을 정해놓지는 않더라도 여성 인력에 대한 채용을 확대해나가는 한편, 업무 역량이 충분한 여성 인력이 있다면 적극적으

---

*   2015년 43.7%, 2016년 52.0%, 2017년 53.8%, 2018년 62.4%.

로 본부점장(본점 부서장과 지점장 등) 직위에 배치하기로 했다. 예컨대 같은 직급이라도 본부점장 직위에 배치할 수 있는 남녀 인력이 함께 있다면 가급적 여성 인력을 배치함으로써 직원들에게 유리천장에 균열이 생기고 있다는 시그널을 주는 방식이었다. 직급별 여성 승진 비율도 확대해나감으로써 책임자급(4급) 여성 인력 풀을 늘려, 향후 관리자(3급) 및 임원급 여성 인력을 늘리기 위한 토대를 마련하기로 했다.

그 결과 취임 직전 연도인 2017년에 1명(0.5%)에 불과했던 여성 본부점장 수는 2021년 8명(3.9%)으로 늘게 되었으며, 3급 관리자는 23명(5.3%)에서 57명(10.8%)으로, 4급 책임자는 209명(18.9%)에서 340명(39.4%)으로 각각 늘었다. 여성 할당제를 운영하지는 않았지만, 재임 기간 동안의 인사 운영을 보며 직원들은 변화의 방향을 체감하기에 충분했다. 유리천장과 유리벽이 사라졌다고 느끼지는 못할지라도, 적어도 천장과 벽에 금이 가기 시작했음은 느꼈을 것이다.

앞에서 이야기했듯이 유리천장과 유리벽은 단지 특정 조직이나 회사 내에서의 양성평등 문제에 국한되지 않는다. 유리천장과 유리벽이 없는 직장이 많아질수록 우수한 여성 인력들의 능력이 사장되는 일이 줄어들 수 있고, 이는 곧 우리 경제의 성장잠재력과 연결되는 일이다. 때문에 공공기관의 CEO라면 소홀히 할 수 없는 일이자, 경영 활동 과정에서 지속적인 관심과 노력을 기울여야 하는 부분이다.

2장
성과 평가

평가 제도의 중요성과 공공기관 평가의 복잡성

개인이든 조직이든 어떤 목표와 계획을 세우는 것은 지금보다 더 나아지겠다는 생각이 있기 때문이다. 하지만 계획대로 꾸준히 실행에 옮기는 것은 생각보다 쉽지 않은 일이다. 그래서 우리는 실행력 강화를 위한 유인들을 마련한다. 이를 인센티브 제도라고 하며, 비유적으로 '당근과 채찍'이라는 말도 사용한다. 신상필벌을 하려면 평가가 필요하다. 즉, 누구에게 당근을 주고 누구에게 채찍을 가할 것인지를 결정하는 수단으로서 평가 제도는 중요한 역할을 한다. 그런데 그보다 더 중요한 역할은, 평가자가 평가 항목과 기준을 제시함으로써 피평가자에게 어떤 것에 집중해야 할지 알려주고, 피평가자 간 선의의 경쟁을 유발해 조직의 성과를 제고하는 효과를 이끌어낼 수 있다는 데에 있다. 요컨대 평가 제도는 계획 단계부터 실행과 피드백 단계까지 경영 전반에 걸쳐 중대한 영향력을 미치는 핵심

시스템인 것이다.

평가 제도를 운영할 때 주의해야 할 지점이 있다. 바로 평가자의 평가 만능주의와 피평가자의 과도한 몰입도이다. 평가 기준에 포함시키기만 하면 구성원들이 따를 것이라고 생각하는 평가 만능주의는 구성원들의 반발심을 유발해 평가 수용성과 직무 만족도를 동시에 떨어뜨린다. 피평가자들이 평가에 과도하게 몰입하는 경우도 문제가 된다. 평가 제도가 조직의 성과 창출을 위한 것이니 이에 몰입하는 것은 나쁘다고 할 수 없으나, 그 정도가 과하면 제도 악용같이 제도 취지에 반하는 행태가 나타날 수도 있고, 경쟁이 과열되어 조직문화를 원치 않는 방향으로 몰아갈 수도 있다.

대개의 조직은 평가자이면서 동시에 피평가자가 된다. 일반적인 주식회사의 경우 회사 또는 CEO는 주주들로부터 평가를 받으면서 동시에 직원들을 평가하는 주체가 된다. 이윤 창출이라는 목적으로 설립된 사기업의 경우, 다양한 관점에서 기업을 평가할 수 있겠지만, 큰 틀에서 그 기준은 이윤 창출의 정도가 되리라고 쉽게 예상해볼 수 있다. 당연히 직원에 대한 평가도 이윤 창출에 얼마나 기여했는지를 중점적으로 살펴보게 될 것이다.

그런데 공공기관은 이야기가 다르다. 공공기관의 미션은 대부분 '이윤'보다는 '공익'을 창출하는 것이기 때문이다. 공익의 개념이 이윤처럼 숫자로 딱 떨어지지 않는 추상적이고 포괄적이라는 사실은 과연 공공기관을 어떻게 평가해야 할지, 즉 평가의 방법론에 대한 복잡한 논의를 유발한다. 게다가 각 공공기관이 추구하는 공익의 영역도 천차만별이다 보니 그 복잡성은 가중될 수밖에 없다.

'어떻게'의 문제뿐만 아니라 '누가'의 문제도 존재한다. 주식회사라면 의심의 여지 없이 회사의 주인이라 할 수 있는 주주가 평가하면 된다. 이 같은 논리를 적용하면 국민이 주인이라고 볼 수 있는 공공기관의 경우 국민이 평가해야 하는데, 전 국민이 평가에 나설 수는 없으니 국민 중 누가 대표로서 평가할 것인지도 결정해야 한다. 이를 위해 우리나라는 「공공기관의 운영에 관한 법률」에 따라 국민의 대리인이라 할 수 있는 정부 부처(기획재정부)가 공공기관 경영실적평가를 하고 있다.

한편 각 공공기관은 세부 조직과 직원들에 대한 자체적인 내부 평가 제도를 운영하고 있다. 기관별로 자율적으로 운영하지만, 평가 등급 세분화나 평가 결과에 따른 인센티브 차등 수준 등 기본 방향은 기획재정부에서 시달하는 관련 지침을 따르도록 되어 있어 어떤 공공기관이든 구조적인 틀은 상당 부분 유사하다. 다만, 기관 자체의 미션과 비전 달성에 맞춰 내부 평가 제도를 운영함에도 불구하고, 대부분의 기관들은 앞서 이야기한 정부의 경영실적평가에서 좋은 점수를 얻기 위해 이 평가 기준을 달성할 수 있는 요소들을 내부 평가에 상당 부분 반영하는 것이 일반적이다.

1) 경영실적평가: 공공기관을 움직이는 힘

공공기관 경영실적평가 제도는 1984년에 제정된 「정부투자기관관리 기본법」에 근거하여 실시된 정부투자기관 경영평가로부터 시작되었다고 볼 수 있다. 이후 제도 변화를 거듭하던 중 2007년 4월에 제정된 「공공기관의 운영에 관한 법률」에 따라 정부투자기관과 정부산하기관에 대한 경영평가가 폐지되고, '공기업·준정부기관 경영평가'로 통합되어 현재까지 이어져오고 있다.[*] 경영실적평가제도의 가장 큰 목적은 정부가 공공기관 들에게 요구하는 바를 평가 항목으로 제시함으로써 '공익'이라는 모호한 가치를 보다 구체화하여 공공기관들이 이를 달성하도록 유도하는 것이라 고 할 수 있다. 이는 앞서 이야기한 국민-정부-공공기관이라는 복대리인 구조하에서 공공기관의 방만放漫경영 유인을 최소화하기 위한 수단으로 서도 유용하다. 그뿐만 아니라 수많은 공공기관을 유형화하여 평가하고 인센티브를 차등 제공함으로써 공공기관 간 선의의 경쟁과 상호 벤치마 킹을 통한 공공기관 운영의 효율성 제고도 기대할 수 있겠다.

경영실적평가는 평가편람 상 크게 두 가지의 평가 범주로 나뉜다. 하나 는 공공기관의 경영 체계와 운영을 종합적으로 평가하는 '경영 관리' 범 주이고, 다른 하나는 각 기관 고유의 업을 얼마나 잘 수행했는지 평가하는 '주요 사업' 범주이다. 경영 관리 범주는 전략 기획, 사회적 가치 등 기관 의 특성과 무관하게 공통적으로 적용될 수 있는 경영 관리 역량을 평가하 는 범주로, 모든 공공기관에 동일한 평가 기준이 적용된다. 반면, 주요 사 업의 경우에는 기관의 고유한 업을 수행한 실적 위주로 평가가 이뤄진다. 예를 들어 신용보증기금은 신용보증, 구상권 관리, 신용보험이란 3가지 사업을 대상으로 평가가 이뤄지며, 각 사업의 비중에 따라 가중치가 달리 적용된다.

경영 관리와 주요 사업 평가 모두 정성적 평가와 정량적 평가를 결합 하여 진행하는데, 두 범주의 평가 비중은 소폭의 변화는 있었지만 대체로

---

[*] 김준기, 『공기업 정책론』(문우사, 2014).

50:50 수준이다. 경영 관리 범주의 계량 지표 실사를 제외한 대부분의 지표들은 평가단이 각 기관을 방문하여 진행하는 현장실사를 통해 평가 점수가 산출된다. 기관별 평가 점수에 따라 총점, 경영 관리, 주요 사업에 대해 S등급부터 E등급까지 총 6개 중 하나의 등급을 부여하는데, 그 등급에 따라 각 기관의 경영평가 성과급이 결정된다. 임직원의 성과급 지급률은 기관별 평가 결과 등을 고려하여 공공기관운영위원회의 심의·의결을 거쳐 기획재정부장관이 결정하는데, 공공기관의 유형과 평가 등급에 따라 아래 표와 같이 달라진다.

경영실적평가 등급별 임직원 성과급 지급률

등급	공기업		준정부기관	
	임원	직원	임원	직원
S	150%	250%	60%	100%
A	120%	200%	48%	80%
B	90%	150%	36%	60%
C	60%	100%	24%	40%
D·E	0%			

* 임원은 직전 연도 기본연봉에 지급률을 적용하고 직원은 기준 월봉에 지급률을 적용.

A등급 이상의 우수기관에 대해서는 기획재정부장관 표창 등을 수여할 수 있으며, 반대로 D등급 이하의 부진 기관에는 경영 개선 계획을 제출하도록 하여 이행 상황을 점검하고 그 결과를 다음 연도 평가에 반영할 수

도 있다. 또한 기획재정부장관은 경영실적이 부진한 기관의 기관장·상임이사에 대하여 공공기관운영위원회의 심의·의결을 거쳐 임명권자에게 해임을 건의할 수도 있다.

요컨대 경영실적평가는 공공기관 임직원들의 성과급과 같은 금전적 보상은 물론 기관의 명예나 위상, 임원의 인사에까지 직접적인 영향을 미친다. 이렇다 보니, 다양한 외부 평가를 받는 공공기관 입장에서도 다른 어떤 평가보다 크게 신경을 쓸 수밖에 없는 평가인 것이다.

2017년: C등급 기관

C등급. 이사장 취임 시점을 기준으로 신용보증기금이 가장 최근에 받았던 경영실적평가 등급*이었다. 2018년 6월 초에 취임했을 때에는 마침 2017년도 경영실적평가 결과 발표를 앞두고 있었다. 담당 부서에서는 이번 결과도 썩 좋지는 않을 것으로 예상된다고 보고해 왔다. 보고하는 담당 부서장의 모습이 마치 중간고사 성적이 좋지 않아 열심히 기말고사를 준비했는데, 또 성적이 좋지 않을 것 같아 풀이 죽어 있는 학생 같아 보였다. 다행히 2017년도 경영실적평가에서는 B등급이라는 성적표를 받았다. 내색은 하지 않았지만 속으로 안도의 한숨을 쉬었다. 물론 2017년도 평가는 내가 오기 전의 성과이긴 하지만, 어쨌거나 기관의 분위기를 반등시킬 기회가 될 수 있다고 생각했기 때문이다.

앞서 설명했듯이 경영실적평가 등급은 S등급부터 E등급까지 6개 등급으로 구성되는데, S등급은 최근 몇 년간 어떠한 기관도 받지 못해 '유니

---

*   2016년도 경영실적에 대한 결과는 2017년에 발표함.

콘'과 같은 존재로 여겨졌다. 따라서 실질적으로는 A등급이 최상위 등급이었는데, 신용보증기금이 속해 있는 '준정부기관 기금관리' 유형에 속한 13개 기관 중 A등급은 평균적으로 2개 기관만 받아왔기에 이 또한 무척이나 달성하기 어려웠다. 게다가 다른 유형에 비해 기금관리형에 속한 기관들은 전통적으로 평균 평가 점수가 높고, 평가에 대한 기관들의 관심도 높은 편이라 경쟁이 치열했다. 그러나 A등급을 받은 경험이 여러 번 있다는 사실을 보면, 신용보증기금의 역량 자체가 부족한 것은 아니라고 판단했다.

좋은 평가 등급은 임직원들의 성과급을 올려주는 효과도 있지만, 우리가 하고 있는 일을 정부와 국민들로부터 인정받고 있다는 메시지로서 임직원들의 사기와 기관의 위상을 높여준다는 점에서 모든 기관장들이 탐낼 만하다. 직원들에게 이야기하지는 않았지만, 나 역시 이사장 자리에 있는 동안 꼭 A등급을 받아 직원들의 고생이 금전적·정서적 보상으로 이어질 수 있도록 하고 싶다는 마음이 있었다.

잘 쓴 보고서만으로는 부족하다

A등급은 무작정 열심히 일만 한다고 얻을 수 있는 성격의 것이 아니다. 공공기관 본연의 업무를 효율적으로 수행함으로써 탁월한 성과를 창출하여 국민 후생에 기여하는 것은 기본이고, 그 내용을 일목요연하게 보고서에 잘 담아야 한다. 그리고 현장실사 등 평가 과정에서 평가단에게 이를 효과적으로 전달해야 한다. 콘텐츠의 생성-가공-전달에 이르는 어느 과정 하나도 소홀히 할 수 없는 것이다.

내 나름대로 단계별 역량에 대한 분석을 통해 전략을 세우기로 했다.

신용보증을 통해 중소기업의 성장을 지원하는 신용보증기금의 '업'은 금융시장 실패를 보완하고 국민경제의 균형 있는 발전을 위해 반드시 필요한 일이었다. 그리고 이런 업무를 효율적으로 수행하기 위한 시스템과 운영 측면에서도 국내에서 가장 오랜 역사와 최대 규모를 자랑하는 보증기관다운 수준을 유지하고 있다고 생각됐다. 보고서 역시 내용과 형식 양면에서 다른 기관에 비해 결코 떨어지지 않았다. 그러니 평가단에게 전달하는 과정에 좀 더 집중해야 한다는 것이 내가 내린 결론이었다.

특히나 주요 사업을 구성하는 신용보증, 신용보험, 구상권 관리 업무는 이와 직접적으로 관련 있는 기업인이나 경제정책에 관심이 높은 이들을 제외하면 생소한 분야이다. 그렇다 보니 짧은 시간 동안 보고서와 현장실사를 통해 다수의 공공기관에 대한 평가를 수행하는 평가단에게 얼마나 효과적으로 이해도를 높이고 성과를 알리느냐가 관건으로 보였다.

경영실적평가는 각 공공기관에서 「공공기관 운영에 관한 법률」에 따른 법정기한인 3월 20일까지 전년도 경영실적을 기재한 경영실적보고서를 제출하면서부터 시작된다. 경영실적보고서는 총 250페이지로 구성되는데, 각 기관의 전년도 실적을 위주로 기술하다 보니, 기관의 역사나 주요 사업 등 배경 지식은 빠져 있다. 물론 1,000페이지 분량의 참고 자료도 제출하도록 되어 있지만, 이 자료에도 기관의 예산, 인력 등에 대한 개괄적인 정보와 각종 제도들만 들어 있어 기관 전반에 대한 배경 지식을 소개하기에는 부족하다. 따라서 경영실적보고서에 없는 내용은 평가위원들이 필요에 따라 기관에 요청해 개별적으로 파악해야 한다. 게다가 현장실사는 보통 경영 관리, 주요 사업, 경영 관리 계량 범주별로 하루씩 총 3일에 걸쳐 진행되는데, 범주별 평가위원들도 모두 달라 평가위원 입장에서는 불과 몇 시간에 걸친 현장 실사를 통해 기관을 평가해야 하는 사실에 부담감을 느낄 수밖에 없을 것으로 보였다. 따라서 평가위원들에게 기관의 성과를 얼마나 '임팩트 있게' 전달하느냐에 따라 평가 결과가 좌우되리라는 생각이 들었다. 게다가 이미 보고서 작성이 마무리되어 기획재정부 및 평가단에 제출된 상황에서 추가적으로 노력을 기울일 수 있는 유일한 부분이기도 했다.

2018년도 경영실적평가 준비가 시작되는 단계부터 담당 부서장인 성과관리부장에게 신용보증기금을 처음 접하는 사람이 보고서를 읽는다는 전제하에 가급적 쉽게 쓰면 좋겠다고 작성 방향을 제시했다. 그리고 현장 실사에 대비해서 한 해 동안의 노력과 성과를 일목요연하게 알아볼 수 있는 별도 자료를 준비하라고 했다. 특히, 공공기관에 대한 평가이니만큼 우리의 노력과 성과가 중소기업과 국민, 정부 정책에 공익적 차원에서 어떤 도움이 되었는지에 초점을 맞출 것을 주문했다.

첫 현장실사

2018년 겨우내 보고서 작성과 자료 준비 과정을 거쳐 2019년 3월 14일, 마침내 취임 후 처음으로 치르게 되는 경영실적평가가 본격적으로 시작되었다. 평가 대상 기관의 사전설명회가 열린 것이다. 이 자리는 현장실사에 앞서 평가위원들에게 각 기관별로 기본적인 정보(설립 목적, 주요 기능과 역할 등)와 주요 업무 추진 실적 등을 브리핑하는 공식적인 자리다. 원래는 기관장이 반드시 참석해야 하는 자리는 아니지만, 관례적으로 대부분의 기관장이 참석해서 평가단과 인사를 나누곤 한다기에, 나도 참석해 평가위원들과 상견례를 나눴다.

그리고 두 차례(경영 관리, 주요 사업)의 현장실사가 이어졌다. 나는 현장실사 때 평가위원들과 가볍게 이야기를 나눌 수 있는 자리를 마련해달라고 요청했다. 알고 보니 경영 관리 현장 실사 때는 기관장 리더십 평가를 위해 평가단과 기관장의 공식 인터뷰 시간이 정해져 있었다. 기관장 면접을 보는 셈인데, 두꺼운 보고서에 담은 내용 중 중요한 내용들을 육성으로 전달할 수 있는 좋은 기회라고 생각됐다.

　　반면, 주요 사업은 공식적인 인터뷰 절차가 없었지만, 담당 부서에서 준비한 덕에 평가위원들과 짧게나마 티 타임을 가졌다. 티 타임이었지만 사실 나는 짧은 시간이나마 최대한 활용하기 위해 차는 한 모금도 채 마시지 못했다. 평가단에서 궁금해하는 내용에 답변하는 한편, 취임 후 추진한 혁신 노력과 그런 노력으로 중소기업과 국민들에게 어떤 혁신적인 서비스를 제공했고 앞으로 제공할 계획인지 등에 대해 어필할 수 있었던 자리였다.

내가 그렇게 중요시하게 생각했던 청렴이⋯

　　한 가지 문제가 생겼다. 경영 관리 범주의 평가지표 중 하나로 '윤리경영'*이 있는데, 이 지표에는 국민권익위원회에서 실시하는 공공기관 청렴도 평가 결과가 반영된다. 신용보증기금의 청렴도 평가 결과가 전체 5개 등급 중 4등급을 받아 전년에 이어 2년 연속 4등급이 나온 것이다. 청천벽력과도 같았다. 게다가 경영실적평가에서 경쟁 관계에 있는 다른 기관

---

* 　경영 활동 시 경제적·법적 책임과 더불어 사회적 통념상 기대되는 윤리적 책임을 준수하려는 노력
　　과 성과를 평가하는 지표.

들은 대부분 이보다 높은 등급을 받았다. 성과 평가 담당 부서장의 보고를 들어보니, 청렴도 등급이 좋지 않은 기관은 윤리경영 지표에 포함되는 다른 세부 항목에서 아무리 뛰어나도 좋은 점수를 받기가 어려워 청렴도 평가 등급이 높은 경쟁 기관에 비해 불리한 상황이었다.

청렴도 평가는 해당 공공기관과 업무 경험이 있는 국민, 공직자, 전문가와 정책 관련자를 대상으로 실시하는 설문조사 결과와 부패사건 발생 현황을 종합하여 5개 등급(1~5등급)으로 산출하는데, 외부청렴도, 내부청렴도, 정책고객 평가로 구성되어 있다. 이번에 4등급을 받게 된 것은 내가 취임하기 전인 2017년 말에 발생한 부패사건 때문이었다.

사실 결과가 나오기 전에 본사 길 건너에 있는 한국부동산원(구 한국감정원)에서 걸어놓은, 청렴도평가 우수기관으로 선정되었다는 현수막을 보며 속으로 '아니 뭐 저런 게 자랑거리나 되나?'라고 생각했었는데, 막상 우리가 4등급이라니 '그게 쉬운 게 아니었구나' 싶었다. 현장경영을 다니면서 항상 청렴을 강조해왔고, 3대 경영목표 중 하나로 "청렴도 1등급 달성"을 포함시키기도 했던 터라, 아무리 나와 관계없는 일 때문이라고 해도 아쉬움이 가시지 않았다.

이미 엎질러진 물이었다. 어떻게든 포기하지 않고 진정성 있게 평가단을 설득하고 또 설득하여 평가에 미치는 부정적 영향을 최소화하는 수밖에 없었다. 현장 실사 때는 솔직하게 4등급이 나온 사유에 대해 이야기하고 대신 이를 개선하기 위한 구체적인 계획을 제시했다. 나중에 들었지만, 담당 부서에서도 어떻게든 평가상 불이익을 최소화하기 위해 백방으로 뛰어다녔다고 한다.

뚜껑을 열어보니, 같은 유형에 속한 공공기관들 상당수(13개 기관 중

8개 기관)가 윤리경영 지표에서 C등급을 받았다. 청렴도 평가에서 상대적으로 우리보다 좋은 등급을 받은 기관도 윤리경영 지표에서는 좋은 점수를 받지 못한 것이다. 불리한 여건에서도 윤리경영에 대한 개선 의지, 구체적인 노력과 성과들을 통해 청렴도 평가의 부진을 그나마 상쇄할 수 있었던 것 같다.

2018년: 기다리고 기다리던⋯ 7년 만의 A등급

'지성이면 감천이다'라는 말은 이럴 때 쓰라고 있나 보다. 2019년 6월 20일, 2018년도 공공기관 경영실적평가 결과가 발표되었다. 드디어 기다리고 기다리던 종합등급 A등급을 받았다. 무려 7년 만이었다. 결과를 보고하러 온 담당 부서장이 이렇게 밝은 표정을 보여준 건 처음이었다. 경영실적보고서 작성 TF팀 운영, 공공기관 사전설명회와 평가단 현장실사, 보완자료 제출의 과정을 거쳐, 결과 발표까지 약 6개월의 기간 동안 한 곳만 바라보고 달려온 지난한 과정이 해피엔딩으로 마무리된 것이다. 담당 부서장에게 수고 많았다고 격려해주었다. 노사가 따로 없이 전 임직원들이 힘을 합쳐 노력한 결과였다.

대구 본사 건물 외벽 잘 보이는 곳에 경영실적평가 A등급을 자축하는 현수막을 걸었다. 7년 만에 받은 A등급으로 직원들은 한껏 들떠 있었고 자존감도 회복된 느낌이었다. 사람 마음이 그런 것인가 보다. 노력한 것에 대한 보상을 받는 것이 당연한 일임에도 직원들의 사기가 올라간 것을 보니, 나 역시 밥을 먹지 않아도 배가 부른 기분이었다.

평가 제도의 목적도 그런 것 아니겠는가. 잘한 이에게 걸맞은 보상을 하고 그렇지 못한 이에게는 더 잘할 수 있는 동기를 부여를 하는 것 말이다. 지나치게 도취되면 곤란하겠지만, 땀방울을 흘려 얻는 기쁨은 만끽해도 좋다고 생각한다. 그것이 다시 뛰는 원동력이 될 테니 말이다. 이렇게 취임 후 딱 1년 만에 내 버킷리스트에 적어둔 항목 중 하나를 기쁜 마음으로 지울 수 있게 되었다.

2019년: 그 맛을 알아버린 후 받은 B등급

언젠가 프로야구 한국시리즈 우승팀 선수의 인터뷰 내용이 기억에 남는다. '프로야구 선수가 되어 처음 우승을 하니 너무 좋다. 그 맛을 알아버려서 이제는 더욱 우승을 하고 싶다'는 내용이었는데, 요즘 유행하는 '아는 맛이 제일 무섭다'라는 말도 이와 일맥상통하는 것 같다. A등급의 '맛'을 알아버린 직원들과 내 마음도 그랬다. 2018년도 평가 결과가 6월에 발표되었으니, 불과 네댓 달이 지나 다시 2019년도 평가를 준비해야 했다.

작년도 A등급이 올해 담당자들에게는 부담이 될 수도 있을 법한데, 준비하는 직원들의 발걸음이 작년보다 한결 가벼워 보였다. 하지만 '선두에 서 있다는 것 자체가 위기다'*라는 말처럼 정상의 자리는 오르는 것보다 지키는 것이 더 어렵다. 작년과 똑같은 노력만으로는 부족할 것이다.

이제 2018년도 평가 준비 과정에서의 새로운 시도들이 표준이 되었다. 복기復棋를 해보니 평가위원들의 이해도를 높이기 위해 공을 들였던 작업들이 긍정적인 요인으로 작용했던 것 같았다. 평가위원들이 대부분 교수, 회계사, 컨설턴트 등으로 자신의 원래 직업과 병행하는 가운데 경영실

---

* '파괴적 혁신(Disruptive Innovation)' 이론으로 유명한 하버드대 교수 클레이튼 크리스텐슨 Clayton Christensen의 말.

적평가를 수행하고 있다는 사실을 생각해보면 적절한 선택이었던 것 같다. 그래서 이번에는 담당 부서장에게 기관 개요와 경영실적보고서에 담긴 BP 사례를 깔끔하게 정리한 모음집을 따로 만들어 경영실적보고서를 보낼 때 함께 보내도록 했다. 그리고 1년간의 노력과 성과 등에 대해 내가 직접 쓴 편지도 동봉하여 보냈다.

2020년에는 코로나19로 우리 사회 곳곳에서 겪어보지 못했던 새로운 일들이 많아졌는데, 경영실적평가 역시 코로나로 인해 새로운 방식이 적용되었다. 사람들의 모임이 어렵게 되어 현장실사가 비대면 화상 방식으로 변경되었다. 화상으로 대화하는 것은 아무래도 의사소통 면에서 기존 방식만 못했다. 실사 이후에 평가위원들의 소회를 들어보니, 가뜩이나 코로나 때문에 기관을 방문하지도 못한 채 평가를 진행하느라 답답함이 많았는데, 신용보증기금에서는 요약 자료를 따로 준비해줘서 기관을 이해하는 데에 큰 도움이 되었다고 했다. 그것이 평가 결과에 어떠한 영향을 미쳤는지는 정확히 알 수 없지만 적어도 우리가 평가자의 입장을 배려하려고 노력하는 기관이라는 이미지를 심어줄 수 있었을 것이다.

아쉽게도 2019년도 경영실적평가에서는 B등급으로 전년보다 한 등급이 내려갔다. 노력과 기대가 컸기에 아쉬움도 컸다. 하지만 혼연일체가 되어 최선을 다했기에 후회는 없었다. 경영실적평가에 참여했던 직원들에게도 진심으로 위로와 격려의 마음을 전했다. 풀이 죽어 있을 법도 한데, 의외로 직원들 모두 "차분하게 다시 준비해서 다음 평가에서는 본때를 보여주겠다"며 결의를 다지는 의연한 모습을 보였다. 스스로 C등급 기관이라 부르던 자조적인 태도는 온데간데없이 사라졌고, 그 빈자리에 어느새 자신감이 자리를 잡은 모양이었다. 경영실적평가는 몇 번을 받아도 심적으로 부담되는 일이지만, 이제는 거기에 우리가 아는 그 맛을 다시 한번 볼 수도 있겠다는 기대감 한 스푼이 더해진 것 같았다.

2020년: 아바(ABA)? A등급 재탈환과 이사장 연임

2020년은 「신보 혁신 5개년 계획」 등 취임 초기에 수립한 플랜들을 본격적으로 실행에 옮겨야 하는 중요한 시기였다. 하지만 2020년은 코로나 19가 지배한 해였다. 코로나19로 우리의 일상이 송두리째 바뀌었듯이, 정부와 기업, 국민 개개인 모두가 기존의 계획을 유지할 수 없는 상황이었다. 함께 생존을 걱정하며, 위기 극복을 위한 새로운 계획을 세우고 급변하는 상황에 대처해나가야만 했다. 경제 위기 때마다 소방수 역할을 해온 신용보증기금도 마찬가지였다. 이사장이 되기 전부터 국가적 위기 때마다 궂은일을 도맡아 하던 신용보증기금의 모습이 무척 인상적이었는데, 이제 내가 그 조직의 리더가 되어 진화에 앞장서야 한다는 생각에 어깨가 무거워졌다.

예년 같았으면 연초부터 경영실적평가 지표들을 챙겼을 텐데, 2020년에는 그럴 틈이 없었다. 나는 나대로 정부 차원의 대책 회의에 수시로 참석하여 위기 극복 방안 등에 대해 논의를 이어갔고, 본점 담당 부서들은 정부에서 결정한 다양한 지원 방안을 제도화하기에도 벅차 보였다. 영업 조직에서는 급증한 고객들의 문의에 대응하랴, 새롭게 만들어진 제도를 통해 기업들을 지원하랴 말 그대로 눈코 뜰 새 없이 바빴다.

생각지도 못했던 새로운 제도들이 도입되었고, 보증 규모도 급증하게 되었다. 위기 상황에 대응하기 위한 각종 특별 프로그램들은 일반적인 제도보다 심사 기준이 완화되었고, 지원 대상도 자영업자, 소상공인, 중견기업, 대기업까지 확대되었다. 이렇게 되자 경영실적평가 담당 부서에서 조금씩 걱정하기 시작했다. 위기 상황을 고려하지 않고 설정된 평가지표를 달성하기가 어려워진 것이다. 전년도에 최선을 다하고도 B등급에 머물러 올해는 등급 상승을 반드시 이루고자 했던 터라 당황하는 기색이 역력했다. 나는 경영실적평가도 중요하지만, 위기 상황 극복에 우리가 기여할 수 있는 일을 해내는 것이 훨씬 더 중요하다고 강조했다. 그리고 정부에서도 이런 상황을 충분히 인식하고 있으며, 설사 평가 등급이 만족스럽지 못하더라도 그건 내가 책임질 부분이니 걱정을 거두라고 달랬다. 오히려 평가지표 중에 정책 보증 지원을 주저하게 만들 수 있는 부분은 없는지 확인하여 완화할 것을 지시했다.

정부에서 개최하는 '비상경제대책회의' 등에서도 나는 신용보증기금이 위기 극복을 위해 할 수 있는 일은 적극적으로 참여하겠다고 이야기했다. 다만 무리하게 운용할 경우 신용보증제도 자체가 기능을 못 하게 될 수 있으니, 최소한의 재원은 반드시 확보해줄 것을 전제조건으로 제시했다. 그리고 효과적인 정책 집행을 위해 직원들에 대한 면책제도를 확대해줄 것을 건의하고, 언론 인터뷰를 통해서도 이를 강조했다.

위기 상황에서는 서로에 대한 신뢰가 더욱 중요하다. 불확실성이 높아지기 때문이다. 하지만 신뢰는 갑자기 생겨나지 않는다. 국민경제의 위기 때마다 신용보증기금이 구원투수로 호출을 받는 것도 그동안 수차례의 위기 상황에서 활약하며 정부의 신뢰를 쌓았기 때문일 것이다. 신용보증기금도 그동안의 경험을 통해 정부에서 기관의 근간이 흔들리지 않도록 보장해줄 것이라는 믿음이 있기에 다소의 위험을 무릅쓰더라도 그 호출에 응하는 것이다. 마찬가지로 직원들도 회사가 나를 보호해준다는 믿음이 있어야 정책 집행 일선에서 보다 적극적으로 나설 수 있다. 평소 자주 하지 않던 인터뷰에 적극적으로 나서 직원 면책을 강조한 것도 코로나19 위기 상황에서 직원들과의 신뢰를 두텁게 형성하기 위한 것이었다.

2020년 한 해 동안 신용보증기금은 그야말로 동원할 수 있는 모든 자원을 동원해 코로나19 위기 극복에 매진했다. 어느 누구 한 명 빼놓지 않고 모두가 고생한 1년이었다. 그리고 어느덧 경영실적평가 시즌이 돌아왔다. 문득 "경영실적평가는 내가 책임을 지겠다"고 했던 말이 떠올랐다. 앞서 상호 신뢰에 대해 언급했는데, 공공기관으로서 공익을 위해 최선을 다했기에 평가 결과도 그에 걸맞게 나온다면, 정부-공공기관-직원 상호 간의 믿음이 더욱 견고해질 수 있겠다는 생각이 들었다. 이런 생각을 하고 나니, 직원들과 눈을 마주칠 때마다 '올해는 고생했으니, 좋은 결과가 나오겠죠?'라고 속으로 내게 묻는 것 같아 보였다.

이런 부담감 속에 2020년도 평가 준비를 본격적으로 시작했다. 평가단은 '국민이 체감하는 사회적 가치 실현'을 가장 큰 평가 기준으로 삼고 있었다. 이에 나는 평가단에 제출할 BP 사례 모음집을 제작할 때, 국민의 관점에서 체감도가 높은 사례를 모아, 이해하기 쉽게 이야기 형식으로 풀어보자고 담당 부서에 제안했다. 이에 담당 부서에서는 경영실적평가 실사 시기에 맞춰 「우리 함께」라는 국민 공감 사례집을 만들었다. 위기 속에서 우리 신용보증기금이 한 일들이 국민들에게 어떻게 체감이 되었는지를 한눈에 볼 수 있었다. 이를 실사장에 실적보고서와 함께 제공했고, 리더십 평가 인터뷰를 하면서 평가위원들에게 꼭 읽어보십사 직접 권유하기도 했다.

그리고 2021년 6월 18일, 2020년도 공공기관 경영실적평가 결과가 발표되었다. 종합등급 A등급. 심지어 주요 사업 범주는 전 공공기관에서 유일하게 S등급을 획득했다. 신용보증기금이 평가를 받은 이래 처음이었다. 공식적으로 발표되지는 않았지만, 담당 부서에서 알아본 바로는, 기금관리 유형에 속하는 기관들 중 1위라고 했다. 이 또한 평가를 받은 이래 처음 있는 일이었다. 공공기관 경영실적평가 결과를 알리는 기획재정부의 보도 자료에는 우수 사례로 인용되기도 했다. 코로나19 피해 중소기업에 역대 최대 규모인 55조 4천억 원의 보증 공급 및 279개 피해기업에 대한 9,625억 원의 보험 지원, 심사 절차 비대면화를 통한 처리 기간 단축 등의 주요 성과도 소개되었다.

2018년도 A등급, 2019년도 B등급, 2020년도 A등급을 받았는데, 이를 두고 직원들 사이에서는 우리 평가 결과가 '아바ABA'라며, 스웨덴의 팝 그룹 아바ABBA보다 낫다는 기분 좋은 농담도 한동안 회자되었다. 평가 결과를 책임지겠다고 했던 나도 한시름 덜 수 있었다. 그리고 이를 통해 적어도 신용보증기금에서만큼은 정부-공공기관-임직원 간의 신뢰가 한층 더 두터워졌다.

잡힐 듯 잡히지 않는 코로나19는 언제든 다시 특단의 대책을 요구할 수도 있다. 그뿐만 아니라 불확실성이 지배하는 오늘날의 세상에서 또 다른 유형의 위기가 언제든 우리 곁으로 찾아올 수도 있다. 신용보증기금 직원들은 이번 코로나19 위기 대응 과정을 경험하며 더욱 돈독해진 신뢰를 바탕으로 다음 위기가 오더라도 다시 적극적으로 국민경제를 위해 발 벗고 나설 것이라 기대한다.

한편, 2021년 6월 4일은 「공공기관의 운영에 관한 법률」에서 정한 3년의 이사장 임기가 종료되는 시점이었는데, 정부로부터 임기가 1년 연장되었다는 통보를 받았다. 내가 뛰어난 CEO라 그런 것은 아니라고 생각한다. 추측컨대, 코로나19 위기가 아직 완전히 해소되지 않은 중요한 상황에서 정부와 보조를 맞추며 금융정책을 수행해온 신용보증기금의 이사장을 교체하지 않는 것이 바람직하다는 인사권자의 판단이 결정에 큰 영향을 미쳤을 것이다. 그리고 법률상 공공기관장의 연임은 공공기관 경영실적평가 결과를 고려하여 결정하도록 되어 있으니, 그간 신용보증기금의 경영실적평가 결과가 양호했던 점도 반영되었을 것이다. 즉, 내 연임은 임직원들의 땀방울이 모여 만들어낸 것이다. 연임을 하게 되어 어깨는 더욱 무거워졌지만, 생애 처음 맡은 공공기관 CEO로서의 노력과 성과, 나아가 신용보증기금이라는 기관의 성과와 존재감에 대하여 공식적인 인정을 받았다는 생각, 그리고 3년간의 번민과 고통이 결코 헛되지 않았다는 생각에 크나큰 보람과 뿌듯함을 느꼈다.

2021년: 전 직원의 땀방울과 청렴이 빚어낸 2년 연속 A등급

1년 만의 A등급 탈환과 연임을 통해 기관과 기관장의 성과를 인정받은 것은 분명 기분 좋은 일이었다. 하지만, 2021년에도 코로나19로 인한 경제 위기라는 터널은 그 끝이 어디인지 여전히 가늠할 수 없는 안개 속 상황이었다. 1년의 연임기간을 놓고도 누가 보면 '보너스'라고 여길 수도 있겠지만, 엄중한 위기 상황을 바라보면 숨차게 달려온 마라톤 코스가 갑자기 연장된 것 같다는 생각마저 들었다. 이런저런 감정이 교차했지만, 마음을 다잡고 유종의 미를 거두기 위해 다시 달리는 것이 내가 할 일이었다.

임직원들은 이미 최근 3년간 두 번이나 A등급의 '맛'을 보았다. 그 맛은 달콤하기도 하지만 영양가도 높아, 다시 달릴 수 있는 '에너지'가 된다. 위기로 늘어난 업무량에도 직원들은 묵묵하게 그리고 책임감 있게 맡은 일들을 해나갔다. 이런 직원들을 보면서 '우리가 작년에 A등급을 받았으니, 올해는 다른 기관에 양보해도 괜찮다'는 생각을 하는 CEO는 없을 것이다. 하지만, 모든 일이 그렇듯이 정상에 오르는 것보다 정상을 지키는 것이 몇 배는 더 어렵다. 작년에 코로나19 위기 극복을 위해 말 그대로 '역대급' 노력을 기울였고 이를 인정받아 좋은 성적을 거뒀지만, 작년과 똑같은 노력과 성과 수준으로는 자리를 지키기 쉽지 않을 것 같았다. 다른 기관과의 차별화도 중요했지만, 작년의 신용보증기금을 뛰어넘는 것도 과제였던 것이다.

매년 그랬듯이 올해도 새로운 평가 기준에 따른 전략적인 대응에 초점을 맞췄다. 우선 경영실적평가 제도가 어떻게 바뀌었는지 점검해보았더니, 크게 두 가지 사항이 눈에 띄었다. 첫 번째는 전년도보다 '윤리경영'에 대한 평가가 강화되었다는 것이다. 배점이 3점에서 5점으로 늘어났는데, 늘어난 2점이 얼핏 미미해 보일 수 있지만, 기관 간 순위가 소수점 단위에서 결정된다는 사실을 고려하면, 그 2점이 전체 평가에서 차지하는 비중은 상당히 늘어난 것이다. 게다가 중대한 사회적 기본 책무 위반 행위나 위법 행위 발생 시에는 '0점 처리'까지 가능하도록 하는 강력한 단서 조항도 새롭게 생겼다.

아마도 2021년 상반기 전국을 떠들썩하게 만들었던 이른바 'LH 사건' 때문인 것 같았다. 사건이 밝혀진 2021년에 발표된 한국토지주택공사의 2020년도 경영실적평가 결과는 E등급으로 최하위 등급이었다. 하지만 실제 사업 관련 내부 정보를 이용한 문제의 행위가 일어난 해당 연도 LH의 경영실적평가 결과는 아이러니하게도 A등급이었다. 이렇다 보니 국민들로부터 '공공기관 경영실적평가를 제대로 한 것이냐?'라는 비판의 목소리가 나왔다. 이런 상황을 고려할 때, 윤리경영 배점을 늘리고 국민적인 물의를 일으킨 기관에 대해 0점 처리를 할 수 있도록 하는 조치 등으로 평가를 강화한 것은 예견된 일이었다.

두 번째로 눈에 띈 사항은 다소 포괄적인 면이 있었던 기존의 '사회적 가치 실현'에 대한 평가 기조가 상대적으로 세분화된 'ESG 성과'로 전환되어간다는 것이었다. 이미 전 세계적인 트렌드가 된 ESG경영이 공공기관 경영실적평가에 언제 반영되어도 이상하지 않다고 생각해왔던 나로서는 내심 환영할 만한 내용이었다. 신용보증기금은 이러한 트렌드를 포착하여 이미 전담 조직으로 ESG추진센터를 미래전략실에 설치했으며, ESG 비전을 공표하고 경영 전략에도 반영하여 관련 세부과제를 체계적으로 추진해오고 있었기 때문이다.

이렇게 보니 어느 정도 추진 방향은 명확해졌다. 기존에 잘해오던 코로나19 관련 지원은 추경 관련 내용을 반영하여 차질 없이 추진함으로써 중소기업의 금융 불편 해소와 국민경제 안정화에 기여하면 별문제 없을 것 같았다. 다른 기관보다 상대적으로 한발 앞서 진행해온 ESG경영의 성과는 모범사례를 잘 정리하여 평가위원들에게 어필하기로 했다. 윤리경영 분야에서 단 하나의 오점도 남기지 않도록 철저하게 관리하는 일도 그 어느 때보다 중요했다.

다른 기관과 차별화할 만한 내용으로는, 신용정보업 면허를 재취득하여 본격적으로 추진해온 빅데이터 사업을 내세우기로 했다. 다양한 사업 중 이번 평가에서는 기획재정부로부터 혁신 부문 우수과제로 선정되어 경영실적평가에서 가점까지 받게 된 '데이터 통장 서비스'를 부각시키기로 했다. 이 서비스를 포함해서 평가 기간 동안 신용보증기금에서 추진했던 일 중에서 모범이 될 만한 사례 열 가지를 모아 사례집을 엮어 평가위원들에게 자세히 설명했다. 이번 평가에서 새롭게 도입된 온라인 사전설명회 자리에서도 이 사례집 내용을 PPT 형식으로 작성하여 발표했는데, 나중에 실무자에게 들은 이야기로는 평가단 중 한 분께서 "신용보증기금의 사전설명회 자체가 BP 사례"라고 극찬을 아끼지 않으셨다고 한다.

윤리경영 부분에서는 담당 부서에서 다양한 제도 개선 등의 성과를 창출했고, 나는 평소 해오던 노력을 이어갔다. 다름 아닌 현장경영을 통한 윤리·청렴 의식 내재화이다. 눈에 보이지 않고 손에 잡히지 않는 윤리와 청렴이라는 가치를 직원 한 명 한 명에게 내재화시킨다는 것은 보통의 노력으로 이룰 수 있는 일이 아니다. 게다가 한번 정상 궤도에 올려놓으면 저절로 유지가 되는 것도 아니다. 오히려, 내내 잘해오다가도 잠깐의 방심으로 일순간에 '공든 탑'이 무너질 수 있기에 조금의 빈틈도 허용하지 않고 끊임없이 노력을 기울여야만 한다. 그런 노력의 일환으로 나는 전국에 있는 영업 조직을 직접 찾아가서 직원들과 소통하는 현장경영을 활용해왔다. 이번 경영실적평가를 준비하기 위해 시작한 일이 아니라, 이사장 취임 후부터 일부러 없는 시간까지 쪼개가면서 다다익선多多益善의 마음으로 해오던 일이다. 직원들과 만난 자리에서 항상 강조해왔던 것이 바로 공직자로서의 윤리 의식과 청렴 정신이다. 공직자로서 생활해온 시간이 길어서 그런지, 나는 윤리와 청렴은 백번 천번을 이야기해서 귀에 못이 박일 정도로 강조해도 지나치지 않다고 생각해왔다. 이런 '발로 뛰는' 노력 덕분인지, 다행히 평가 대상 기간 동안 윤리나 청렴과 관련된 불미스러운 일은 한 건도 발생하지 않았다. 적어도 공든 탑이 무너질 일은 없었던 것이다.

2022년 6월 20일. 기획재정부에서 공공기관 경영실적평가 결과를 발표했다. A등급이었다. 2년 연속 A등급. 이렇게 연속으로 A등급을 받은 것은 신용보증기금 역사상 처음 있는 일이었다. 담당 부서에서 파악한 바로는 작년에 이어 기금관리형 부문에서 또다시 1위라고 했다. 'ABA'가 'ABAA'로 한 단계 더 진화했다. '유종의 미'를 바랐던 내게 더없이 뿌듯한 결과였다. 이는 신용보증기금이 공공기관으로서 국민들로부터 부여된 임무를 수행하며 우수한 성과를 만들어냈고, 윤리적으로도 결점이 없는 기관이라는 공식적인 인증과도 같다. 이번 평가는 2021년 한 해에 대한 평가였지만, 내게는 이사장으로 취임하여 앞만 보고 달려왔던 지난 4년에 대한 최종 성적표처럼 느껴졌다.

이런 해피엔딩이 가능했던 것은 전적으로 신용보증기금 임직원들 덕분이다. 공교롭게도 내 재임 기간의 절반이 넘는 기간을 코로나19와 함께하다 보니, 위기 극복을 위한 업무량 폭증 등으로 어느 때보다 임직원들이 많이 고생했다. 어려운 여건에도 불구하고 나를 믿고 묵묵히 소임을 다해준 전국에 있는 임직원 한 명 한 명 모두 어깨를 두드려주며 진심으로 고마운 마음을 전하고 싶다.

2) 내부 평가: 공정한 성과 평가를 위한 발걸음

경영실적평가가 정부에서 공공기관들에 경영 방향을 제시하고 평가를 통해 선의의 경쟁을 유발하여 공익을 최대화하기 위한 제도라면, 각 기관별로 이뤄지는 내부 평가는 기관의 비전 달성을 위해 기관장이 각 단위 조직과 직원들에게 제시하는 이정표 역할을 하는 제도이다. 이렇게 두 제도는 개념적으로는 구분되지만, 공공기관의 경우 앞서 이야기한 것처럼 경영실적평가가 기관에 미치는 영향이 크기 때문에 사실상 경영실적평가가 내부 평가보다 상위에 존재하면서 내부 평가에도 상당한 영향을 미치고 있다. 그래서 내부 평가 기준을 들여다보면 곳곳에 경영실적평가에서 제시한 목표를 달성하기 위한 항목들을 어렵지 않게 발견할 수 있다.

두 제도가 긴밀하게 연결되어 있다 보니, 기관 입장에서는 상위에 있는 경영실적평가가 더 중요하지만, 직원들 개인 입장에서는 아무래도 내부 평가에 대한 민감도가 더 높을 수밖에 없다. 내부 평가 결과에 따라 '제로 섬zero sum' 방식으로 운영되는 성과급 금액이 달라지기 때문이다. 경영실적평가 결과에 따른 성과급도 등급별로 차등 지급되긴 하지만, 이는 기관별 차등 개념이라 옆에 있는 내 동료나 나나 똑같이 더 받거나 덜 받기 때문에 상대적 박탈감은 아무래도 덜하다. 그러나 내부 평가 결과는 내부 포상, 인사 평정, 승진 등 직원 개인별 인사에도 직접적으로 반영되기 때문에 내부 평가에 대한 직원들의 몰입도가 더 높은 것은 지극히 자연스러운 일이라고 볼 수 있겠다.

두 평가 제도에 대한 직원들의 태도 역시 다를 수밖에 없다. 경영실적평가는 전 임직원이 함께 더 나은 평가 등급을 받겠다는 공동의 목표를 위해 협력하는 분위기가 강한 반면, 내부 평가에 대해서는 서로 경쟁자가 되게 마련이다. 경쟁의 순기능도 있지만, 내부 평가에 과도하게 몰입하다 보면 경쟁의 역기능이 더 커지기도 한다.

취임 후 내부 평가 제도에 대해 보고를 받았는데, 전국에 소재한 100개가 넘는 영업 조직들이 매년 치열하게 경쟁하고 있다고 했다. 경쟁이 과열되다 보면 조직에서 핵심성과지표(KPI)가 의사결정의 절대적 기준이 되곤 한다. 물론 그렇게 따라줄 것이라는 기대 하에 기관에 필요한 사항을 반영하여 KPI로 만들기는 하지만, 과열된 경쟁 체제에서는 예상하지 못한 부작용이 나타나곤 한다.

대표적인 예로 지점 평가를 위한 계량 지표는 한 개를 제외하고 모두 절대평가 지표로 구성되어 있었는데, 절대평가 지표들은 정부에서 부여한 계량 목표를 배분한 성격으로 기관 설립 이후 모든 영업점에서 만점을 받아왔다. 그래서 상대평가 지표로 운영되는 질적 지표 하나가 영업점의 순위를 좌지우지하는 실정이었다. 해당 지표의 비중이 전체 점수 중 0.5%에 불과했는데도 말이다. 전형적인 '왝 더 독wag the dog'* 현상이었다. 해당 지표 점수로 성과급과 승진 등이 판가름 나니 직원들이 과도하게 몰입하는 양상이 나타났다. 극단적인 예로 아무리 기업의 신용도와 성장성이 양호해도 해당 지표에 불리하다고 판단되면 보증 지원을 꺼리는 경우가 적지 않다는 이야기도 들려왔다. 평가 제도의 개편이 지연되면서 KPI에 지나치게 몰입하는 '기-승-전-KPI' 문화가 전국에 있는 영업 조직에서 만연하게 되었다는 의견도 있었다.

당연히 개선 작업이 필요하다는 생각이 들었다. 정확한 상황 파악을 하고자 담당 부서장을 찾았다. 설명을 들어보니, 예전에는 상대평가 지표가 훨씬 더 많았다. 그러다 보니 상대평가 지표에 과몰입하여 무리하게 보증을 취급하는 사례들이 빈번하게 발생했다고 한다. 그리고 평가에 대한 직

---

* '꼬리가 개의 몸통을 흔든다'는 뜻으로 주객이 전도되는 경우를 이르는 말.

원들의 피로감도 커져, 결국 상대평가 지표를 최소화하자는 현장의 목소리가 커졌고, 이를 반영하여 현재는 대부분 절대평가 지표로 전환했다는 것이었다. 그래도 정부 지침에 따라 성과급을 차등 지급하기 위해서는 순위를 정해야 하기에, 변별력을 높이기 위한 상대평가 지표를 하나 포함시킨 것인데, 결국 이런 문제로 이어진 것이었다.

담당 부서장은 실제로 이런 평가 체계 도입 초기 내부 설문조사에서 전반적으로 만족한다는 의견이 70%를 넘었고, 체계 개편 후 아직 2년 정도밖에 지나지 않았으니 그 성패를 판단하기에는 이른 감이 있다는 의견을 조심스레 내놓았다. 내 생각에도 한창 게임이 진행 중인데 갑자기 룰을 바꾸는 것은 바람직하지 않다고 생각했다. 그래서 일단 좀 더 지켜보기로 하되, 현장에서 발생하는 평가 취지에 어긋나는 행태나 과몰입 현상에 대한 면밀한 모니터링을 주문했다.

그렇게 2018년이 지나고 2019년 KPI 지표를 결정할 때에는 평가 담당 부서장에게 2018년 내부 평가 결과를 분석하고, 사전 공청회와 설명회 등을 통해 본점과 현장의 다양한 의견을 반영하라고 지시했다. 그 결과 2019년 상반기에는 내부 평가 체계가 일부 개선되었다. 몰입도가 과도한 것으로 보이는 일부 지표에는 감점 제도를 도입하고 등급별 배점도 조정하여 특정 지표에 대한 몰입도를 완화하는 것이 핵심이었다. 하반기에는 전 직원들을 대상으로 KPI 발굴 콘테스트를 진행하여 포상은 물론 제도에 적용 가능한 응모작은 실제로 KPI에 반영하였다. 현장의 목소리에 귀기울이고 있다는 시그널을 주는 한편, 직원들의 직접 참여를 통해 KPI에 대한 수용도를 높이고자 한 것이다. 그리고 지점별 환경 차이에 의해 유불리가 갈리는 지표들이 걸림돌로 작용하지 않도록 '질적 지표 선택제'를 도입했다. 지점에서 본인들에게 불리하다고 생각하는 1개 평가지표를 선택하면, 해당 지표에 대해서는 별도로 가점을 부여해 신경을 덜 써도 되도록 해주어, 잘할 수 있는 지표에 집중할 수 있게 하는 제도이다. 소위 '밭이 좋은' 지점만 평가에 유리하다는 불만을 누그러뜨리기 위한 목적도 있었다.

세상에 완벽한 제도란 존재하지 않는다. 특히나 민감한 평가 제도에 대해서는 이해관계에 따라 직원들의 만족도 역시 천차만별이다. 모두를 만족시킬 수 있는 평가 제도란 사실상 존재하지 않을 것이다. 따라서 중요한 것은 피평가자들의 의견에 귀를 기울이고 환경 변화에 맞게 제도를 개선할 수 있는 유연성을 유지하는 것이다. 물론 제도 개선은 평가 정책의 지나친 변동으로 조직 내에 혼란을 야기하지 않는 수준에서 진행되어야 한다.

코로나19 위기, 내부 평가 백신이 필요하다

코로나19는 우리 경제 전체를 위기 상황에 빠뜨렸다. 이런 위기면 어김없이 등장해 버팀목 역할을 하는 신용보증기금의 할 일도 당연히 많아졌다. 코로나 국내 확산 초기부터 각종 특별보증 제도를 만들어 매출 급감으로 어려움을 겪는 기업들에게 자금을 공급하느라 전국 지점에 비상이 걸렸다. 지점에서는 워낙 바쁜 탓에 밀려드는 일을 처리하기에 급급한 상황이었다. 얼마 지나지 않아 정부의 코로나 관련 금융지원 정책 등으로 보증 규모가 갑자기 급증하다 보니 바뀐 환경을 반영하여 내부 평가도 수정이 필요하다는 현장 의견이 나오기 시작했다.

신용보증기금은 최근까지 우리 경제의 미래 성장 동력 확충을 위해 혁신기업, 창업기업, 수출기업, 일자리 창출기업 등의 분야에 지원을 집중해왔고 KPI 역시 그에 맞게 운영해왔다. 그런데 코로나로 인한 국가적 위기로 사실상 영세 소상공인부터 대기업까지 모두 지원 대상으로 확대되어, 영업 현장 인력이 부족한 상황에서 KPI까지 신경 쓰면서 일하다 보면 신속하고 충분한 지원이 이뤄지기 어렵게 된 것이다. 게다가 너나없이 똑같이 고생하는데, 5등급 체계를 적용하면 낮은 등급을 받은 영업점에서 강하게 반발할 것이 예상되었다. 경제 위기 극복을 위해 눈코 뜰 새 없이 일하고서 C등급·D등급을 받는 직원들의 사기나 업무 의욕은 바닥을 칠 게 자명했다. 코로나19 백신도 필요했지만, 현행 내부 평가 제도로 인한 분위기 침체를 예방할 백신 역시 필요한 상황이었다.

결국 노동조합에서 담당 부서에 평가 체계 수정을 요구하며 방문하는 일까지 벌어졌다. 노동조합은 기존의 5등급 체계를 폐지하고 모든 지점의 평가를 동일하게 하거나 그게 불가능하다면 3등급 체계로 바꾸자는 의견을 제시했다. 노동조합 말대로 코로나19로 모두 다 고생하고 있는 상황을 뻔히 아는데, 마음 같아서야 당연히 3등급 체계든 무등급 체계든 직원들이 원하는 대로 해주고 싶었다. 하지만 공공기관의 성과급 체계는 기관장 마음대로 운영할 수가 없다. 기획재정부의 지침을 따르도록 되어 있기 때문이다. 「공기업·준정부기관 예산 집행지침」은 공공기관의 직원들의 급여 총량을 정해주고 이를 차등 지급하는 방법에 대해 명시하고 있다. 즉 차등 등급 수는 5개 이상으로 하고, 등급별 인원은 최고 등급과 최저 등급을 각각 10% 이상으로 하며 특정 등급이 50%를 초과하지 않도록 제한하고 있다. 그리고 최고 등급 성과급 지급액이 최저 등급 성과급 지급액의 2배 이상이 되도록 지급액의 격차까지 정해놓았다.

공공기관의 성과급 운영 구조

공기업·준정부기관은 개인별 또는 부서별 성과관리를 위해 성과급 총액 범위 내에서 성과급 지급에 관한 차등화된 내부기준을 마련하고 차등 수준을 강화하여 운영한다.

- 차등 등급 수는 5개 등급 이상, 등급별 인원 비율은 최고 및 최저 등급을 각각 10% 이상으로 하고 특정 등급이 50%를 초과하지 않도록 한다.
- 성과급 차등 수준은 최고 등급 성과급 지급액이 최저 등급 성과급 지급액의 2배 이상이 되도록 한다.

「2020년도 공기업·준정부기관 예산집행지침」에서

이렇다 보니 공공기관에서 정부의 지침을 어길 수는 없는 일이다. 물론 '코로나19 상황에서 정부가 잠시 제한을 풀어주면 되지 않느냐?'는 의견이 있을 수도 있다. 하지만 이 지침은 전 공공기관이 적용받는 지침이다 보니 코로나19로 업무량이 폭증한 일부 기관만을 위해 변경하는 것은 형평성 문제 때문에 쉽지 않을 것으로 보였다.

직원들의 생각과 정부 지침 사이에서 진퇴양난에 빠진 급여 담당 부서장과 평가 담당 부서장은 거의 매일 노동조합과 현장 직원들의 항의와 민원에 시달리느라 잠도 제대로 못 잔다는 이야기도 들려왔다. 그렇다고 지침 핑계만 대면서 앉아 있을 수는 없었다. 현장에서 마스크를 쓴 채로 발바닥에 땀이 나도록 뛰어다니며 고생하는 직원들이 눈에 밟혔다. 두 부서장에게 어떻게든 대처 방안을 마련해보자며 다독였다.

두 부서의 직원들은 해당 지침을 담당하는 기획재정부 담당자들을 수시로 만나러 다녔다. 하지만 돌아온 답변은 부처 입장에서는 개별 기관들의 사정을 다 봐주면 지침 운용의 일관성 유지 측면에서 곤란하다는 것이었다. 예상했던 부분이었고 여러 번 이야기할 기회를 준 것만 해도 고마웠다.

원하는 성과를 얻지 못한 담당자들은 결국 소관 부처인 금융위원회로 찾아가 사정을 설명하기에 이르렀다. 금융위원회에서도 신용보증기금에서 고생하는 것은 너무 잘 알고 있는데, 금융위원회에서 관리하는 지침이 아니다 보니 당장 해결하기는 어렵다는 답변이 돌아왔다. 하지만 도울 방법이 있는지 한번 찾아보겠다는 말에 일말의 희망을 걸게 되었다. 그리고 얼마 지나지 않아 신용보증기금뿐만 아니라 한국산업은행, 중소기업은행, 한국수출입은행 등 코로나19 위기 지원 극복에 관여한 정책금융기관에서도 신용보증기금과 동일한 반응이 나오기 시작했다. 금융위원회에서는 고심 끝에 성과급 체계 변경을 적극행정으로 볼 수 있는지 감사원에 사전컨설팅*을 의뢰하기로 했다.

감사원 사전컨설팅 결과를 반영하여 금융위원회에서 결론을 내렸다. 「금융 공공기관 예산지침」에 의거하여, 2020년에는 한시적으로 금융위원회에서 담당 공공기관들에게 예산 지침을 별도로 시행함으로써, 코로나19 관련 소상공인·중소기업 위기 극복 지원을 목적으로 정책금융 지원 업무를 수행하는 기관들의 적극행정을 독려하는 차원에서 성과급 격차를 2배 이상으로 운영하지 않아도 된다는 것이었다. 그에 따라 신용보증기금은 기존 5등급 체계에서 3등급 체계로 성과급 체계를 한시적으로 조정할 수 있었다. 노동조합과 관련 부서, 그리고 기획재정부, 금융위원회, 감사원 모두가 만들어낸 결과였다. 처음부터 잘 되는 일만 있는 것은 아니

---

* 「적극행정면책 등 감사소명제도의 운영에 관한 규칙」 제5조에 따라 감사원의 감사를 받는 자가 감사원이나 자체감사기구에 사전컨설팅을 신청하여 사전컨설팅 의견대로 업무를 처리한 경우에는 적극행정면책 대상으로 인정된다.

다. 처음에는 불가능하다고 생각되는 것도 누구나 인정할 만한 합리적인 사유가 있다면 진정성 있는 소통과 협의를 통해 가능하게 만들 수 있다는 평소의 생각에 다시금 확신을 갖게 된 일화였다.

3장
노사 관계

성장 속도를 따라가지 못한 우리나라의 노동권

노사 관계는 18세기 영국의 산업혁명 이후 세계적으로 산업화를 거치면서 나타난 자본주의 경제 질서를 기반으로 만들어진 산물이다.[*] 노동력밖에 없는 노동자들이 자신들의 이익을 대변하기 위해 자본이라는 무기를 가진 사용자와 협상을 하려면 단결을 통해 노동력을 무기 삼아 교섭할 수밖에 없었던 것이다. 구조적으로 우위에 있는 사용자의 독단을 방지하고 노동자의 권리를 찾기 위한 방파제를 마련한 것이라 할 수 있겠다. 노동자 한 명 한 명은 힘이 없지만 단체로서 기업에서 경영자에 맞서는 발언권을 확보하게 되니, '산업 구조 하에서의 민주화'라고도 할 수 있겠다.

우리나라에서는 1948년 대한민국 정부의 수립이 노동 입법 발전에 획

---

[*] 한국민족문화대백과사전.

기적인 계기가 되었다. 헌법 제17조에서 '근로조건의 기준은 법률로 정하고 여자와 소년의 근로는 특별한 보호를 받는다'라고 함으로써 개별적 근로관계에 있어서 노동 보호 입법의 근거를 마련하였으며, 제18조에서 단결권 등의 노동3권을 보장함으로써 집단적 노사 관계법의 제정을 선언하였다.[*] 그럼에도 배고픈 시절 어떻게든 잘살아보자는 성장 위주의 정책 및 사회적 분위기에 묻혀 우리나라에서 노동의 가치와 노동자들의 권리는 제대로 보호받지 못했던 것이 현실이다. 그러던 중 '민주화 항쟁'이 열어젖힌 민주화의 공간에서 폭발적인 양상으로 표출된 이른바 '노동자 대투쟁'을 계기로 한국의 노사 관계도 '열린 노사 관계'의 시대로 접어들게 되었다.[**]

하지만 그것도 잠시, 1997년 12월 외환 위기를 겪으며 IMF에서 요구한 산업 구조조정, 노동시장 유연성 제고 등을 추진하는 과정에서 촉발된 정리해고는 노사 분쟁을 격화시켰다. 전 국민적 노력으로 2001년 8월 IMF 관리체계가 종료되었고 절치부심한 우리나라는 2000년대에 다시 성장세를 이어갔다. 그러나 '고용 없는 성장'의 시대를 맞으며 우리나라 노사 관계의 쟁점은 '고용권 안정'에 초점이 맞춰지게 되었다. 반등에 성공하며 성장세를 보인 우리 경제와 대조적으로 노동권의 성장 속도는 더딘 것이었다.

실제로 한국은 국제노동조합총연맹(ITUC)이 2014년에 처음 발표한 세계노동권리지수(GRI, Global Rights Index)에 따른 5등급 체계[***] 중 최하

[*] 노동부, 「노동행정사 1」(2006).
[**] 김대환, 「한국 노사 관계 20년 평가: 노사 관계 합리화의 과제와 방안」(2008).
[***] 1등급: 권리 침해가 비정기적인(Irregular violations of rights), 2등급: 권리 침해가 반복되는 (Repeated violations of rights), 3등급: 권리 침해가 정기적인(Regular violations of rights), 4등급: 권리 침해가 시스템적인(Systematic violations of rights), 5등급: 권리 보장이 없는(No

위 수준인 5등급[*] 국가로 분류됐다. 5등급은 '노동권이 지켜질 거란 보장이 없는' 수준을 의미한다. 아직까지도 우리나라의 노동조합은 크게 활성화되지 못한 상황으로 보인다. 2019년 고용노동부에서 발표한 '2018년 전국 노동조합 조직 현황'을 보면 우리나라 전체 노동자 중 노동조합에 가입한 비율을 의미하는 '노조 조직률'은 11.8%밖에 되지 않는데, 그나마 이것이 최근 15년 중 가장 높은 수치이다. 2015년 기준 OECD 국가의 평균 노조 조직률이 29.1%인 점을 고려하면 어느 정도 수준인지 비교가 가능하다. 그마저도 공공 부문의 조직률이 70%에 가까운 반면 민간 부문은 10%도 되지 않는다. 민간 부문의 노동조합에 대한 인식 수준을 엿볼 수 있는 대목이며, 대기업보다 중소기업의 상황은 더 열악하다고 할 수 있다.

출근 저지 투쟁을 끝낸 한 장의 편지

대개 신임 이사장은 임명장을 받고 대구 본점으로 바로 오는 게 보통인데, 내 경우는 좀 달랐다. 취임 시기가 증원과 예산 이슈가 한창일 때라 임명장을 받은 날과 그다음 날까지 금융위원회와 기획재정부를 방문하느라 바로 대구로 내려가지 못했다. 그런데 비서실장과 인사부장 등 간부들이 자꾸 나한테 "본점에 들어가시기 전에 노조위원장과 티 타임을 한번 가지

---

guarantee of rights).

* 이에 대해 고용노동부에서는 반박 자료를 통해 "세계근로자권리지수는 각국 노동법령의 ILO 기준에 부합 여부와 가맹노조가 제출한 각국 노동 상황에 대한 답변서 분석 결과를 점수화한 것"이라며 "ITUC의 GRI는 가맹 노조가 답변을 어떻게 했느냐가 국가별 등급 결정에 영향을 미치는 것이므로 이를 객관적인 평가로 보기는 곤란하다"라고 반박했다.

셔야 할 것 같습니다"라는 이야기를 건네는 것이었다.

나는 신임 이사장으로서 아직 신용보증기금에 대해 잘 알지 못하는 반면, 노조위원장은 오랫동안 신용보증기금에서 근무했기 때문에, 정보의 비대칭성이 클 수밖에 없는 상황이었다. 비유하자면 대학생과 중학생 간에 무슨 대화가 되겠는가 하는 게 내 생각이었다. 그래서 생산적인 이야기를 나누기 위해, 주요 현안과 이슈에 대한 보고를 받은 후 스스로 준비된 상태에서 노조위원장을 만나볼 생각이었다. 자꾸 한번 만나보는 게 어떻겠냐며 재차 건의하는 사람들에게도 나름대로 이유가 있었겠지만, 내 생각에는 아니다 싶어 단호하게 이야기했다.

"앞으로 또다시 나한테 노조위원장과 사전 미팅을 하라는 사람은 신임 이사장과 뜻을 같이하지 못하겠다는 뜻으로 받아들이겠습니다."

그 뒤로 아무도 내게 노조위원장을 만나라는 이야기를 꺼내지 않았다. 추측건대, 내게 그런 이야기가 먹히지 않아 나 대신 노동조합을 찾아가 출근 저지 투쟁 같은 것은 자제해달라고 당부했으나 설득에 실패한 모양이었다. 내가 처음으로 대구 본점 정문에 도착했을 때, 노조위원장과 간부들은 "시대착오적 권위주의, 올드보이 윤대희의 행태에 경악한다"라는 플래카드를 들고 차량 진입을 막아서고 있었다. 그뿐만 아니라 본점 건물 주변에는 "이사장의 자격을 묻는다. 존중·배려·신뢰의 노사 관계", "준비되었는가? 윤대희 이사장 노사상생 외면 경영적폐 청산", "준비되었는가? 윤대희 이사장 신보 중심 중소기업 정책 강화"와 같은 현수막들이 걸려 있었다. 그래도 내 경력을 알고 있었는지 전문성 없는 '낙하산'이라는 단어는 보이지 않았다.

차에서 잠깐 내려 분위기를 보아하니 순순히 길을 내줄 것 같지 않았다. 그 자리에서 한두 마디 교환한다고 풀릴 일이 아니었고, 뜨거운 초여름 대구 날씨에 밖에 서서 내가 올 때까지 기다린 직원들도 고생이다 싶어 차를 돌려 영업 현장에 있는 직원들을 만나기 위해 대구지점으로 향했다.

대개의 경우 이렇게 정문에서의 대치가 몇 번 있고 나면 관례적으로 이사장과 노조위원장이 회사 밖에서 따로 만나 면담을 하고 노동조합이 요구사항을 신임 이사장에게 전달하고, 이사장은 임기 동안 최선을 다하겠다는 정도의 약속을 하고 본점에 입성한다. 그런데 내가 다른 액션을 취하지 않으니 노동조합에서도 답답한 노릇이었을 것이다. '누가 이기나 보자'는 마음으로 서로 눈치싸움만 몇 날 며칠을 하면서 얻을 것은 아무것도 없다. 교착 상태에 있는 동안 노동조합 측에서는 간부들을 통해 신용보증기금 발전을 위한 정책 자료집과 같은 자료를 보내왔다. 열심히 공부하고 임기 동안 최선을 다하라는 무언의 메시지였다. 이렇게 준비한 것을 보니 무작정 열심히 하라는 막무가내는 아니다 싶어 해결의 실마리를 찾아보기로 했다.

나야 내가 알아서 행동하면 됐지만, 조합원들을 대표하는 노동조합은 뽑은 칼을 다시 집어넣을 명분이 필요하겠다는 생각이 들었다. 노동조합 측에 노동조합에 대한 나의 생각과 이사장으로서의 포부 등을 담아 "신용보증기금 노동조합에 드리는 글"이라는 제목으로 한 장의 편지를 써서 보냈다. 정부의 '노동 존중' 정책 방향에 대한 철학을 공유하고 있으며, 직원들의 행복과 신용보증기금의 발전을 위해 노동조합과 동반자적 협력 관계를 구축하겠다는 내 의사를 표현했다.

노동조합에서도 내 진심을 느꼈는지, 출근 저지 투쟁을 이틀 만에 종료했다. 그리고 "노동조합이 기대하는 신보의 새로운 이사장"이라는 제목의 글을 사내 게시판에 올렸다. 글의 주된 내용은 내 풍부한 경험과 경륜에 걸맞은 성숙한 리더십으로 신용보증기금을 이끌어줄 것을 기대한다는 것이었다. 이렇게 임기 내내 동반자로서 함께할 노동조합과의 첫 만남이 시작되었다.

노동조합을 대하는 나의 원칙

신용보증기금 노동조합은 1980년에 설립되었으니 꽤 오래된 조직이다. 내가 노동조합에 보낸 서신에 담은 내용은 단지 출근 저지 투쟁을 끝내기 위한 '보기 좋은' 글이 아니었다. 나는 대학 시절부터 노동의 가치와 노동 운동에 대해 누구 못지않은 관심을 갖고 있었기에 당연히 노동조합의 의미에 대해서도 잘 알고 있었다.

취임이 결정된 후 한 지인은 "초반 노동조합과의 기 싸움에서 밀리면 임기 내내 끌려다니게 될 수 있다"며 마치 그 옛날 새신랑에게 친구들이 결혼 선배랍시고 건네는 듯한 말도 했다. 다른 이는 "신보 노동조합은 할 말은 다 하며 조합원들의 이익을 대변하는 노동조합이니 취임 후에 괜히 노조와 부딪히지 말라"는 조언을 건네기도 했다.

하지만 내 생각은 달랐다. 노사 관계는 누가 누구를 끌고 다니고 말고 하는 관계가 아니다. 우리 사회에는 노와 사를 항상 대립 구도로 바라보는 인식이 만연했지만, 나는 노사 관계는 결국 기관의 발전을 위해 서로 다른 시각에서 생각하는 의견을 나누며 해답을 찾아가는 관계라고 생각해 왔다. 건강한 노동조합은 생산적인 비판으로 직원들의 권리를 신장시키고 기관의 성장을 촉진시킨다. 노사가 서로의 입장에서 치열하게 고민하고 의견을 나눠야만 '정반합'을 거쳐 회사가 발전할 수 있다는 것이다.

특히나 오너 경영 체제가 아닌 공공기관의 경우, 기관장의 임기마저 정해져 있으니, 과연 기관장에게 '사용자'라는 말이 적합한지도 모르겠다. 오히려 공공기관의 기관장과 직원들을 주主와 객客으로 구분하자면—궁극적으로는 당연히 국민이 주인이겠지만—기관장보다는 직원들이 주인에 더 가깝지 않을까? 기관장은 임기 동안 머물다 떠나는 '객'에 가깝다고 해도 틀린 말은 아닐 것이다. 약 30년을 근무하는 직원들이 웬만한 기관장보다 기관을 생각하는 마음이 더 각별할 텐데, 그들을 결코 '객'이라고 볼 수는 없을 테니 말이다. 이런 시각에서 보면 공공기관 직원들이 외부 출신 기관장이 취임할 때 낙하산 인사라고 반대하는 것도 '주인의식'의 발로라고 이해할 수 있다. 역량이 부족한 기관장이 '내' 회사를 망치면 안 된다는 것이다. 물론 누가 오든 '낙하산'으로 단정 짓고 반대를 위한 반대를 일삼는 행태는 바람직하지 않지만 말이다.

이런 기본적인 인식을 바탕으로 신용보증기금에 와서 노동조합을 대하는 나만의 원칙을 세웠다. 그것은 바로 취임사에도 명시했듯이 '동반자적 협력 관계'다. 노동의 가치와 직원들의 권리를 존중하기에 노동조합의 존재 가치를 인정하고 소통과 협력을 통해 상생해나가겠다는 것이다. 특히, 노동조합이야말로 직원들의 스피커라는 생각으로 노동조합이 내는 목소리에 귀를 기울이는 자세를 견지하고자 했다. 그리고 노동조합이 진심으로 직원들을 위해 건의한 내용들은 여건이 허락하는 한 최대한 수용해주고자 했다. 실제로 코로나19 확산 시 직원들의 안전을 위해 노동조합에서 요청한 방역 환경 개선을 비롯하여, 본점 직원 우대 방안, 청립재 및 공동 사택 시설 개선 등 다양한 요청에 대해 예산이나 정부 지침 등으로 인한 제약 때문에 현실적으로 불가능한 경우를 제외하고는 한 번도 거절한 기억이 없다.

간부들에게도 각 부서에서 기획하는 내용이 직원들의 근무 여건이나 복지 등과 관련된 경우, 노동조합과 반드시 사전에 협의를 거칠 것을 신신당부했다. 내가 아무리 노동조합을 존중하는 마음으로 행동하여도, 실무자들과 노동조합의 관계에서 엇박자가 나면, 내가 그동안 이야기한 '노동 존중'이니 '동반자적 협력 관계'도 모두 수사학적 표현에 그치고 말기 때문이다. 그리고 소통의 효율성을 높이고 메시지의 일관성을 유지하기 위해 인재경영부의 노무 담당팀으로 노사 간 소통 채널을 일원화하도록 했다.

다만, 정해놓은 선도 분명히 있었다. 내가 노동조합의 존재와 권리를 인정하는 만큼 노동조합도 경영권과 인사권과 같은 경영진 고유의 정당한 권한을 부정하거나 침해하려는 일은 없어야 한다는 것이다. 일례로 내가 막 취임했을 때 노동조합에서는 기존 상임이사 중 한 명의 실명을 공개하며 연임을 반대한다는 뜻의 현수막을 걸어놓고 있었다. 그러더니 내게 연임시키지 말라는 요구를 해왔다. 이사장 취임 반대 투쟁을 하듯 노동조합에서 상임이사에 대한 반대 의사를 담아 현수막을 제작해 건물에 걸어놓는 것까지는 노동조합의 정치 활동으로서 용인할 수 있다. 어디까지나 직원들의 생각이 이러하니 인사권자가 관심을 갖고 해당 인사에 주의를 기울이게 유도하는 차원이라고 볼 수 있는 것이다. 하지만, 상임이사 인사권은 이사장 고유의 권한인데, 내게 이래라저래라 직접 요구하는 것은 용납할 수 없는 일이었다. 그래서 인사권은 CEO의 고유 권한이라는 내 입장을 분명히 알려주고 앞으로는 더 이상 이런 일은 없으면 좋겠다고 재차 강조했다. 취임 초기 출근 저지 소동과 상임이사 연임 문제가 연이어 지며 노사 간에 첨예하다면 첨예할 대립각이 세워졌지만, 오히려 이런 일들을 계기로 내가 어떤 원칙을 갖고 있는지 노동조합에서도 일찍 알게 되었다는 점에서 다행이라는 생각도 든다.

한 그릇에 담긴 물과 기름

대학 시절부터 노동의 가치와 노동 운동에 대해 상당한 관심을 가져왔고, 공직 생활을 하는 동안에도 항상 그러한 인식을 바탕으로 의사결정을 했다. 굳이 노측과 사측을 구분하여 이야기하자면 '노측'의 입장을 조금이라도 더 고려하려고 노력했던 것 같다. 사실 공직 생활에서는 직위가 올라가도 '사측'의 개념이 없어, 신용보증기금 이사장이 되며 처음으로 '사측', 그것도 사측 대표가 된 셈이었다. 소위 '사측'이라고 하면, 근로자들에게 일을 시켜 이익을 극대화하는 이미지가 그려지곤 하는데, 신용보증기금 이사장 자리는 그런 이미지와는 거리가 멀었다. 사측이라기보다는 대부분의 의사결정 기준이 '이렇게 결정하면 국민들은 어떻게 생각할까?'였으므로, 굳이 용어를 만들자면 '국민 측'이라고 할 수 있겠다. 공직을 떠난 지 제법 되었는데, 오랜만에 다시금 국민의 입장에서 생각하며 일하게 되었다. 물론, 그 기간 동안 노측에서 들려주는 생생한 현장의 목소리에 귀기울이며, 기존에 내가 노동이나 노사 관계에 대해 갖고 있던 생각의 폭도 넓힐 수 있는 기회가 되었다.

취임 전에도 들은 바가 있었지만, 실제 곁에서 함께 지내며 보니 40년이라는 역사에 걸맞게 신용보증기금 노동조합은 다양한 대내외 활동을 활발하게 해오고 있었다. 법률에 명시되어 있는 노동조합의 설립 목적에 맞게 조합원들의 근로조건을 유지·개선*하기 위해 노력하는 것은 물론, 조직의 성장과 발전에도 적잖이 기여하고 있다는 생각이 들었다. 내부적으로는 직원들의 근무 환경 개선을 위한 방안들을 고민하여 경영진에 제시했다. 일례로 코로나19가 확산되자 영업 조직 상담 창구에 가림막 설치를 요구했다. 사회적으로는 거리두기가 강화되었으나, 신용보증기금의 경우에는 피해 기업들에 대한 보증 공급을 확대함에 따라 직원들이 고객과 접촉할 일이 오히려 많아진 상황에서 직원들과 고객 모두의 안전을 위한 것이었다. 그뿐만 아니라 노사공동 행복충전 프로젝트를 기획하여 직원들이 가족들과 함께 문화 공연을 관람할 수 있는 자리를 만들었고, 부모·자녀가 함께하는 진로 멘토링을 지원하는 등 건전한 조직문화 형성에도 일조하였다.

신용보증기금과 관련된 사안에 대해서는 자발적으로 대외 활동에 적극 나서기도 했다. 2021년 3월, 한국기업데이터 복수노동조합에서 '청와대 밀실인사 즉각 중단하고, 임원 선임 절차 투명하게 공개하라!'는 제목의 성명서를 발표했다. '밀실인사'로 진행되어온 임원 선임 과정이 투명하지 않다는 비판은 노동조합으로서 할 수 있는 일이지만, 해당 성명서는 신용보증기금 출신 임원들에 대한 비방성 내용에 상당 부분을 할애하고 있었다. 이후 한국기업데이터 노동조합 위원장은 언론과의 인터뷰를 통

---

* "노동조합이라 함은 근로자가 주체가 되어 자주적으로 단결하여 근로조건의 유지·개선 기타 근로자의 경제적·사회적 지위의 향상을 도모함을 목적으로 조직하는 단체 또는 그 연합단체를 말한다."(「노동조합 및 노동관계조정법」 제2조 제4호)

해 "지금까지 신보 출신 임원들은 회사의 변화 시점에 제동을 걸거나 내부 조직문화를 파괴하고 극심한 갈등을 유발해왔다. 또한 이들이 주주사를 등에 업고 대표이사의 경영권을 위협해왔으며, 사내에서 줄서기 문화와 노동탄압을 일삼아온 것은 대내외적으로 이미 알려진 사실"이라는 비방성 주장도 서슴지 않았다. 신용보증기금의 이미지를 깎아내리는 지극히 주관적인 언사에 언짢을 수밖에 없었지만, 한국기업데이터의 주주 중 하나인 신용보증기금이 한국기업데이터의 노동조합에 직접 대응하는 것도 적절하지 않다는 생각에 별다른 조치는 하지 않았다.

그러던 터에, 신용보증기금 노동조합에서 즉각 반박 성명서를 발표했다. 노동조합은 "회사 내부의 노사 간, 노노 간 힘겨루기에 함부로 신용보증기금이라는 기관의 이름을 들먹여 우리 조직의 명예를 훼손하지 말라"고 요구했으며, "이 같은 행위를 지속한다면 신용보증기금 노동조합에서는 신용보증기금 직원들의 자존심을 걸고 결코 묵과하지 않을 것"임을 천명했다. 한국기업데이터 복수노조의 언행은 눈살을 찌푸릴 수밖에 없었던 일이었지만, 한편으로는 신용보증기금 노동조합이 가진 조직에 대한 진심 어린 애정과 자긍심을 확인할 수 있는 계기가 되었다.

그뿐만 아니라, 사회공헌 활동 등을 통해 공공기관 본연의 의무인 공익 실현을 위하여 꾸준히 노력하는 모습도 인상적이었다. 과거 외환 위기 때에는 연일 속출하는 기업 부도 사태를 막는 데 다소나마 도움이 되기 위해 노동조합에서 전 직원을 대상으로 금 모으기 운동을 주도했다는 기사를 본 기억도 있다. 2020년 3월에는 '코로나19의 확산 방지와 경제 위기 극복을 위한 노·사 공동 선언문'을 통해 피해 기업들을 적극 지원하고, 고객들과 임직원의 안전을 지키는 데 뜻을 모았다. 그 밖에도 사측과 공동으로 다양한 봉사활동을 꾸준히 전개하는 등 지역상생·협력 활동을 통해 공익 실천에 앞장서는 모습은 공공기관 노동조합으로서 모범이 될 만하다고 생각한다.

노사 관계는 물과 기름이라고 말하는 이들도 있지만, 내 생각에는 그래도 한 그릇에 담긴 물과 기름이다. 서로 완전히 하나가 될 수는 없겠지만 신용보증기금이라는 같은 그릇 안에서 상호 견제를 통해 건전한 긴장감을 유지하며, 신용보증기금 발전이라는 공동의 목적지를 향해 미우나 고우나 협력하며 상생을 추구해나가는 관계인 것 같다.

노사 관계에 대한 이런 내 견해를 노동조합도 이해해주지 않았나 하는 생각을 확인할 만한 일이 있었다. 퇴임을 앞두고 마지막으로 노동조합을 방문하여 그동안 동반자적 상생의 노사 관계를 유지할 수 있도록 협력해준 것에 대한 고마운 마음을 전하려고 했다. 그런데 노동조합 측에서 이사장실로 오겠다는 전갈이 왔다. 그리고 만남의 자리에서 노조위원장과 간부들이 내게 감사패를 전달했다. 일반적인 노사 관계에서 상당히 이례적인 일이라 놀라면서도 고마운 마음이 들었다. 조재완 노조위원장은 "4년 동안 신용보증기금 발전을 위해 애써주셔서 감사하다"라는 고마움의 말도 전했다.

그날 노동조합에서는 인트라넷 게시판에 노동조합 소식지를 게재하여 감사패 전달 사실과 관련 사진을 직원들에게 공개했다. "신용보증기금에 보여준 남다른 애정과 철학, 그간의 업적과 노고, 노사 상생의 동반자적 협력에 대해 깊이 감사드린다"라는 헤드라인이 눈에 띄었다. 내가 있는 동안 노사 상호 간에 쌓아온 신뢰의 깊이를 확인시켜주기에 충분했다. 비록 감사패를 만들어 전하지는 못했지만, 나 역시 임기 동안 곁에서 동반자적 상생의 의지를 보여준 것에 대해 노동조합에 다시 한번 진심으로 고맙다는 말을 전하고 싶다.

공공기관장의 신뢰, 이것만은 기억하자

① 일관된 행동과 시스템화를 통한 예측가능성 제고가 신뢰를 만든다

신뢰가 형성되면, 서로 정서적으로 편안함을 느낄 수 있다. 신뢰 관계를 바탕으로 협력도 원활하게 이뤄져, 그만큼 기관의 경쟁력도 높일 수 있다. 하지만 신뢰는 기관장의 말 한마디에 단번에 생겨나지 않는다. 일대다—對多인 기관장과 직원들 사이의 관계에서 신뢰를 형성하는 방법은 크게 두 가지이다. 하나는 원칙에 입각한 일관된 의사결정을 내리는 것이고, 또 다른 하나는 불확실성이 높은 부분일수록 시스템화 또는 제도화를 통해 안정성을 확보하는 것이다. 방법은 다르지만, 이 둘 모두 기관장과 기관에 대한 직원들의 예측가능성을 높여주는 것이 핵심이다.

② 인사 재량권은 거드는 역할이면 충분하다

최종 인사권자는 기관장이지만 일정 규모 이상의 조직에서는 기관장이 모든 직원들을 완벽하게 파악하는 것이 사실상 불가능하다. 재량권에 의존하다 보면 '재량권 오남용' 문제가 불거질 수밖에 없다. 시스템에 의한 인사가 주를 이루고 재량권에 의한 인사가 뒷받침하는 것이 바람직하다. 그런 의미에서 인사권자의 주된 일은 인사의 원칙과 방향을 정립하고 인사 시스템의 구조와 운영의 적정성을 살피는 것이 되어야 한다.

③ 여성 인력 양성은 우리 경제의 성장 잠재력과 직결된 문제이다

여성 인력 양성은 젠더 평등이라는 가치의 문제이기도 하지만, 인구절벽에 맞닥뜨린 우리나라의 실정을 생각하면 성장 잠재력 확충을 위해 반드시 필요하다는 점에서 지극히 현실적인 문제이기도 하다. 국가 경제 발전에 기여하는 공공기관이 유리천장과 유리벽에 더 큰 균열을 만드는 데에 앞장서야 하는 이유이다.

④ 경영실적평가 결과의 영향력은 생각보다 크고 오래간다

한 해 동안 기관이 기울인 노력과 성과를 평가하는 경영실적평가는 성과급 차등 때문에 중요한 것이 아니다. 성과급이야 한번 덜 받으면 그만이지만, 임직원들의 자존심과 사기에 미치는 영향은 생각보다 크고 오래간다. 좋은 평가 결과의 가장 큰 보상은 자신감과 자부심인데, 그 좋은 영향력이 다음 해 경영실적평가에 미치는 것은 물론 기관의 모든 분야에 두루두루 기운을 불어넣는 에너지원이 된다. 반대로 기대에 못 미치는 평가 결과는 직원들의 자존심에 상처를 입히고 업무 의욕도 떨어뜨려 기관의 성과를 저하시키는 악순환의 고리를 만들게 된다.

⑤ 노사 간의 상생은 상호 인정과 원칙 준수에서 비롯된다

공공기관의 노와 사는 공익이라는 목적지를 향해 나아가는 한배에 탄 운명 공동체이다. 어쩔 수 없이 지속적인 대립 구도가 형성되게 마련이지만, 대립 자체가 목적이 아닌 만큼 서로의 존재를 인정하며 소통과 협력을 통해 상생을 추구해야 한다. 서로가 지켜야 할 선을 지키는 가운데, 끊임없는 정반합의 과정을 거치는 건전한 노사 관계야말로 공공기관의 지속가능성을 보장하면서 성장을 이끄는 원동력이다.

5부

협력

— 안팎으로 힘을 모아 창출하는 의미 있는 가치

공직 생활뿐만 아니라 지금까지 살아온 인생을 되돌아보더라도 나 혼자만의 힘으로 이룬 것이 과연 몇 개나 있을까 싶다. 서로 도움을 받고 도움을 주며 사는 것이 인생인데, 이는 공공기관 또한 마찬가지이다.

1장
조직문화

협력 없이는

생텍쥐페리는 "타인과 함께, 타인을 통해서 협력할 때야말로 비로소 위대한 것이 탄생한다"라고 했다. 꼭 위대한 것을 만들기 위한 것이 아니더라도 협력은 필요하다. 아니, 이제 누구든 협력 없이는 살 수 없는 세상이라고 말하는 것이 더 정확하겠다. 급속한 기술 발전과 시민 참여 확대 등으로 사회는 점점 복잡화·전문화·세분화되고 있다. 어떤 개인도, 어떤 기업도, 어떤 정부도 모든 문제를 혼자 해결하는 것이 사실상 불가능해졌다.

'협력'은 공무원 재직 시절에 단독으로는 해결할 수 없는 문제들을 다른 부처 등 공공 부문이나 민간 부문, 나아가 다른 나라와의 협력을 통해 해결하는 과정에서 몸소 깨달은 가치이다. 공직 생활뿐만 아니라 지금까지 살아온 인생을 되돌아보더라도 나 혼자만의 힘으로 이룬 것이 과연 몇 개나 있을까 싶다. 서로 도움을 받고 도움을 주며 사는 것이 인생인데, 이는 공공기관 또한 마찬가지이다. 공공기관이 제공하는 재화와 서비스는 대부분 독점시장을 형성하고 있는데, 자칫 이런 지위가 주는 자만에 빠져 마치 혼자 해당 시장을 좌지우지할 수 있다고 착각하기 쉽다. 하지만 다른 공공기관은 물론, 민간 기업, 중앙정부와 지방자치단체, 국회, 시민단체 등과 도움을 주고받는 관계를 형성하지 못하고 '독불장군'처럼 굴다간 장담컨대 반드시 큰코다치게 될 것이다.

협력해야 할 대상은 무궁무진하다. 먼저, 공공기관의 지배구조와 복주인-복대리인 관계 등을 살펴보며 언급했던 이해관계자인 정부 부처, 국회, 감사원 등이 있다. 언론 역시 원활한 정책 홍보를 위해 협력해야 할 대상이다. 공공기관의 최상위 주인이자 최종 소비자인 국민도 빼놓을 수 없다. 독점 상품이나 서비스를 제공한다고 하더라도 생산 과정에서는 반드시 다른 공공기관이나 민간 기업들의 도움이 필요하기에 이들 또한 협력 대상이다.

협력 대상은 국내에만 있는 게 아니다. 대다수의 공공기관들은 제품이나 서비스를 우리 국민들에게 제공하고 있지만, 사안에 따라서는 외국 정부, 외국 공공기관이나 민간 기업과도 협력해야 한다. 마이클 포터 교수가 발전시킨 '글로벌 가치사슬(Global Value Chain)'*이라는 개념이 글로벌 협력 시대를 대변하는데, 공공기관도 예외는 아니다. 수출을 하는 공공기관이라면 이 말에 전적으로 공감할 것이다. 외국 국민들까지도 소비자로서

---

* 상품과 서비스의 설계, 생산, 유통, 사용, 폐기 등 전 범위에 이르는 기업의 활동이 운송 및 통신의 발달로 인해 세계화되는 것을 의미. (기획재정부, 「시사경제용어사전」, 2017)

협력의 대상에 포함될 테니 말이다.

정부 역시 각종 지침 등을 통해 정책적으로 공공기관 간 협업을 독려하며 시너지 효과를 기대하고 있다. 민간 부문에서의 협업이 가치사슬 구조에 따라 자연스럽게 이뤄지고 있는 반면, 공공기관 간에는 원활하게 이뤄지지 않고 있다고 판단했기 때문일 것이다. 그뿐만 아니라 광화문 1번가, 시민참여혁신단 등을 통해 국민의 아이디어를 정책에 반영함으로써 국민 참여를 확대하고자 노력해왔다. 최근에는 공공기관 간 인력 교류까지 권하며 상호 이해와 벤치마킹, 형식적인 협업이 아닌 실질적인 협업을 독려하는 모습이다.

공공기관 내부적으로도 협력은 매우 중요한 가치이다. 직원 간·부서 간·노사 간 협력, 그리고 협력하는 조직문화까지 모두가 기관의 경쟁력을 좌우할 수 있는 중요한 요인이다. 조직 내 긴밀한 협력 관계를 형성하기 위해서는 리더의 역할이 절대적으로 중요하다. 직원들이 선의의 경쟁을 하는 가운데에서도 조직 전체의 발전을 위해 힘을 모을 수 있는 제도적 기반을 마련하는 것도 리더의 몫이다. 각 부서가 이기주의를 타파하고 상호 협력할 수 있는 조직문화도 조성해야 한다. 숙명적 대립 구도 하에 있는 노사 간의 협력 성패도 리더의 역할에 따라 좌우된다.

각자위정各自爲政

여러 사람이 각기 제멋대로 행동하여 전체의 조화를 생각하지 않음으로써 결국에 가서 실패하고 만다는 뜻으로 『좌씨전左氏傳』 평전評傳에 있는 글이다.
춘추시대 송宋나라와 진晉나라가 서로 협력하였기에 송나라와 초楚나라는 사이가 벌어졌다. 이에 초나라 장왕莊王은 실력을 과시하기 위해 동맹국인 정鄭나라로 하여금 송나라를 치게 했다.

정나라와의 결전을 하루 앞두고 송나라의 대장 화원華元은 군사들의 사기를 돋우기 위해 식사 때 특별히 양고기를 지급했다. 군사들은 모두 크게 기뻐하며 맛있게 먹었지만 화원의 마차를 모는 양짐羊斟만은 이 양고기를 먹지 못했다. 한 부장副將이 그 까닭을 묻자 화원은 이렇게 대답했다. "마차를 모는 사람에게까지 양고기를 먹일 필요는 없네. 마차부는 전쟁과 아무런 관계가 없으니 말일세."

이튿날 양군의 접전이 시작되었다. 화원은 양짐이 모는 마차 위에서 지휘를 했다. 송나라와 정나라의 군사가 모두 잘 싸워 쉽게 승패가 나지 않자 화원이 양짐에게 명령했다. "마차를 적의 병력이 허술한 오른쪽으로 돌려라." 그러나 양짐은 반대로 정나라 병력이 밀집해 있는 왼쪽으로 마차를 몰았다. 당황한 화원이 방향을 바꾸라고 소리치자 양짐은 "어제 양고기를 군사들에게 먹인 것은 장군의 판단에 따라 한 일이지만 오늘의 이 일은 나의 생각대로 한 것입니다" 하고는 곧바로 정나라 군사가 모여 있는 곳으로 마차를 몰았다. 화원은 결국 정나라 군사에게 붙잡히고 말았다.

대장이 포로가 된 것을 본 송나라 군사는 전의戰意를 잃고 전열戰列이 무너졌다. 그 결과 250여 명의 군사가 사로잡히고 사공司空(토지와 민사를 맡아보는 관원)까지 포로가되었다. 정나라 군사는 모두 460량의 병거兵車를 포획하는 등 대승을 거두었다. 송나라의 대패는 바로 양짐이 화원의 지휘에 따르지 않고 '각자위정'했기 때문이다.

비단 군사행동에서뿐만 아니라 국가나 사회의 경영에 있어 전체로서의 조화나 개개의 협력이 이루어지지 않으면 그 경영은 소기의 성과를 거둘 수 없다.

두산백과 요약

귤화위지

조직문화란 조직마다 제각기 독특하게 가진 보편화된 생활양식으로 조직 내 구성원들 대다수가 공통적으로 지닌 신념·가치관·인지認知·행동규범·행동양식 등을 통틀어 말한다. 그리고 조직문화는 조직이라는 하나의 공동체를 결속시켜주며 구성원들로 하여금 일체의식一體意識과 조직에 대한 충성심을 갖게 한다.* '문화'라는 단어에 내포된 의미의 범위가 워낙 광범위하기 때문에 조직문화에 대한 정의도 관점에 따라 매우 다양하지만, '특정 조직' 내에서 '공유'되는 '고유성'이 조직문화의 키워드라고 할 수 있겠다.

조직문화는 특정 조직이 주어진 환경에서 대응하는 과정에서 형성된 '결과'이지만, 형성 후에는 조직의 성과나 조직 구성원 개개인에게 영향을 미치는 '원인'으로 주목받기도 한다. 특히 경영학에서는 경영 성과에 영향을 미치는 중요한 요인으로서의 조직문화에 관심을 두고 다양한 연구가 진행되어왔다. 세계적인 경영학 석학 피터 드러커는 "문화는 전략을 아침으로 먹는다(Culture eats strategy for breakfast)"라는 말로 조직문화가 전략보다 우선임을 비유적으로 표현했다. 파산 직전 상태의 IBM에 CEO로 취임해 다시 회사를 정상의 자리에 올려놓았던 루이스 거스너 역시 "문화는 모든 것(Culture is everything)"이라는 짧지만 강력한 말로 조직문화의 절대적 중요성을 역설했다.

조직의 역량이 구성원의 역량의 합계가 아닌 이유도 조직문화 때문이다. 조직문화에 따라 평범한 개인이 뛰어난 역량을 발휘할 수도 있고, 뛰어난 개인이 평범한 역량을 발휘하는 데에 그칠 수 있다. '귤화위지橘化爲枳'라는 말처럼 조직문화에 따라 똑같은 구성원이 귤이 될 수도 있고 탱자가 될 수도 있는 것이다. 조직이 처한 환경이 비슷하면 조직문화 역시 유사성을 보일 확률이 높다. 같은 환경에 놓여 있는 사람들이 공통된 사고와

---

* 행정학용어표준화연구회, 「이해하기 쉽게 쓴 행정학용어사전」(2010).

행동양식을 갖게 되는 것은 당연한 일이다. 그런 관점에서 보면 '공무원은 보수적이고 권위적이며 융통성이 부족하다' 혹은 '금융기관 직원은 계산에 밝고 까다로울 것 같다'는 인식은 특정 직업을 가진 개인에 대한 선입견이라기보다는 특정 조직에 대한 선입견이라고 할 수 있다.

그렇다면 공공기관이면서 동시에 금융기관인 신용보증기금의 조직문화는 어떨까? 물론, 나는 경제 위기 때마다 등장해 급한 불을 끄는 모습을 지켜봐와서인지 신용보증기금이 일사불란함과 공익을 우선시하는 조직일 것이라 짐작했다. 하지만, 동시에 앞서 이야기한 두 직업—공무원과 금융기관 직원—을 합쳐놓은 조직이기에 마냥 긍정적인 것만은 아니었다. 대개의 선입견은 선입견에 지나지 않는 경우가 많으니, 일단은 직접 확인해봐야 할 일이었다.

귤화위지橘化爲枳

강남에 심은 귤을 강북에 옮겨 심으면 탱자가 되듯이, 기후와 풍토가 다르면 사람도 주위 환경에 따라 달라진다는 뜻.

어느 해, 초楚나라의 영왕靈王이 제齊나라의 유명한 재상인 안영을 초청했다. 영왕은 "제나라에는 사람이 없소? 하필 경卿과 같은 사람을 사신으로 보낸 이유가 뭐요?" 안영의 작은 키를 비웃는 말이었다.

안영은 태연히 대답했다. "제나라에선 사신을 보낼 때 상대방 나라에 맞게 사람을 골라서 보내는 관례가 있습니다. 즉 작은 나라에는 작은 사람을 보내고 큰 나라에는 큰 사람을 보내는데, 신臣은 그중에서도 가장 작은 편에 속하기 때문에 초나라로 오게 된 것이옵니다."

안영의 능수능란한 말솜씨에 기세가 꺾여 은근히 부아가 끓어오른 영왕이, 마침 그 앞으로 포리捕吏가 제나라 사람인 죄인을 끌고 가자, 안영에게 들으라고 큰 소리로 죄인의 죄명을 밝히고는 "제나라 사람은 도둑질을 잘하는군"이라고 말했다.

그러자 안영은 이렇게 대답했다. "제가 듣기로는 귤이 회남淮南에서 나면 귤이 되지만, 회북淮北에서 나면 탱자가 된다고 들었습니다. 잎은 서로 비슷하지만 그 과실의 맛은 다릅니다. 그러한 까닭은 무엇이겠습니까? 물과 땅이 다르기 때문입니다. 제나라 백성들 중 제나라에서 나고 성장한 자는 도둑질을 하지 않습니다. 그런데 초나라로 들어오면 도둑질을 합니다. 초나라의 물과 땅이 백성들로 하여금 도둑질을 잘하게 하는 것입니다."

영왕은 웃으면서 말했다. "성인聖人은 농담을 하지 않는다고 하오. 과인寡人이 오히려 부끄럽군요." 제나라 출신의 죄수를 안영에게 보임으로써 그의 명성을 눌러보려던 초왕의 계획은 결국 실패로 끝나게 되었다.

『안자춘추晏子春秋』「외편」에서

신용보증기금의 조직문화는?

이사장 공모 준비를 하며, 신용보증기금의 조직문화에 대해 생각해보았다. 아무래도 민간 기업보다는 딱딱할 것 같았다. 늘 하는 일이 기업을 조사하고 평가하는 일이니, 깐깐함도 조직문화에 녹아 있으리라는 생각을 떨칠 수 없었다. 업무 성격을 고려하면 물렁물렁하고 설렁설렁하는 것보다야 딱딱하고 깐깐한 것이 장점이 될 수 있다고 봤다. 하지만 매사가 경직되고 부정적인 사고로 점철되어 있어서는 곤란한 일이다. 요새 젊은 친구들이 엄격, 근엄, 진지라는 단어를 줄여서 '엄근진'이라는 표현도 쓰던데, 하루 종일 그런 공기 속에 생활한다는 상상만으로도 숨이 막힐 지경이다. '엄근진'의 대명사라 할 만한 재경직 공무원으로 오래 생활했던 나였지만, 개인적으로도 그런 분위기는 질색하는 편이다. 그래서 이사장이 된다면 적어도 그런 분위기는 만들지 않도록 노력해야겠다고 막연하게나마 생각했던 것 같다.

취임 후 신용보증기금이라는 조직의 구성원이 되며, 조직문화에 대해서도 조금씩 알아가게 되었다. 구성원들은 당연하게 생각하고 하는 말과 행동도 구성원이 아닌 사람들이 보면 특이하게 보이게 마련이다. 나 역시 취임 초기에는 직원들을 보며 의아하게 생각한 경우가 종종 있었다. 직원들도 말은 안 했지만, 내 말과 행동 중에 낯설게 느껴진 부분이 분명히 있었을 것이다. 문화상대주의라는 말대로 누가 맞고 틀리고의 문제가 아니라고 생각했기에, 궁금한 점들은 기억해뒀다가 나중에 편한 자리에서 직원들에게 직접 물어보며 이해의 폭을 넓혀갔다.

조직 안에 들어와서 겪어보니 취임 전에 갖고 있던 조직문화에 대한 선입견은 일부 맞기도 했지만, 그게 전부가 아니었다. 우선, 업무 측면에서 볼 때는 예상대로 정책금융기관으로서 수익성이 아닌 공공성을 우선시하는 문화가 뿌리 깊게 자리 잡고 있었다. 가끔 무리해 보이는 목표가 부여되더라도 공익 측면에서 반드시 해야 할 일이라는 공감대가 형성되면 군말 없이 묵묵히 수행해내는 문화가 인상적이었다. 하지만, 공공기관의 구조상 정부의 승인이 필요한 부분이 많아서인지, 환경 변화에 유연하고 신속하게 대처하는 자세에 있어서는 다소 소극적으로 보였다.

사실 신용보증기금에서는 꽤 오래전부터 조직문화의 중요성에 대해 충분히 인식하고, 전담팀까지 운영하면서 바람직한 조직문화를 조성하기 위해 노력해오고 있었다. 2012년에 「조직문화 혁신 기본계획」을 수립하며 "자율과 창의가 꽃피는 활기차고 당당한 조직"이라는 조직문화 비전을 제시하였으며, 2013년에는 자체적으로 조직문화를 진단하는 '신보 조직문화지수'를 도입하여 현재까지도 해마다 조직문화를 점검하며 개선하는 노력을 기울여오고 있다.

사람들이 바라는 조직문화는 대부분 비슷하다. 생각으로는 어떤 조직문화가 좋은지 이미 모두가 알고 있다는 것이다. 조직문화팀에서도 이미 올바른 방향을 설정하고 추진해왔으니 하던 대로 꾸준히 조직문화 개선 활동을 진행하라고 당부했다. 그리고 나도 솔선수범할 준비가 되어 있으니, 어려운 부분이 있으면 이사장을 잘 활용하라고 했다.

조직문화 리더에게 필요한 건 솔선수범

신용보증기금의 조직문화를 정확하게 파악하지 못한 상태였어도 취임사에는 조직문화에 대한 언급을 빼놓지 않았다. "직원들이 행복하고 신바람 나는, 그리고 소통이 잘되는 열린 조직문화를 만들어 다 함께 만족할 수 있는 일터를 만들어나가자"고 제안했다. 일이든 인간관계든 나는 소통이 가장 중요하다고 생각해왔다. 서로 마음을 열고 이야기를 나누다 보면 해결책을 찾을 수 있는 반면, 서로 등 돌리고 입을 닫고 있는 조직은 조용하여 당장 문제가 없어 보일 수 있어도 언젠가는 곪아 터지게 마련이다. 이를 모르는 조직은 없을 테고, 소통이 안 되는 꽉 막힌 조직문화를 만들겠다는 리더 역시 없을 것이다. 누구나 '소통'과 '열린 조직문화'를 지향할수는 있지만 정작 중요한 것은 어떻게 실천하느냐다.

조직문화는 구성원들이 오랜 시간에 걸쳐 생각, 느낌, 경험을 공유하며 알게 모르게 머리와 마음속에 각인된 것이다. 마치, 같은 숲에 뿌리내린

나무들이 같은 날씨 환경 속에서 해가 바뀔 때마다 기둥 속에 비슷한 모양의 나이테를 새기는 것처럼 말이다. 이미 몸통 깊숙이 새겨진 나이테를 갑자기 바꿀 수는 없듯 조직문화를 바꾸는 것도 쉽지 않은 일이다. 하지만 기후와 환경이 바뀌면서 나이테의 모양도 서서히 변하듯, 조직문화도 조직의 분위기가 바뀐다면 조금씩 변할 수 있다.

그렇게 조금씩이라도 원하는 방향으로 나아가기 위해서는 기관장의 역할이 중요하다. 짧은 임기 동안 얼마나 바꿀 수 있겠냐며 회의적인 태도를 보이는 이들도 있다. 하지만 기관장은 짧은 시간이란 핸디캡 대신 강력한 영향력이라는 어드밴티지도 갖고 있다. 그래서 기관장은 조직문화의 리더이기도 하다. 기관장의 역량에 따라 조직의 성과가 달라지듯 기관장의 생각과 행동에 조직문화도 좌우된다.

조직문화 리더는 솔선수범해야 한다. 다른 업무는 기관장이 비전과 방향을 제시하고 주요 의사결정을 내림으로써 영향력을 행사하는 수준이면 충분하지만, 조직문화는 리더가 몸소 행동으로 보여주지 않으면 영향력을 발휘할 수 없다. 그렇다고 조직문화 개선을 하향식(Top-Down)으로 추진해야 한다고 오해해서는 곤란하다. 조직문화 리더의 역할은 본인이 진정성을 바탕으로 솔선수범함으로써 구성원들이 자연스레 따라오도록 만드는 것이지, 지시하고 그 결과를 점검하는 것이 결코 아니다.

조직문화만 신경 쓰며 지낼 수는 없기에, 우선 나는 수평적인 소통이 원활하게 이뤄지는 조직 분위기를 조성하는 데에 집중했다. 원활한 소통이 가능해야 직원들의 생각을 알 수 있고, 직원들도 내 생각을 왜곡 없이 받아들일 수 있기 때문이다. 원활한 소통이 원활한 협력으로 이어지게 마련이다. 수평적인 소통을 하자고 해놓고 부하 직원 의견에 비판으로 일관하거나 면박을 주어선 곤란하다. 익명 게시판을 개설하여 자유로운 의사소통 채널로 활용하자면서 조직에 대해 비판적인 내용이 게시되었다고 작성자를 색출하라고 지시하는 조직에 열린 소통이 이뤄질 리가 만무하다. "내가 살게, 부담 갖지 말고 먹고 싶은 거 맘껏 다 주문해"라며 "난 자장면!"을 외치는 리더가 되어서는 안 된다는 이야기다. 이 장에서는 내가 임기 동안 직원들과 소통하며 만들어간 이야기들을 추억을 정리하는 마음으로 소개하고자 한다.

1) 284회의 만남: 현장경영 이야기

"이사장님, 아무리 생각해도 체력이 대단하신 것 같습니다."
점심시간에 같이 도시락을 먹던 비서실장이 나한테 운을 뗐다.
"웬 뜬금없는 말씀이신지요? 또 무슨 이야기를 하고 싶으신 건가요?"
"혹시 지금까지 현장경영을 몇 번 다니셨는지 아십니까?"
내가 직원들을 직접 만나 이야기를 나누는 것을 좋아해 많이 다니긴 했지만, 그동안 다닌 횟수를 세어봤을 리가 만무하다.
"못해도 한 백 번 이상은 되지 않을까요?"
"현장경영 횟수는 284번입니다. 고속철도는 450번 탑승하셨고, 이동 거리는 기차 약 13만 킬로미터, 차량 약 14만 킬로미터로 합치면 27만 킬로미터 가까이 됩니다."
속으로는 '어이구, 그렇게나 많이 다녔구나'라고 생각했지만, 괜한 장난기가 발동했다.
"진짜 많이도 다녔네요. 코로나만 아니었으면 500번은 족히 넘었을 텐데, 비서실장이 고생 많으셨겠습니다. 내가 자리 비운 동안 본점 관리하시느라고."

"아. 네……."

지금도, 괜한 말을 꺼냈다가 본전도 못 찾았다는 듯한 비서실장의 표정을 떠올리면 입가에 미소가 번진다.

이야기를 듣고 보니 참 많이도 다녔다는 생각이 들었다. 약 4년간 284번이면, 평균적으로 1년에 대략 71번이고, 한 달에 6번, 1주일에 한 번이 넘는다. 코로나 이후 화상으로 진행한 영업조직과의 비대면 만남까지 합치면 400번 가까이 될 것이다. 이사장 임명장을 받고 대구에 내려와 취임식을 생략하고 대구지점을 바로 찾았을 때만 해도 생각지도 못한 수치이다. 물론 내가 좋아서 찾아다녔다. 다른 용무 때문에 이동할 일이 생길 때면 일부러라도 짬을 내어 근처 영업 조직을 방문하던 습관이 낳은 결실이라고 해야 할 것이다. 취임사를 통해 내 입으로 이야기했던 '소통'이라는 약속을 지키겠다고 움직이기 시작했는데, 나중에는 잠깐이나마 직원들과 직접 만나 얼굴을 보고 목소리를 듣는 기쁨에 중독된 것이 아니었나 싶기도 하다.

그렇게 자주 방문하면 직원들이 어디 출장이나 휴가도 못 가고 붙잡혀 며칠 전부터 사무실 '환경 미화' 활동을 해야 하니 싫어하지 않겠냐고 지적할 수도 있다. 나도 그것을 고려해 영업 조직 방문에 대해 몇 가지 정해놓은 원칙이 있었다. 일명 'P.D.A.' 원칙으로 'Paperless, D-Day, All together'의 약자이다.

첫 번째 원칙인 'Paperless'는 절대로 별도의 보고 자료를 준비하지 말라는 것이었다. 대개 기관장이 방문하면 평소에 관리하지도 않던 자료까지 끌어모아 몇 페이지씩 보고서를 만들곤 한다. 심지어 과일이니 뭐니 이것저것 쓸데없는 준비에 돈과 시간을 버린다. 그래서 따뜻한 차나 커피 한 잔이면 족하니 그 외에는 일절 꺼내놓지도 말라고 신신당부했다. 방문하는 지점에 가서도 해당 지점 보증산액과 기업 수, 관할 구역 내 주요 산업 구조 정도만 물어본다. 그 이상은 아무리 궁금해도 자세히 묻지 않았다. 다른 걸 묻기 시작하면, 다른 지점에까지 소문이 나서 몇 장씩 예상 질의 답변서를 만들 게 뻔했기 때문이다.

두 번째 원칙인 'D-Day'는 방문 당일 오전에 지점장에게 방문 사실을 알리는 것이다. 전날 저녁에만 알려도 상황이 달라지겠지만, 당일 오전에 알리면 그날 휴가를 낸 직원이나 출장 나간 직원은 내가 방문하든 말든 이미 일정 조정을 할 수 없게 된다. 비서실에서도 이런 내 원칙의 취지를 알기에, 조금 과장을 보태 지점장만 있으면 되니 절대로 미리 정해진 휴가나 출장을 취소하는 일이 없도록 하라고 신신당부했다. 내 마음 같아선 아예 아무 언질 없이 불쑥 찾아가고 싶었지만, 그래도 지점장 얼굴은 봐야할 것 같아 양보한 것이다.

세 번째 원칙인 'All together'는 전 직원이 함께 모여 이야기를 나누는 것이다. 물론 휴가나 출장을 간 직원은 제외하고 말이다. 예전에는 이사장이 지점에 가서 쪼르륵 줄 선 직원들과 악수를 나누고는 지점장실로 들어가 지점장·팀장들과 이야기를 나눴다고 한다. 그리고 모여 있는 직원들에게 덕담과 격려의 메시지를 전달하고 지점을 떠났다는 것이다. 나는 그런 형식적인 만남을 위해 지점까지 찾아가는 것은 시간과 노력이 아깝다고 생각했다. 그래서 다른 준비는 생략하는 대신 무조건 지점의 전 직원들이 함께 이야기를 나눌 수 있는 자리를 준비해달라고 당부했다. 그리고 이동 중에 직원들 인사기록카드를 보며 미리 이야깃거리를 준비했다. 특히 젊은 직원들과의 대화에 많은 시간을 할애하여 회사 생활에서 어려운 점이나 궁금한 점에 대해 이야기를 나눴다.

현장경영에 나서 직원들과 대화를 나눌 때 늘 빼먹지 않고 강조하는 이야기가 몇 가지 있다. 가장 먼저 이야기하는 것은 공직자로서의 자세, 특히 청렴이다. 이런 이슈는 공식석상에서 빈번하게 언급할 경우 조직 내에 뭔가 윤리적인 문제가 빈번하게 발생하고 있다는 오해를 살 우려가 있어 에둘러 선언적인 수준으로 이야기할 수밖에 없다. 그러나 공직자로서 내가 가장 중요하게 생각하는 가치인 만큼, 현장경영처럼 직접 대면하는 자리에서는 직원들에게 신신당부하는 것이다. 내가 하도 이야기하고 다녀 '젊은 사자는 썩은 고기를 먹지 않는다'는 말은 신용보증기금 내에서 유행어가 되었다. 나는 젊은 직원들에게 "업무적인 과실은 실수로 여겨지고 다시 만회할 기회가 있을 수 있으나 청렴과 관련된 문제는 원 스트라이크 아웃입니다. 한순간의 실수로 인생을 그르치는 것만큼 어리석고 후회스러울 일이 또 있겠습니까?"는 말로, 긴 안목을 지니고 떳떳한 공공기관 직원으로 생활하라고 인생 선배로서 강조하고 또 강조한다. 청렴 문제가 발생하면 제아무리 '공든 탑'이라도 일순간에 와르르 무너진다. 예를 들어 조직 내에서 부패사건이 발생할 경우, 당사자가 징계를 받아 그동안 조직에서 쌓아온 모든 것을 잃게 되는 것은 물론, 이미지 실추와 경영실적평가 감점 등으로 기관에도 치명적인 타격이 된다. 단지 개인의 일탈이라고 치부하고 넘어갈 수 있는 일이 아닌 것이다.

건강관리의 중요성도 빼놓지 않고 이야기한다. 단순한 덕담이 아니다. 오랜 기간 사회생활을 하면서 건강의 중요성에 대해 느낀 바가 있어 강조하는 것이다. 직장에 입사해 열심히 일하며 실력과 경력을 쌓다 보면 언젠가 좋은 기회가 찾아오게 마련인데, 업무에서 제아무리 뛰어난 사람도 건강 문제로 그 다시 못 올 기회를 놓치는 안타까운 사례들을 많이 보아왔다. 건강관리는 짧은 기간에 바짝 한다고 되는 게 아니다. 늦었다고 생각할 때가 가장 이른 때라는 말이 있지만, 건강관리는 늦었다고 생각하는 바로 그 순간 끝나버릴 수도 있다. 젊은 직원들에게는 건강관리의 필요성이 절실히 느껴지지 않아 잔소리로만 들릴지 몰라도, 몸에 좋은 쓴소리로 받아줬으면 좋겠다는 마음으로 언제나 빼놓지 않고 이야기했다.

그 자리를 함께한 선배 직원들을 향해 일부러 이런 이야기도 한다. "직장이란 곳이 후배 직원에게 얼마나 불리한 구조입니까? 지식이나 경험, 나이, 정보, 사내 인적 네트워크도 부족한데 직위까지 낮아 안 그래도 주눅 들기가 십상이죠, 옆에 있는 선배까지 무서워하게 되면 출근하고 싶겠어요? 신입 직원들한테는 70을 하면 30이 부족하다고 야단치는 선배가 아니라 부족한 30을 기꺼이 채워주는 따뜻한 선배가 필요합니다."

이사장과 만나면 젊은 직원들이 긴장해 제대로 입이나 열까 걱정했던 것은 기우에 불과했다. 『90년생이 온다』라는 책도 읽었으면서 내가 젊은 친구들을 잘 몰랐던 모양이다. 내가 마음을 열고 편하게 이야기를 시작하니 직원들도 예상보다 솔직한 이야기를 들려주었다. 그렇게 편하게 나눈 이야기가 때로는 회사의 제도로 발전하기도 하고 기존 제도의 개선으로 이어지기도 했다. 내가 직원들에 대해 몰랐던 사실을 깨닫고, 오해하던 점을 해소하게 된 경우도 있었다.

현장경영은 내가 현장에 나가 내 경영방침을 전달하는 자리가 아니었다. 현장의 목소리를 듣고 경영에 반영하기 위한 간담회였다. 284번의 현장 간담회와 수많은 비대면 간담회는 이사장으로 지내는 생활에 활력을 불어넣는 비타민이자, 매너리즘에 빠지지 않도록 이따금 울리는 경종과도 같았다. 만일 취임했던 2018년으로 다시 돌아간다면, 마음 같아선 284번이 아니라 두 배라도 기꺼이 직원들을 만나러 나설 수 있다.

2) 합숙소라니, 신용보증기금에 스포츠팀이 있습니까?
: 청림재의 탄생

업무 보고를 받는 자리같이 공식적인 자리가 아닌 경우에는 직원들과 이런저런 이야기를 나누는 것을 좋아한다. 코로나19 확산 이전에는 본점 부서별로 돌아가며 점심 식사도 함께하곤 했다. 취임하고 얼마 되지 않아 젊은 직원들과 식사하면서 이야기를 나누다 한 직원에게 어디에 사는지 물어보았다. 나도 대구가 원래 살던 곳이 아닌지라 집을 떠나 대구에서 생활하는 직원들이 잠은 편하게 자는지, 아침은 챙겨 먹는지 궁금했던 터였다. 그런데 그 직원의 입에서 아주 오래전에나 듣던 단어를 듣게 되었다.

"합숙소에 살고 있습니다."

'합숙소? 신용보증기금에 스포츠팀이 있는 것도 아닌데…….' 신용보증기금에서 합숙소라는 말을 듣게 되리라고는 생각도 못 했다. '합숙소'라는 말의 사전적 의미는 '여러 사람이 한데 집단적으로 묵는 곳'이다. 그 용례로 나온 문장은 다음과 같다. "당국에서는 마침 […] 정류장 뒤 하천부지에 구두닦이들과 신문팔이들의 합숙소를 마련해주었다. (홍성원, 「흔들리는 땅」)"

직원들은 이미 이 단어에 익숙해 있는 듯했지만, 부모님들 입장에서는 귀한 아들딸이 어렵게 신용보증기금에 입사하고서 사는 곳이 합숙소라는 소리를 들으면 얼마나 안쓰러워할지, 또 얼마나 회사에 실망하실지 상상이 됐다. 실제로 직원들이 산다는 그 '합숙소'는 사전적 의미대로 여러 사람이 한 건물에 모여 사는 곳이긴 했지만, 회사에서 1인 1실의 원룸 형태로 지은 단독 건물이다. 대학교 기숙사와 비슷한 형태로 운영되면서도, 방마다 화장실과 샤워부스가 갖춰져 있고 공동 주방과 체육시설까지 마련되어 있어, 충분히 넓지 않을지는 몰라도 시설 면에서 크게 흠잡을 데가 없는 수준이었다. 합숙소든 기숙사든 무슨 상관이겠냐마는 그 단어를 듣고 나서부터 여간 신경 쓰이는 게 아니었다. 대구가 고향이 아닌 젊은 직원들 대부분이 생활하는 공간인데 그 이름에서부터 애틋한 마음이 들어서야 되겠는가.

이 무렵 우연히 논문[*] 한 편을 보게 되었다. 우리나라의 한 혁신도시로 이전한 공공기관 근로자들의 우울 증상 등을 연구한 결과물이었는데, 다소 충격적인 내용이 포함되어 있었다. 혁신도시로 근무지를 이전한 공기업 근로자의 우울 증상 유병률은 10.5%인데, 이는 일반적인 직장인들의 유병률인 5~6% 대보다 훨씬 높은 수치라는 것이다. 특히 우울 증상은 젊은 연령층, 짧은 근무 경력, 미혼자일수록 더 두드러지게 나타났고, 우울 증상을 보이는 이들은 직무 스트레스와 불안도 높다고 했다. 다음 날 출근해 오가며 마주치는 젊은 직원들의 어깨가 괜히 더 처져 보였다.

얼마 후 담당 부서와 논의하고서 신용보증기금 이사장 배杯 '합숙소' 새 이름 공모가 진행되기에 이르렀다. 담당 부서에서 최종 후보작 네 가지를 추려 전 직원 대상 설문조사에 들어간다고 보고를 해왔다. 최종 후보는 '동행관同行館', '청운관靑雲館', '청림재淸林齋', '명신재明信齋'였고 결국 '청

---

[*]　강한고은비 외, 「일 혁신도시로 이전 근무 중인 공기업 근로자의 우울 증상 및 관련 요인」(2017).

림재'가 당선되었다. 이사장 배였으니 내 의견도 적잖이 반영되었다. 청림은 말 그대로 맑은 숲을 뜻하는데, 내가 늘 강조하는 '청렴'을 연상시키는 단어라는 점에서 전폭적으로 지지했다. 실제 건물도 바로 산자락 밑에 자리하고 있어 숲속에 있는 느낌이 들기도 하니 안성맞춤이었다. 이름을 지은 김에 현판식도 진행하기로 했다. 노조원들의 보금자리라고 할 수 있으니 노조위원장을 초청해 함께 현판식을 진행하고, 청림재에 사는 직원들과 옹기종기 모여 가볍게 맥주도 한잔 나누는 '어울림 한마당'이라는 축하 파티도 열었다. 그렇게 신용보증기금 대구 '합숙소'는 '청림재'로 다시 태어나게 되었다.

얼마 후, 새 이름이 입에 붙지 않았는지 여전히 합숙소라고 부르는 직원들이 많다는 '제보'가 들어왔다. 김춘수의 「꽃」이라는 시에도 나오듯, 이름은 불러줄 때 의미가 생긴다. 기껏 이름을 지어놓고 부르지 않으면 무슨 소용이 있나 싶어 내가 '청림재' 홍보대사를 자처했다. 홍보 방법은 어렵지 않았다. 젊은 직원들을 만날 때마다 "○○○ 대리님은 어디에 살고 계세요?"라고 물어보고는 만일 '합숙소'라는 대답이 돌아오면, "어디시라고요?" 하고 한 번 더 물어보기만 하면 되었다. 이내 회사에서는 내가 어디에 사는지 물으면 '합숙소'라고 답하면 안 되고 '청림재'라고 답해야 한다는 일종의 대응 요령이 소문으로 퍼졌다. '합' 자까지 말을 꺼냈다가도 "아니, 청림재에 삽니다"라고 대답하는 직원들이 늘더니, 곧 그 '합' 자마저 자연스레 떨어져 나갔다.

나중에는 '청림재'가 입에 붙어 동대구역에서 택시를 타고서는 "청림재 가주세요"라고 말해 택시기사를 어리둥절하게 만들었다는 이야기도 전해 들었다. 가족들과 떨어져 혼자 객지에 나와 지내는 청림재 직원들을 생각하면 늘 마음이 짠하다. 내가 잘 못 먹고 자란 세대라 그런지, 다 내 아들딸 같아 보여 그런지, 청림재 직원들을 볼 때면 "그래, 아침은 챙겨 드시고 다녀요?" 하고 습관처럼 묻곤 한다. 식구처럼 매일 같이 식사하지는 못하지만 이런 인사만으로도 가까워지는 기분이 든다.

매년 12월 초가 되면, 청림재 직원들과 구내식당에 모여 '미리 크리스마스' 파티도 했다. 조촐하게 저녁 한 끼를 같이하며 한 해를 돌아보고 도란도란 이야기를 나누는 자리이다. 내가 산타복 안 입은 일일 산타가 되어 청림재 생활에 필요한 물건들을 추첨을 통해 선물로 나눠주기도 한다. 어쩌면 그 자리의 어떤 직원들에게 최고의 크리스마스 선물은 청림재를 떠나 가족 곁으로 돌아가는 것일지도 모르지만 홀로 대구에서 지내는 동안 좋은 인연을 많이 맺고 다양한 경험을 쌓으며 건강하게 지내길 바랄 뿐이다.

소통은 어렵게 생각하면 한없이 어려운 것이지만, 의외로 작은 것에서 시작될 수 있다. 서로 아껴주고 챙겨주려는 마음만 있다면 소통은 굳이 잘하려고 애쓰지 않아도 자연스레 이뤄질 수도 있다. 앞으로도 청림재가 낯선 땅 대구에 첫발을 내딛는 본점 직원들이 몸과 마음을 힐링하며 재충전할 수 있는 피톤치드 가득한 포근한 숲이 될 수 있기를 진심으로 바란다.

아, 그리고 대구에 대구 합숙소가 있듯이 서울에는 서울 합숙소가 있다. 연희동에 있는 이 합숙소 역시 내가 그냥 내버려둘 리가 없었다. 2020년 11월에 리모델링 공사를 마치고 새롭게 열며 새로운 이름을 얻었다. 청림재와 형제 느낌이 드는 '연림재緣林齋'이다. 한 그루 한 그루 나무들이 모여 숲을 이루듯 연림재에서 직원들이 소중한 인연을 맺어가길 바라는 마음을 담았다. 연림재를 거치는 직원들의 소중한 인연과 건강도 함께 기원한다.

3) 함께 땀을 흘린다는 것의 의미: 한마음 체육대회 개최

6월 1일은 신용보증기금 창립기념일이다. 내가 2018년 6월 5일 자로 취임했으니, 2019년 창립기념일이 처음 맞는 창립기념일이었다. 창립기념일 전후로 다양한 행사들이 있다는 보고를 받았는데, 눈에 띄는 행사명이 있었다. 이름하여 '한마음 체육대회'였다. '아니, 요새도 이런 행사를 하는 데가 있나?' 하고 의아했다. 솔직히 반가운 마음이었다. 1980~90년대만 해도 회사마다 날씨 좋은 계절이 되면, 춘계 체육대회니 추계 야유회니 하는 행사들이 제법 많았다. 재정경제부 시절에도 체육대회 날짜가 발표되면, 몇 주 전부터 새벽마다 축구선수는 운동장에, 배구선수는 체육관에 들렀다가 출근할 정도로 열기가 뜨거웠던 것으로 기억된다. 거의 매일같이 야근하던 시절이라 그런지, 일이 아닌 다른 것을 한다는 것만으로도 즐겁기는 했지만, 은근히 소속 조직 간의 자존심 대결 구도가 있어 마냥 즐기기만 할 수도 없는 체육대회였다. 참가하는 데에 의미를 두는 '올림픽 정신'보다 '승부욕'이 앞서, 철저하게 실력 위주로만 선수를 선발하여 경기하다 보니 비장함마저 느껴졌던 것이 사실이었다.

지금 돌이켜보면 직장의 체육대회 문화는 매일 사무실에서만 보던 동료·선후배들과 편한 복장으로 넓은 공간에서 함께 땀을 흘리며 소통할 수 있었다는 점에서 의미 있는 행사였다. 대회가 끝난 뒤 뒤풀이 행사도 만만치 않았다. 체육대회가 이토록 기억에 남는다는 것이 당시 사회 전반적으로 직장 문화가 그만큼 딱딱했다는 것에 대한 방증일지도 모르겠다. 그럼에도 하루의 대부분을 함께 보내는 직장 동료들이니만큼 마음으로는 가족처럼 느끼며 지낸 것 같다.

요즘에야 어디 그럴까? 한 구인 구직 사이트에서 직장인들을 대상으로 선호하는 직장문화를 조사한 설문 결과에 따르면, 사원과 대리급에서는 '일과 사생활을 철저히 구분하는 문화'를 선택(40.2%)한 반면, 과장 이상의 관리자급은 '서로 챙겨주는 가족 같은 문화'를 선호(41.8%)하는 것으로 나타났다.* 직장에 대한 인식의 차이를 단적으로 보여주는 결과다. 체육대회를 하는 것이 마냥 좋았던 세대에게 직장이 업무 관계를 넘어 동료들과 사적인 생활도 공유하는 곳이었다면, 요즘 세대에게 직장은 일을 하고 금전적 대가를 받는 곳으로 비친다. 사무실 안에서 상대방에 대한 지나친 관심은 오히려 관계 악화의 요인이 될 수도 있다. "관계의 안전거리를 넘어서면 바로 저격의 사정거리가 된다"**라는 말도 있고, 2019년 7월 「근로기준법」 개정으로, 소위 '직장 내 괴롭힘 금지법'이 시행됨에 따라 직장 내 인간관계에 대해 서로가 매우 조심하는 분위기이기도 하다.

이런 상황 속에서 체육대회에 대한 보고를 받고는, 내 속마음과 달리 요새 이런 행사를 해도 되나 싶어 고개를 갸우뚱하며 해마다 이런 행사를 해왔는지 물었다. 대답을 들어보니, 아주 오래전에는 전국의 전 직원들이 모이는 체육대회를 열기도 했는데 그야말로 언제인지 기억도 안 날 정도로 오래된 이야기란다. 대신 요즘에는 각 영업본부 또는 지점별로 간단하게 진행하며 명맥을 이어오는 수준이라는 것이었다. 도시 소재 지점은 볼링을 친 후 회식을 하기도 하고, 지방 지점들은 인근 계곡 민박집 마당에서 족구 한 게임 정도를 하고 닭백숙을 먹기도 한다.

---

* 《벼룩시장》 구인 구직 사이트에서 직장인 587명을 대상으로 '직장생활 동상이몽'이란 주제로 조사 (2018년 4월).
** 김범준, 『80년생 김 팀장과 90년생 이 대리가 웃으며 일하는 법』(한빛비즈, 2020).

본점 부서를 대상으로 개최하는 이번 행사는 전 직원들이 골고루 참여할 수 있도록 단체 공 튀기기, 단체 줄넘기, 인간 컬링, 줄다리기 등 다양한 단체 게임으로 구성한 '명랑 운동회' 콘셉트로 진행할 예정이라고 했다. 그리고 체육대회 후에는 본점 구내식당으로 이동하여 '치맥 페스티벌'과 문화 공연, 시상식, 경품 추첨 행사를 이어간다고 했다. 본점 직원들은 같은 건물에서 근무하더라도 업무상 관련성이 없으면 서로 얼굴도 모르고 지내곤 하는데, 몇 개 부서씩 한 팀으로 묶어 반나절 정도 함께 지내면 서로 얼굴도 익히며 이야기도 나눌 좋은 기회가 될 것 같아 추진해보자고 했다. 가급적 많은 직원들이 부담 없이 참여할 수 있고 부상 위험이 높지 않은 프로그램 위주로 구성해줄 것을 당부했다.

'한마음 체육대회'는 본점 부서들을 네 개의 팀으로 나누어 조직문화 비전의 핵심 키워드인 '자율', '창의', '활기', '당당'을 각 팀명으로 하나씩 부여했다. 행사 당일 체육관에 들어서자마자 깜짝 놀랐다. 멀리서 보니 팀별로 각각 빨강, 파랑, 초록, 노랑 조끼를 입고 모여 있는 모습과 신나는 음악이 어우러져 영락없는 유치원 운동회 분위기였다. 옷 때문인지 표정도 하나같이 밝아 보였다. 나도 '자율'팀의 일원으로 당당히 빨간 조끼를 입고 무려 두 개 종목에 출전했다. '한마음 공 튀기기'와 '럭비공 굴리기'에 참여했는데 두 경기 모두 승리에 혁혁한 공을 세웠다. 사실 말이 체육대회지 행사 시간의 절반은 직원들이 이리 뛰고 저리 뛰는 모습, 열심히 하다가 벌어진 '몸 개그'를 보며 웃다가 지나갔다.

체육대회를 마친 뒤에는 구내식당으로 이동해 어디서나 분위기를 띄우는 '진리'로 통하는 '치맥'과 함께 화합의 시간을 가졌다. 그런데 같은 테이블에 앉은 직원들과 이런저런 이야기를 하는 중에, 행사 진행자가 짓

궂게도 나를 불러내더니 노래를 시키는 게 아닌가. 예정에 없던 순서였지만, 뒤로 내빼면 분위기가 처질 테니 못 이기는 척 무대 위에 섰다. 고민 끝에 김종찬의 〈당신도 울고 있네요〉를 나름 열창했는데—적어도 나는 최선을 다했다고 생각한다—직원들이 곡 중간부터 "옛날에~ 옛날에~ 내가 울듯이 당신도 울고 있네요"라고 따라 불러 슬픈 가사임에도 불구하고 장내 분위기를 한껏 고조시켰다. 이어 마지막 순서로 행운권 추첨이 이어졌다. 1등 당첨자를 발표하는 순간의 분위기는 내가 노래 부를 때보다 열 배는 더 고조되었다. 열띤 환호와 부러움을 한몸에 받은 행운의 주인공에게 공기청정기를 전달하며 이날 행사는 대단원의 막을 내렸다.

짧은 시간이나마 함께 땀도 흘리고 노래도 부르며 모두가 서로에게 한 발자국 더 다가갈 수 있었던 소중한 시간이었다. 행사명처럼 '한마음'으로 즐겼던 잊지 못할 추억으로 기억될 것이다. 예전에 누군가 나에게 열 번 회의를 같이하는 것보다 한 번 밥을 같이 먹어야 사람 사이가 가까워진다고 했는데, 나는 열 번 밥을 같이 먹는 것보다 한번 같이 땀 흘려 운동을 하고 치맥 타임을 갖는 것이 가까워지는 지름길이라고 말하고 싶다.

4) 신용보증기금 소통 고속도로: '신보 하이웨이'

이사장으로 취임하고 나서 느낀 것은 직원들이 임원들을 너무 어려워한다는 것이다. 물론 나도 공무원 시절 까마득한 선배들에게 감히 말도 못 붙이던 것이 생각나서 이해가 됐다. 하지만, 윗자리로 갈수록 아래 직원의 생각이 궁금해지게 마련이다. 조직 발전을 위해서라면 말단 직원들의 말 못 할 고충도 알아야 한다. 공식 채널을 통해 들어오는 보고는 여러 겹의 필터를 거친다. 특히나 기관장까지 올라가는 보고에 대해서는 결재 라인의 '검열'이 없을 수 없다.

알아보니 신용보증기금에는 '신보 하이웨이'라는 온라인 채널이 운영되어오고 있었다. 말 그대로 정지 신호 없이 바로 나에게 전달되는 핫라인이다. 행여 무슨 이야기를 했다가 본인에게 피해가 생기지는 않을까 걱정하는 직원들을 위해 기명 또는 익명으로 선택하여 이용할 수 있게 되어 있었다. 주변에서는 그동안 신보 하이웨이가 그렇게 활성화되지는 않았다면서, 아무리 채널을 만든다고 한들 직원들이 '감히' 이사장한테 직언하는 경우는 없을 것이라고 했다. 내가 취임한 이후에도 처음에는 파리만 날렸다. '악플(악의적 댓글)보다 더 무서운 것이 무플(댓글이 없음)'이라는 말이 이래서 생겼구나 싶었다. 그래서 현장경영을 하면서 직원들에게 고충이든 칭찬이든 아니면 그냥 소소한 인사라도 좋으니 격식에 대한 부담 없이 이용하라고 홍보를 시작했다.

시간이 지나자 조금씩 홍보 효과가 나타났다. 현장경영 때 이사장님을 직접 뵈니, 사진과 영상으로 자주 뵙던 분이라 연예인을 만난 기분이었다는 젊은 직원들의 소소한 이야기부터 근무 환경 개선을 위한 건의 사항, 본인의 고충 사항, 제도 개선 건의 사항, 주변 부하 직원에 대한 칭찬 등 다양한 이야기가 전해졌다. 때로는 시니어 직원들의 조직 발전을 위한 쓴소리도 올라와 내가 무지했던 부분을 깨닫는 계기가 되기도 했다.

2021년 상반기 정기인사 후에는 노동조합에서 인사 내용 중 특정 사안에 대해 근거 없는 추측을 포함한 성명서를 발표한 적이 있었다. 인사운영 철칙 중 하나였던 '인사권 존중'이라는 선을 넘어선 것으로 여겨져 다소 언짢은 마음이 들었다. 그런데 생각지도 않았던 '신보 하이웨이'에 꽤나 많은 직원들이 노동조합 성명서의 문제점을 요목조목 짚으며, 모든 직원들이 성명서 내용처럼 생각하는 것은 아니라며 격려해주는 글을 보내 힘을 얻었던 기억도 있다.

'신보 하이웨이'에 올라온 글을 읽고 모두 피드백을 해줄 수는 없었지만 하나도 빠짐없이 읽어보았다. 내 생각과 일치하는 내용은 비서실장이나 관련 부서장에게 마치 내 생각인 것처럼 은근슬쩍 건네 실행으로 옮겨지기도 했다. 글을 올린 직원도 본인의 글이 실행 계기가 되었다는 사실은 모를 것이다. 반면, 내 생각과 다른 이슈들은 점심 식사 자리 같은 편한 분위기에서 주변인들과 다시 얘기해보기도 했다.

옛날에 왕에게 직접 전하고 싶은 말을 할 수 있는 신문고가 있었고, 지난 시절 청와대에 국민청원이 있었다면, 내게는 '신보 하이웨이'가 있었다. 바쁜 와중에도 읽는 재미가 꽤 있어, 신용보증기금을 떠날 때에도 들고 나가서 직원들과 계속 소통할 수 있으면 좋겠다는 생각이 들 정도였다. 기관장에게 글을 쓰는 일이 부담스러울 텐데도 솔직한 이야기를 들려준 직원들에게 고맙다는 말을 전하고 싶다.

5) 가족과 함께하는 문화 행사

"가족이라 하지 마이소. 내 가족은 집에 있어요." ('직장인 애환 song'이라고 불리는 〈주라주라〉에서)

"우리는 스포츠팀이지, 가족이 아니다." (넷플릭스 CEO 리드 헤이스팅스 Reed Hastings)

우리나라 굴지의 대기업에서 1990년대 말부터 10여 년 동안 '또 하나의 가족'이라는 이미지 광고를 시리즈로 하던 시절도 있었지만, 위의 인용에서 보다시피 이제 가족 같은 회사를 추구하는 시대는 저물고 있다. 그래도 신용보증기금의 경우 조직문화 진단을 위한 설문조사에서 우리 회사가 얼마나 '가족 같은 분위기'인지 묻는 질문에 대해 71점이라는 꽤 높은 점수가 나와, 직원들 간에 화합하며 잘 지내고 있음을 보여주었다. '가화만사성家和萬事成'이라고 했으니, 신용보증기금의 가장이라고 할 수 있는 나로서는 안도할 만한 긍정적인 결과였다.

신용보증기금 본점은 대구에서도, 경상북도 경산시와 인접한 동쪽 끝 지역에 조성된 혁신도시에 위치하고 있다. 게다가 대구에 연고가 없는 직원들이 머무는 청림재도 혁신도시 내에 위치하고 있다 보니, 사실상 대구에 사는 것이 아니라 '대구 혁신도시'에 산다고 하는 게 정확한 표현이었다. 적잖은 직원들이 주말마다 각자 가정으로 돌아갔다가 월요일이면 다시 혁신도시로 돌아오는 생활이 반복되다 보니 피로가 쌓여 그런지 평일에는 사실상 회사와 청림재만 오가며 지내는 것 같았다. 원했든 원하지 않았든 대구라는 도시와 인연을 맺게 되었는데 약 2년 동안 일만 하며 살다가 대구에 대해 아무것도 모른 채 떠나는 것이 안타까워 보였다.

그래서 본점에 처음으로 발령받고 온 직원들에게 대구를 소개할 수 있는 프로그램을 만들었다. 짧은 시간이나마 이사장과 함께 대구 명소를 걸으며 전문 가이드의 해설도 들을 수 있는 '(이사장과 함께하는) 대구 탐방'이 바로 그것이다. 낯선 환경에 대해 초반부터 좋은 인상을 심어주자는 취지였다. 대구 시내에 있는 김광석 거리, 수성못 등 핫 플레이스를 직원들과 거닐었고, 청라언덕에 도착해서는 가이드의 즉석 요청으로 "청라언덕 위에 백합 필 적에"라는 가사가 담긴 〈동무 생각〉을 불렀던 쑥스러운 기억도 있다. 그 프로그램에 참여해 대구에 대한 좋은 인상을 갖게 되어 대구에 정착한 직원도 있다는 '믿기 어려운' 이야기도 들었다. 자녀가 있는 직원들은 주말에 가족들을 대구로 불러 본인이 가이드가 되어 대구 시내 투어를 했다는 이야기도 전해 들었다.

직원들의 '진짜' 가족들에게도 고마운 마음을 전하고 싶었다. 이런 일은 그야말로 형식보다는 마음이 중요하다. 회사가 우리 아들딸 또는 우리 아빠 엄마를 인정하고 아낀다는 마음을 전해주고 싶었다. 예전에 명절에 아버지가 회사에서 참치·식용유·햄 등 선물세트를 들고 올 때마다 어린 아이들이 느끼던 마음을 선사하고 싶었다. 그래서 직원들의 자녀가 초등학교·중학교·고등학교에 입학하면 그에 맞는 학용품 세트를 집으로 보내주었다. 대학수학능력시험을 보는 자녀들에게는 응원의 메시지와 함께 합격 기원 떡을 선물했다. 값비싼 선물은 아니었어도 자녀들이 부모님 회사에서 자신까지 챙겨준다는 사실에 적잖이 놀라 직원들의 어깨가 으쓱해졌다고 들었다.

평소 바쁜 업무로 가족들과 문화 활동을 자주 못 하는 직원들을 위해 함께 공연을 보는 자리도 마련했다. 조직문화 담당 부서에서 '조직문화 활력 강화를 위한 Fun 프로그램'을 운영하는데, 영업본부별로 직원들이 모여 함께 스포츠 경기를 직접 하거나 관람하고, 공연을 관람하기도 하는 프로그램이었다. 본점이 있는 지역인 대구·경북영업본부에서는 관내에 근무하는 직원들과 뮤지컬을 관람하는 자리를 만들어, 함께 참석했다. 대구 계명아트센터에서 뮤지컬 〈라이온 킹〉을 관람했는데, 〈라이온 킹〉 인터내셔널 투어로 한국에서 원어로 만나는 최초의 공연이라 더욱 의미가 있었다. 바쁜 일상 속에 잠시나마 시간을 내어, 같은 공연을 보았다는 것만으로도 오랫동안 기억에 남을 추억거리가 되겠다는 생각이 들었다. 직원들의 반응도 기대 이상으로 좋았다는 보고를 받았다.

나는 이참에 직원들뿐만 아니라 가족들도 초청해 함께 뮤지컬을 보는 게 어떻겠냐고 아이디어를 냈고, 담당자들도 찬성했다. 그래서 2018년 겨울, 세종문화회관 2층 전체를 대관하여 참석을 원하는 서울·경인 지역 직원들은 물론 직원 가족들까지 함께 뮤지컬 〈더 플레이 댓 고우즈 롱The Play That Goes Wrong〉을 관람했다. 관람 후에는 희망하는 직원들과 함께 '호프 타임'을 가졌다. 가족의 마음으로 함께 마음껏 웃었던 'fun한' 저녁으로 기억된다.

2장
홍보 활동

전설의 명대변인

나는 재정경제부(현 기획재정부)에서 근무하던 시절 두 번이나 대변인 생활을 했다. 2001년 진념 부총리 시절 공보관으로 근무한 데 이어, 2004년에는 당시 맡고 있던 기획관리실이 정책홍보관리실로 바뀌며 이헌재·한덕수 부총리의 대변인 역할을 맡았다. 언젠가 한 언론사에서는 '전설처럼 내려오는 명대변인'들을 다루는 기사에서 나를 기획재정부에서 이름난 대변인이자, 보기 드문 '재수 대변인' 기록을 남겼다고 소개하기도 했다. '전설의 명대변인'이란 수식어는 내가 남들보다 특별히 더 잘했다기보다는 쉽지 않은 자리를 두 번이나 지낸 전 취재원에 대한 기자의 측은지심이 담긴 표현일 것이다.

아직도 그 당시 기자실 브리핑을 전담하며 출입 기자들을 상대하고 정책 홍보 자료를 만들던 과정, 그리고 정책 수립 의도와 다른 방향으로 기사가 보도되어 아찔했던 순간들을 떠올리면 머리가 지끈거릴 지경이다. 돌이켜보면 스트레스가 심한 자리이긴 했지만, 그에 비례하여 보람도 큰 자리였던 것 같다. 또한 두 번의 대변인 생활을 하며 겪은 다양한 경험을 통해 홍보에 대한 내 나름의 원칙과 가치관을 정립할 수 있었다. 그것은 다름 아닌 '기관 중심'의 정책 홍보와 '원칙에 입각한' 언론 대응이다.

이사장으로 취임하여 지켜본 신용보증기금의 언론 홍보 상황은 내가 겪었던 정부 부처의 홍보와는 또 달랐다. 정책금융기관으로서의 한계가 존재한다는 사실은 십분 이해하지만, 본점 부서들은 상급기관 눈치를 보며 정책 보도에 소극적인 모습이었다. 아무리 좋은 제도도 널리 알려야 취지에 맞는 효과를 기대할 수 있게 마련이기에 적극적인 홍보 활동이 중요하다고 생각해온 나로서는 아쉬운 부분이었다. 국민의 '알 권리'를 생각한다면 정책 홍보는 공공기관의 의무이기도 하다. 적어도 국민들이 제도의 존재를 몰라서 이용하지 못하는 일은 없어야 한다고 생각했다. 신용보증이 공공재 성격을 갖고 있듯이, 언론 역시 국민들에게 도움이 되는 정보를 제공하는 공기公器이다. 이런 점을 고려해보면, 예산 제약 때문에 민간 기업처럼 TV나 다양한 매체를 활용한 광고를 할 수 없는 공공기관 입장에서는 언론 보도야말로 가장 효율적인 홍보 수단이라고 할 수 있다.

신용보증기금에 와서 이상하다고 느낀 것 중 하나는 홍보실 직원들이 기자들과의 관계에 있어 지나치게 '을乙'의 위치에서 대응한다는 것이다. 일부 인터넷 언론 매체의 악의 담긴 기사나 오보에 대한 대응도 내가 볼 때는 매끄럽지 못한 경우가 있었다. 명백히 잘못된 내용을 담은 기사임

에도 당당하게 기사 정정이나 삭제를 요구하지 못해 골든 타임을 놓치고
결국 다른 언론 매체까지 보도가 확산되는 상황이 벌어지기도 했다. 국
민들에게 도움이 되는 정보를 널리 알리는 것 못지않게 그릇된 정보가
전달되지 않도록 하는 것 또한 중요한 일인데, 언론에 대한 지나친 방어
적 태도 때문에 제대로 대응이 안 되는 것 같아 아쉬웠다.

한국경제

윤대희·오영교·정해주·임채민 … '전설'의 名대변인

2016-11-28 08면

부처마다 '전설'처럼 내려오는 명대변인이 있다. 기획재정부(옛 재정경제부)에서는 윤대희 전 국무조정실장이 이름난 대변인으로 손꼽힌다. 그는 2001년 진념 부총리 겸 재정경제부 장관의 '입' 역할을 하다가 2004년 이헌재·한덕수 부총리 때도 대변인을 맡아 보기 드문 '재수 대변인' 기록을 남겼다. 방문규 보건복지부 차관 역시 기재부 대변인 시절 원만하고 적극적인 일처리로 명대변인 소리를 들었다.

산업통상자원부에서는 '대변인을 거쳐야 장·차관으로 올라갈 수 있다'는 말이 나올 만큼 '엘리트 코스'로 통했다. 윤진식 전 새누리당 국회의원(전 산업부 장관), 오영교 한국산업기술미디어문화재단 이사장(전 행정안전부 장관) 등이 대표적이다. 정해주 전 통상산업부 장관은 공보관 시절 '기자들이 뽑은 올해의 최우수 공무원'으로 선정되기까지 했다. 임채민

윤대희 前 국조실장 　오영교 前 장관 　정해주 前 장관 　임채민 前 장관

전 보건복지부 장관 역시 산업자원부 공보관 시절 특유의 분석력과 친화력으로 기자들 사이에서 인기가 높았다.

국방부에서는 2010년부터 지난 1월까지 '입' 역할을 해온 김민석 전 대변인이 안팎에서 '일 잘하는 대변인' 소리를 들었다. 전 정

부 부처 통틀어 최장수 대변인이기도 하다. 현직 대변인 중 최장수 대변인은 심은정 원자력안전위원회 안전소통담당관이다. 일간지 기자 출신으로 2012년 개방형 공무원제도를 통해 원자력안전위 홍보팀장으로 근무하다가 신설된 안전소통담당관으로 자리를 이동해 4년 넘게 근무 중이다.

김성하 공정거래위원회 상임위원은 2009~2011년, 2015년 공정위 대변인을 두 번 지냈다. 김형렬 국토교통부 건설정책국장 역시 2010년과 2015년 두 번 대변인 자리에 앉았다.

심성미 기자 smshim@hankyung.com

부처마다 '전설'처럼 내려오는 명대변인이 있다. 기획재정부(옛 재정경제부)에서는 윤대희 전
국무조정실장이 이름난 대변인으로 손꼽힌다. 그는 2001년 진념 부총리 겸 재정경제부 장관
의 '입' 역할을 하다가 2004년 이헌재·한덕수 부총리 때도 대변인을 맡아 보기 드문 '재수 대
변인' 기록을 남겼다. (이하 생략)

《한국경제》 2016. 11. 28.

언론 홍보: 원칙 수립과 시스템 구축

신용보증기금의 다양한 정책과 사업 내용을 정책 수요자인 중소기업과 국민들에게 제대로 전달하기 위해 홍보실에 내 언론 홍보 원칙을 알려주고 잘못된 관행을 고쳐나가기로 했다. 홍보실 직원들에게 앞으로 내 개인에 대한 인터뷰나 기고 등은 하지 않을 테니, 국민들에게 도움이 될 수 있는 신용보증기금의 상품이나 제도 등을 알리는 데 집중하라고 했다. 그리고 새롭게 수립한 뉴 비전과 「신보 혁신 5개년 계획」에 따른 변화 내용 등에 대한 홍보를 강화하여, 신용보증기금의 변화 방향을 국민들과 고객들에게 미리 알릴 것을 지시했다.

홍보 활동은 홍보실에서 하지만, 홍보 콘텐츠는 결국 상품과 제도를 기획하는 본점 각 부서에서 만들어진다. 그래서 부서장들이 참석한 회의 자리에서 제도나 상품의 기획 단계부터 홍보 방향에 대해 홍보실과 교감하고 소극적인 태도에서 탈피할 것을 주문했다. 특히 '별로 중요한 내용이 아니라 언론 홍보 거리가 못 된다'라는 평계로 홍보에 소홀한 부서장들은 새겨들으라는 취지에서 "정책 수요자가 관심을 보이지 않거나 중요하지 않게 생각하는 정책은 이미 실패한 정책입니다. 홍보실장이 따로 있는 것이 아니라 간부들 한 명 한 명 모두가 자기가 맡은 업무에 대해서는 홍보실장이 되어야 합니다"라는 말로 홍보에 대한 인식의 전환을 촉구했다.

사업 부서에서 새로운 제도나 상품을 다 만든 후에 홍보 담당자에게 던져주며 '이제 알아서 홍보하라'는 식의 홍보 시스템 내에서는 껍데기뿐인 홍보만 양산된다. 홍보실장에게는 직접 중요한 사업 회의에 참석하여 사업의 핵심 내용이 무엇이고 언론 측면에서 홍보 가치가 있는지 파악하여 사전에 준비하도록 했다. 또한, 보도 자료의 가치에 따라 홍보의 중요성을 구분하고 그에 맞춰 실행하도록 홍보 시스템을 정비했다. 이러한 인식과 시스템의 변화 덕분인지 모르겠지만, 신용보증기금의 주요 업무인 신용보증, 유동화회사보증, 스타트업 지원 체계뿐만 아니라, 비대면 보증 서비스, 상거래 신용지수 등 혁신 로드맵에 따라 추진하고 있는 신사업에 대한 언론 보도 역시 점차 늘어나기 시작했다.

이렇게 원칙과 시스템을 정착해나가던 중 어느 인터넷 언론 매체에서 사실 무근의 왜곡된 기사를 게재하는 일이 발생했다. 해당 기사 제목은 "신용보증기금(윤대희 이사장) 국민혈세 낭비"였다. 해묵은 공공기관 비판 프레임이었다. 공공기관에서 잘못한 일이 있다면 이 또한 공공기관의 주인인 국민들이 알아야 하니, 당연히 이를 보도하는 것은 언론의 의무이다. 하지만 이 기사는 제대로 사실관계 파악조차 되지 않은 내용이 기사의 대부분을 차지했고, 누가 봐도 보도 내용과 전혀 관련 없는 내 개인적인 사안까지 엮어 쓴 모양새가 악의적인 의도가 다분해 보였다.

홍보실에서는 해당 매체에 기사 수정을 수차례 요청했으나 반영되지 않았다고 보고하며, 마지막 대응 방안으로 언론중재위원회 제소가 남았다고 했다. 다만, 이는 언론사와의 관계를 악화시켜 추가로 악의적인 기사를 양산할 것이 우려되니, 상황을 조금 더 지켜보며 단계적으로 대응하는 것이 좋겠다고 한 발을 빼는 눈치였다. 보도 내용이 잘못된 것이 분명하여 정정을 요청했는데도 타당한 이유 없이 거절하는 것은 명백히 언론사의 잘못이었다. 해당 기사에 대한 공식적인 정정 보도를 요청하고, 요청대로 하지 않을 경우 즉시 언론중재위원회에 제소할 것을 지시했다. 언론사와의 관계 악화나 그릇된 기사의 재생산도 문제이기는 하나, 잘못된 기사를 정정하지 않은 채 눈감고 참기만 하는 것은 원칙에 어긋나는 일이다.

결국 신용보증기금 역사상 최초로 언론중재위원회 조정을 통해 해당 기사는 삭제됐다. 우려했던 후속 기사도 나오지 않았다. 원칙을 지키는 것이 중요하며, 당당해야 원칙을 지킬 수 있다는 사실을 재확인했다. 한 번도 해보지 않았던 언론중재위원회 제소까지 하느라 이래저래 고생은 많았겠지만 홍보 담당 직원들에게도 좋은 경험이 되었을 것이다.

기자를 수시로 만나 기관에 대해 잘 이해시키고 우호적인 관계를 유지하는 것은 언론 담당 업무에서 매우 중요하다. 하지만 이는 어디까지나 다양한 정책과 사업 내용을 언론을 통해 국민들에게 홍보하여 정책금융에 대한 접근성과 실효성을 높이기 위한 것이다. 언론사와의 관계만 중시하여 잘못된 기사에도 대응하지 못하고 쩔쩔매는 것은 본말이 전도된 것이다. 그런 의미에서 언론과의 관계는 '우호적인' 관계보다는 '상호 신뢰할 수 있는' 관계를 형성하는 것이 중요하다. 언론은 취재원의 정보를 믿고 기사를 쓸 수 있고, 취재원도 제공하는 정보가 언론에서 왜곡 없이 국민들에게 전달될 것이라는 서로 간의 믿음이 있어야 하는 것이다.

SNS 채널을 활용한 실생활 속 홍보 활동

디지털 트랜스포메이션과 플랫폼화 현상은 홍보 분야에도 변화를 가져왔다. 기존의 언론 매체뿐만 아니라 인터넷 포털, 메신저, 온라인 동영상 플랫폼 등 다양한 디지털 매체가 언론과 홍보의 채널로서 급속도로 영향력을 높여가고 있다. 한국언론진흥재단의 2019년 「언론수용자 조사」

결과에 따르면, 우리 국민의 온라인 동영상 플랫폼(유튜브 등) 이용률은 47.1%에 달하며, 모바일 메신저(카카오톡 등) 이용률은 80.2%, SNS(페이스북 등)는 49.2%를 각각 기록했다.

홍보의 기본 목적이 보다 많은 사람들에게 알리는 것임을 고려할 때, 이용률이 높은 디지털 매체를 활용한 홍보의 확산은 너무나도 당연한 현상이다. 게다가 이들 매체는 홍보 콘텐츠 공급자와 이용자 간 쌍방향 소통이 용이하며, 이용자 간 네트워크 효과와 구전口傳 효과, 효율성 등을 고려할 때, 텔레비전이나 신문 같은 기존 매체보다 압도적으로 유리하다. 다만, 보도 기사의 경우 아직까지 사회적 영향력이나 신뢰도 면에서 디지털 매체보다 기존 지면 매체가 상대적 우위를* 보이므로, 홍보 주체의 판단에 따라 홍보 매체를 적절히 활용해야 할 것이다.

그 외의 홍보 활동은 디지털 매체를 마다할 이유가 없다. 국민과의 소통을 중시하는 정책 기조하에서 공공기관이—특히 홍보 예산이 충분하지 않은 공공기관이라면 더욱 그렇다—선택할 수 있는 가장 '가성비' 좋은 매체이기 때문이다. 특히, 평소 딱딱하다고 각인된 공공기관의 이미지를 유화시키는 데에도 적잖이 도움이 될 수 있으며, 젊은 세대와의 거리를 좁히고 참신한 아이디어를 수렴하는 채널로서도 가치가 있다.

수익 창출이 주된 목적이 아닌 공공기관은 홍보 예산이 넉넉하지 않다는 것을 익히 알았기에, 취임 이후 홍보실에 디지털 매체를 적극적으로 활용할 것을 주문했다. 신용보증기금의 고객 중 청년 스타트업 비중이 늘어

---

* 기사에 대한 신뢰도(5점 기준): 텔레비전 뉴스 3.49점, 종이신문 3.21점, 포털 뉴스 3.19점, 메신저·SNS·유튜브 등 2.6점. (한국언론진흥재단,「언론수용자 조사」, 2019)

나고 있는 현상을 반영한 것이다. 그리고 그 이면에는 누구든 정책자금이나 보증을 이용하고 싶어도 존재나 방법을 몰라 이용하지 못하는 일은 없도록 하는 것이 신용보증기금 홍보 활동의 가장 큰 목표라는 내 나름의 신념이 있었다.

이런 원칙하에 국민들에게 좀 더 친근하게 다가갈 수 있는 홍보 채널과 콘텐츠 개선을 위한 다양한 시도와 노력을 이어갔다. 가장 먼저 국민들과의 소통 채널 확대를 위해 기존의 SNS 소통 채널을 페이스북, 카카오톡, 네이버 블로그에서 유튜브와 인스타그램까지 확대했다. 콘텐츠 측면에서도 딱딱한 브로셔 형식에서 벗어나 웹툰이나 카드 뉴스, 이용자 후기 등 다양한 형태로 신용보증기금의 보증, 보험, 컨설팅 제도 등을 소개했다. 신용보증기금의 제도뿐만 아니라 중소기업에게 도움이 될 수 있는 세미나 IR 개최 정보 등도 적극적으로 제공했다. 또한 중요한 정보에 대해서는 퀴즈 이벤트를 진행하여 작은 경품을 제공하는 등 일상 속에서의 홍보 활동에 초점을 맞췄다.

모바일 메신저 카카오톡에도 채널을 개설하였고, 한 걸음 더 나아가 2018년 12월에는 실생활 속에서 자연스럽게 신용보증기금을 알릴 수 있는 수단으로 '브랜드 이모티콘'을 도입했다. 브랜드 이모티콘은 기업 브랜드를 활용하여 제작한 뒤, 메신저 이용자들에게 무료로 지급하는 이모티콘을 말한다. 우리는 신용보증기금 마스코트인 '신용이' 캐릭터를 귀여운 형상으로 변형하고 코믹 요소를 가미한 '근육 신용이'라는 캐릭터를 제작했다. 관공서 이미지와 전면 배치되는 느낌의 이 이모티콘을 보고 '신용보증기금에서 어떻게 이런 생각을 했냐?'는 질문도 많이 받았다는데, 어울리지 않는다는 혹평이 아니라 기발하고 참신하다는 뉘앙스였다고 한다.

브랜드 이모티콘은 당초 카카오톡 플러스 친구 2만 명에게 배포할 예정이었다. 그런데 열한 시간 만에 모두 매진이 되었고 카카오톡 채널을 통해 이용자들의 추가 배포 요청이 이어져, 1만 6천 명에게 추가로 배포하게 되었다. 배포 후에는 다른 공공기관들에서 브랜드 이모티콘 제작에 대한 문의가 이어졌다고 한다. 뜨거운 반응에 힘입어 2019년도에도 이모티콘 사업을 이어나가기로 했다.

전작의 흥행에 힘입어 2019년에도 이모티콘을 제작했다. 지난번에는 '신용이'라는 회사의 마스코트를 활용했는데, 이번에는 유니콘을 형상화한 캐릭터를 만들었다. 혁신 스타트업을 발굴해 유니콘 기업으로 육성하는 신용보증기금의 역할을 이미지로서 알리자는 취지였다. 이번 작품은 전작보다 훨씬 짧은 출시 3시간 만에 3만 6천 건 모두 '완판'되었다. 디지털 홍보의 속도와 파급력을 느낄 수 있었다. 이런 장점과 코로나19로 인한 비대면 트렌드 확산으로 앞으로 디지털 홍보는 더욱 큰 비중을 차지하게 될 것이다. 일상생활 속 작지만 새로운 시도, 그런 것들이 바로 혁신의 원천이다.

3장
국제 업무

글로벌 역량은 더 이상 옵션이 아니다!

지구상 모든 국가는 서로 연결되어 있다. 개인이 혼자 살 수 없듯이 더이상 국가 또한 독자생존하기 쉽지 않은 세상이다. 이는 글로벌 밸류 체인이라는 개념을 생각하면 쉽게 이해할 수 있다. 오늘날 어떤 제품이든 서비스든 재화와 용역을 한 국가에서 독자적으로 생산하는 것은 사실상 불가능하다. 무역이 시작된 이유이기도 하다. 재화와 용역의 교환뿐만 아니라 자본과 노동력 역시 글로벌 시장 내에서 교류되고 있다. 그리고 4차 산업혁명으로 인해 그 연결의 범위는 더 넓어지고, 연결의 그물망은 더 촘촘해지고 있다. 연결된 세상에서 서로 협력하며 공존할 수 있는 방안을 모색하는 것은 각자의 생존과 상호 발전을 위해 필수적이다. 이것이 바로 국가는 물론 기업과 개인이 글로벌 역량을 키우고 유지해야 하는 이유이다.

개인적으로는 1980년에 미국에서 대학원 공부를 하며 '글로벌 무대'라는 개념에 대해 깨닫기 시작했던 것 같다. 그리고 경제기획원에 근무하며 크고 작은 국제회의에 참석하면서 실질적인 국가 간의 협력에 대해 보다 깊이 생각하게 되었다. 주 제네바 대표부에 참사관으로 파견되어 근무했던 경험은 외교 감각을 익힐 수 있었던 기회였다. 이후 청와대에서 근무할 때에는 대통령을 지근거리에서 보좌하며, 한미 FTA 체결 등 민감한 국가 간 경제 현안을 직접 챙기는 과정에서 글로벌 시장 내 한국 경제의 위상에 대해서도 체감할 수 있었다. 이렇게 쌓은 국제 경험과 노하우를 바탕으로 국무조정실장 재직 시에는 대통령 특사로 파견되어 다른 나라의 수반 首班을 예방하고, 한국 수출시장 현황을 챙기며 현지 동포들의 생생한 현지 이야기를 듣고 격려할 수 있는 기회도 있었다.

공직에서 물러나 대학에서 학생들을 가르치던 중에는 한국의 발전 경험을 개도국에 전수해주는 경제 발전 경험 공유 사업(KSP)의 수석고문 직을 맡게 되는 기회가 생겼다. 첫 대상국은 가나였다. 가나의 수도 아크라에서 열린 전파 세미나(dissemination seminar)에 참석했는데, 가나의 고위 공직자들은 한국의 경제개발 사례에 대해 내가 생각했던 이상으로 큰 관심을 보였다. 그러면서 내게 가나도 훌륭한 경제학자들이 세계은행이나 IMF 등의 자문을 받아 좋은 경제개발계획을 세웠는데, 실행으로 옮기기가 어렵다고 했다. 특히, 경제개발계획을 실행하기 위해서는 투자 자금 확보가 전제되어야 하는데, 한국이 경제개발 초기에 어떻게 내외로부터 자금을 조달했는지 궁금해했다.

이에 나는 내 어린 시절 이야기를 들려주었다. 그때는 우리나라도 워낙 가난했던 시절이라 학생은 돈 구경을 하기조차 쉽지 않았고, 설날 세뱃돈이나 추석 때 친척들로부터 받는 돈이 전부였는데, 이 역시 받는 즉시 우체국에 저축해야 했고 그 통장을 학교 선생님께 보여드린 후에야 사용할 수 있었다. 나라에서 '저축의 날'을 지정하여 모범적인 저축 사례에 대해 대통령 표창을 수여하는 등 국민들의 저축을 장려하고, 대출 금리보다 예금 금리를 더 높게 운영한 '역逆금리 정책'도 소개했다. 모두 내자內資를 확보하기 위한 조치였다.

외자外資 확보를 위한 조치에 대해서는, 외국인 투자를 활성화하기 위해서 외국기업에 대한 법인세를 상당 기간 면제해주는 소위 '세금 공휴일 (tax holiday)' 정책과 전국 곳곳에 외국 기업 유치를 위한 공단(마산수출자유지역, 이리수출자유지역, 구로공단 등) 조성, 외국 자본 투자에 혜택을 부여한 「외자도입법」 제정 사례를 들려줬다.

거창한 이론보다 한국이 어떻게 경제 발전을 이뤘는지에 대한 실제 경험과 사례를 전해주니 피부에 와 닿았는지, 내 대답이 끝나자 '역금리 정책' 등에 대한 자료를 요청했다. 당장은 갖고 있지 않으니, 한국에 돌아가서 이메일로 자료들을 챙겨 보내주기로 했다. 개발도상국에서는 일본이나 중국과 같은 대규모 자금 지원보다는 같은 개발도상국이었던 한국의 경제 발전 과정과 생생한 경험에 대해 더 큰 관심이 있다는 사실을 확인할 수 있었다.

이후로도 KSP 사업에 꾸준히 참여하다 보니 참여한 사업 대상 국가도 가나, 에티오피아, 남아프리카공화국 등 아프리카 지역부터 라오스, 베트남 등 동남아시아 지역, 콜롬비아, 푸에르토리코 등 남미 지역, 아제르바이잔까지 다양해졌다. 2012년부터는 베트남 KSP 사업에 집중하면서, 수시로 베트남을 오가게 되었다. 그러면서 처음에 '총리실 장관'이라는 같은 직함으로 만나며 인연을 맺었던 응우옌 쑤억 푹 현 베트남 국가주석과도 지속적으로 만나며 양국 경제에 대해 깊이 있는 이야기를 나눌 수 있는 사이가 되었다.

KSP 사업에 참여하면서 나는 이 일이 세계 최초로, 원조를 받는 국가에서 원조를 주는 나라가 된 한국의 경제 발전 과정을 다른 나라에 알려주는 매우 뜻깊은 일이라는 생각에 보람을 느낄 수 있었다. '물고기를 주는' 것이 아니라 '물고기를 잡는 법'을 알려주는 일이었고, 개발도상국에 '글로벌 유산'을 전하는 일과 다름 없다는 생각도 들었다.

아울러, 우리 경제 성장 과정의 주역을 담당했던 인물들의 육성 증언을 토대로 책을 발간하는 프로젝트에도 참여하게 되었다. 2013년에 『코리안 미러클』이라는 책으로 처음 발간되었는데, 이후 시리즈로 이어져 2022년 5월에는 제7권이 나오기에 이르렀다. 한국 경제 발전사의 치열했던 한 장면 한 장면을 당시 현장에서 직접 경제정책을 수립하고 집행했던 주역들의 시각에서 회고해보는 것이 이 책의 주요 내용이다. 다른 나라에서 그토록 궁금해하는 한국 경제 발전의 노하우를 기록하고 더 나아가 데이터화한 자료라고 할 수 있다. 2016년에는 대한민국 경제 발전사를 개발도상국과 보다 손쉽게 공유할 수 있도록 해보자는 취지에서 내가 직접 편집장으로 참여한 영문판 『코리안 미러클』도 발간되었다.

1) 선택과 집중을 위한 국제 업무의 세 가지 원칙

신용보증기금은 한국의 중소기업 금융 발전 노하우를 국제 사회에 전파하는 역할을 할 수 있는 최적의 기관이라고 보았다. 1976년에 설립된 이래 우리 경제의 성장기와 위기를 모두 함께 겪으며, 중소기업의 자금 조달을 원활하게 뒷받침한 것은 물론, 국가적 위기 시에는 경제 안전판 역할을 수행해왔음을 잘 알고 있었기 때문이다. 그리고 내가 그동안 쌓아온 국제적 경험과 노하우를 활용하여 신용보증기금의 글로벌 네트워크와 역량 확대에도 기여하고 싶었다.

취임 후 국제 업무 현황에 대한 보고를 받아보니, 신용보증기금은 KSP 사업뿐만 아니라, 4개 국가(일본, 타이완, 타이, 인도네시아)와의 실무협의회, 정례 국제회의, 해외기관 연수 프로그램 등 다양한 활동을 하고 있었다. 하지만 기관 전체적으로 봤을 때 신용보증 등 주요 업무에 비해 국제 업무의 비중은 상대적으로 낮았다. 아마도 국내에 있는 중소기업을 지원하는 것이 주된 역할이다 보니, 국제 업무는 우선순위에서 밀릴 수밖에 없었으리라는 짐작이 들었다. 사실, 외국 정부나 기업들과 직접적인 거래를 하지 않는 기관에서 국제 업무가 많다면 그것도 이상한 일일 테다. 선택적· 집중적·효율적 국제 업무 전략을 수립하여 추진하는 것이 필요하다고 생각했다.

따라서 나름대로 국제 업무의 세 가지 원칙을 세웠는데, 첫째는 '결과를 만드는 글로벌 교류의 확대' 둘째는 '모든 과정에 대한 기록', 그리고 셋째는 '글로벌 인재 양성'이다. 이런 원칙하에 효율적으로 국제 업무를 추진해나가며 가시적인 성과들을 거둘 수 있었다. 임기 동안 코로나19라는 커다란 장애 요인으로 인해 당초 내가 계획했던 수준까지는 도달하지 못한 부분들이 있어 못내 아쉽긴 하다.

기관 간 교류를 시작하고 3년 차가 되던 2020년에 이르러 아시아개발은행(Asian Development Bank, ADB)에서 우리 측에 공동 연구 작업을 제의해왔다는 점에서 알 수 있듯, 국제 교류가 성과로 이어지기까지는 장기간에 걸친 활발하고도 지속적인 교류가 필요하다. 국제기구와의 교류를 통해 협업을 이어가며, 향후에는 신용보증기금 직원들을 국제기구에 파견하여 글로벌 역량을 업그레이드시킬 기회를 제공하는 것이 내 계획이었기에, 코로나19가 아쉬울 따름이다. 하지만 어려운 여건하에서도 웨비나webinar* 등의 방식으로 꾸준히 이어온 국제 교류 활동 경험은 앞으로 포스트 코로나 시대에 신용보증기금이 글로벌 역량을 지속적으로 확장해 나가는 데 적잖은 도움이 되리라 믿는다. 그동안 교류를 통해 맺은 인연이 헛되이 사라지지 않도록 앞으로도 다른 나라의 보증기관이나 국제기구와 꾸준한 교류와 협력 관계를 이어나가길 바란다.

결과를 만드는 글로벌 교류 확대

신용보증기금은 아시아개발은행(ADB), 유럽상호보증기관연합(Association Européenne du Cautionnement Mutuel, AECM), 아시아보증기관연합(Asian Credit Supplementation Institutions Confederation, ACSIC)의 연차총회 등 국제회의에 정기적으로 참석하며 국제기구 및 해외 보증기관과 교류해왔다. 모두 중소기업 금융과 관련된 중요한 국제회의였고, 회의 참석을 통해 참여 기관 간 교류가 꾸준히 이루어져왔다. 하지만 보증기관으로서 신용보증기금이 쌓아온 역량과 위상을 생각할 때, 세계 최대 보증기관이자 혁신적인 정책금융기관임에도 불구하고 주도적인 역할은 하지 못한 채, 단순히 회의에 참석만 하고 있다는 점은 아쉬웠다.

나는 해외보증기관이나 국제기구와 단순히 관계 유지를 위한 교류를

---

* 웹web과 세미나seminar의 합성어로 인터넷상 연결을 통해 온라인상에서 진행하는 세미나를 지칭함.

넘어 보다 폭넓고 생산적인 협력 채널을 확대하기 위해 적극적으로 지식 공유를 제안했고, 직원들의 특별 파견 기회도 모색했다. 그리고 이를 위해서는 국제기구와의 협력 관계가 무엇보다 중요하다고 생각되어, 세계은행(WB)과 국제통화기금(IMF)의 연차총회에 참가하는 등 참석 국제회의의 범위를 확대했다. 상호 교감할 수 있는 생산적인 회의를 위해 각 국제회의마다 개별 기관 간 회의도 별도로 추진했다.

모든 과정에 대한 기록

취임 초부터 전 부서에 강조한 것 중 하나는 바로 기록이었는데, 이는 국제 업무도 마찬가지였다. 특히 일정, 숙소, 동선 등 챙겨야 할 것이 많은 해외 출장의 경우 결과에만 집중하다 보면 준비하는 과정과 현장에서 실제로 오간 중요한 이야기들이 기록에서 누락되는 경우가 빈번하게 발생한다. 그래서 다음 담당자가 같은 일을 진행할 때면 또다시 처음부터 시작해야 하는 경우가 허다하다. 기록은 이런 낭비를 줄이는 일일 뿐만 아니라, 경험을 전수하는 매개이자 자산이라고도 할 수 있다.

우리나라의 경제 발전 경험 노하우가 이제는 큰 자산이 되었듯이, 하나하나 차곡차곡 쌓인 기록은 기관의 미래를 풍요롭게 해줄 자산이자, 새로운 자산을 창출할 기반이 된다. 이는 대통령비서실 경제수석비서관으로 근무할 당시 「대통령기록물 관리에 관한 법률」 제정 과정에 참여하고 KSP 수석고문을 하면서 직접 깨달은 바이다. 앞서 언급했던 『코리안 미러클』 프로젝트에 편찬위원으로 참여한 것도 같은 맥락이다.

나는 첫 해외 출장부터 직원들에게 기록의 중요성을 강조했다. 영어로 진행되는 대부분의 회의를 기록하는 것은 결코 만만한 작업이 아니다. 다행히도 내 뜻을 잘 이해해준 직원들은 참석했던 모든 국제회의를 기록하고 정리했다. 그 이후로 직원들 사이에서는 해외 출장 때마다 책이 몇 권씩 나온다는 말이 돌았다고 한다.

글로벌 인재 양성

나는 예전부터 꾸준히 해외 유명 언론사의 신문과 방송을 챙겨보고 있다. 이러한 습관은 세계 경제 상황을 보다 객관적이고 넓은 시각에서 바라볼 수 있게 해준다. 우리 중소기업들도 이제 해외로 진출하는 사례가 많아지고 있어, 신용보증기금도 더 이상 국내 경제 상황에만 관심 범위를 국한할 수 없게 되었다. 물론 국내 경제 상황이 우선이겠지만, 세계가 하나의 네트워크로 묶인 오늘날에는 시야를 넓힐 필요가 있다. 이런 생각을 직원들에게 말로 전하는 대신, 몸소 국제기구나 해외 유관기관과 고위급 회의를 진행하고, 베트남 해외사무소의 개소를 적극적으로 추진하는 등 행동과 결과물로 보여주고자 했다.

해외에서 회의를 진행할 때에는 항상 직원들의 적극적인 참여를 유도하기 위해 신경 썼다. 일례로 아시아개발은행연구소(Asian Development Bank Institute, ADBI)와 공동으로 보고서를 작성할 때에는 별도의 TF팀을 꾸려 직원들이 국제기구 보고서 집필이라는 새로운 경험을 해볼 수 있도록 했다. 처음이 어렵지 해보고 나면 그것이 다 경험이 되고 자신감이 되기 때문이다.

글로벌 시대의 기본인 외국어 공부를 보다 편하게 할 수 있는 여건을 만들어주기 위해 다양한 연수 제도를 마련하였고, 중단되었던 해외 학술연수 제도도 부활시켰다. 그리고 해외 출장 후 귀국하는 날 바로 국정감사 일정을 소화했던 일이나 급박했던 해외 출장 일정 등을 떠올리며, 직원들에게 건강과 체력도 중요한 덕목이라고 강조했다.

2) 신용보증기금의 글로벌 교류 이야기

2018년: 새로운 무대

취임 첫해 10월, 인도네시아에서 개최된 'WB·IMF 연차총회'에 참석했다. 다음 달 있을 국정감사 등 빡빡한 일정으로 참석 여부를 고민했지만 직원들에게 취임 초기부터 글로벌화에 대한 메시지를 전달하기에 더없이 좋은 기회라고 판단하여 강행하기로 결정했다. 신용보증기금 역사상 최초로 WB·IMF 연차총회에 참석하는 것에 대해 담당 직원들도 다소 긴장했으리라 짐작한다. 내가 취임하기 이전까지의 글로벌 교류는 해외 보증기관과의 관계 유지에 집중했었고 국제기구와 교류할 수 있는 채널은 거의 전무했기 때문이다. 내가 이런 결정을 내린 것은 정책금융기관인 신용보증기금이 국제무대에서 그 위상을 알릴 수 있는 가장 효과적인 방법은 세계은행(WB), 국제통화기금(IMF) 같은 국제기구와의 협력이라고 생각했기 때문이다. 당시 동행했던 직원들에게는 이런 교류가 앞으로도 신용보증기금에서 지속적으로 추진해야 할 국제 교류의 형태라고 설명했다.

우여곡절도 많았다. 출장을 가기로 결정한 것은 WB·IMF 연차총회 개최를 불과 열흘 정도 앞둔 때였다. 그러다 보니 항공권과 호텔을 예약하고 현지에서 국제기구 관계자와의 개별 회의 등 비즈니스 미팅을 원활하게 진행할 수 있을지 걱정이었다. 하지만 그동안 쌓아온 나의 국제적 인맥과 경험을 활용했고 직원들도 일사불란하게 준비하여 첫 출장은 다행히 순탄하게 진행될 수 있었다.

출장지인 인도네시아 발리에 도착한 첫날 새벽에는 호텔 건물 전체가 상하좌우로 흔들리는 진도 6.0의 지진을 경험하며 깜짝 놀란 일도 있었다. 하지만 나와 우리 직원들은 언제 그랬냐는 듯이 다시 회의 준비에 집중했다. 다행히 연차총회 본회의 참가는 물론이고 사전에 준비했던 국제 금융공사(International Finance Corporation, IFC) 및 세계은행(WB) 고위 관계자들과의 비즈니스 미팅도 원활하게 진행되었다.

IFC의 네나 스토일코비치Nena Stoiljkovic 부총재와 WB의 조던 슈워츠 Jordan Z. Schwartz 인프라 보증 담당 국장과는 개별 면담을 통해 신용보증 기금의 역할과 성과 그리고 국제 사회에서 선도적 보증기관으로서의 역할을 강조하며 향후 협력 방안에 대해 논의했다. 출장 현지에서 진행되는 비즈니스 미팅은 국제회의 본회의만큼이나 중요하다. 국제 협력을 통해 실질적인 기관 역량을 향상시킬 수 있는 기회이기 때문이다. 출장 전부터 담당 직원들에게 이를 주지시켰다. 비즈니스 미팅과 개별 면담 등을 준비 하느라 직원들도 나도 고생하긴 했지만, IFC와 WB 등으로부터 커다란 환영과 관심을 받아 보람을 느낄 수 있었다. 출장을 마치고 돌아온 이후 WB 로부터 신용보증기금과 협력 사업에 대해 구체적인 논의를 하고 싶다는 연락을 받았다. 그리고 이는 신용보증기금 인프라보증부가 WB의 싱가포르 워크숍에 초청을 받는 가시적인 후속 성과로 이어졌다.

11월에는 아시아신용보완기관연합(ACSIC) 연차총회에 참석하기 위해 인도 우다이푸르를 방문했다. 취임 후 처음 참석한 ACSIC 총회였는데, 막상 가보니 신용보증기금의 위상은 기대 이상이었다. 아시아 지역 12개국의 17개 보증기관이 참여하고 있는 ACSIC은 신용보증기금과 일본의 정책금융공사(Japan Finance Corporation, JFC)가 함께 주도하고 있었다. 마침 주최국인 인도 측에서 '포용성장과 신용보증기금의 역할'이라는 주제에 대한 발표를 요청해왔다. 정부의 포용성장 정책의 수립에 참여했던 경험이 있었기에 흔쾌히 수락했고 곧바로 국제 업무 담당 직원들과 함께 발표와 회의를 준비했다.

주제 발표는 회원기관들의 관심과 호응 속에 성공적으로 마쳤다. 돌이켜보면, 발표를 준비하면서 세계적으로 하나의 커다란 흐름이 되고 있는 포용금융을 신용보증기금의 관점에서 해석하여 이론을 정립할 수 있는 좋은 기회였다고 생각된다. 그리고 이러한 노력이 밑바탕이 되어 회원기관 만장일치로 신용보증기금이 2021년 ACSIC 개최국으로 선정될 수 있었다는 생각도 든다.

2019년: 적극적인 행보와 ACSIC 주관 기관 결정

2019년도에는 보다 적극적으로 국제 교류 행보를 이어갔다. 5월 피지에서 열린 아시아개발은행(ADB) 연차총회를 시작으로 6월 벨기에에서 열린 유럽상호보증기관연합(AECM) 연차총회, 9월 문재인 대통령이 참석한 가운데 미얀마 양곤에서 개최된 '미얀마 진출 기업 지원 및 한·미얀마 경제협력을 위한 One Team KOREA 업무협약', 10월 WB·IMF 연차총회와 ACSIC 연차총회까지 참석하며 숨 가쁘게 달렸던 한 해였다.

먼저 5월, 피지 난디에서 개최된 ADB 연차총회에 참석했다. 총회뿐만 아니라 ADB와 ADBI 고위 관계자와의 개별 회의를 별도로 마련했다. 회의를 위해 세계 경제의 흐름과 한국 경제, 그리고 신용보증기금의 역할과 성과 등에 대해 세부적인 부분까지 자료를 꼼꼼하게 챙겼고, 사전 조율을 통해 회의 일정에 차질이 없도록 준비했다. 개별 면담자인 ADB의 민간·협조융자·금융 부문장인 디와카르 굽타Diwakar Gupta 부총재는 ADB에서 큰 영향력을 행사하고 있는 인물이었다. 그는 면담 과정에서 신용보증기금의 역할과 성과에 대한 설명을 듣고 큰 관심을 표명하였으며, 향후 ADB와 보증 사업뿐만 아니라 지식공유 사업 분야에서 함께 프로젝트를 진행하기를 희망한다는 의사를 밝혔다.

한편 또 다른 면담자인 나오유키 요시노Naoyuki Yoshino 박사는 ADB 소속 경제연구소이자 세계적인 싱크 탱크인 ADBI의 대표로서 아베 신조 전 총리의 경제자문 역할을 했던 인물로, 일본 경제계에서 대표적인 '아이디어맨'으로 손꼽히는 학자이다. 요시노 박사와는 한국과 일본 그리고 글로벌 경제에 대해 격의 없는 대화도 나누었다. 요시노 박사는 신용보증기금이 경제학적 측면에서 이미 대단한 성과를 창출했다는 것을 잘 알고 있으며 앞으로의 역할을 더욱 기대한다고 했다. 특히, 요시노 박사가 나와 오랜 친분이 있었던 지인과 존스홉킨스 대학에서 함께 공부했던 막역지우라는 사실을 우연히 알게 되어, 그에 대한 추억들을 회상하느라 회의 시간이 길어질 정도로 당시 미팅 분위기는 화기애애했다.

ADBI와의 회의가 끝나고 귀국한 이후 ADBI 측으로부터 신용보증기금과 함께 공동 보고서를 발간하고 싶다는 제안이 들어왔다. 미팅 자리에서 기관 간 협력 방안 등에 대해 이야기를 나눴는데, 요시노 박사가 공동 보고서 발간 사업이라는 제안으로 적극적인 응답을 보내온 것이다. 나는 같은 해 12월 한국에서 개최되는 금융포럼의 기조연설자로 요시노 박사를 추천하여 재회의 기회도 가졌다.

6월에는 AECM 연차총회에 참석하기 위해 벨기에의 작은 항구도시인 앤트워프로 갔다. 수도인 브뤼셀에 비해 다소 생소한 지역인 앤트워프는 도시가 작은 만큼 공항에서 숙소까지 이동하는 것을 제외하고는 대부분 도보로 이동했다. 다른 기관과의 오찬과 만찬 일정도 모두 걸어갈 수 있는 거리에 있는 식당으로 정했다. 작은 도시의 아기자기한 거리를 눈으로 즐기고도 싶었지만 대부분의 시간은 개별 회의와 주제 발표 준비에 할애했다. 이번 연차총회에서 나는 세계보증기관연합(Global Network of Guarantee Institutions, GNGI) 세션에서 특별 발표자로 초청되어 '포용성장 시대의 보증기관의 역할'이라는 주제로 발표했다. 발표 내용에 대해 AECM 회원기관뿐만 아니라 아프리카 지역 참가자들로부터 다양한 질문이 쏟아져 신용보증기금에 대한 세계 각국의 관심을 느낄 수 있었다.

주제 발표 이후에는 AECM 베른하르트 작마이스터Bernhard Sagmeister 회장과의 개별 회의를 시작으로, 터키 신용보증기금(Kredi Garanti Fonu)의 이스멧 게르게를리Ismet Gergerli 사장과의 회의, 국제중소기업금융포럼(SME Finance Forum, SMEFF) 매슈 갬저Matthew Gamser 대표와의 만찬 등 바쁜 일정이 이어졌다. 당시 개별 회의들이 씨앗이 되어 이후 AECM과의 웨비나 공동 개최, SMEFF의 국제 웨비나 초청 등 다양한 협력 사업으로 이어졌다. 특히, SMEFF 대표인 매슈 갬저 박사와의 회의가 매우 인상 깊었다. 국제금융공사(IFC) 금융 분야에서 오랜 경험을 갖고 있으며 중소기업 금융, 금융 컨설팅, 핀테크 분야에서 첫 번째로 손꼽히는 금융전문가인 그는 한국의 중소기업 금융을 선도하고 있는 신용보증기금의 성과에 대해 매우 잘 알고 있었고, 면담을 진행하면서 미국과 유럽에서는 찾아볼 수 없는 정책금융기관의 역할에 대해 높게 평가했다. 그리고 SMEFF 연차총회에서 세계의 많은 중소기업과 금융기관들이 신용보증기금의 성과를 공유할 수 있도록 도와달라고 요청했다. 나는 그 자리에서 바로 SMEFF의 중소기업 관련 프로젝트에 적극 협력하기로 약속했다.

9월에는 미얀마에서 미얀마 진출 기업의 금융 및 비금융 지원을 위한 협업을 위해 9개 기관이 공동업무 협약을 체결하는 행사가 있었다. 짧은 일정으로 다녀오는 출장이다 보니, 다른 기관과의 개별 회의보다는 미얀마 진출 기업 현장의 목소리를 듣고 신용보증기금이 할 수 있는 역할을 고민해보고자 현지 기업을 방문하여 대표자와 면담을 나눴다. 출장 당시 폭우가 쏟아지고 미얀마의 도로 사정이 좋지 않아 계획된 일정들을 진행하기가 쉽지 않았던 기억이 난다. 직원들이 내가 불편할까 다소 안절부절 못하는 모습이었는데, 나는 해외 출장 중 의외성은 항상 있는 일이라 직원들에게 오히려 즐기라고 격려했다. 다행히 모든 일정은 큰 차질 없이 잘 마무리될 수 있었다.

10월 미국 워싱턴에서 개최된 WB·IMF 연차총회는 국정감사 일정 등과 겹쳐 일정 조율 단계부터 쉽지 않았다. 하지만 이미 약속되어 있던 세계은행 부총재와의 개별 회의 일정을 취소할 수는 없었다. 항공권을 예약했다 취소하고 다시 예약하는 등 우여곡절 끝에 국정감사 다음 날 떠나는 일정으로 조정하여 미국으로 향했다. 미국에 도착하여 연차총회 회의 등록 후, 가장 먼저 당시 세계은행 재무 부문 총괄 부총재로 선임된 징동 후아 부총재를 만나러 세계은행 사무실로 향했다. 회의에는 부총재 외에 세계은행 재무 부문에서 금융 등을 담당하는 관리자급 직원들 4명도 함께 배석했다. 이 자리에서 신용보증기금의 역할과 성과, 리스크 관리 체계, 자산운용 현황, 해외 협력사업 등에 대해 소개했다.

중국 출신인 징동 후아 부총재는 먼저 "한국형 경제 발전 모델이 아프리카 등 개도국에 많은 영감을 주고 있다"는 말로 시작했다. 그리고 본인도 신용보증 분야에 조금 경험이 있다며, 신용보증기금의 역할과 성과에 대해 깊은 관심을 보였다. 특히 중소기업 지원을 통해 한국 경제 발전에 기여한 신용보증기금의 역량을 높이 평가해주었다. 그러고는 신용보증업무 프로세스에 대해 국제적으로 협력할 수 있는 방안에 대한 의견을 제시하고, 향후 실무적인 팀을 함께 구성하여 깊이 있게 논의할 것을 제안했다. 면담 말미에 영문판 『코리안 미러클』을 부총재에게 선물했는데, 마침 한국의 경제 발전상에 대해 깊이 있게 알고 싶었다며 기뻐했다.

이때 맺어진 인연을 계기로, 세계은행의 공적자산운용기관 수석담당관(Senior Financial Officer)인 홍동수 박사가 같은 해 12월 직접 신용보증기금을 방문하여 신용보증기금의 자금 운용에 대한 자문을 해주기도 했다. 징동 후아 부총리의 지시로 중국 출장길에 일부러 한국 방문 일정을 만들어 방문했다고 한다.

WB·IMF 연차총회를 마치고 불과 일주일 후에는 ACSIC 연차총회에 참가하기 위해 스리랑카로 향했다. 이번 총회가 특별했던 것은 신용보증기금의 2021년 ACSIC 연차총회 개최를 선언하는 자리였기 때문이다. 2021년 ACSIC 연차총회 개최를 위해 2019년 초부터 직원들과 함께 관계자들을 만나며 예산 확보와 홍보를 위해 준비한 결실을 맺게 된 것이다. 준비 과정에서 갑자기 몽골 보증기관이 자국에서 개최하고 싶다는 의사를 표명하는 해프닝도 있었다. 몽골 보증기관뿐만 아니라 일본, 타이완 등의 보증기관에도 신용보증기금이 개최해야 하는 당위성을 적극적으로 설명하고 설득하는 노력 끝에 결국 몽골 보증기관이 개최 의사를 철회하였고, 만장일치로 신용보증기금의 2021년 ACSIC 연차총회 개최가 결정되었다.

규모 있는 국제행사를 개최하게 되어 기대도 컸으나, 막상 결정되고 나니 마음 한편으로 잘할 수 있을지 걱정노 됐다. 하지만 만반의 준비를 한다면 신용보증기금의 글로벌 위상을 높일 수 있는 또 다른 기회가 될 것임이 분명했다. 대표자 회의 이후 개최된 ACSIC 연차총회 본회의에서 기조연설과 발표 세션을 통해 신용보증기금의 혁신금융을 국제무대에 처음으로 소개했다. 데이터와 플랫폼 기관으로 거듭나려는 신용보증기금의 혁신에 대해 회원기관들은 지대한 관심을 보였다.

한편, 스리랑카를 방문하니 예전에 KSP 수석고문으로 스리랑카를 방문했을 때가 떠올랐다. 당시에 한국의 경제 발전 노하우를 듣고 싶어 했던 마이트리팔라 시리세나Maithripala Sirisena 스리랑카 대통령의 급작스러운 요청으로 직접 만나 이야기를 나눈 적이 있었다. 이번에 다시 스리랑카에 오게 되면서 스리랑카에 대해 더 자세히 알고 싶었는데, 마침 고맙게도 스리랑카 대사관의 초청을 받게 되어 스리랑카 경제 현황과 한국 기업 진출 현황 등에 대해 설명을 들었고 현지 기업인들도 만나 애로사항을 들을 수 있었다.

2019년은 KSP 사업에 있어서도 의미 있는 해였다. 이사장 취임 직전까지 내가 약 10년간 수석고문 등으로 참여했던 KSP 사업은 신용보증기금에서도 2007년부터 참여해오고 있었다. 설립 후 40여 년간 축적한 사업 역량을 신남방 지역 국가 등 개도국에 전수하는 것이 사업의 목적이었는데, 그때까지 베트남, 인도네시아, 카자흐스탄 등 총 9개국의 22개 사업을 수행해오고 있었다.

KSP 사업을 통해 신용보증기금은 글로벌 정책 자문 역량을 키울 수 있었고 금융 공공기관 최초로 카자흐스탄, 베트남 등에 보증 평가 시스템을 구축하기 위한 컨설팅도 했다. 그리고 이를 계기로 몽골과 베트남에 신용보증기금 직원이 정책자문관으로 파견을 나간 사례도 있었다. 취임 직후 KSP 사업 현황에 대해 보고받았을 때, KSP 사업 정책자문 계약이 통상 1년 이내의 단기 프로젝트인지라 중장기적인 사업 추진 계획을 수립하기는 어려워 보였다. 그래서 기존 KSP 정책자문 사업과 차별화된 독창적인 신규 콘텐츠를 개발할 것을 제안했다. 그리고 KSP 사업을 지속적으로 이어가기 위해서는 대상 국가도 다변화할 필요가 있음을 지적했다. 담당 직원들도 공감했고 재빠르게 대응하여 2019년에는 사업 시작 이래 최초로 중남미 지역 국가인 온두라스에 대한 KSP 사업을 성공적으로 수행함으로써, 국제 교류의 지평을 넓힐 수 있었다.

2020년: 코로나19가 모든 것을 바꾸다

2020년은 1월부터 해외 출장 일정이 잡혔다. 2019년 ADB 연차총회 때 ADBI 나오유키 요시노 박사와 논의했던 신용보증기금과 ADBI 간 공동 보고서 프로젝트 발표회 성격의 워크숍을 일본 도쿄에 있는 ADBI 본사에서 개최하기로 한 것이다. ADB 회원국의 경제 전문가들과 공동 보고서 집필진이 한자리에 모여 보고서에 대해 평가하고 논의하는 자리였다. 나는 개회사를 통해 '뉴 애브노멀New Abnormal 시대'의 흐름을 깨고 아시아 지역 스타트업이 글로벌 혁신 선도기업으로 성장할 수 있도록 많은 관심을 기울여줄 것을 부탁했다. 이번 워크숍은 아시아의 금융 전문가들에게 신용보증기금의 금융 혁신 방향과 성과를 소개하고 피드백을 받을 수 있는 뜻깊은 자리였다. ADBI 요시노 박사와 기획재정부 기획조정실장을 역임한 ADBI 김철주 부소장의 적극적인 도움으로 워크숍은 성황리에 마쳤다.

한편, 도쿄는 신용보증기금과 오랜 기간 실무협의회로 교류 중인 도쿄신용보증협회(Credit Guarantee Corporation of Tokyo) 본사가 있는 곳이다. 방문한 김에 도쿄신용보증협회 타츠미 안도 회장(JFG* 회장 겸직)과의 개별 면담 일정을 잡았다. ACSIC 연차총회에서 만난 인연을 계기로 친분을 유지하고 있던 터라, 직접 방문하여 양 기관의 교류 활성화 방안을 심도 있게 논의할 계획이었다. 사실 출장 전에 일본의 수출규제 등 예민한 이슈로 양국의 관계가 냉각되어 이번 출장에 우려를 표하는 이들도 있었다. 하지만 그럴 때일수록 교류의 끈을 놓아서는 안 된다는 것이 내 생각이었다. 상호 호혜주의 원칙에 입각한 국제 교류에는 진중한 접근이 필요하다. 예상하지 못했던 해결의 실마리가 이런 교류를 통해 나올 수도 있기 때문이다.

30년이 넘게 한일 대표 보증기관으로서 교류가 이어졌음에도 불구하고 대표가 상대 기관을 직접 방문한 사례는 흔치 않았다는 이야기를 들었다. 그래서인지 도쿄신용보증협회 임직원들은 정문에서부터 예의를 갖춰 나를 환영해주었는데, 그 모습이 무척이나 인상적이었다. 콘텐츠에 방점을 두어, 형식과 절차를 과감하게 생략하는 것이 요즘 트렌드이지만, 국제 관계에 있어 '형식'이라 할 수 있는 의전은 콘텐츠의 의미를 더욱 빛나게 해줄 수 있다는 점에서 콘텐츠 못지않게 중요할 수도 있다는 생각이 들었다.

타츠미 안도 회장과의 면담은 당초 예정되었던 한 시간을 훌쩍 넘겨서

---

*   Japan Federation of CGC, 줄일본신용보증협회 연합회.

까지 이어졌다. 기관의 역사만큼이나 오랫동안 이어온 교류로 서로에 대해 잘 이해하고 있는 두 보증기관의 대표가 오랜만에 만나 충분한 이야기를 나누기에 한 시간이란 시간은 턱없이 부족했다. 그래서 안도 회장이 마련한 점심 식사 장소로 자리를 옮겨 대화를 계속 이어나갔다. 대화 주제도 양 기관의 사업뿐만 아니라 한일 경제 현안, 스포츠 이슈까지 범위가 확장됐다.

이 자리에서 신용보증기금에서 추진하고 있는 혁신금융에 대해서도 소개했다. 일본에서 신용보증기금의 혁신에 대해 어떻게 생각할지, 또 일본 보증기관에서도 비슷한 노력을 하고 있는지 궁금했던 참이었다. 혁신금융은 취임 후 가장 중점을 두고 추진해온 전사적인 혁신 어젠다였기에 꼭 소개하고 싶었다.

나는 취임 후에 왜 혁신금융을 시작하게 되었는지, 어떻게 추진해왔는지, 그리고 어떠한 방향으로 혁신금융이 진행될 것인지에 대해 간략하게 설명했다. 혁신금융이란 화두를 던지자 예상치 못한 대화 주제에 안도 회장과 함께 배석한 임원들 모두 눈이 휘둥그레지며 놀란 듯했다. 내가 상세히 그 배경과 내용을 설명하자 이내 관심을 보이며 세부 사업들에 대해 연이어 질문을 던지기 시작했다. 이에 빅데이터 사업, 플랫폼 기반의 금융 사업, 그리고 기업상거래신용지수, 스타트업 플래닛 등을 자세하게 설명해주었다.

이를 경청하던 도쿄신용보증협회 임원들은 신용보증기금의 혁신 방향에 크게 공감하며 빠른 시일 안에 신용보증기금을 방문하여 벤치마킹하고 싶다는 뜻을 밝혔다. 환경의 변화에 대응하여 끊임없이 변화를 추구하는 혁신은 신용보증기금뿐만 아니라 전 세계의 어떤 정책금융기관이라도 공감할 수밖에 없는 주제이다. 안도 회장과의 만남을 의미 있는 이야기로 마무리할 수 있게 되어 뿌듯한 마음으로 다시 만날 날을 기약하며 작별 인사를 나누었다.

6개월간의 치열했던 대장정─'KODIT-ADBI 공동 보고서 프로젝트'

'KODIT-ADBI 공동 보고서 프로젝트'는 2019년 5월 남태평양에 위치한 피지 난디에서 개최된 제52차 ADB 연차총회 당시 ADBI 대표인 나오유키 요시노 박사와의 개별 회의에서 있었던 ADBI와 신용보증기금 간 공동 협력 사업 논의를 통해 시작된 프로젝트이다.

ADBI와 신용보증기금은 '스타트업에 대한 투자와 중소기업 금융(Investment in Startups and Small Business Financing)'이라는 주제에 대한 공동 보고서를 출판하기로 했다. 나는 요시노 박사, 김철주 부소장과 함께 편집위원으로 참여하기로 했고, ADBI는 즉시 전 세계 경제전문가 등을 대상으로 관련 주제에 대한 보고서를 받아 모으기 시작했다. 신용보증기금에서도 3개 주제에 대한 보고서를 작성하기로 했다.

프로젝트를 시작한다는 보고를 받자마자 즉시 보고서 작성에 신용보증기금이 적극 참여할 수 있는 여건을 마련하고자 했다. 신용보증기금에서 처음으로 진행하는 국제 기구와의 공동 프로젝트에 되도록 많은 직원들이 참여하여 글로벌 무대를 경험했으면 하는 바람이었다. 보고서 작성을 위한 시간이 짧아 최대한 효율적으로 움직여야 한다는 조건도 함께 충족시켜야 했다.

이를 위해 주제별 협업 TF팀을 조직했는데, 보고서의 전문성을 높이기 위해 주제와 관련된 3개 부서(미래전략실, 4.0창업부, 플랫폼금융부)와 국제업무팀 실무자들로 구성했다. 그리고 곧바로 협업 TF팀 1차 회의로 전반적인 보고서 진행 방향에 대한 회의를 소집해 주제 구체화, 일정 관리, 권한 위임 등을 논의했다. 이 자리에서 나는 보고서 품질을 높이기 위해 외부 위원을 선임하자는 아이디어를 냈다.

1차 회의 후 협업 TF팀 구성원들은 보고서 작성에 매진하였고, 외부 위원들도 선임했다. 주제에 가장 부합하는 외부 위원들을 풀링Pooling한 후 제일 적합한 위원을 선정하고 주제별 담당 팀장이 개별적으로 접촉하여 주기적으로 보고서에 대한 피드백을 받는 형식이었다. 이후 2회에 걸친 점검회의를 직접 소집하고 TF팀 외의 직원들도 참여시켜 보고서 발표 및 평가를 이어가며 직원들을 격려했다. 이렇게 약 6개월의 기간 동안 직원들이 바쁜 시간을 할애하며 작성한 노력의 결과물을 ADBI 측에 제출할 수 있었다. 일본 도쿄 ADBI 본사에서 개최될 세미나 참석 전에 리허설을 해본다는 생각으로 마지막 회의는 모두 영어로 진행시켰다. 내가 먼저 영어로 회의를 주재했다. 직원들의 긴장한 모습이 역력했다. '용감한 사람은 두려움을 느끼지 못하는 사람이 아니라 극복한 사람'이라는 넬슨 만델라의 말을 인용하여 자신감을 가지라고 독려했다. 만반의 준비를 마치고 참석한 세미나에서 신용보증기금은 총 3개의 주제*에 대하여 발표했다. 예행연습 덕분이었는지 발표는 질의응답까지 순조롭게 마무리되었다. 아시아의 금융 전문가들에게 신용보증기금의 혁신금융을 소개할 수 있는 의미 있는 자리였고, 현장에 있던 참석자들은 우리 발표 내용에 대해 칭찬을 아끼지 않았다.

세미나가 끝나고 모인 자리에서 직원들은 리허설 성격의 마지막 회의를 특별히 기억했다. 이사장이 영어로 여유롭게 진행하는 모습을 보며 자신들도 마음을 다잡을 수 있었다며 고마운 마음을 전해와 내심 대견하고 뿌듯한 마음이 들었다.

* 발표 주제: 4차 산업혁명과 포용적 성장을 위한 보증기관의 새로운 역할(미래전략실 함윤하 팀장), 새로운 금융기술을 활용한 중소기업 금융접근성 제고 사례(플랫폼금융부 임효진 팀장), 신용보증기금 사례 분석을 통한 창업금융의 효과 제고 방안(4.0창업부 김정환 팀장). (이상 당시 소속 및 직위.)

    새해의 첫 국제 업무였던 도쿄 출장은 성공적으로 마무리되었지만, 개인적으로는 출장을 앞두고 있던 2019년 12월부터 본격화된 코로나19의 국내 확산이 마음속으로 적잖이 걱정됐다. 출장은 무사히 다녀왔지만, 2020년부터 국내에서 본격적으로 확산된 코로나19 팬데믹은 얄궂게도 그간 교류를 바탕으로 이제 막 결실을 맺으려는 신용보증기금의 국제 업무에 제동을 걸었다. 그동안 고위급 국제 인사들과 각종 회의를 통해 나눴던 중소기업 금융 관련 어젠다를 바탕으로 구상한 신용보증기금의 글로벌 사업 계획들도 향후 실행 여부가 불투명해졌다.

바이러스의 확산으로 2020년 아시아신용보완연합(ACSIC) 총회도 연기되었다. 당초 계획대로라면 총회는 2020년에는 일본 오사카에서, 2021년에는 신용보증기금이 대구에서 개최할 예정이었다. 그런데 코로나19 위기가 걷잡을 수 없이 확산되자, 2020년 3월 일본 정책금융공사 (JFC)와 일본 전국신용보증협회연합회(Japan Federation of Credit Guarantee Corporations, JFG) 측에서 우리에게 서신을 보내왔다. 일본에서 개최하기로 했던 2020년 총회를 2021년으로 미루는 것에 대한 우리의 입장을 조심스럽게 물어온 것이다.

나는 ACSIC 총회 개최가 신용보증기금의 글로벌 교류 확대의 기폭제가 될 수 있다는 생각으로, 취임 직후부터 정부 및 유관기관과의 협의를 거치며 공을 들여왔다. 신용보증기금이 16년여 만에 큰 국제회의를 연다는 것도 의미가 있지만, 그간 국제기구 등과 상호 교류를 통해 오갔던 담론에 대해 각국의 신용보완기관들과 우리나라에 함께 모여 실행 계획을 논의하고 확정할 수 있는 자리가 될 수 있기 때문이다. 다각도의 노력을 기울인 끝에, 2019년 스리랑카에서 열린 총회에서 만장일치로 신용보증기금이 2021년 개최기관으로 선정되어, 2020년부터 본격적인 개최 준비를 시작해왔던 터였기에 선뜻 결정을 내리기가 쉽지 않았다.

그러나 급할수록 돌아가라고 하지 않았던가. 전 세계가 겪고 있는 엄중한 위기 상황에 대한 인식과 상대국과 상대 기관의 입장을 이해하는 것이 국제 관계의 기본이라는 신념으로 일본 측의 요청에 동의했다. 이에 JFC 요시노 전무와 JFG 안도 회장이 우리 측의 양보와 배려에 대해 감사의 뜻을 전해왔다. 자칫 첨예한 대립으로 이어질 수 있는 상황이었지만, 오히려 기관 간 상호 신뢰를 두텁게 하는 계기가 되었다.

이뿐만이 아니었다. 코로나19로 해외에 나가거나 해외 인사가 우리나라로 들어오는 대부분의 루트가 차단됨에 따라 국제 교류에 있어 가장 중요한 '만남' 자체가 이루어지기 어렵게 됐다. 신용보증기금 내부적으로도 국제 업무보다는 국내 피해 기업 지원을 위한 각종 금융정책을 집행하는 데에 기관의 관심과 역량을 집중할 수밖에 없었다. 그렇다고 국제 교류를 소홀히 할 수는 없었다. ACSIC 총회도 연기된 것이지 취소된 것은 아니었다.

우연인지 몰라도 역사적 인물들의 위대한 발견이나 작품은 전염병이 돌던 시기에 이뤄졌다. 뉴턴의 만유인력의 법칙 발견, 셰익스피어의 주요 작품 저술도 전염병의 대유행으로 교류가 끊긴 상황에서 나왔다. 발상을 전환하니 코로나19가 국제 업무 측면에서 새로운 계기가 될 수도 있겠다는 생각이 들었다. 국제 업무 담당 팀에게 코로나19 글로벌 현황에 대해 예의주시할 것을 지시하고, 어렵게 이어진 국제기구나 해외 유관기관들과 교류의 끈이 끊어지지 않도록 지속적인 관심을 당부했다. 코로나19 이후 활성화되고 있는 온라인 회의 플랫폼을 적극적으로 활용해보자는 아이디어도 제시했다. 온라인 회의 플랫폼을 활용하기 시작하면서부터 잠시 멈췄던 교류도 재개될 수 있었고 '웨비나'도 이내 친숙한 용어가 되었다.

일례로, AECM 측에서 신용보증기금의 업무 인트라넷 시스템에 대한 언론 보도 내용을 보고 이에 대한 설명을 요청해 우리 직원이 화상회의 시스템을 통해 AECM 회장단과 회원기관을 대상으로 프레젠테이션을 진행했다. 작년 ACEM 연차총회에서 내가 주제 발표를 했던 것을 계기로 신용보증기금에 관심을 가져준 것에 고마운 마음이 들어, 나도 직접 감사의 마음과 안부를 담은 영상 메시지를 제작하여 직접 만나지 못하는 아쉬움을 전했다. 대면하지 못하는 대신, 오히려 시공간의 제약 없이 편하게 소통할 수 있다는 점에서 앞으로도 온라인 미팅은 효율적인 국제 소통 수단으로 자리 잡게 되리라는 생각이 들었다.

유럽에서 만나 회의를 하고 식사도 함께했던 세계은행 산하 중소기업 금융포럼(SMEFF)의 대표인 매슈 갬저 박사는 SMEFF에서 새롭게 시작한 온라인 프로그램 〈Fireside Chat〉에 나를 초청하였다. 세계적으로 명망 있는 중소기업 금융 관련 기관의 대표자들을 온라인상에서 일대일로 만나 심층 인터뷰를 진행하는 프로그램이었다. 이 프로그램에서 국제금융공사(IFC)의 대표가 최초로 인터뷰를 했는데, 그 바로 다음 차례로—아시아 지역에서는 첫 번째로—나를 초청한 것이었다. 국제기구의 대표와 실시간 인터뷰를 하는 것은 신용보증기금에서도 처음 있는 일이었다.

영어로 진행되는 인터뷰인지라 일과 후 시간을 쪼개 틈틈이 답변을 준비했다. 온라인상 실시간으로 진행되는 인터뷰는 조금 낯설었지만, 인터뷰 시작 전에 갬저 대표와 작년에 만났던 일에 대해 여담을 나누다 보니 금세 편해져 인터뷰를 순조롭게 마칠 수 있었다. 인터뷰를 통해 나는 코로나19로 인한 경제 위기 진단과 전망, 신용보증기금의 위기 대응 및 극복 전략, 혁신금융 추진 사례, 포스트 코로나 시대의 중소기업 금융 발전 방향 등에 대하여 이야기했다. 이 인터뷰 내용은 SMEFF 홈페이지*에 게시되어 있다.

코로나19로 인해 전 세계 모두가 어려움을 겪은 2020년은 국제 업무

---

* www.smefinanceforum.org/library/videos

측면에서도 여러모로 부정적인 영향을 미쳤다고 할 수 있다. 하지만 한편으로는 이로 인해 국제 업무의 새로운 방식과 방향을 모색해보며 실제로 시도해볼 기회가 되었다는 점에서 또 다른 의미를 찾을 수 있을 것 같다.

2021년: 새로운 환경과 대응, 그리고 ACSIC 준비의 첫걸음

2021년이 되어도 코로나19로 인한 위기 상황은 좀처럼 끝날 기미가 보이지 않았다. 백신 접종이 속도를 냈고 정부의 적극적인 금융지원 정책과 공표효과 등으로 경기도 조금씩 나아지는 기미를 보였다. 하지만, 알파부터 오미크론까지 이어진 변이 바이러스의 잇따른 출현으로 일상으로의 복귀는 좀처럼 이뤄지지 않았다. 국제 교류도 마찬가지였다.

원래 2021년에 계획된 첫 해외 일정은 21년 만에 처음으로 개소한 신용보증기금 해외사무소(베트남 하노이 소재) 개소식이었다. 베트남을 방문하여 현지 진출 중소기업인들의 목소리를 듣고 2021년 4월 베트남 총리에서 주석으로 영전한 응우옌 쑤언 푹 주석도 오랜만에 만나 축하 인사를 전할 계획이었다. 그러나 엄중한 코로나19 시국은 이를 모두 무산시켰다. 아시아개발은행(ADB) 연차총회, 유럽상호보증기관연합(AECM), 세계은행(WB), 국제통화기구(IMF) 연차총회 등 과거에 적극적으로 참여했던 굵직한 국제 행사도 모두 온라인 행사로 대체되었다.

그나마 상황이 조금 나아진 것은 우리나라에 있는 해외 인사들과의 교류는 가능해졌다는 것이었다. 가장 먼저 3월에는 아키바 토르Akiva Tor 주한 이스라엘 대사를 만났다. 그로부터 스타트업 분야에 강점이 있는 이스라엘의 창업 환경에 대한 설명을 듣고, 나는 한국과 신용보증기금의 스타트업 지원 현황을 소개하며 심도 있는 논의를 나눴다. 당시 기준으로 세계에서 가장 빠르게 국민들을 대상으로 백신 접종이 이루어진 이스라엘의 노하우도 들어볼 수 있었다.

주한 일본 대사관의 오키 겐지大城 健司 경제 참사관이 면담을 요청하여, 이야기를 나눌 기회도 있었다. 이 자리에서 나는 코로나19 위기 극복을 위한 신용보증기금의 역할에 대해 설명했고, 내가 늘 강조했던 '시장의 예상을 뛰어넘는' 대규모 '선제적' 지원의 필요성과 그 효과에 대해 설명하였다. 대화를 나누며 민간 차원에서 한·일간 지속적인 만남의 중요성에 대하여 서로 공감하였고, 신용보증기금과 일본의 활발한 교류 활동에 대해서도 이야기를 나눴다. 오키 겐지 참사관도 ADBI 전 대표 나오유키 요시노 박사를 잘 알고 있어, 그와 관련된 추억을 나눌 수도 있었다.

기관 차원의 교류도 온라인 방식으로 재개되어, 신용보증기금과 도쿄 신용보증협회(CGCT) 간의 실무협의회가 열렸다. 비록 온라인상이었지만, 2020년 초에 만났던 CGCT 사장 겸 JFG 회장인 안도 타츠미 회장을 오랜만에 만났다. 서로 반가운 마음으로 포스트 코로나 시대의 지속적인 교류 방안 등에 대해 이야기를 나눴다.

이렇게 국내에서 해외 인사들과의 온·오프라인 교류를 이어가며, 주어진 환경에서 국제 교류 활성화를 위해 할 수 있는 다양한 노력을 기울였다. 특히, 작년에 완비한 온라인 회의 시스템을 활용하여 국제기구와 해외 유관기관과의 웨비나를 월별로 추진했다. 유럽, 미국, 태국 등 평소 비교적 교류를 활발하게 이어온 국가들과는 서로의 경험을 나누며 교류의 깊이를 더했다. 인도, 이집트, 온두라스, 카자흐스탄 등 평소였다면 오히려 교류가 이뤄지기 쉽지 않았을 법한 국가들과도 온라인 교류를 통해 국제 업무의 저변 확대를 꾀했다. 온라인으로 개최된 AECM 연차총회에서는 우리 직원이 패널 토론자로 참석하여 신용보증기금과 아시아의 코로나19 대응 현황에 대해 발표했다. ACSIC의 실무자급 회의인 ATP 회의에서 주제 발표를 맡는 등 전년도에 잠시 주춤했다 재개된 온라인 실무협의회도 활발하게 이어갔다.

국제 업무 측면에서 2021년에 있었던 고무적인 일로 빼놓을 수 없는 것은 인도네시아에 신설된 한-아세안ASEAN 금융협력센터[*]에 신용보증기금이 파견기관으로 선정된 것이었다. 이에 따라 우리 직원 한 명이 자카르타에 소재한 금융협력센터에 파견을 나가게 되었다. 나는 금융협력센터 준비 단계부터 공을 들였다. 나 역시 공무원 시절 해외에서 파견 근무를 하며 식견을 넓히고 다양한 국제 업무 경험을 쌓을 수 있었기에, 직원들에게 유사한 경험을 할 기회를 만들어주고 싶었기 때문이다. 잠깐씩 해외에 나가서 미팅하는 것과 현지에서 생활하면서 국제 업무를 해보는 것은 천양지차이다. 신설 조직임에도 16개 기관들이 참여를 희망하는 등 경쟁이 치열했는데, 다행히 최종 선정된 5개 기관에 신용보증기금이 포함될 수 있었다.

국제 업무 내실화를 위해 추진한 일들도 가시적인 성과를 냈다. 먼저 2010년에 신용보증기금의 발전 과정을 모듈module화하여 제작했던 자료를 섹터별로 재분류하여 업데이트했다. 이는 코로나19 상황이 장기화됨에 따라 세계적으로 위기에 취약한 중소기업 금융지원책에 대한 관심, 그리고 신용보증기금의 경험과 노하우를 전수받고자 하는 수요 증가에 대한 대응책이기도 했다. 새로 발간한 「모듈화: 신용보증기금의 경험」은 타

---

[*] 2019년 한-아세안 특별정상회의에서 발표.

이 중앙은행 및 재무부를 대상으로 진행한 보증제도 연수 시 사전연수 자료로 유용하게 쓰였는데, 해당 기관에서도 높은 만족감을 드러냈다. 아울러 ADBI와 신용보증기금이 함께 진행해왔던 공동 연구보고서도 ADBI 측과의 조율 끝에 발간되어, 신용보증기금의 스타트업 지원 성과를 국제적으로 알릴 수 있게 되었다.

한편, 2021년은 2022년에 개최 예정된 제34회 ACSIC 총회 준비를 본격적으로 시작해야 하는 해였다. 규모가 큰 국제 행사를 치르기 위해서는 최소 2년 전부터 준비를 시작해야 한다. '과유불급過猶不及'이라는 말도 있지만, 개인적으로 국제 행사 준비만큼은 '다다익선多多益善'이라고 생각한다. 각양각색의 문화권에서 다양한 인사들이 참석하는 만큼 모든 가능성을 살피고 조율해야 하기 때문이다. 당연히 충분한 준비 기간을 확보해야만 한다.

물론 코로나19가 가장 중요한 변수였다. 작년에 일본에서 개최하지 못하고 연기된 2021년 ACSIC 총회는 결국 11월에 전격적으로 온라인 방식으로 진행하기로 결정되었다. ACSIC 총회 역사상 처음 있는 일이었다. 비대면 회의를 통해서라도 국제 협력을 지속하고자 하는 노력이라는 점에서는 의미가 있었지만, 아무래도 온라인 회의의 특성상 한계가 분명히 존재했다.

우리 역시 코로나19 상황이 어떻게 될지 가늠할 수 없는 불확실성의 짙은 안개 속에서 오프라인 국제 행사 준비를 시작하는 것 자체가 적잖은 부담이었다. 행사가 무산될 경우 준비 과정에서 투입된 자원은 모두 매몰비용이 되고 말 테니 말이다. 결국 내가 결정을 내려야만 했다. 고심 끝에, 대면 행사를 취소하게 되는 최악의 상황이 온다면 받아들이겠지만, 그게 두렵다고 준비를 미뤄서는 안 된다는 결론을 내렸다. 이에 바로 ACSIC 조직위원회를 발족했고, 본점에 TF팀도 설치했다. 요새 많이 쓰는 '뭘 좋아할지 몰라 다 준비했다'라는 표현처럼, 코로나19 상황이 어떻게 될지 예측할 수 없기에 대면·비대면·하이브리드 대면·하이브리드 비대면까지 네 가지 방식*을 모두 준비하도록 했다. 국경이 완전히 봉쇄되거나, 국가별로 출입국 조건이 다르게 적용되는 상황까지 염두에 두고 대응 시나리오를 만들어야 했다.

회원 기관 모두 참석할 수 있도록 개최 일정도 신중히 검토했다. 아시아 각국의 공휴일, 기관별 주요 행사 등을 파악하여, 3년 만에 회의에 참가하는 각 기관의 입장을 세심하게 반영했고, 개최 도시는 고심 끝에 신용보증기금 본사가 있는 대구로 정했다. 대구에서 행사를 개최하면 서울보다 입국, 의전, 수송, 개최 시설 등 여러 면에서 준비상 어려움이 더 따르게 마련이다. 그럼에도 이렇게 결정한 것은 대구 혁신도시로 이전한 공공기관으로서 지역사회에 기여해야 한다는 내 신념과 우리 정부의 지역 균형 발전 정책에 대한 홍보까지도 염두에 두었기 때문이다. 대구에서 가까운 거리에 '천년고도' 경주가 있다는 사실도 이런 결정에 한몫했다. 참석자들에게 삼국시대와 통일신라시대의 주요 예술 작품들을 관람하며 'K-Culture'의 근원을 느껴볼 수 있는 기회를 제공해주고 싶었다. 대구 지역의 자동차, 섬유, 의료 기술, 스타트업 등 대한민국의 현재와 미래 산업을 직접 선보이는 것도 제34차 ACSIC 회의가 제공할 수 있는 특별한

---

* 완전 대면 : 코로나19 상황 종식을 고려한 완전한 대면 회의, 하이브리드 대면 : 일부 국가(30% 미만)의 입국이 불가능한 경우, 하이브리드 비대면 : 대다수 국가(70% 이상)의 입국이 불가능한 경우, 완전 비대면(온라인) : 집합금지 등 대면 회의 진행이 불가능한 경우.

가치라고 생각되었다.

행사까지는 1년 가까이 남았지만, 가장 먼저 해야 하는 일이 있었다. 행사장을 정하는 것이었다. ACSIC회의 사무국 직원들과 함께 회의장, 객실 컨디션, 부대 행사 진행 장소까지 빠짐없이 직접 방문해서 점검했다. 기관장이 직접 와서 확인하는 경우는 드문 일이라며, 호텔 지배인들이 내게 '존경 어린' 눈총을 보냈다는 후문도 들을 수 있었다.

2021년 11월에는 온라인으로 진행된 제33차 ACSIC 회의 때 차기 개최기관의 대표로서 영상을 통해 초청의 뜻을 전달했다. 과거 그 어느 때보다 도전적인 환경에 놓인 각국의 중소기업에게 ACSIC 회원 기관들이 보다 결단력 있는 지원을 할 필요가 있다고 강조했다. 그리고 이를 위해 신용보증기금이 개최할 2022년도 제34차 회의에서 ACSIC 기관 간에 더욱 두터운 협력 관계를 구축하여 아시아 중소기업의 발전을 함께 도모해나가길 희망한다고 덧붙였다.

제34차 ACSIC 회의 주제는 "위대한 도약: 지속가능 성장을 위한 중소기업 금융 발전 방안(The Great Journey: How to Enhance SME Financing for Resilient and Sustainable Growth)"으로 정했다. 코로나19로 불확실성이 고조된 상황에서, 중소기업과 신용보완기관 모두의 지속가능한 성장을 위한 변혁과 생존 방안을 함께 모색해보자는 취지를 담은 주제이다. 그리고 이러한 의미를 함축적으로 표현한 "중소기업을 위한 내일, 함께하는 ACSIC(Tomorrow for SMEs, ACSIC Together)"이라는 슬로건도 만들었다.

ACSIC 회의 개최 시점에 코로나19 상황이 어떻게 될지는 아직 모른다. 따라서 회의도 어떤 방식으로 진행될지는 아직 확실하지 않다. 위기에 가장 취약한 주체는 중소기업들이기에 세계적으로도 중소기업을 지원하는 신용보완기관의 역할에 대한 기대가 커진 것은 너무나도 명백하다. 현재 각국의 코로나19 상황이 다르고 또 언제 어느 나라가 어떤 상황으로 바뀔지 모르는 일이기에, 다른 나라의 경험과 지식을 자유롭게 공유할 수 있는 ACSIC 회의는 어느 때보다 더 의미가 클 것이다. 이것이 바로 국제 교류와 협력이 필요한 이유이다.

4장
베트남 해외사무소 개설

한동안 잊힌 해외사무소

취임 후 업무 보고를 받으며 의아했던 점이 있었다. 다른 정책금융기
관들은 해외에 무역관이나 사무소 등을 운영하고 있는데, 신용보증기금
에는 해외 조직이 전혀 없다는 사실이다. 연유를 물어보니 1989년에서
1990년 사이 방콕, 뉴욕, 프랑크푸르트, 도쿄 등 4개국에 해외사무소를
설치하여 해외 신용조사와 해외 금융 제도 연구 등의 업무를 약 10년간
수행했다고 한다. 하지만 다른 정책금융기관에 비해 수적으로 미미했던
4개 해외사무소마저도 외환 위기 시 공공기관 경비 절감 차원에서 모두
폐쇄되어 이제는 기억 속에나 존재한다는 것이다. 이후 신용보증기금 내
부적으로 해외사무소를 부활시키자는 이야기는 꾸준히 있었으나, 성사되
지 못한 채 20여 년의 세월이 흐른 것이었다.

앞서 언급한 대로 신용보증제도와 신용보증기금은 운영 노하우 측면에

서 국제적으로도 인정받아 KSP 사업 등을 통해 신용보증제도를 개도국에 전수하는 등 활발한 해외 교류를 이어왔다. 그럼에도 해외 조직이 없어 체계적인 사업 수행에 한계가 따를 수밖에 없었다. 중소기업의 해외 진출이 늘어남에 따라 이들 기업에 대한 현지 지원이 필요하다는 이야기가 나와도 해외사무소 부재가 본격적인 실행을 가로막는 걸림돌로 작용해왔다. 이렇다 보니 신용보증기금에서 미래 발전을 위한 TF팀이 발족하여 운영될 때마다 해외사무소 설치는 중요한 추진 과제로 선정되었다. 그러나 정부 주무 부처와 협의를 진행하는 과정에서 시급성과 당위성 부족, 공공기관의 해외사무소 설치에 대한 부정적 인식으로 인해 번번이 좌절되어왔다.

국내 승인 과정:
88 서울올림픽 준비를 언제부터 한 줄 아세요?

새 정부가 들어서며 신남방 정책이 추진되었고, 해당 정책을 뒷받침하기 위한 금융지원 방안으로 2018년 4월부터 신용보증기금이 해외 진출 기업에 대한 보증 지원 프로그램을 운용해왔다는 사실을 알게 되었다. 특히 국내 기업의 진출이 활발한 베트남 진출 기업을 집중적으로 지원해왔다고 했다. 해외 진출 기업을 지원하려면 당연히 현지 사업장에 대한 신용조사가 수반되어야 할 텐데, 해외사무소도 없이 어떻게 가능한 일인지 궁금했다. 이야기를 들어보니, 과거의 실패 경험에 비추어 볼 때 정부의 승인을 받기도 어려울 것으로 예상되었고, 추진한다 하더라도 장시간이 소요될 것으로 짐작되어 해외사무소 설치는 시도조차 못 했다는 것이었다. 대신 해외 진출 기업에 보증을 지원하기 위해 신한은행과 협약을 체결하여 신한베트남은행에 신용보증기금 직원을 파견하는 임시방편적 방식으로 업무를 수행해오고 있었다.

해외사무소 설치는 먼저 국내에서 정부 관계부처와 협의를 거쳐야 하고, 해외에서는 현지 인허가를 취득해야 하는 길고 어려운 직업이다. 하지만 과거의 실패 경험에 얽매여 주저하다 보면 새로운 도전을 할 수 없으며, 도전 없이 얻을 수 있는 것은 아무것도 없다. 과거에 실패했을 때보다 가능성이 조금이라도 높아졌다면 언제든 다시 도전해봐야 한다는 것이 내 생각이었다. 때마침 신남방 정책과 관련된 해외 진출 기업 보증 지원 목표는 매년 늘어날 예정*이었기에 효율적인 지원 체계 마련이 필요한 상황이었다. 그리고 베트남에 파견된 직원들의 불안정한 신분으로 인해 업무 수행의 전문성과 연속성이 떨어질 수 있다는 보고도 받은 터였다. 정부 정책의 실행력을 높이는 역할을 하는 정책금융기관으로서 보완해야 할 부분이었다.

게다가 2019년 국정감사에서는 국회 정무위원회 소속 더불어민주당 정재호 의원이 베트남에 파견된 직원들이 학업 비자로 현지에 체류하고 있다는 사실을 지적하며, 정부의 신남방 정책에 맞춰 도입된 해외보증제도가 제대로 운영되고 있는 것인지 질문을 던졌다. MBN 뉴스에서도 이와 관련하여 주한 베트남 대사관 측의 말을 빌려 "목적과 다른 비자 발급은 불법인 만큼 적발되면 강제 퇴거될 수 있다"고 보도하며 취업 비자가 아

---

* 　2019년: 750억 원, 2020년: 1,000억 원, 2021년: 1,500억 원.

닌 학업 비자로 취업 활동을 하는 직원들의 실태를 꼬집었다. 문제를 해결하는 방법은 양자택일이었다. 파견 직원을 복귀시키거나 제대로 된 해외사무소를 만들어 취업 비자를 발급받아 직원을 파견하는 것이었다. 당연히 정답은 후자였다. 정부의 신남방 정책과 우리 기업들의 해외 진출을 뒷받침하는 일은 반드시 필요한 일이었고 이를 위해서는 현지 조직이 필수적이기 때문이다. 과거 일명 '모뉴엘' 사태*도 해외 현지법인에 대한 현장실사 없이 서류만 확인하고 금융지원이 이뤄지면서 문제가 커졌는데, 현재와 같이 불안한 업무 환경에서는 비슷한 위험에 노출되지 않는다는 보장이 없어 보였다. 해외사무소 설치는 제도의 지속가능성을 확보하기 위해서도 절실했고 정책을 펼치는 정부 역시 그 당위성에 충분히 공감해주리라고 판단했다.

다만, 이듬해인 2020년 해외사무소를 설치하려면 이를 위한 정원 확보가 선행되어야 하는데, 그 당시 정부의 2020년도 정원 심의가 이미 종료되어 있던 상황이라 임직원들이 당장 해외사무소를 개설하는 것이 현실적으로 어려울 것 같다는 의견을 내놓았다. 그래도 막차가 떠났다고 정류장에 주저앉아 밤을 새울 수는 없지 않은가. 모든 일에는 타이밍이 중요하다. 내가 볼 때는 해외 진출 기업 보증이 본격적으로 공급되기 시작한 올해가 해외사무소 설치 필요성에 대해 정부와 공감대를 형성할 수 있는 적기였다.

경험상 임박한 상황에서 정부를 설득하려 들면 성공 확률이 높지 않다.

---

* ㈜모뉴엘이라는 기업이 1만 원도 안 되는 전자제품을 서류상 고가高價로 속여 수출 실적을 부풀린 후, 한국무역보험공사의 보증을 바탕으로 은행에서 수천억 원대의 사기 대출을 받은 사건. ㈜모뉴엘이 2014년 돌연 법정관리를 신청하면서 사기 대출의 전모가 드러남.

일단은 공감대를 형성한 뒤에 충분한 시간을 두고 반복적으로 상기시켜 주는 과정이 필요하다. 어차피 내년에 이루기 쉽지 않다고 미룰 게 아니라, 최대한 빠른 시점에 공동의 이슈로 만든 뒤, 꾸준히 의견을 조율하며 분위기가 무르익을 수 있도록 공을 들여야 한다. 이런 생각을 가끔 후배들이나 직원들에게 에둘러 표현하고 싶을 때, 나는 이런 질문을 던진다. "88 서울올림픽 개최 준비를 언제부터 한 줄 아세요?" 질문을 받은 이들이 알 리가 없으니, 내가 답도 알려준다. "80년대 초반부터 했어요." 무엇이 됐든 미뤄서 잘 되는 경우는 적다. 무언가가 필요하다는 생각은 그 당시의 환경과 관련 있다. 특정 시점에 공감대를 형성할 수 있는 일도 시간이 지나 상황이 바뀌면 어렵게 되는 경우를 수없이 봐왔다. 그래서 나는 항상 공감대는 최대한 빨리 형성하되, 실행 준비는 오히려 여유를 갖고 차근차근 꼼꼼하게 하는 방식을 선호한다.

해외사무소 설치 문제도 지레 포기할 게 아니라, 설령 이루기 쉽지 않더라고 2020년에 개소할 수도 있다는 긍정적인 마음가짐으로 착수해보자고 제안했다. 나는 신용보증기금 임직원들이 정부 부처 관계자에게 해외사무소 설치의 당위성에 대해 설명할 수 있는 자리를 마련했다. 때마침 국회에서 2020년 예산심의가 한창 진행되고 있어 정부 관계자들이 국회에 상주하다시피 하고 있는 상황이 파악되었다. 이들을 만나러 임직원들은 국회로 직접 달려가 시간과 장소를 불문하고 협의를 추진해나갔다. 발로 뛰는 노력이 이어지던 중, 다행히도 처음에는 부정적이던 정부 관계자들도 점차 긍정적인 반응을 보이게 되었다는 보고를 받았다. 이후로도 협의는 지속되었고 다행히 해를 넘기기 전에 정부 부처와의 협의까지 완료되었다. 결국 2020년 1월, 「해외사무소 설치를 위한 정원 변경 요청 승인」(기획재정부)이라는 제목의 공문으로 신용보증기금 베트남 사무소 설치에 대한 정부의 공식 승인을 받게 되었다.

왜 베트남인가?

베트남은 한국과 각별한 인연이 있는 나라이다. 월남전에서 서로 총부리를 겨눴던 아픈 역사를 가지고 있음에도, 케이팝과 박항서 감독 등으로 대표되는 한류 열풍이 뜨거운 나라이기도 하다. 신남방 정책의 협력국가 중 하나일뿐더러 아세안 국가 중 한국과의 교역 규모가 가장 큰 나라*이기도 하다. 해외사무소 설립을 준비하고 있던 2019년 말 기준으로 베트남에 대한 국가별 누적 투자금액도 우리나라가 가장 많다.** 약 1억 명에 달하는 세계 15위 인구 보유국인 베트남은 한국 제조 기업의 전초기지이자 동시에 매력적인 소비시장이기도 하다. 이런 점을 볼 때, 20년이라는 공백을 깨고 부활하는 해외사무소 설치 지역을 베트남으로 결정한 것은 당연한 수순이었다고 할 수 있다.

첫발을 내딛는 신용보증기금 입장에서 베트남은 낯선 곳이었다. 모든 행정 절차가 베트남어로 진행되어 현지 에이전트 없이는 어떤 일도 선뜻 착수하기가 어려웠다. 사회주의 특유의 공무원 사회가 가진 권위 의식과 고압적인 자세는 익히 알려져 있었다. 특히 금융 산업은 베트남의 대표적

---

* 한국-베트남 교역액: 2015년 376억 달러, 2017년 639억 달러 → 2019년 692억 달러. (관세청)
** 베트남 투자액(1988~2019): 1위 한국 677억 달러, 2위 일본 593억 달러. (KOTRA)

인 규제 산업으로 외국계 금융기관의 시장 진입이 매우 어려웠다. 하지만 나와 담당 실무자의 마음속에는 어떤 난관이 닥쳐도 어렵게 잡은 기회를 잘 살려야겠다는 생각밖에 없었던 것 같다.

모두가 박수를 보낼 때 가시밭길을 걸었던 사람들

해외사무소 부활이라는 낭보에 임직원들은 너나 할 것 없이 반색을 표했다. 그러나 막상 사무소 개설을 준비해야 하는 실무자들에게는 새로운 가시밭길의 시작이었다. 당장 맞닥뜨린 문제는 가장 마지막에 해외사무소 설립 준비를 해본 것이 30년 전이다 보니, 사무소 개설 절차나 방법 등에 대한 정보가 부족하다는 점이었다. 금융기관의 해외 진출에 대해서는 「금융기관의 해외진출에 관한 규정」에 세부 절차가 정해져 있고, 금융감독원에 '금융 중심지 지원센터'가 별도로 설치되어 있어 이곳을 통해 여러 가지 유용한 정보를 얻을 수 있다. 하지만 신용보증기금은 해당 규정에서 정의한 금융기관에 해당하지 않아 세부적인 지원을 받기가 어려웠다. 결국 인터넷 등을 통한 자체 조사와 유관기관 사례 파악 등을 통해 수집한 정보에 기댈 수밖에 없었다.

어려운 여건 속에서 해외사무소 개설 준비를 본격적으로 추진하고 있던 2020년 2월, 대구에서 코로나19 '슈퍼전파자'로 알려진 31번 확진 환자가 발생했다. 대구·경북 지역에서 코로나19 감염 환자가 급속도로 증가함에 따라 한국에서는 엄격한 사회적 거리두기 조치가 시행되었고, 신용보증기금 등 공공기관에는 불요불급한 출장을 제한하는 조치가 내려졌다. 설상

가상으로 베트남 정부에서는 3월부터 베트남에 입국하는 모든 외국 항공기의 착륙을 불허하고 외국인의 입국도 금지시켰다. 이는 해외사무소 개설 준비 작업에도 악영향을 미쳤다. 인허가 서류 준비, 개설 신청, 모니터링, 승인 후 후속 조치까지 현지에서 처리해야 하는 일들이 대부분이었기 때문이다. 게다가 코로나19가 확산세를 보인 3월부터 사회적 거리두기를 위해 베트남의 모든 관청이 문을 닫아 행정 업무가 '올스톱' 상태였다. 그나마 해외사무소 개설을 담당한 실무자들이 베트남의 입국 제한 조치가 내려지기 직전에 베트남 하노이로 사전조사를 무사히 다녀왔기에 귀국 후 이를 바탕으로 세부 계획을 세울 수 있었다는 것이 불행 중 다행이었다.

베트남에서 금융기관에 대한 인허가 권한은 중앙은행과 재무부가 양분하여 쥐고 있다. 중앙은행은 주로 은행권의 인허가를 담당하고, 재무부는 보험, 증권, 자본시장 관련 기관의 인허가를 담당한다. 특히 중앙은행은 외국계 은행의 베트남 진출 가부를 승인하는 기관으로 절대적인 권위를 갖고 있다. 근래에 베트남 은행 상당수가 부실화되자 중앙은행은 외국계 금융기관에게 베트남 부실은행의 인수를 권유하며, 외국계 금융기관의 진출을 실질적으로 불허하는 분위기였다.

나 역시 KSP 수석고문 시절의 경험을 통해 정부의 인허가 과정에서 관공서가 절대적인 영향력을 발휘하는 분위기에 대해 잘 알고 있었다. 공무원의 재량권이 크다 보니 설치 지역, 사무소의 성격, 인허가 부처, 담당자 등에 따라 어떤 돌발 변수가 발생할지 몰랐다. 그래서 베트남 당국과 사전에 공감대를 형성하는 작업이 필요하다고 생각했는데, 때마침 부산 벡스코에서 열리는 한·아세안 특별정상회의에 응우옌 쑤언 푹 현 베트남 국가주석이 당시에는 총리로서 한·베트남 정상회담 등을 위해 서울을 방문했다. 양국 총리 간 면담 자리에 나 역시 배석하게 되었는데, 평소 친분이 돈독했던 베트남 고위 관계자와 잠시 이야기를 나눌 수 있었다. 그때는 정부의 해외사무소 설치 승인 전이라 직접적인 이야기는 할 수 없어, 베트남에 우리 기업들이 많이 진출해 있으며 신용보증기금에서 그런 기업들을 지원하는 프로그램을 운영하고 있다고 소개하고 앞으로도 양국 경제 발전을 위해 신용보증기금이 지속적으로 노력하겠다는 뜻을 전했나.

코로나19 감염 의심으로 강제검사를 받은 신용보증기금 직원

해외사무소 개설 준비를 담당한 실무자들은 코로나19 발발 초기인 2월에 현지 정보 수집을 위한 사전조사를 위해 4박 5일 일정으로 베트남 하노이를 방문했다. 이들은 하노이 체류 기간 동안 사무소 개설 관련 협의를 위해 현지 한국 유관기관 직원들과 여러 차례 미팅을 가졌고, 베트남 재무부 공무원들과 저녁 식사 자리도 함께했다.

문제는 바로 그때 신용보증기금 본사가 소재한 대구 지역에서 코로나19 확진자가 급속도로 증가하면서 베트남 내부에서 사태의 심각성을 우려하기 시작한 것이다. 베트남 재무부 공무원은 사전조사를 마치고 막 귀국한 신용보증기금 실무자에게 연락을 취해 코로나19 검사를 받을 것을 요청했다. 이유를 물어보니 베트남 재무부 공무원 중 한 명이 신용보증기금 직원과 저녁을 함께한 다음 날부터 약간의 미열과 인후통 증상이 있어 신용보증기금 직원으로부터 코로나19에 감염된 것이 아닌지 의심된다는 설명이었다.

또한 베트남 재무부는 주 베트남 한국대사관에도 연락을 취하여 신용보증기금 직원이 코로나19 감염이 의심된다며 이 직원이 만난 사람에 대하여 즉시 격리 조치하고 해당 직원의 코로나19 검사 결과를 신속히 알려달라고 요청했다고 한다.

검사 요청을 받은 실무자는 즉시 대구 경북대 병원에 가서 코로나19 검사를 받았고, 다음 날 오전 12시경 '음성' 판정을 받았다. 베트남 측에 그 결과를 알려준 뒤에야 안도의 한숨을 쉬었다고 한다. 만에 하나, 결과가 '양성'이었다면? 베트남과 한국 양국에 미쳤을 충격과 파장은 상상조차 하고 싶지 않다.

험난했던 현지 승인 과정

비록 정보 부족과 낯선 현지 환경, 코로나19 팬데믹 등 여러 어려움이 있었지만, 해외사무소 개설은 반드시 실행해야 할 과제였다. 어렵게 정부 승인까지 받아놓고 막상 현지 승인을 받지 못해 개소를 못 한다는 것은 상상도 할 수 없는 일이었다. 쉽지 않은 일인 것은 알고 있었으니 차근차근 진행해나가기로 했다.

우선 신용보증기금이 갖고 있는 인적 자산을 최대한 활용하기로 했다. 정부 승인을 받자마자 해외사무소 개소에 전념할 TF팀을 구성했고, 과거 베트남 재무부에 보증제도 전수를 위한 정책자문관으로 파견 나갔던 직원을 TF팀장으로 임명했다. 또한 신한베트남은행에 파견 중인 직원을 TF팀에 포함시켜 베트남 현지에서 필요한 실무를 담당하도록 했다. 현지 로펌에 의뢰하여 추진하는 방법도 있었으나, 내가 우리 직원들이 직접 발로 뛰어 승인받는 방식으로 추진하도록 주문한 데에는 이유가 있었다. 현지 로펌에 업무를 위탁할 경우 모든 정보를 로펌에 의존하게 되고 비용도 상당해서 예산 부담이 컸다. 그리고 준비 과정에서 현지 법령 체계나 행정 절차를 익히고 현지 공무원이나 유관기관 관계자들과 접촉하게 될 텐데, 그 과정 자체가 베트남 사회의 관행이나 문화를 익히고 네트워크를 형성하는 기회가 될 수 있을 것 같았다. 이런 경험은 향후 사무소 개소 후에도 보이지 않는 자산이 될 수 있다. 그리고 베트남의 행정 체계나 절차에 익숙하지는 않았지만, 현재 베트남에 살고 있는 직원과 베트남 재무부에 파견되어 공무원들과 함께 지낸 경험이 있는 직원이 함께한다면 충분히 해낼 수 있을 것이라고 믿었다. 기대대로 직원들은 베트남 공무원이나 유관기관과의 네트워크 등을 최대한 활용하여 예상했던 것보다 짧은 시간 내에 베트남 정부로부터 사무소 개설 승인을 받을 수 있었다.

물론 그 과정에서 모든 일들이 계획대로 순조롭게만 진행되었던 것은 아니었다. 앞서 베트남의 금융기관 인허가 권한이 중앙은행과 재무부로 나뉘어 있다고 설명했는데, 신용보증기금의 경우 중앙은행이 담당하는 보증과 재무부가 담당하는 보험을 겸업하고 있어 처음에는 현지 사무소에 대한 인허가 권한을 어디에서 가진 것인지조차 불명확한 상태였다. 이에 현지조사 정보를 바탕으로 신중하게 고민하고 또 고민했다. 현지 사정에 정통한 유관기관 관계자의 조언을 충분히 듣고 여러 시나리오도 검토했다.

그 과정에서 중앙은행이나 재무부가 아닌 하노이시의 산업무역국을 통한 인허가도 가능하다는 의견이 나왔다. 통상 하노이시 산업무역국은 금융기관이 아닌 일반 상사의 사무소 인허가를 담당하는데, 과거에 신용보증기금 방콕 해외사무소를 개설할 때에도 일반 상사로 인허가를 받은 선례가 있었다. 중앙 정부보다는 아무래도 신속하게 진행할 수 있을 것으로 보였고, 앞으로도 어차피 하노이시와 접촉할 일이 발생할 것을 고려하여 이 방식으로 시도해보기로 했다. 인허가 관련 주무 부처가 명확하지 않은 상태에서 중앙은행 또는 재무부 중 어느 한 곳에 임의로 신청했다가는 서로 접수를 반려하는 '핑퐁' 사태가 일어날 개연성이 높다는 판단도 이런 결정에 영향을 미쳤다. 신속하게 추진해야 할 일이 현지 사정으로 하염없이 시간만 흘러가는 최악의 상황은 피하고 싶었기 때문이다.

산업무역국에는 신용보증기금이 「금융기관의 해외진출에 관한 규정」상 금융기관에 해당하지 않고, 현지 사무소가 베트남의 금융기관과 경쟁

관계에 있지도 않다는 점을 어필했다. 그러면서 과거 방콕 사무소 사례도 함께 설명했더니, 신청 접수를 받아주긴 하지만 중앙은행과 재무부의 이견이 있는지 확인한 후에나 사무소 승인을 내줄 수 있다고 했다. 이에 제반 서류를 갖춰 2020년 5월 11일 자로 하노이시 산업무역국에 사무소 개설을 정식으로 신청했다.

그 이후로도 순탄치만은 않았다. 하노이시에서 서류 접수 후, 재무부와 중앙은행의 의견 조회를 거치는 과정에서 예상보다 많은 시간이 소요되었다. 재무부는 평소에 친분 있던 베트남 공무원들이 진행 과정을 모니터링해준 덕분에 크게 답답하지 않았다. 반면 중앙은행은 진행 상황을 파악할 방법조차 마땅치가 않았다. 그나마 금융감독원 하노이사무소를 통해 중앙은행 실무자의 입장을 전달받을 수 있었는데, "신용보증기금처럼 보증과 보험을 함께하는 금융기관의 사무소 인허가 케이스가 중앙은행이 다루는 첫 번째 사례여서 검토에 다소 시간이 걸릴 것 같다"라는 내용이었다.

결국 우리가 할 수 있는 일은 중앙은행의 검토 과정에 필요한 자료를 신속하게 제출하고 수시로 현지 상황을 모니터링하며, '기다리는 것'이었다. 다행히 베트남 현지 파견 중인 TF팀 직원이 관련 사안이 발생할 때마다 시의적절하게 대응해주었다. 오랜 기다림 끝에 2020년 10월 8일, 사무소 승인 신청일로부터 약 5개월 만에 개설 허가를 취득해, 1989년 방콕 사무소 개설 이후 약 31년 만에 새로운 해외사무소가 탄생하는 기반이 마련되었다.

중국은 '꽌시', 베트남은 '꽌헤'

중국에 진출한 우리나라 기업인들에게 사업과 관련된 독특한 중국 문화를 꼽으라고 하면 '꽌시关系'를 많이 이야기한다. 베트남에는 '꽌헤'라는 독특한 문화가 있다. 두 단어 모두 한자어로 관계關係라는 뜻으로 한번 맺어진 인연을 소중히 여기고 이를 비즈니스에 잘 활용한다는 뜻이 내포되어 있다.

이번 베트남 사무소 개소 과정에서도 베트남 재무부 공무원들과의 '꽌헤'가 큰 도움이 되었다. 신용보증기금과 베트남 재무부 사이의 협력 관계는 상당히 오래전부터 이어져왔다. 신용보증기금에서 2007년부터 '경제 발전 경험 공유사업'을 통해 베트남 보증제도 구축을 지원하기 시작한 이래, 수차례 보증제도 연수와 자문을 실시한 바 있고, 2016년부터 2018년까지 2년 동안엔 신용보증기금 직원을 정책자문관으로 베트남 재무부에 파견하여 현지 보증제도 구축을 지원하기도 했다. 또한 신용보증기금과 베트남 재무부는 2018년 1월, '중소기업 신용보증에 대한 MOU'를 체결하여 한국식 신용보증제도 운영 노하우를 공유하기로 손을 맞잡았다.

특히 지난 2018년 10월에 신용보증기금에서 주최한 '신용보증 역량강화 프로그램 연수'에 참여한 경험이 있는 국제업무국 홍 부국장과 은행국 뚜언 차장은 재무부 내에서도 대표적인 지한파였다. 그들은 베트남의 지역신용보증재단에 대한 출연 및 운영·감독을 담당하고 있었는데, 한국에서 수차례 연수를 받은 경험이 있어 신용보증제도에 대한 이해가 깊었다. 이들이 신용보증기금의 베트남 사무소 설립을 반기는 것은 너무나도 당연했다.

이번 사무소 개설 과정에서 이들은 신용보증기금을 잘 모르는 재무부 내 법률국, 보험국 등에서 사무소 개설에 긍정적인 의견을 제출하도록 많은 도움을 주었다. 동료 공무원에게 직접 신용보증기금의 역할과 기능을 소개하기도 했고, 진행 과정을 수시로 모니터링해주며 신용보증기금 담당자에게 아낌없는 조언을 해주었다고 한다. 덕분에 재무부의 의견 조회 과정은 별다른 어려움 없이 잘 마무리될 수 있었다.

31년 만에 신규 해외사무소를 열다

베트남에서 현지 사무소 인허가를 신청할 경우, 임대차계약서를 필수적으로 제출해야 하는지라 사무실 임차가 우선 과제로 부각되었다. 무작정 사무실을 임차했다가는 인허가 승인에 얼마나 시간이 걸릴지 불투명한 상황에서 매달 수천 불씩 임차비용을 지불하는 예산 낭비가 발생할 것 같았다. 이러한 어려움을 해결하고자 현지 금융기관, 공공기관 등의 의견을 수렴한 결과 공유오피스를 임차하는 방식을 추천받았다. 공유오피스는 통상적인 임대차계약에 비해 계약 기간을 자유롭게 선택할 수 있고, 별도 보증금 없이 임차가 가능한 장점이 있다. 또한 오피스 내 별도 프라이빗룸을 임차할 수 있어 인허가 심사과정에서 별도 업무 공간 확보 요건을 갖춘 것으로 인정받을 수 있다. 이에 코트라 등 유관기관이 추천한 공유오피스 한 곳과 6개월간 임대차계약을 체결하였고, 계약 만료 전에 사무소 승인으로 계약을 해지하는 경우 선지급한 월세를 환급받을 수 있는 특약을 추가했다. 사무소 개설 승인 후 추산해보니 공유오피스 임차로 일반 상업건물의 정식 임차에 비해 약 2,400만 원의 비용을 절감하는 효과[*]가 있었다.

사무소 개설 승인 후에는 기존 공유오피스를 대체할 새로운 사무실 선정에 나섰다. 사무실 선정의 주된 기준은 향후 협업이 필요한 한국계 금융기관의 입주 여부, 교통 편의성, 임차료 수준이었다. 다양한 후보지를 놓고 검토한 끝에 다수의 한국계 금융기관이 밀집해 있어 시너지 창출이 기

---

[*] 일반 상업건물 5개월 치 임차료 2,700만 원−공유오피스 5개월 치 임차료 300만 원=2,400만 원

대되고, 신도심에 위치하여 교통 여건이 좋으면서 한국인이 많이 사는 미딩 지역의 경남 랜드마크 타워를 선정했다. 이후 사무소 인테리어 공사를 신속히 진행하여 2020년 12월 7일, 역사적인 베트남 하노이사무소 개소식을 갖고 공식 업무를 개시했다. 사무소 개소는 신용보증기금이 세계를 무대로 활동하는 우리 중소기업 지원을 통해 '글로벌 신보'로 거듭나는 첫걸음이라는 점에서 큰 의의가 있다. 신용보증기금은 21년 전 도쿄사무소 폐쇄 이후에도 KSP 사업과 개발도상국 보증제도 연수 등을 통해 글로벌 역량을 꾸준히 키워왔다. 그 연장선상에서 하노이사무소 개소는 우리 기업의 해외 진출 지원에 신용보증기금이 보다 적극적이고 능동적으로 앞장설 수 있는 계기가 될 것으로 기대됐다. 다만, 코로나19 상황 때문에 사무소 개소식에 직접 참석하지 못해 개인적으로는 못내 아쉬움이 남았다.

사무소 개소 후에는 안정적인 운영 기반을 마련하기 위해 현지 유관기관과의 네트워크 구축에 주력했다. 주 베트남 한국대사관을 비롯하여 공공기관협의회에 속한 금융감독원, 대한무역투자진흥공사, 한국무역보험공사, 금융기관협의회에 속한 시중은행, 그리고 기업 및 개인 단체인 주 베트남 한국상공인연합회, 베트남 하노이한인회 등과 교류를 이어가며, 사무소 개소 사실과 함께 해외 진출 기업 지원 제도를 알렸다. 다각도의 네트워크를 통해 현지 진출 기업들의 보증 수요를 발굴했고, 사무소 직원들은 국내 기업의 현지법인(종속기업)에 대한 현장실사와 신용조사 업무를 수행했다. 그리고 코로나19로 베트남의 외국인 입국 제한 조치가 장기화됨에 따라, 기존에 기업들이 이용 중인 보증 만기 연장을 위해 필요한 자서·날인 확인 업무도 담당함으로써 해외 진출 기업들의 금융 이용에 불편이 따르지 않도록 했다.

2021년 하반기에는 하루 평균 1만 명을 넘어설 정도로 베트남의 코로나19 확진자가 급증함에 따라 '락다운(lockdown, 이동 제한 조치)'이 시행되어 사실상 도시가 전면 봉쇄되었다. 그리고 당국의 사전 허가를 받은 생필품·의료 등 필수 업종만 영업 활동을 할 수 있는 상황이 되었다. 하노이사무소는 필수 업종으로 인정받지 못해, 현장조사 등 본연의 기능을 수행할 수 없게 되었다. 감염 지역에 있는 기업들은 방역 수칙을 준수하지 않으면 생산 활동이 제한되었고, 가동이 허용된 기업들도 원부자재 수급이 원활하게 이뤄지지 않아 자금난을 겪게 되었다. 보증 심사를 위해서는 현장조사를 실시하는 것이 원칙이었으나, 위기 상황에서 원칙만 고수할 수는 없었다. 해외 현지법인 법인장과의 비대면 심층 면담과 국내외 네트워크를 활용한 신용조사로 현장조사를 대체할 수 있도록 한시 조치를 시행했다. 다행히 9월 말부터는 코로나19 확산세가 다소 진정되었고, 이후 베트남 부총리령으로 위드 코로나 지침이 발표됨에 따라 비록 여러 제약이 따르긴 했지만 방역 수칙 준수 하에 대외 활동을 이어갈 수 있었다.

하노이사무소는 코로나19 팬데믹 하에서도 난관을 극복하며 신설되었다. 그리고 신남방 정책에 따른 정책보증 지원의 허브 역할을 함으로써 신용보증기금은 2021년 한 해 동안 약 1,500억 원의 해외 진출 기업 보증을 공급할 수 있었다. 코로나19 상황에 따라 가변적이기는 하겠지만, 하노이사무소에서는 앞으로 신용보증뿐만 아니라 컨설팅 서비스도 제공하여 해외 진출 기업의 글로벌 경쟁력 향상에 기여할 계획이다. 해외 진출 기업에 대한 하노이사무소의 지원은 비단 해당 기업들뿐만 아니라, 우리나라와 베트남 간 무역 거래 활성화와 한국 투자기업 유치 등의 측면에서 우리나라와 베트남 양국의 경제적 협력 관계에도 일조할 수 있을 것으로 기대된다.

500일의 기다림, 그리고 오랜 벗과의 만남

오랫동안 공들여 설립한 해외사무소였기에 기회가 된다면 베트남을 방문하여 준비 과정에서 도움을 주신 현지 관계자들에게 직접 감사의 뜻을 전하고 싶었다. 그리고 해외사무소의 서비스를 이용하는 현지 기업인들의 애로사항도 직접 들어보고 싶었다. 개소 이후 가급적 빠른 시일에 베트남을 방문하려고 했지만 코로나로 인한 봉쇄조치가 2년 넘게 이어지며, 점차 요원한 일이 되어버리는 듯했다. 다행히도 2022년 양국은 거의 비슷한 시기에 집단면역의 마지막 단계에 이르렀고, 3월 21일에는 해외 출장의 큰 걸림돌 중 하나였던 입출국 시 자가 격리 의무도 해제되었다. 상황이 갑자기 어떻게 바뀔지 몰랐기에 바로 방문 계획을 짜기 시작했고, 국회 업무 등 중요 일정 등을 고려하여 4월 셋째 주를 방문 기간으로 확정했다.

베트남 방문 기간 중 응우옌 쑤언 푹 베트남 국가주석과의 면담 일정을 확정하는 것이 가장 먼저 해야 할 일이었다. 서둘러 푹 주석에게 서신을 보내 4월 셋째 주에 면담이 가능한지 타진해보았다. 그리고 현지 기업 간담회, 하노이사무소 현판식, 주 베트남 한국대사 면담, 베트남 재무부 방문, 베트남 중소기업개발기금(Small and Medium Enterprise Development Fund, SMED)과의 MOU 체결 등 베트남에서 진행할 일정을 수립했다. 그런데 준비 기간에 베트남에서 확진자가 증가하면서 질병관리청에서 베트남을 '방역강화국가'로 지정하는 일이 발생했다. 방역강화국가 방문 시에는 백신 접종 완료 여부와 관계없이 귀국 후 7일간 자가 격리를 해야만 했다. 7일 동안 자리를 비우기는 부담스러웠는데, 알아보니 주무 부처의 승인을 받은 경우에는 자가 격리를 면제받을 수 있었다. 그래서 담당 부서에 베트남 방문 세부 일정이 확정되면 곧바로 주무 부처에 자가 격리 면제를 신청할 수 있도록 미리 준비해줄 것을 지시했다. 다행히 3월 31일에 베트남이 '방역강화국가'에서 제외되어, 한시름을 덜 수 있었다.

출장 준비가 한창이던 4월 4일, 베트남 주석궁에서 4월 14일 오후에 면담이 가능하다는 연락이 왔다. 이에 맞춰 다른 행사 일정을 조정하여 약속을 확정했다. 오랜만에 나서는 해외 출장이었지만, 평소 지론대로 '성과가 있는 해외 출장'이 될 수 있도록 다소 빡빡한 감이 있더라도 최대한 다양한 활동을 일정에 담았다. 3박 5일 일정에 6개의 행사를 진행하는 강행군이었다. 본사는 본사대로 해외사무소는 해외사무소대로 눈코 뜰 새 없이 바쁘게 준비 작업이 이뤄졌다. 그런데, 나와 함께 베트남행 비행기에 오르기로 했던 국제 업무팀장이 3월 31일 코로나에 확진되었다는 보고를 받았다. 잠시 당황스럽긴 했으나, 출국 전까지 코로나 검사 결과가 음성이 안 나올 경우를 대비하여 대체할 직원을 준비시켰다. 다행히 해당 팀장은 출국 3일 전에 음성이 확인되어 동행할 수 있었다. 약 3주에 걸친 준비 끝에 4월 12일 밤, 4년 만에 베트남 땅을 다시 밟았다.

일정 첫날부터 강행군이었다. 오전에는 베트남에 진출한 기업인들과 간담회를 갖고 오후에는 베트남 재무부를 방문하는 일정이었다. 간담회에는 베트남 진출 기업뿐만 아니라, 금융기관과 다양한 유관기관 관계자들도 참석했다. 기업들의 생생한 경험담과 애로사항을 들을 수 있었고, 현지 진출 기업을 지원할 방안에 대하여 참석자들과 의견을 나눌 수 있는 자리였다. 나는 간담회를 마무리하며 이 자리에서 나온 소중한 의견들을 베트남 정부에 전달하겠노라 약속했다.

이날 오후에는 베트남 재무부를 방문했다. 당초 재무부 차관과 만날 예정이었으나, 공교롭게도 방문 하루 전에 차관이 코로나19에 걸리는 바람에, 차관을 대신하여 재무부 금융 담당 국장을 만나게 되었는데, 첫 만남부터 헤어질 때까지 화기애애한 분위기를 이어갔다. 우리를 맞아준 재무부 국장은 2007년 신용보증기금과의 KSP 사업으로 신용보증기금을 방문하여 연수받은 경험이 있는 데다, K-드라마를 즐겨 보는 자칭 친한파이자 지한파로서 한국에 대한 애정이 각별했다. 재무부에서는 KSP 사업, 정책자문관 파견 등을 통해 그동안 신용보증기금으로부터 많은 도움을 받아왔다며, 앞으로도 베트남 중소기업 발전을 위해 많은 관심과 도움을 부탁했다. 나 역시 베트남 금융 당국과 지속적인 협력 관계를 유지하길 바란다는 뜻을 전했고, 오전 간담회에서 나온 기업들의 애로사항을 전달하며, 베트남에 진출한 대한민국 기업에 대한 각별한 관심과 지원을 부탁했다.

다음 날은 첫날보다 더욱 빡빡한 일정이었다. 오전에 예정된 현판식을 시작으로 하노이사무소 현장경영, 베트남 주석 면담, 한국대사관 방문까지 마쳐야 했다. 먼저 오전에는 박노완 주 베트남 한국대사, 김한용 베트남 한인상공인연합회장, 금융기관 법인장 등 여섯 분의 외빈을 모시고 하노이사무소에서 한국-베트남 수교 30주년을 기념하는 현판식을 가졌다. 이날은 신용보증기금 하노이사무소가 개소한 지 500일이 되는 날이라 더욱 특별한 의미가 있었다. 이 자리를 통해 신용보증기금의 역할과 성과를 현지의 오피니언 리더들에게 알릴 수 있었다. 우리 정부에서도 양국 간 수

교 30주년을 기념하는 다양한 행사를 준비한다는 소식을 들었는데, 이날 행사 역시 규모는 작았지만 베트남 진출 기업 지원을 통한 양국의 경제협력 증진 차원에서 이뤄졌다. 현판식 행사를 마친 뒤에는 하노이사무소 업무 현황 보고를 받으며, 이역만리에서 고생하고 있는 직원들을 격려했다. 업무적으로는 현지 진출 중소기업 지원을 위해 최선을 다해줄 것을, 직원 개인별로는 타지에서 건강에 각별히 유념할 것을 신신당부했다.

오후에는 푹 주석과의 면담이 이뤄졌다. 당초에 우리 측 배석자가 5명으로 제한되었으나, 주석궁 측의 배려로 8명까지 배석이 허용되어 우리 일행 모두가 주석과 만날 수 있게 되었다. 주석 면담은 한 시간가량 진행되었다. 나와 푹 주석의 대화는 오래간만에 만난 것에 대해 반가움을 표하고 서로의 안부를 묻는 것으로 시작됐고, 이내 자연스레 양국 간 경제협력 방안에 대한 이야기가 이어졌다. 이날 대화에서 푹 주석은 중소기업의 중요성을 강조했고, 기술력이 뛰어난 우리 중소기업이 베트남에 더 많이 진출해주면 좋겠다는 의견을 밝혔다. 그리고 이를 위해 신용보증기금에서 더욱 힘써줄 것을 요청하기도 했다. 나는 베트남에 진출한 우리 기업들의 애로사항을 베트남 재무부와 기획투자부에 전달하겠다고 이야기했고, 이에 대한 지속적인 관심을 부탁했다. 푹 주석은 기업들의 어려움이나 불편 사항에 대해 관심 있게 살펴보겠다고 약속했다.

주석궁 일정을 마치고 저녁에는 박노완 대사의 초청으로 주 베트남 한국대사관 관저에서 만찬을 함께했다. 대사관의 환대 속에 푹 주석과의 인연, 주 제네바 대표부에서 참사관으로 근무했던 경험 등에 대한 이야기와 함께 앞으로 베트남 진출 기업들이 안정적으로 기업 활동을 할 수 있도록 지원하는 방안도 논의했다.

현지에서의 마지막 공식 일정은 기획투자부 차관 면담과 SMEDF와의 MOU 체결식이었다. 당초에 기획투자부 소속 기관인 SMEDF와의 MOU 체결식만 예정되어 있었으나, 기획투자부에서 기업 경제와 중소기업 정책 분야를 담당한 쩐 주이 동 차관이 내가 온다는 소식을 듣고 본인이 직접 면담을 하고 MOU 체결식도 진행하겠다고 연락해 온 것이었다. 예전에 내가 KSP 사업에서 실무자로 만났고 이제 베트남에서 최연소 차관이 된 그가 나를 환대하려고 바쁜 시간을 내준 것에 반갑고 고맙기 이를 데 없었다. 행사에 앞서 잠시 이야기를 나누는 동안 그는 4차 산업혁명 시대를 맞이하여 한국의 첨단 분야 기업들이 베트남에 많이 진출하길 바란다며, 그렇게 함으로써 베트남은 우수 기업을 유치하고, 한국은 부품소재 등 핵심 산업 분야에서 안정적인 공급망을 확보하는 윈윈을 이룰 수 있을 것이라는 의견을 제시했다. 그리고 베트남이 아직 중소기업 분야 지원 정책에 미흡한 면이 있으니 신용보증기금에서 좋은 제도를 많이 전수해주길 바란다고 덧붙였다. 나도 이에 동의하면서, 베트남에 진출한 우리 기업들이 사업하기 좋은 환경을 만드는 데 기획투자부에서 지속적으로 관심을 가져주길 부탁했다. 아울러 전날 기업 간담회에서 나온 애로사항을 정리한 자료를 직접 전달하며 제도 개선에도 관심을 기울여줄 것을 요청했다.

이어 SMEDF와 MOU 체결식을 진행했다. SMEDF는 중소기업을 대상으로 간접대출과 비금융 지원 사업을 펼치고 있었다. 직원 수는 약 30명, 간접대출 실적은 50억 원 수준으로 아직 규모 면에서는 미미하지만, 베트남에서도 중소기업의 역할론이 강조되고 있어 앞으로 꾸준한 성장이 예상된다. SMEDF 회장은 MOU를 계기로 신용보증기금과 SMEDF의 양국 중소기업 발전을 위한 상호 활발한 협력을 기대한다고 했다. 나도 이번

MOU를 통해 앞으로 중소기업 지원 노하우와 정보를 SMEDF와 적극적으로 공유하고, 업무 역량 향상을 위한 인적 교류도 활성화하자고 제안했다. MOU를 끝으로, 짧지만 여러모로 의미가 컸던 베트남 방문 공식 일정을 마쳤다.

3주밖에 주어지지 않았던 출장 준비 시간에도 불구하고 여러 행사가 차질 없이 진행될 수 있도록 준비한 직원들에게 고마움을 느꼈다. 설립된 후 약 500일간의 기다림 끝에 직접 눈으로 해외사무소를 확인할 수 있었고, 오랜 인연을 이어온 푹 주석과의 만남도 무척이나 반가웠을뿐더러, 간담회를 통해 수렴한 우리 기업들의 애로사항을 주석과 베트남 고위 당국자에게 전달했다. 이런 활동들이 고국을 떠나 타지에서 우리 경제 성장에 기여하고 있는 기업들에 조금이나마 도움이 되길 바란다.

공공기관장의 협력, 이것만은 기억하자

① 말뿐인 리더는 결코 조직문화를 바꿀 수 없다

눈에 보이지 않는 조직문화는 오랜 시간에 걸쳐 형성된 나이테처럼 쉽게 바뀌지 않는다. 기관에서 그나마 짧은 시간 안에 의미 있는 변화를 이끌어낼 수 있는 사람은 기관장이 유일하다. 하지만 이 역시 기관장의 솔선수범과 언행일치가 없으면 불가능하다. 조직문화에서만큼은 '내가 하기 싫은 일을 남에게 시키지 말라(己所不欲 勿施於人)'라는 황금률을 마음에 새기고, 내가 먼저 행동으로 보여주자. 행동으로 옮기지 못한 말은 안 하느니만 못하다.

② 문제는 현장에 있다. 답도 현장에 있다

대부분의 문제가 현장에서 발생하듯, 그 답도 현장에 있다. 국민들과의 접점이자 기관의 사업이 실행되는 현장이야말로 기관장이 항상 예의주시하며 쉼 없이 소통을 이어가야 하는 대상이다. 현장과 본점을 오가며 간극을 줄이는 것도 기관장의 역할이다. 현장에서 발생한 작은 문제를 해결하는 과정에서 제도 개선이 시작되기도 하고, 이렇게 시작된 작은 변화가 때로는 커다란 혁신으로 이어지기도 한다. 현장경영이야말로 직원들에게 기관장의 속마음을 가감 없이 직접 전달할 소중한 기회이다. 단, 현장에서 차리는 격식과 소통의 깊이는 반비례한다는 사실을 반드시 기억하자.

③ 타향살이하는 가족들에게 필요한 것은 작지만 따뜻한 정!

공공기관 지방 이전 정책으로 대부분의 공공기관이 전국 곳곳으로 둥지를 옮겼다. 아무리 가족 같은 동료들이 있다 한들, 가족 곁을 떠나 낯선 곳에서 일만 하며 지내는 직원들의 신체적·정서적 피로도가 상당할 수밖에 없다. '일과 삶'의 균형은커녕 '일과 잠'의 균형을 맞추기에도 급급한 직원들도 상당수인 것이 현실이다. 긴장의 연속인 일상을 보내는 직원들과 함께 잠시나마 숨을 돌릴 기회를 만들어보자. 그리고 직원들과 떨어져 지내는 직원 가족들에 대한 미안한 마음을 따뜻한 관심으로 표현해보자. 직원들에게 큰 힘이 될 수 있다.

④ 언론 홍보는 적극적으로! 언론 대응은 원칙대로!

한정된 예산의 제약을 받는 공공기관 입장에서 언론은 가장 효율적인 홍보 매체 중 하나이다. 홍보 활동은 부수적인 업무가 아니다. 기관의 사업이나 정책 실행의 효과와 속도를 동시에 높이는 촉매가 되는 매우 중요한 일이다. 국민의 알 권리 충족을 위한 공공기관의 의무이기도 하다. 아무리 좋은 제도나 서비스도 국민들이 몰라서 이용하지 못한다면, 실패에 그친다. 공공기관의 홍보가 사업과 정책에 집중해야 하는 이유이다. 언론 매체와의 관계를 갑과 을의 구도로만 생각하여 지나치게 저자세로 접근해서는 곤란하다. 언론의 생명은 객관성과 공정성이기에, 언론에 대한 대응 원칙 역시 객관성과 공정성이 되어야 한다. 잘못된 보도를 바로잡는 것도 국민들에게 정확한 정보를 전달하는 일이다. 내가 떳떳하다면 단호하게 대응하지 못할 이유가 없다.

⑤ 명확한 목표 없는 비행기 탑승은 외유다

대부분의 공공기관은 국내 시장에서 서비스를 제공한다. 그렇다고 시야마저 국내에 머물면 '우물 안 개구리' 신세를 면치 못한다. 글로벌 밸류 체인을 생각할 때, 모든 가치가 순수하게 국내에서만 창출되는 경우가 오히려 드물기 때문이다. 서비스 품질 개선은 물론 해외 시장 개척으로 이어질 수도 있다는 점에서 다양한 해외 기관과의 교류와 협력은 반드시 필요한 일이다. 문제는 외유外遊성 해외 출장이다. 한두 번의 해외 출장으로 가시적인 성과를 거두기는 어렵겠지만, 그걸 핑계 삼아 비행기에 몸을 싣는 것은 공인으로서 생각조차 할 수 없는 일이다. 공공기관 직원들은 치열한 경쟁을 뚫고 입사한 우수한 인재들이다. 이들의 글로벌 역량을 키우고 십분 발휘할 수 있는 기회를 만들어주는 것도 기관장의 의무이다.

맺음말

이 글을 쓰게 된 계기는 크게 세 가지였다. 첫째는 나와 비슷한 위치에 있는 우리나라의 공공기관장들과 내 생각과 경험을 공유하고 싶었다. 다른 하나는 앞만 보며 정신없이 달려온 생애 첫 공공기관장으로서 보낸 시간을 차분하게 되짚어보고 정리하여, 긴 여정을 함께해준 신용보증기금 임직원들에게 선물해주고 싶다는 바람이었다. 끝으로, '기록'의 문화를 중시하는 내 평소 지론을 실천하기 위함이었다. 즉 후임 신용보증기금 이사장과 다른 공공기관장들에게 간접 경험의 기회를 제공함으로써 시행착오를 최소화할 수 있도록 하자는 취지였다.

처음에는 말 그대로 '기록'에 충실하고자 했으나, 적잖은 시간 동안 글을 쓰다 보니 생각이 빵 반죽처럼 숙성되어 부풀어 오르게 된 것일까? 공공기관이라는 특수한 환경에 있는 기관장들의 리더십에 대한 생각을 나눠보고 싶어졌다. 이런 관점에서 글을 쓰다 보니, 생각보다 일이 커졌다. 40~50장 내외의 글 한 편을 생각하며 시작한 것이 이렇게 한 권의 책이 되고 만 것이다.

1975년에 행정고시에 합격하여 경제기획원 사무관으로 본격적인 공직 생활을 시작한 이후, 공정거래위원회, 재정경제부, 대통령비서실 경제정책수석비서관을 거쳐 국무조정실장이 되기까지 30년이 넘는 공직 생활을 했다. 얼마 전 한 언론에서는 은행원으로 사회생활을 시작해 공무원, 교수를 거쳐 신용보증기금 이사장에 이르기까지 약 45년이란 시간을 현역으로 보낸 나를 '500클럽'* 제1호로 다루기도 했다. 이런 경험에도 불구하고 내게 공공기관장은 새로운 도전이었다. 경제 관료로서 거시적 안목으로 정책을 입안하는 일과 수립된 정책을 현장에서 집행하는 일 사이에는 차이가 있을 수밖에 없기 때문이다. 2,600명 가까이 되는 식솔들을 챙기는 가장 역할을 하는 것도 만만치 않았다.

이사장 취임이 결정되면서부터 공공기관장의 리더십에 대해 진지하게 고민하게 되었다. 처음에는 다소 막막했지만, 리더십이 결국 리더의 가치관으로부터 비롯되는 것이라고 나름대로 정리하고 나니, 나만의 리더십을 혁신, 공익, 신뢰, 협력이라는 네 개의 가치를 중심으로 정립할 수 있었다. 각각 독립된 가치로서 중요하기도 하지만, 나는 이 가치들 간의 관계를 통해 공공기관장의 목표이자 리더십을 정의할 수 있었다. 그것은 바로 '신뢰를 기반으로 협력과 혁신을 통해 공익을 추구하는 리더십'이다.

국민을 주인으로 삼는 대리인인 공공기관이 궁극적으로 추구해야 하는 최우선 가치는 '공익'이다. 당연히 공공기관장의 리더십의 필수 불가결

---

* 500번 이상 월급을 받은 직장인을 뜻하는 말. 《파이낸셜뉴스》에서 500번 이상 월급을 받을 만큼 긴 시간 현직에서 도전과 열정의 경험을 쌓은 인물들의 성공 사례 등을 소개하기 위해 '도전과 열정 500클럽, 샐러리맨 신화 되다'라는 제하의 시리즈로 기획하여 2021년 3월 29일부터 연재함.

한 제1의 가치이며, 최고 경영자로서 내리는 모든 의사결정의 최우선 잣대로 삼아야 하는 가치이다.

대부분의 공공기관이 독과점 지위로 인해 매너리즘과 무사안일주의에 빠지기 쉽다. 이를 경계하고 환경 변화와 국민 니즈를 반영하여 지속가능성을 확보하기 위해 필수적인 것이 '혁신'이다. 그렇다고 거창한 혁신이나 혁신 자체가 목표가 되는 혁신을 추구해서는 곤란하다. 비록 작아 보이더라도 기관과 국민들에게 의미 있는 변화를 끊임없이 시도하는 혁신 지향적인 자세를 견지해나가는 것이 진정한 혁신이라고 생각한다.

'신뢰'는 다양한 이해관계자들과의 굳건한 관계를 유지해나가야 하는 공공기관과 공공기관장의 내진耐震 구조와도 같다. 국민들이 신뢰하는 공공기관, 임직원들이 신뢰하는 공공기관장은 어떤 흔들림도 버텨낼 수 있다. 건강을 잃으면 모든 것을 잃는다고들 하는데, 공공기관의 경우 신뢰가 곧 개인의 건강에 해당한다. 신뢰가 유지되는 동안에는 그 소중함을 느끼지 못하지만, 한번 무너지면 공공기관의 존폐를 좌우할 수 있다. 그리고 얼마 전 한국토지주택공사(LH) 직원들의 투기 의혹 사건을 통해 알 수 있듯이, 한번 깨진 신뢰 관계는 좀처럼 다시 회복하기가 쉽지 않다.

제아무리 뛰어난 개인도, 기업도, 공공기관도, 정부도 모든 문제를 혼자 해결하는 것은 불가능한 세상이다. 아니 '협력' 없이는 할 수 있는 것이 거의 없다는 말이 더 맞겠다. 사회적 관심이 증가하고 있는 거버넌스에 대한 논의도 '지배구조'에 초점을 맞추고는 있지만, 관점을 살짝 바꿔보면 결국 기관 안에 있는 혹은 기관을 둘러싸고 있는 각 주체 간의 협력체계에 대한 논의라고도 할 수 있다. 안팎의 힘을 한데 모아 기관의 소임을 수행해나가는 것이 공공기관장의 의무인 이유이다.

내가 생각한 공공기관장의 리더십에 동의하는 이들도 있을 테고, 이와 다른 가치가 더 중요하다고 생각하는 이들도 있을 것이다. 리더십이 기관장의 가치관, 역량, 성격, 조직의 환경 등에 따라 각기 다르게 발현된다는 사실을 생각하면 당연한 일이다.

2022년 1월 기획재정부 발표 자료를 보면, 「공공기관의 운영에 관한 법률」에 따른 우리나라의 공공기관은 350개에 달한다. 그리고 지방공공기관 경영정보공개시스템에 따르면 2022년 6월 말 기준으로 우리나라의 지방공기업은 411개이다. 800명 가까이 되는 공공기관장의 리더십도 천차만별일 것이고, 본인의 자리에 대한 인식 또한 다를 것이다. 누군가에게는 그 자리가 인생 최고의 목표였을 수 있지만, 다른 누군가에게는 잠시 쉬었다 가는 정류장일 수도 있다. 누군가에게는 그간의 노력에 대한 인정이자 영광의 자리일 수도 있지만, 다른 누군가는 와신상담臥薪嘗膽의 마음으로 버티는 자리일 수도 있다. 심지어 그저 쉬면서 사회생활 은퇴를 준비하는 자리로 여기는 이도 있을지 모르겠다.

기관장의 리더십과 본인의 자리에 대한 인식은 다를 수 있지만, 적어도 임기 동안 반드시 명심할 것이 있다. 공공기관이 존재하는 이유는 국민에 있다는 사실이다. 국민은 공공기관의 복대리인 구조 최상위에 있는 주인이면서 동시에 공공기관에서 제공하는 재화나 서비스의 최종 소비자이다. 즉 국민은 공공기관의 시작과 끝인 것이다. 주인의 이익에 반하는 행동을 하는 대리인, 그리고 수요자가 원치 않는 공급자가 발붙일 곳은 어디에도 없다는 사실을 늘 마음에 새겨야 하는 이유이다.

공직자의 길 위에서 30여 년을 지냈고, 공직에서 물러난 뒤에는 10년간 교정에서 내 경험과 지식을 나누며 보람을 느끼며 살았다. 그러던 중 이순

耳順을 훌쩍 넘긴 나이에 숙명처럼 공공기관장이라는 새로운 도전을 선택했다. 돌이켜보니 취임 시점부터 앞만 보고 달려온 것 같다. 그 긴 여정에 대한 서사敍事를 하겠다고 시작한 이 글을 갈무리하는 순간에 되돌아보니, 그 많던 일들이 '보람'이라는 한 단어로 정리되어 무척 다행스럽다.

끝으로, 지난 4년간 '공익'만 찾는 가장 내분에 크고 작은 희생을 겪어야만 했음에도, 서로 믿고 힘을 모아 새로운 가치를 창출하고자 헌신적인 노력을 아끼지 않았던 신용보증기금 임직원 가족들에게 진심으로 감사의 마음을 전하고 싶다. 아울러, 언제나 곁에서 애정 어린 관심으로 신용보증기금을 지켜봐주는 기업인 여러분과 정부·국회·언론 등 관계자들에게도 심심한 사의를 표한다.